U0059629

職業安全管理甲級技術士技能檢定精析 (2019 最新版)

洪銀忠　編著

全華圖書股份有限公司

職業安全管理甲級技術士技能檢定精析

作者 / 洪銀忠

發行人 / 陳本源

執行編輯 / 康容慈

出版者 / 全華圖書股份有限公司

郵政帳號 / 0100836-1 號

印刷者 / 宏懋打字印刷股份有限公司

圖書編號 / 06406

初版初刷 / 2019 年 06 月

定價 / 新台幣 580 元

ISBN / 978-986-503-072-8(平裝)

全華圖書 / www.chwa.com.tw

全華網路書店 Open Tech / www.opentech.com.tw

若您對書籍內容、排版印刷有任何問題,歡迎來信指導 book@chwa.com.tw

臺北總公司(北區營業處)
地址:23671 新北市土城區忠義路 21 號
電話:(02) 2262-5666
傳真:(02) 2262-0052、2262-8333

中區營業處
地址:40256 臺中市南區樹義一巷 26 號
電話:(04) 2261-8485
傳真:(04) 2261-6984

南區營業處
地址:80769 高雄市三民區應安街 12 號
電話:(07) 381-1377
傳真:(07) 862-5562

全華 COLA 題庫系統 - 讀者使用說明

步驟一：

登入網址：http://52.68.126.252/CHWA_COLA/reader.html

步驟二：

若您還沒有帳號，請點選「申請帳號」，您的 e-mail 將會是您的帳號，請確認輸入正確。送出申請後系統將會寄一封確認信至您的信箱，點選確認網址後，即可登入題庫系統。

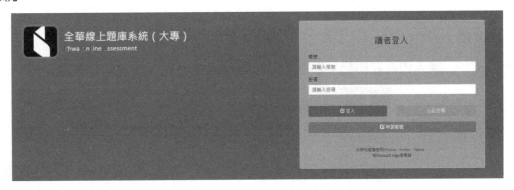

題庫注意事項：

1. 請刮開封面內刮刮卡，已取得書籍序號。

2. 附贈線上題庫且持續更新

3. 題庫使用期限；從讀者登錄書籍序號的日期起算兩年。

步驟三：

登入後，畫面分為「加入書籤」與「我的書籤」兩個區塊，若您購買的書籍沒有出現在「我的書籤」中。請將書上序號輸入「加入書籤」的文字框，點選「加入」，系統確認序號有效後，此書將會顯示於「我的書籤」中。請注意，一本書的序號只能對應一個帳號。

步驟四：

在「我的書籤」區塊中的表格，有「完成度」與「錯誤率」分析，點選右側的「練習」
欄的鉛筆按鈕，即可進入該書的題庫。

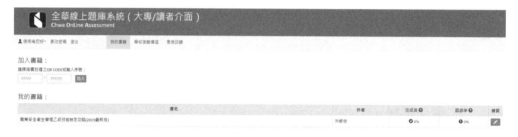

步驟五：

進入書籍題庫後，點選加號可攤開章節目錄，勾選您想要練習的章節。

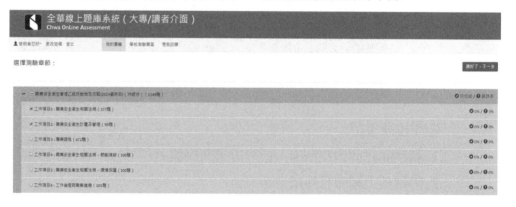

步驟六：

選擇您想練習的測驗形式，共有四種形式，點選後可見詳細說明。

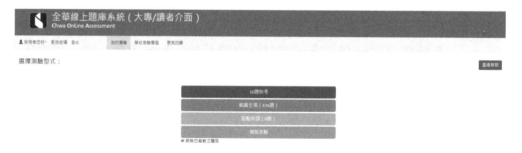

步驟七：

進入測驗的畫面，左側是題目，直接點選選項即可作答，右側是快速選擇
題號的捷徑，作答完成後，請按右側的「交卷按鈕」，即可看到評分的結果。

步驟八：

交卷後可立即看到結果，藍底色為您作答時點選的選項，綠色框線標示的
是正確答案。

步驟九：

右側顯示您的答對率，可點選「再來一次」繼續練習，或點選上排的「我
的書籤」回到首頁。

序 言

　　歷經數年的醞釀以及幾個月的籌備及著手整理，本書終告完稿了，也算是對頻頻詢問、不時「催稿」的讀者有了交代。

　　市面上輔導有關勞工安全衛生管理技能檢定之書籍大部分都是針對勞工安全衛生管理乙級技術士而寫的，勞工安全管理甲級技術士的考試用書雖有數本，但不是失之過於片段、缺乏系統性的整理，便是內容過於繁瑣，讓有心準備勞工安全管理甲級技術士檢定之考生不知如何準備是好，筆者有感於此，乃有編寫此一題材之構想。勞工安全衛生界人才濟濟，說甚麼也輪不到我這個出身機械工程的人來班門弄斧，但因為一股使命感的關係，驅使我即使再忙碌還是儘量抽出時間來著手此類資料之蒐集，並犧牲了無數個夜晚的睡眠才完成拙著。厚顏如此，無非只是希望對這個大家視為作功德、積陰德的領域盡一己棉薄之力而已。

　　本書主要由幾個單元構成─技能檢定相關資料、學科重點整理、術科重點整理、學科考題暨題解、術科考題索引，在篇幅上比起市面上此類型之考試用書算是精簡許多了，但卻是筆者認為通過技能檢定的最佳方程式，因為這不是寫字典─是要用來 K 的，不是用來查閱的，所以「效率」無疑是我們編寫此書的最高指導原則。

　　有志於從事勞工安全衛生管理工作的同學應該有所認知，甲級技術士已是大家普遍認為進入此一領域的門檻，乙級技術士已不敷所需，最多只能當作升學加分保送的手段而已，因此若有心於此，應於在校時就及早準備。然而，也就因為取得甲級技術士只是進入此一領域的門檻而已，不代表就此登堂入室、可以高枕無憂了，畢竟職業安全衛生學海浩瀚，值得吾輩懷著活到老、學到老的心態來面對，才足以跟上科技日新月異的腳步。

　　筆者才疏學淺、匆忙之間或有疏漏，尚請各方先進不吝指教。

洪銀忠

於 國立聯合大學 環安衛系

目　錄

第一單元　職業安全管理甲級技術士技能檢定報考須知

第二單元　術科重點整理

第三單元　附錄

第 1 單元

職業安全管理
甲級技術士
技能檢定報考須知

壹、職業安全衛生管理人員之任用資格

一、職業安全管理師：

(一) 高等考試工業安全類科錄取或具有工業安全技師資格者。

(二) 領有職業安全管理甲級技術士證照者。

(三) 曾任勞動檢查員，具有勞工安全檢查工作經驗滿三年以上者。

(四) 具有國內外大學院校工業安全碩士學位，或工業安全相關類科碩士以上學位，並曾修畢工業安全相關科目十八學分以上者。

二、職業衛生管理師：

(一) 高等考試工業衛生類科錄取或具有工礦衛生技師資格者。

(二) 領有職業衛生管理甲級技術士證照者。

(三) 曾任勞動檢查員，具有勞工衛生檢查工作經驗滿三年以上者。

(四) 具有國內外大學院校工業衛生碩士學位，或工業衛生相關類科碩士以上學位，並曾修畢工業衛生相關科目十八學分以上者。

三、職業安全衛生管理員：

(一) 具有職業安全管理師或職業衛生管理師資格者。

(二) 國內外大專院校工業安全衛生專門類科畢業，或工業安全衛生相關科系畢業，並曾修畢工業安全衛生相關科目十八學分以上者。

(三) 領有職業安全衛生管理乙級技術士證照者。

(四) 曾任勞動檢查員，具有勞動檢查工作經驗滿二年以上者。

貳、職業安全衛生等 3 職類報檢資格

一、具有下列資格之一者，得參加職業安全管理甲級技術士技能檢定：

1. 國內外專科以上學校工業安全專門類科畢業者 (工業安全與衛生、職業安全與衛生)。

2. 國內外專科以上學校畢業，修畢工業安全相關科目十八學分以上者。

3. 具有現場經驗五年以上，取得職業安全衛生管理乙級技術士技能檢定證照，並經中央主管機關指定之訓練結業者。

4. 高等考試或相當高等考試之特種考試考試及格，具現場經驗一年以上，並經中央主管機關指定之訓練結業者。

5. 於中華民國八十一年六月二十九日前經中央主管機關指定之訓練結業 (勞工安全衛生管理員) 後，具有現場經驗十五年以上者。

二、具有下列資格之一者，得參加職業衛生管理甲級技術士技能檢定：

1. 國內外專科以上學校工業衛生專門類科畢業者 (工業安全與衛生、職業安全與衛生)。

2. 國內外專科以上學校畢業，修畢工業衛生相關科目十八學分以上者。

3. 具有現場經驗五年以上，取得職業安全衛生管理乙級技術士技能檢定證照，並經中央主管機關指定之訓練結業者。

4. 高等考試或相當高等考試之特種考試考試及格，具現場經驗一年以上，並經中央主管機關指定之訓練結業者。

5. 於中華民國八十一年六月二十九日前經中央主管機關指定之訓練結業 (勞工安全衛生管理員) 後，具有現場經驗十五年以上者。

三、具有下列資格之一者，得參加職業安全衛生管理乙級技術士技能檢定：

1. 國內外專科以上學校畢業，修畢工業安全、工業衛生相關科目九學分以上者 (附表一、二)。

2. 高級中學、高級職業學校以上畢業，具有現場經驗一年以上，並經中央主管機關指定之訓練 (指職業安全衛生管理員訓練，結業者。

3. 普通考試及格，具現場經驗一年以上，並經中央主管機關指定之訓練 (指職業安全衛生管理員訓練) 結業者。

符合所列資格之一者，同一資格各項條件須同時具備，例如職業安全管理甲級資格 4：① + ② + ③)

職業安全管理（甲級）	資格 1	國內外專科以上學校工業安全專門類科畢業或同等學力者 (限工業安全與衛生、職業安全與衛生)。 ■畢業證書影本或同等學力證書影本		
	資格 2	國內外專科以上學校畢業，修畢工業安全相關科目 18 學分以上者。 ■畢業證書影本與學分證書或成績單影本		
	資格 3	①具有現場經驗 5 年以上 ■工作證明書或勞保投保明細影本	②職業 (勞工) 安全衛生管理乙級技術士技能檢定證照 ■技術士證照影本	③經中央主管機關指定之訓練結業者 (職業安全管理師、勞工安全管理師) ■結訓證書影本
	資格 4	①具現場經驗 1 年以上 ■工作證明書或勞保投保明細影本	②高等考試或相當高等考試之特種考試考試及格 ■及格證書影本	③經中央主管機關指定之訓練結業者 (職業安全管理師、勞工安全管理師) ■結訓證書影本
	資格 5	81 年 6 月 29 日前經中央主管機關指定之訓練結業 (勞工安全衛生管理員) ■結訓證書影本與工作證明書或勞保投保明細影本		
職業衛生管理（甲級）	資格 1	國內外專科以上學校工業安全專門類科畢業或同等學力者 (限工業安全與衛生、職業安全與衛生)。 ■畢業證書影本		
	資格 2	國內外專科以上學校畢業，修畢工業安全相關科目 18 學分以上者。 ■畢業證書影本與學分證書或成績單影本		
	資格 3	①具有現場經驗 5 年以上 ■工作證明書或勞保投保明細影本	②職業 (勞工) 安全衛生管理乙級技術士技能檢定證照 ■技術士證照影本	③經中央主管機關指定之訓練結業者 (勞工衛生管理師) ■結訓證書影本
	資格 4	①具現場經驗 1 年以上 ■工作證明書或勞保投保明細影本	②高等考試或相當高等考試之特種考試考試及格 ■及格證書影本	③經中央主管機關指定之訓練結業者 (勞工衛生管理師) ■結訓證書影本
	資格 5	81 年 6 月 29 日前經中央主管機關指定之訓練結業 (勞工安全衛生管理員)，具有現場經驗 15 年以上 ■結訓證書影本與工作證明書或勞保投保明細影本		
職業安全衛生管理（乙級）：	資格 1	國內外專科以上學校工業安全專門類科畢業或同等學力者 (限工業安全與衛生、職業安全與衛生)。 ■畢業證書影本		
	資格 2	國內外專科以上學校肄業修畢工業安全、工業衛生相關科目 9 學分以上者。 ■學分證書或成績單影本		
	資格 3	①具有現場經驗 1 年以上 ■工作證明書或勞保投保明細影本	②高級中學、高級職業學校以上畢業 ■畢業證書影本	③中央主管機關指定之訓練結業者 (職業安全衛生管理員、勞工安全衛生管理員) ■結訓證書影本
	資格 4	①具有現場經驗 1 年以上 ■工作證明書或勞保投保明細影本	②普通考試及格 ■及格證書影本	③中央主管機關指定之訓練結業者 (職業安全衛生管理員、勞工安全衛生管理員) ■結訓證書影本

表 1 工業安全相關科目及學分認定一覽表

(若科目名稱相近經審查修習課程與該科目相關者,得視為修習該科目)

項目	科目名稱	最高認定學分	
1	工業安全衛生法規、職業安全衛生法規、或職業安全衛生法規	2	項目 1～10 為核心科目,每科目最高認定 2 學分,職業安全管理甲級至少應修畢 10 學分。職業安全衛生管理乙級之工業安全及工業衛生核心科目合計至少須有 5 學分。
2	風險評估、系統安全、風險管理、風險管理及可靠度分析、損害防阻、系統安全設計與危害分析、可靠度工程、系統安全與風險管理、或製程安全評估	2	
3	工業安全工程或安全工程、安全工學、製程安全設計、或製程安全	2	
4	工業(職業)安全管理(實務)(含應用統計)、工業安全衛生管理(實務)、或製程安全管理	2	
5	工業衛生概論或工業衛生或職業衛生、勞工衛生(概論)、或職業衛生特論	2	
6	人因工程、人體工學、人因工程學(及其應用)、或生物力學	2	
7	機電防護或電氣安全	2	
8	防火防爆、防火與防爆工程、火災學、消防工程、消防化學、或失控反應與爆炸控制	2	
9	工業(職業)安全或工業(職業)安全概論	2	
10	營建(造)安全、施工安全、或營建災害事故分析與管理	2	
11	機械製造	不限	項目 11～20 每科目以實修學分數認定,配合核心科目學分數達規定之學分數即符合報檢資格。
12	工程材料或機械材料	不限	
13	電工學	不限	
14	化學工程	不限	
15	熱工學或熱力學	不限	
16	工程力學、應用力學、或材料力學	不限	
17	自動控制	不限	
18	工業管理	不限	
19	設施規劃或工廠佈置	不限	
20	統計學、工業統計、工程統計、或生物統計	不限	

表 2　工業衛生相關科目及學分認定一覽表

(若科目名稱相近經審查修習課程與該科目相關者，得視爲修習該科目)

項目	科 目 名 稱	最高認定學分	
1	工業安全衛生法規、職業安全衛生法規、或職業安全衛生法規	2	項目 1～10 爲核心科目，每科目最高認定 2 學分，職業衛生管理甲級至少應修畢 10 學分。職業安全衛生管理乙級之工業安全及工業衛生核心科目合計至少須有 5 學分。
2	工業 (職業) 安全或工業 (職業) 安全概論	2	
3	工業衛生概論、工業衛生、職業衛生、勞工衛生 (概論)、或職業衛生特論	2	
4	衛生管理實務、工業衛生管理、工業 (職業) 衛生管理 (實務)、或工業安全衛生管理 (實務)	2	
5	作業環境控制工程、工業通風、或局部排氣系統設計	2	
6	作業環境監測 (實驗)	2	
7	勞動生理學 (實驗)	2	
8	工業毒物 (理) 學或工業與環境毒物	2	
9	人因工程、人體工學、人因工程學 (及其應用)、或生物力學	2	
10	職業病概論、環境病概論、職業病防治與介紹、環境流行病學、職業病防治、(職業) 流行病學、或職業醫學	2	
11	採礦學	不限	項目 11～36 每項目以實修學分數認定，配合核心科目學分數達規定之學分數即符合報檢資格。
12	礦業法學	不限	
13	礦場衛生	不限	
14	工業心理學或行爲心理學	不限	
15	環境衛生學	不限	
16	礦場災變與救護或職業災變與救護	不限	
17	工業衛生法規、勞工衛生法規、或職業衛生法規	不限	
18	工業工程或工程原理	不限	
19	工業安全管理或安全管理實務	不限	
20	工廠實務檢查或勞動檢查實務	不限	
21	急救法	不限	
22	噪音與振動	不限	
23	公共衛生法規	不限	
24	輻射安全	不限	
25	粉塵監測與控制	不限	
26	工業衛生書報討論、工業安全書報討論、或安全衛生書報討論	不限	

表 2 工業衛生相關科目及學分認定一覽表 (續)
(若科目名稱相近經審查修習課程與該科目相關者，得視為修習該科目)

項目	科目名稱	最高認定學分	
27	風險評估或危害評估	不限	
28	生物性危害評估	不限	
29	暴露評估	不限	
30	半導體職業衛生或半導體製程安全	不限	項目 11 ～ 36 每項目以實修學分數認定，配合核心科目學分數達規定之學分數即符合報檢資格。
31	氣膠學、工業衛生氣膠學、或氣膠技術學	不限	
32	氣膠儀器分析	不限	
33	呼吸系統沉積物特論	不限	
34	醫院職業安全衛生	不限	
35	有害物質管理策略或有害廢棄物管理		
36	國際標準認證		

請至 http://skill.tcte.edu.tw/ 下載專區「報檢人修習職安衛相關科目及學分對照表」填寫後併同報名表一併寄出

參、技術士技能檢定職業衛生管理類規範

1. 行政院勞工委員會 81.9.19. 台勞職檢字第 32008 號公告

2. 行政院勞工委員會 88.8.23. 台勞職檢字第 0700127 號修正

3. 中華民國 94 年 1 月 13 日行政院勞工委員會勞中二字第 0940200007 號公告修正發布，並自 94 年 4 月 1 日起實施

4. 中華民國 103 年 10 月 23 日勞動部勞動發能字第 1031806436 號令修正發布名稱及全文，並自 104 年 1 月 1 日生效 (原名稱：勞工衛生管理甲級技術士技能檢定規範)

級別：甲級

工作範圍：適用從事「職業安全衛生法施行細則」及「職業安全衛生管理辦法」中「職業衛生管理師」工作。

應具知能：應具備下列各項知識及技能。

工作項目	技能種類	技能標準	相關知識
一、職業安全衛生相關法規	職業安全衛生相關法規之認識與應用，包含： (一) 勞動法簡介 (二) 職業安全衛生法規 (三) 職業安全衛生設施規則 (四) 職業安全衛生管理辦法 (五) 職業安全衛生教育訓練規則 (六) 勞工健康保護規則 (七) 危險性工作場所審查暨檢查辦法 (八) 營造安全衛生設施標準 (九) 高壓氣體勞工安全規則 (十) 危險性機械及設備安全檢查規則 (十一) 鍋爐及壓力容器安全規則 (十二) 起重升降機具安全規則	能正確應用職業安全衛生法規。	職業安全衛生及其他相關法規規定。
二、職業安全衛生計畫及管理	(一) 職業災害防止計畫之製作	1. 能蒐集製作職業災害防止計畫所需資料。 2. 能應用職業災害防止計畫之架構及內容。 3. 能應用職業災害防止計畫之編製程序。	相關法規規定及實務。
	(二) 職業安全衛生管理規章及工作守則之製作	1. 能正確訂定職業安全衛生管理規章。 2. 能正確訂定安全衛生工作守則。	相關法規規定及實務。

工作項目	技能種類	技能標準	相關知識
二、職業安全衛生計畫及管理	（三）勞工健康管理計畫之製作	能正確製作勞工健康管理計畫。	相關法規規定及實務。
	（四）自動檢查計畫之製作	能依現場實態擬定自動檢查計畫，有效執行並評估。	相關法規規定及實務。
	（五）職業安全衛生教育訓練計畫之製作	1. 能應用職業安全衛生教育訓練之目的及種類。 2. 能訂定職業安全衛生教育訓練計畫，並有效實施。	相關法規規定及實務。
	（六）工作安全分析與安全觀察	能規劃辦理工作安全分析、安全觀察，以建立標準作業程序，改進作業方法。	相關知識及實務。
三、專業課程	（一）組織協調與溝通	1. 能應用人性管理原理。 2. 能應用自主活動之實務。	相關法規規定及實務。
	（二）人性管理與自主活動	1. 能應用人性管理原理。 2. 能應用自主活動之實務。	相關知識及實務。
	（三）教學技巧	1. 能應用各種教學方法。 2. 能正確應用各種教學實務技巧。	相關知識及實務。
	（四）職業安全與職業傷害預防概論	1. 能應用職業安全理論。 2. 能瞭解事故之種類、原因及損失。 3. 能應用防止事故之基本方法。	職業安全概念及原理。
	（五）職業衛生與職業病預防概論	1. 能應用職業衛生之理論。 2. 能正確認知、評估及管制危害。	職業衛生概念及原理。
	（六）職業災害調查處理與統計	1. 能瞭解職業災害之定義及其發生之緣由。 2. 能應用職業災害發生時之緊急應變措施。 3. 能進行職業災害原因調查、分析及報告。 4. 能正確應用職業災害統計分析方法。	1. 相關法規規定。 2. 職業災害原因調查、對策、統計等事項。
	（七）安全衛生測定儀器	1. 引用安全衛生測定儀器之基本原理。 2. 正確評估監測結果。	1. 相關法規規定。 2. 各項儀器原理。

工作項目	技能種類	技能標準	相關知識
三、專業課程	(八) 機械安全防護	1. 能瞭解機械之危險性。 2. 能引用一般防護措施。 3. 能引用機械防護之原理。	1. 相關法規規定。 2. 機械防護原理及實務。
	(九) 電氣安全	1. 能引用一般電氣安全理論。 2. 能引用電氣災害防止措施。	1. 相關法規規定。 2. 電氣安全原理及實務。
	(十) 危害性化學品標示及通識	能瞭解危害性化學品標示及通識制度	相關法規規定與實務。
	(十一) 個人防護具	1. 能引用各種防護具及使用方法。 2. 能正確引用防護具之選用與保管方法。	防護具種類及使用知識。
	(十二) 工作場所佈置與設計	1. 能瞭解工作場所佈置之重要性。 2. 能瞭解工作場所佈置之原則。 3. 能應用工作場所佈置之形式。 4. 能正確應用工作場所佈置設計程序。 5. 能正確瞭解及應用搬運方式。 6. 能營造快樂舒適的工作環境。	1. 相關法規規定。 2. 工廠管理相關知識。
	(十三) 職業災害預防理論	1. 能瞭解災害發生原因之型態。 2. 能瞭解本質安全之意義。 3. 能瞭解災害預防及損失控制。 4. 能正確應用危害的消除及控制方法。 5. 能正確應用各種減少或抑制損害之方法。	職業災害預防之原理。
	(十四) 系統安全分析	1. 能瞭解系統的概念。 2. 能瞭解系統安全的意義。 3. 能瞭解系統安全分析的目的。 4. 能應用各種系統安全分析方法。	1. 系統分析之原理。 2. 系統安全分析之原理。

工作項目	技能種類	技能標準	相關知識
三、專業課程	(十五)損失控制概論	1. 能瞭解損失控制的基本概念。 2. 能瞭解全面損失控制管理制度。 3. 能瞭解各級人員之損失控制管理職責。 4. 會應用損失控制管理。	損失控制管理之知識。
	(十六)風險管理	1. 能瞭解風險理念。 2. 能瞭解風險管理之概念。 3. 能應用風險管理實施之步驟。 4. 能正確建立風險管理計畫。	風險管理之知識。
	(十七)火災爆炸防止	1. 能瞭解及應用燃燒及火災之分類、起因及防範設施。 2. 能應用危險物品之分類、特性及防火設施。	1. 相關法規規定。 2. 燃燒與火災相關知識。
	(十八)失控反應與爆炸	1. 能瞭解及應用失控反應與爆炸之發生原因及防止方法。 2. 能應用危險物之分類、特性及防爆設施。	1. 相關法規規定。 2. 失控反應與爆炸相關知識。
	(十九)人因工程學	能瞭解及應用人因工程及其危害預防。	1. 相關法規規定。 2. 人因工程學及其相關知識。
	(廿)重複性工作傷害預防	能瞭解重複性工作傷害及其預防對策。	重複性工作傷害及其預防相關知識。
	(廿一)勞動生理	1. 能瞭解勞動生理及其與工作之關係。 2. 能正確預防勞動引起之危害。	勞動生理相關知識。
四、職業道德	(一)敬業精神	能愛物、惜物，忠於工作，以最安全、負責、有效的方法完成工作。	能瞭解敬業精神的意義及其重要性。
	(二)職業素養	1. 能具職業神聖的理念及重視團隊精神的發揮，以最和諧的氣氛進行工作。 2. 能與有關人員充分有效協調溝通，並能適時圓滿配合相關工作之進行。	1. 能瞭解職業素養的意義及其重要性。 2. 能瞭解團隊精神及人際關係的重要性。 3. 能瞭解與工作有關之溝通協調要領。

肆、歷年職業安全衛生各職類級別合格發證人數統計

項次	年度	職業安全衛生管理乙級	職業安全管理甲級	職業衛生管理甲級
1	81	46	1	2
2	82	1,692	49	3
3	83	1,570	29	22
4	84	1,757	152	12
5	85	1,645	110	42
6	86	1,975	100	49
7	87	2,609	89	59
8	88	2,207	182	76
9	89	3,500	190	143
10	90	3,521	257	217
11	91	2,827	374	254
12	92	1,879	370	235
13	93	2,319	342	170
14	94	1,213	286	92
15	95	1,756	317	72
16	96	1,673	347	81
17	97	1,267	317	212
18	98	1,132	280	195
19	99	1,306	124	131
20	100	1,597	375	171
21	101	1,279	550	161
22	102	1,330	332	274
23	103	1,227	277	242
24	104	2,110	279	266
25	105	1,408	346	433
26	106	1,529	514	443
27	107	1,355	282	322
	各年度合計	4,779	7,078	4,453

伍、職業安全管理甲級技術士技能檢定各梯次及格率

梯次	日期	報考人數	及格人數	累計人數	及格率
85	107.11.04	986	75	7,078	7.61%
84	107.07.15	904	116	7,003	12.83%
83	107.03.18	970	91	6,887	9.38%
82	106.11.05	1,080	206	6,796	19.07%
81	106.07.16	1,009	156	6,590	14.87%
80	106.03.19	1,084	158	6,440	14.58%
79	105.11.09	1,237	183	6,282	14.79%
78	105.07.17	1,132	81	6,099	7.16%
77	105.03.20	1,251	82	6,018	6.55%
76	104.11.08	1,374	93	5,936	6.77%
75	104.07.19	1,384	154	5,843	11.12%
74	104.03.22	1,426	32	5,689	2.24%
59	99.03.29	1,510	75	3,930	4.97%
58	98.11.18	1,577	82	3,855	5.20%
57	98.7.26	1,409	53	3,773	3.76%
56	98.3.29	1,201	145	3,720	12.10%
55	97.11.16	1,362	200	3,575	14.68%
54	97.7.27	1,176	63	3,375	5.36%
53	97.3.30	1,100	81	3,312	7.36%
52	96.11.18	1,124	118	3,231	10.50%
51	96.8.5	1,016	120	3,113	11.81%
50	96.4.22	1,009	110	2,993	10.90%
49	95.11.26	1,089	157	2,883	14.42%
48	95.7.23	961	136	2,726	14.15%
47	95.3.26	1,007	24	2,590	2.38%

※ 及格率未計入缺考人數 ※

第 **2** 單元   術科重點整理

第 1 章
營造安全衛生設施標準

壹、營造工程工作場所

一、雇主使勞工於<u>屋頂作業</u>，應依下列規定辦理：

(一) 因屋頂斜度、屋面性質或天候等因素，致勞工有墜落、滾落之虞者，應採取適當安全措施。

(二) 於斜度大於三十四度 (高底比為二比三) 或滑溜之屋頂作業者，應設置適當之護欄，支承穩妥且寬度在四十公分以上之適當工作臺及數量充分、安裝牢穩之適當梯子。但設置護欄有困難者，應提供背負式安全帶使勞工佩掛，並掛置於堅固錨錠、可供鉤掛之堅固物件或安全母索等裝置上。

(三) 於易踏穿材料構築之屋頂作業時，應先規劃安全通道，於屋架上設置適當強度，且寬度在三十公分以上之踏板，並於下方適當範圍裝設堅固格柵或安全網等防墜設施。但雇主設置踏板面積已覆蓋全部易踏穿屋頂或採取其他安全工法，致無踏穿墜落之虞者，不在此限。

二、營造安全衛生設施標準中，有關<u>護欄</u>之設置規定：

(一) 高度應在 90 公分以上，並應包括上欄杆、中欄杆、腳趾板及杆柱等構材。

(二) 以木材構成者，其規格如下：

    1. 上欄杆應平整，且其斷面應在 30 平方公分以上。

    2. 中欄杆斷面應在 25 平方公分以上。

    3. 腳趾板寬應在 10 公分以上，厚度 1 公分以上，並密接於地 (或地板) 面鋪設。

    4. 杆柱斷面應在 30 平方公分以上，間距不得超過 2 公尺。

(三) 以鋼管構成者，其上欄杆、中欄杆、杆柱之直徑均不得小於 3.8 公分，杆柱間距不得超過 2.5 公尺。

(四) 如以其他材料或其他型式構築者，應具同等以上之強度。

(五)任何型式之護欄,其杆柱及任何杆件之強度及錨錠,應使整個護欄具有抵抗於上欄杆之任何一點,於任何方向加以 75 公斤之荷重,而無顯著變形之強度。

(六)除必須之進出口外,護欄應圍繞所有危險之開口部分。

(七)護欄前方二公尺內之樓板、地板,嚴禁堆放任何物料、設備。但護欄高度超過物料堆放高度 90 公分以上者,不在此限。

(八)以金屬網、塑膠網遮覆上、中欄杆與樓板或地板間之空隙者,依下列規定辦理:

　　1. 得不設腳趾板。但網應密接於地,且杆柱之間距不得超過 1.5 公尺。

　　2. 網應確實固定於上、中欄杆及杆柱。

　　3. 網目大小不得超過 15 平方公分。

　　4. 固定網時,應有防止網之反彈設施。

三、依「營造安全衛生設施標準」之規定,雇主對於高度二公尺以上之工作場所,勞工作業有墜落之虞者,應訂定墜落災害防止計畫,依下列風險控制之先後順序規劃,並採取適當墜落災害防止設施:

　　1. 由設計或工法之選擇,盡量使勞工於地面完成作業以減少高處作業項目。

　　2. 經由施工程序之變更,優先施作永久構造物之上下升降設備或防墜設施。

　　3. 設置護欄、護蓋。

　　4. 張掛安全網。

　　5. 使勞工佩掛安全帶。

　　6. 設置警示線系統。

　　7. 限制作業人員進入管制區。

　　8. 對於因開放邊線、組模作業、收尾作業等及採取第一款至第五款規定之設施致增加其作業危險者,應訂定保護計畫並實施。

四、雇主設置之護蓋,應依下列規定辦理:

(一)應具有能使人員及車輛安全通過之強度。

(二)應以有效方法防止滑溜、掉落、掀出或移動。

(三) 供車輛通行者，得以車輛後軸載重之二倍設計之，並不得妨礙車輛之正常通行。

(四) 為柵狀構造者，柵條間隔不得大於 3 公分。

(五) 上面不得放置機動設備或超過其設計強度之重物。

(六) 臨時性開口處使用之護蓋，表面漆以黃色並書以警告訊息。

五、雇主使勞工鄰近河川、湖潭、海岸作業，勞工有落水之虞者，依規定應辦理事項：

(一) 設置防止勞工落水之設施或使勞工著用救生衣。

(二) 於工作場所或其附近設置下列救生設備：

　　1. 依水域危險性及勞工人數，備置足敷使用之動力救生船、救生艇、輕艇或救生筏；每艘船筏應配備長度十五公尺，直徑九點五毫米之聚丙烯纖維繩索，且其上掛繫與最大可救援人數相同數量之救生圈、船鉤及救生衣。

　　2. 有湍流、潮流之情況，應預先架設延伸過水面且位於作業場所上方之繩索，其上掛繫可支持拉住落水者之救生圈。

　　3. 可通知相關人員參與救援行動之警報系統或電訊連絡設備。

六、雇主使勞工於有發生水位暴漲或土石流之地區作業者，除設置防止勞工落水之設施或使勞工著用救生衣外，依規定應辦理事項：

(一) 建立作業連絡系統，包括無線連絡器材、連絡信號、連絡人員等。

(二) 選任專責警戒人員，辦理下列事項：

　　1. 隨時與河川管理當局或相關機關連絡，了解該地區及上游降雨量。

　　2. 監視作業地點上游河川水位或土石流狀況。

　　3. 獲知上游河川水位暴漲或土石流時，應即通知作業勞工迅即撤離。

　　4. 發覺作業勞工不及撤離時，應即啟動緊急應變體系，展開救援行動。

七、雇主提供勞工使用之安全帶或安裝安全母索時，應依下列規定辦理：

　　1. 安全帶之材料、強度及檢驗應符合國家標準 CNS 7534 Z2037 高處作業用安全帶、 CNS 6701 M2077 安全帶 (繫身型)、CNS 14253 Z2116 背負式安全帶及 CNS 7535 Z3020 高處作業用安全帶檢驗法之規定。

2. 安全母索得由鋼索、尼龍繩索或合成纖維之材質構成，其最小斷裂強度應在 2,300 公斤以上。

3. 安全帶或安全母索繫固之錨錠，至少應能承受每人 2,300 公斤之拉力。

4. 安全帶之繫索或安全母索應予保護，避免受切斷或磨損。

5. 安全帶或安全母索不得鉤掛或繫結於護欄之杆件。

6. 安全帶、安全母索及其配件、錨錠，在使用前或承受衝擊後，應進行檢查，有磨損、劣化、缺陷或其強度不符第一款至第三款之規定者，不得再使用。

7. 勞工作業中，需使用補助繩移動之安全帶，應具備補助掛鉤，以供勞工作業移動中可交換鉤掛使用。

八、水平安全母索之設置，除依安全帶或安全母索之一般規定之外，尚需依下列規定辦理：

(一) 超過三公尺長者應設立中間杆柱，其間距應在三公尺以下。

(二) 相鄰兩支柱或中間支柱間之安全母索只能供繫掛一條安全帶。

(三) 每條安全母索能繫掛安全帶之條數，應標示於母索錨錠端。

九、垂直安全母索之設置，除依安全帶或安全母索之一般規定之外，尚需依下列規定辦理：

(一) 安全母索之下端應有防止安全帶鎖扣自尾端脫落之設施。

(二) 每條安全母索應僅提供一名勞工使用。但勞工作業或爬昇位置之水平間距在一公尺以下者，得二人共用一條安全母索。

十、雇主使勞工於易踏穿材料構築之屋頂作業時，應指派屋頂作業主管於現場辦理下列事項：

(一) 決定作業方法，指揮勞工作業。

(二) 實施檢點，檢查材料、工具、器具等，並汰換不良品。

(三) 監督勞工確實使用個人防護具。

(四) 確認安全衛生設備及措施之有效狀況。

(五) 其他為維持作業勞工安全衛生所必要之設備及措施。

十一、

(一) 為防止職業災害的發生，請依採行的優先順序，列出安全防護的 5 個原則。

(二) 屋頂作業墜落是我國發生重大職災最嚴重的作業及災害 型之一，請依上述安全防護的 5 個原則，就防止屋頂作業之墜落危害，各舉一例說明其可行作法。

(一) 安全防護的原則依優先順序分為：

1. 若可能，須先消除所有危害或風險之潛在根源，如使用無毒性化學品、本質安全設計之機械設備等。

2. 若無法消除，須試圖以取代方式降低風險，如使用低電壓電器設備、低危害物質等。

3. 以工程控制方式降低危害事件發生可能性或減輕後果嚴重度，如連鎖停機系統、釋壓裝置、隔音裝置、警報系統、護欄等。

4. 以管理控制方式 (標示、警告、教育訓練與管理) 降低危害事件發生可能性或減輕後果嚴重度，如機械設備自動檢查、教育訓練、標準作業程序、工作許可、安全觀察、安全教導、緊急應變計畫及其他相關作業管制程序等。

5. 最後才考量使用個人防護具來降低危害事件發生時對人員所造成衝擊的嚴重度。

(二) 依安全防護的原則運用於勞工於屋頂作業時，其可行作法如下：

1. 消除危害：如經由工程設計或工法之選擇，盡量使勞工於地面完成作業以減少高處作業的項目。

2. 降低危害：如經由施工程序的變更，優先施作永久構造物之上下升降設備。

3. 以工程控制方式降低危害事件發生可能性或減輕後果嚴重度：如設置護欄、張掛安全網等。

4. 以管理控制方式降低危害事件發生可能性或減輕後果嚴重度：如設備自動檢查、教育訓練、標準作業程序、工作許可、安全觀察、安全教導、緊急應變計畫及其他相關作業管制程序等。

5. 使用個人防護具：如使勞工配戴安全帽、安全帶、安全索。

十二、雇主對於工作場所人員及車輛機械出入口處，應置管制人員。管制人員對於出入工作場所人員及車輛機械應辦理事項如下列：

(一) 管制出入人員，非有適當防護具不得讓其出入。

(二) 管制、檢查出入之車輛機械，非具有許可文件上記載之要件，不得讓其出入。

十三、雇主使勞工於有發生水位暴漲或土石流之地區作業者，應選任專責警戒人員避免該區作業人員因水位暴漲或土石流之危害。專責警戒人員，辦理下列事項：

(一) 隨時與河川管理當局或相關機關連絡，了解該地區及上游降雨量。

(二) 監視作業地點上游河川水位或土石流狀況。

(三) 獲知上游河川水位暴漲或土石流時，應即通知作業勞工迅即撤離。

(四) 發覺作業勞工不及撤離時，應即啟動緊急應變體系，展開救援行動。

十四、對於鋼材之儲存，為防止鋼材倒塌及感電災害，應辦理事項：

(一) 預防傾斜、滾落，必要時應用纜索等加以適當捆紮。

(二) 儲存之場地應為堅固之地面。

(三) 各堆鋼材之間應有適當之距離。

(四) 置放地點應避免在電線下方或上方。

(五) 採用起重機吊運鋼材時，應將鋼材重量等顯明標示，以便易於處理及控制其起重負荷量，並避免在電力線下操作。

十五、水平安全母索之設置高度應大於三點八公尺，相鄰二支柱間之最大間距得採下式計算之值，其計算值超過十公尺者，以十公尺計：

$$L = 4(H-3)，$$

其中 $H \geq 3.8$，且 $L \leq 10$

L：母索支柱之間距 (單位：公尺)

H：垂直淨空高度 (單位：公尺)

貳、施工架、施工構臺、吊料平臺及工作臺

一、使用移動式施工架從事作業，為預防人員發生墜落災害，其作業安全應注意：

（一）不得超過其積載荷重使用。

（二）使用時應將腳輪之止滑裝置予以固定。

（三）上下施工架應使用上下設備。

（四）使用之工具應放在袋子吊升至工作臺，不得手持工具上下。

（五）人在架上時，不可移動施工架。

（六）作業時應使用安全帶。

（七）兩人不得同時上下施工架或於同側作業。

（八）應遵守獨立式施工架使用注意事項。

二、雇主對於施工構臺、懸吊式施工架、懸臂式施工架、高度五公尺以上施工架、高度五公尺以上之吊料平臺、升降機直井工作臺、鋼構橋橋面板下方工作臺或其他類似工作臺等之構築及拆除，應依下列規定辦理：

（一）事先就預期施工時之最大荷重，依結構力學原理妥為設計，置備施工圖說，並指派所僱之專任工程人員簽章確認強度計算書及施工圖說。但依營建法規等不須設置專任工程人員者，得由雇主指派具專業技術及經驗之人員為之。

（二）建立按施工圖說施作之查驗機制。

（三）設計、施工圖說、簽章確認紀錄及查驗等相關資料，於未完成拆除前，應妥存備查。

有變更設計時，其強度計算書及施工圖說應重新製作，並依前項規定辦理。

三、雇主對於懸吊式施工架、懸臂式施工架及高度五公尺以上施工架之組配及拆除作業，應指派施工架組配作業主管於作業現場辦理下列事項：

（一）決定作業方法，指揮勞工作業。

（二）實施檢點，檢查材料、工具、器具等，並汰換其不良品。

（三）監督勞工確實使用個人防護具。

（四）確認安全衛生設備及措施之有效狀況。

（五）其他為維持作業勞工安全衛生所必要之設備及措施。

四、雇主使勞工從事施工架組配作業，應依下列規定辦理：

(一) 將作業時間、範圍及順序等告知作業勞工。

(二) 禁止作業無關人員擅自進入組配作業區域內。

(三) 強風、大雨、大雪等惡劣天候，實施作業預估有危險之虞時，應即停止作業。

(四) 於紮緊、拆卸、傳遞施工架及施工構台構材等之作業時，設寬度在二十公分以上之施工架及施工構台踏板，並採取使勞工使用安全帶等防止發生勞工墜落危險之設備與措施。

(五) 吊升或卸放材料、器具、工具時，要求勞工使用吊索、吊物專用袋。

(六) 構築使用之材料有凸出之釘類均應釘入或拔除。

(七) 對於使用之施工架及施工構台，事前依本標準及其他安全規定檢查後，始得使用。

五、雇主為維持施工架及施工構台之穩定，應依下列規定辦理：

(一) 施工架及施工構台不得與混凝土模板支撐或其他臨時構造連接。

(二) 應以斜撐材作適當而充分之支撐。

(三) 施工架在適當之垂直、水平距離處與構造物妥實連接，其間隔在垂直方向以不超過 5.5 公尺；水平方向以不超過 7.5 公尺為限。但獨立而無傾倒之虞者，不在此限。

(四) 獨立之施工架在該架最後拆除前，至少應有三分之一之踏腳桁不得移動，並使之與橫檔或立柱紮牢。

(五) 鬆動之磚、排水管、煙囪或其他不當材料，不得用以建造或支撐施工架及施工構台。

(六) 施工架及施工構台基礎地面應平整，且夯實緊密，並襯以適當材質之墊材，以防止滑動或不均勻沈陷。

(七) 雇主對於施工架及施工構台應經常予以適當之保養並維持各部分之牢穩。

六、雇主使勞工於高度二公尺以上施工架上從事作業時，應依下列規定辦理：

(一) 應供給足夠強度之工作台。

(二) 工作台寬度應在四十公分以上並舖滿密接之板料，其支撐點至少應有兩處以上，並應綁結固定，無脫落或位移之虞，板料與施工架間縫隙不得大於 3 公分。

（三）活動式板料如使用木板時，寬度應在 20 公分以上，厚度應在 3.5 公分以上，長度應在 3.6 公尺以上；寬度大於 30 公分時，厚度應在 6 公分以上，長度應在 4 公尺以上，其支撐點均至少應有三處以上，且板端突出支撐點之長度應在 10 公分以上，不得大於板長十八分之一，板料於板長方向重疊時，應於支撐點處重疊，其重疊部分之長度不得小於 20 公分。

（四）工作台應低於施工架立柱頂點 1 公尺以上。

七、雇主於構築及拆除前，應指派所僱之專任工程人員，事先就預期施工時之最大荷重，依結構力學原理妥為設計之施工架或工作臺類型如下列：

（一）施工構臺。

（二）懸吊式施工架。

（三）懸臂式施工架。

（四）高度 5 公尺以上施工架。

（五）高度 5 公尺以上之吊料平臺。

（六）升降機直井工作臺。

（七）鋼構橋橋面板下方工作臺。

八、雇主對於鋼管施工架之設置，應依下列規定辦理：

（一）使用國家標準 CNS 4750 型式之施工架，應符合國家標準同等以上之規定；其他型式之施工架，其構材之材料抗拉強度、試驗強度及製造，應符合國家標準 CNS 4750 同等以上之規定。

（二）前款設置之施工架，於提供使用前應確認符合規定，並於明顯易見之處明確標示。

（三）裝有腳輪之移動式施工架，勞工作業時，其腳部應以有效方法固定之；勞工於其上作業時，不得移動施工架。

（四）構件之連接部分或交叉部分，應以適當之金屬附屬配件確實連接固定，並以適當之斜撐材補強。

（五）屬於直柱式施工架或懸臂式施工架者，應依下列規定設置與建築物連接之壁連座連接：

1. 間距應小於下表所列之值為原則。

鋼管施工架之種類	間距 (單位：公尺)	
	垂直方向	水平方向
單管施工架	5	5.5
框式施工架 (高度未滿五公尺者除外)	9	8

2. 應以鋼管或原木等使該施工架構築堅固。

3. 以抗拉材料與抗壓材料合構者，抗壓材與抗拉材之間距應在一公尺以下。

(六) 接近高架線路設置施工架，應先移設高架線路或裝設絕緣用防護裝備或警告標示等措施，以防止高架線路與施工架接觸。

(七) 使用伸縮桿件及調整桿時，應將其埋入原桿件足夠深度，以維持穩固，並將插銷鎖固。

(八) 選用於中央主管機關指定資訊網站揭示，符合安全標準且張貼有安全標示之鋼管施工架。

九、雇主使勞工於施工構台上作業前，應確認支柱或構台樑等主要構材之狀況或變化情形之改善措施：

(一) 支柱滑動或下沈狀況。

(二) 支柱、構台之樑等之損傷情形。

(三) 構台覆工板之損壞或舖設狀況。

(四) 支柱、支柱之水平繫材、斜撐材及構台之樑等連結部分、接觸部分及安裝部分之鬆動狀況。

(五) 螺栓或鉚釘等金屬之連結器材之損傷及腐蝕狀況。

(六) 支柱之水平繫材、斜撐材等補強材之安裝狀況及有無脫落。

(七) 護欄等有無被拆下或脫落。前項狀況或變化，有異常未經改善前，不得使勞工作業。

十、施工架之設計、查驗規定如下：

(一) 事先就預期施工時之最大荷重，依結構力學原理妥為設計，置備施工圖說，並指派所僱之專任工程人員簽章確認強度計算書及施工圖說。但依營建法規等不須設置專任工程人員者，得由雇主指派具專業技術及經驗之人員為之。

（二）建立按施工圖說施作之查驗機制。

（三）設計、施工圖說、簽章確認紀錄及查驗等相關資料，於未完成拆除前，應妥存備查。有變更設計時，其強度計算書及施工圖說應重新製作，並依前述規定辦理。

十一、雇主於施工構台遭遇強風、大雨等惡劣氣候或<u>四級以上地震後</u>或施工構台局部解體、變更後，使勞工於施工構台上作業前，應依下列規定確認主要構材狀況或變化：

（一）支柱滑動或下沈狀況。

（二）支柱、構台之樑等之損傷情形。

（三）構台覆工板之損壞或舖設狀況。

（四）支柱、支柱之水平繫材、斜撐材及構台之樑等連結部分、接觸部分及安裝部分之鬆動狀況。

（五）螺栓或鉚釘等金屬之連結器材之損傷及腐蝕狀況。

（六）支柱之水平繫材、斜撐材等補強材之安裝狀況及有無脫落。

（七）護欄等有無被拆下或脫落。

參、露天開挖

一、名詞解釋：

（一）露天開挖：指於露天場所採人工或機械實施土、砂、岩石等之開挖，包括土木構造物、建築物之基礎開挖、地下埋設物之管溝開挖及整地等。

（二）露天開挖作業：指露天開挖與開挖區及其鄰近處所相關之作業，包括測量、鋼筋組立、模板組拆、灌漿、管道及管路設置、擋土支撐組拆及搬運作業等。

二、雇主僱用勞工從事露天開挖作業，為防止地面之崩塌及損壞地下埋設物致有危害勞工之虞，應事前就作業地點及其附近，施以鑽探、試挖或其他適當方法從事調查，其調查內容，應依下列規定：

（一）地面形狀、地層、地質、鄰近建築物及交通影響情形等。

（二）地面有否龜裂、地下水位狀況及地層凍結狀況等。

（三）有無地下埋設物及其狀況。

（四）地下有無高溫、危險或有害之氣體、蒸氣及其狀況。

依前項調查結果擬訂開挖計畫，其內容應包括開挖方法、順序、進度、使用機械種類、降低水位、穩定地層方法及土壓觀測系統等。

三、雇主僱用勞工從事露天開挖時，為防止地面之崩塌或土石之飛落，應採取下列措施：

(一) 作業前、大雨或四級以上地震後，應指定專人確認作業地點及其附近之地面有無龜裂、有無湧水、土壤含水狀況、地層凍結狀況及其地層變化等，並採取必要之安全措施。

(二) 爆破後，應指定專人檢查爆破地點及其附近有無浮石或龜裂等狀況，並採取必要之安全措施。

(三) 開挖出之土石應常清理，不得堆積於開挖面之上方或開挖面高度等值之坡肩寬度範圍內。

(四) 應有勞工安全進出作業場所之措施。

(五) 應設置排水設備，隨時排除地面水及地下水。

四、使勞工以機械從事露天開挖作業，依規定應辦理事項：

(一) 使用之機械有損壞地下電線、電纜、危險有害物管線、水管等地下埋設物，致有危害勞工之虞者，應妥為規劃該機械之施工方法。

(二) 事前決定開挖、搬運機械等之運行路線及進出土石裝卸場所之方法，並告知勞工。

(三) 應指派專人指揮，以防止機械翻覆或勞工自機械後側接近作業場所。

(四) 嚴禁操作人員以外之勞工進入營建用機械之操作半徑範圍內。

(五) 車輛機械應裝設倒車或旋轉警示燈及蜂鳴器，以警示周遭其他工作人員。

五、雇主於擋土支撐設置後開挖進行中，除指定專人確認地層之變化外，並於每週或於四級以上地震後，或因大雨等致使地層有急劇變化之虞，或觀測系統顯示土壓變化未按預期行徑時，依下列規定實施檢查：

(一) 構材之有否損傷、變形、腐蝕、移位及脫落。

(二) 支撐桿之鬆緊狀況。

(三) 構材之連接部分、固定部分及交叉部分之狀況。

肆、隧道、坑道開挖

一、對於防止隧道、坑道進出口附近表土之崩塌或土石之飛落致危害勞工之保護措施：

    (一) 擋土支撐。

    (二) 張設防護網。

    (三) 清除浮石。

    (四) 採取邊坡保護。

二、雇主對於隧道、坑道作業，應使作業勞工佩戴安全帽、穿著反光背心或具反光標示之服裝及其他必要之防護具。並置備緊急安全搶救器材、吊升搶救設施、安全燈、呼吸防護器材、氣體檢知警報系統及通訊信號、備用電源等必要裝置。

伍、沈箱、沈筒、井筒、圍堰及壓氣施工

一、雇主藉壓氣沉箱施工法、壓氣沉筒施工法、壓氣潛盾施工法等作業時，應選任高壓室內作業主管，辦理下列事項：

    1.　應就可燃物品於高氣壓狀況下燃燒之危險性，告知勞工。

    2.　禁止攜帶火柴、打火機等火源，並將上項規定揭示於氣閘室外明顯易見之地點。

    3.　禁止從事氣體熔接、熔斷或電焊等具有煙火之作業。

    4.　禁止藉煙火、高溫或可燃物供作暖氣之用。

    5.　禁止使用可能造成火源之機械器具。

    6.　禁止使用可能發生火花或電弧之電源開關。

    7.　規定作業人員穿著不易引起靜電危害之服裝及鞋靴。

    8.　作業人員離開異常氣壓作業環境時，依異常氣壓危害預防標準辦理。

陸、鋼筋混凝土作業

一、支撐先進工法施工之潛在危害有：

    (一) 工作車倒塌。

    (二) 墜落。

    (三) 物體飛落。

    (四) 感電。

二、為預防工作車推進方式施工之危害，防止對策：

　　(一)工作車組立推進、移動與拆除時應依據相關作業規定執行。

　　(二)於施作前應進行試車，確實掌握工作流程(如受力與鎖固等)。

　　(三)於移動主桁架系統與模板時，為避免過度擺動，應加掛導引索控制吊物之移動。

　　(四)進行支撐先進施工主桁架系統與模板安裝時，應確保固定鋼棒等鎖固之確實執行。

　　(五)工作車應依規定進行檢查與保養。

　　(六)另於每一單元施工時應注意單元支撐之穩固、應力分布之均勻性、混凝土澆置之速率與預力施拉程序等。

　　(七)推進期間應審慎考量風力等天候影響。

三、為防止模板支撐倒塌災害，針對模板支撐施工圖說、混凝土澆置、模板支撐基礎、繫材等重點項目論述如下：

　　(一)模板支撐施工圖說：

　　　　1. 雇主對於模板支撐之構築，應繪製施工圖說、訂定混凝土澆置計畫，建立按施工圖說施作之查驗機制；設計、施工圖說、查驗等相關資料應簽章確認紀錄，於模板支撐未拆除前，應妥存備查。

　　　　2. 模板支撐之設計、施工圖說等資料，由委外設計者提供時，雇主應責成所僱之專任工程人員依實際需要檢核，並簽章確認；有變更設計時，其強度計算書及施工圖說應重新製作。

　　(二)混凝土澆置：

　　　　1. 澆置混凝土前，須詳細檢查模板支撐各部分之連接及斜撐是否安全，澆置期間須指派模板工巡視，遇有異常狀況必須停止作業，並經修妥後方得作業。

　　　　2. 澆置樑、樓板或曲面屋頂，應注意偏心載重可能產生之危害。

　　　　3. 澆置期間應注意避免過大之振動。

　　(三)模板支撐基礎：對模板支撐之支柱之基礎，應依土質狀況，依下列規定辦理：

　　　　1. 挖除表土及軟弱土層。　　　2. 回填爐石渣或礫石。

　　　　3. 整平並滾壓夯實。　　　　4. 鋪築預力混凝土層。

　　　　5. 鋪設覆工板。

      6. 注意場撐基地週邊之排水，豪大雨後，排水應宣洩流暢，不得積水。

      7. 農田路段或軟弱地盤應加強改善，並強化支柱下之土壤承載力

(四)模板支撐繫材：

      1. 以一般鋼管為模板支撐之支柱，高度每二公尺內應設置足夠強度之縱向、橫向之水平繫條，以防止支柱之移動。

      2. 以鋼管施工架為模板支撐之支柱，於最上層及每隔五層以內，模板支撐之側面、架面及交叉斜撐材面之方向每隔五架以內，應設置足夠強度之水平繫條，以防止支柱之移位。

      3. 以可調鋼管支柱為模板支撐之支柱，高度超越三・五公尺以上時，高度每二公尺內應設置足夠強度之縱向、橫向之水平繫條，以防止支柱移動。

      4. 以型鋼之組合鋼柱為模板支撐之支柱，高度超過四公尺時，應於每隔四公尺以內向二方向設置足夠強度之水平繫條，並防止支柱之移位。

      5. 木材支柱最小斷面積應大於三十一・五平方公分，高度每二公尺內設置足夠強度之縱向、橫向水平繫條，以防止支柱之移動。

四、為防止發生模扳倒塌災害，雇主以可調鋼管支柱為模板支撐之支柱時，應依下列規定辦理：

(一)可調鋼管支柱不得連接使用。

(二)高度超過三點五公尺者，每隔二公尺內設置足夠強度之縱向、橫向之水平繫條，並與牆、柱、橋墩等構造物或穩固之牆模、柱模等妥實連結，以防止支柱移位。

(三)可調鋼管支撐於調整高度時，應以制式之金屬附屬配件為之，不得以鋼筋等替代使用。

(四)上端支以樑或軌枕等貫材時，應置鋼製頂板或托架，並將貫材固定其上。

五、雇主對於混凝土澆置作業，應依下列規定辦理：

(一)裝有液壓或氣壓操作之混凝土吊桶，其控制出口應有防止骨材聚集於桶頂及桶邊緣之裝置。

(二)使用起重機具吊運混凝土桶以澆置混凝土時，如操作者無法看清楚澆置地點，應指派信號指揮人員指揮。

(三)禁止勞工乘坐於混凝土澆置桶上。

（四）以起重機具或索道吊運之混凝土桶下方，禁止人員進入。

（五）混凝土桶之載重量不得超過容許限度，其擺動夾角不得超過 40 度。

（六）混凝土拌合機具或車輛停放於斜坡上作業時，除應完全剎車外，並應將機械墊穩，以免滑動。

（七）實施混凝土澆置作業，應指定安全出入路口。

（八）澆置混凝土前，須詳細檢查模板支撐各部份之連接及斜撐是否安全，澆置期間有異常狀況必須停止作業者，非經修妥後不得作業。

（九）澆置樑、樓板或曲面屋頂，應注意偏心載重可能產生之危害。

（十）澆置期間應注意避免過大之振動。

（十一）以泵輸送混凝土時，其輸送管接頭應有適當之強度，以防止混凝土噴濺。

柒、鋼構組配作業

一、雇主對於鋼構之吊運、組配作業，應依下列規定辦理：

（一）吊運長度超過 6 公尺以上之構架時，應在適當距離之兩端以拉索捆紮拉緊，保持平穩以防擺動，作業人員暴露於其旋轉區內時，應以穩定索繫於構架尾端使之穩定。

（二）吊運之鋼料，應於置放前將其捆妥或繫於固定之位置。

（三）安放鋼構時，應由側方及交叉方向安全撐住。

（四）設置鋼構時，其各部尺寸、位置均須測定，妥為校正，並用臨時支撐或螺栓等使其充分固定後，再行熔接或鉚接。

（五）鋼樑於最後安裝吊索鬆放前，鋼樑兩端腹鈑之接頭處，應有二個以上之螺栓裝妥或採其他措施固定之。

（六）中空　柵構件於鋼構未熔接或鉚接牢固前，不得置於該鋼架上。

（七）鋼構組配進行中，柱子尚未於兩個以上之方向與其他構架構牢固前，應使用柵當場栓接，或採取其他措施，以抵抗橫向力，維持構架之穩定。

（八）使用 12 公尺以上長跨度柵樑或桁架時，於鬆放吊索前，應安裝臨時構件，以維持橫向之穩定。

（九）使用起重機吊掛構件從事組配作業時，如未使用自動脫鉤裝置，應設置施工架等設施，供作業人員安全上下及協助鬆脫吊具。

二、應指派鋼構組配作業主管於作業現場辦理相關事項之鋼構範圍：

(一) 高度在五公尺以上之鋼構建築物。

(二) 高度在五公尺以上之鐵塔、金屬製煙囪或類似柱狀金屬構造物。

(三) 高度在五公尺以上或橋樑跨距在三十公尺以上，以金屬構材組成之橋樑上部結構。

(四) 塔式起重機或伸臂伸高起重機。

(五) 人字臂起重桿。

(六) 以金屬構材組成之室外升降機升降路塔或導軌支持塔。

(七) 以金屬構材組成之施工構臺。

三、鋼構組配作業主管應辦理事項：

(一) 決定作業方法，指揮勞工作業。

(二) 實施檢點，檢查材料、工具及器具等，並汰換不良品。

(三) 監督勞工確實使用個人防護具。

(四) 確認安全衛生設備及措施之有效狀況。

(五) 其他為維持作業勞工安全衛生所必要之設備及措施。

四、雇主進行鋼構組配作業前，為防止墜落、物體飛落或倒塌等災害，應擬訂鋼構組配作業計畫，應規劃事項如下：

(一) 安全作業方法及標準作業程序。

(二) 防止構材及其組配件飛落或倒塌之方法。

(三) 設置能防止作業勞工發生墜落之設備及其設置方法。

(四) 人員進出作業區之管制。

雇主應於勞工作業前，將前項作業計畫內容使勞工確實知悉。

捌、構造物之拆除

一、構造物於地震後傾斜須拆除，雇主於拆除構造物前應辦理事項，以防止倒塌或火災爆炸等災害：

    1. 檢查預定拆除之各構件。

    2. 對不穩定部分，應予支撐穩固。

    3. 切斷電源，並拆除配電設備及線路。

    4. 切斷可燃性氣體管、蒸汽管或水管等管線。管中殘存可燃性氣體時，應打開全部門窗，將氣體安全釋放。

    5. 拆除作業中須保留之電線管、可燃性氣體管、蒸氣管、水管等管線，其使用應採取特別安全措施。

    6. 具有危險性之拆除作業區，應設置圍柵或標示，禁止非作業人員進入拆除範圍內。

    7. 在鄰近通道之人員保護設施完成前，不得進行拆除工程。

二、雇主於拆除結構物之牆、柱或其他類似構造物時，應依下列規定辦理：

    1. 自上至下，逐次拆除。

    2. 拆除無支撐之牆、柱或其他類似構造物時，應以適當支撐或控制，避免其任意倒塌。

    3. 以拉倒方式進行拆除時，應使勞工站立於作業區外，並防範破片之飛擊。

    4. 無法設置作業區時，應設置承受台、施工架或採取適當防範措施。

    5. 以人工方式切割牆、柱或其他類似構造物時，應採取防止粉塵之適當措施。

第 2 章
危險性機械及設備安全檢查規則

一、型式檢查係指對於危險性機械或設備之製造或修改，其製造人或修改人應於事前填具「型式檢查申請書」並檢附載有申請檢查之危險性機械或設備型式等相關書件，向所在地檢查機構申請型式檢查，未經檢查合格核發型式檢查證明者，不得製造或修改。

二、危險性機械檢查：危險性機械製造或修改前應經型式檢查合格再辦其他各項檢查，其檢查分為竣工檢查、使用檢查及定期檢查、變更檢查、重新檢查。

   （一）竣工檢查：

      固定式起重機、人字臂起重桿、升降機經設置完成時再向檢查機構申請竣工檢查，經檢查合格者再發給合格證，有效期限為二年，但升降機為一年。營建用提升機經竣工檢查合格證有效期限為二年。

   （二）使用檢查：

      移動式起重機及吊籠於製造完成使用前或從國外進口使用前，應向檢查機構申請使用檢查，經檢查合格者發給檢查合格證，有效期限起重機為二年，吊籠為一年。

   （三）定期檢查：

      固定式起重機、移動式起重機、人字臂起重桿、升降機、營建用提升機、吊籠於其檢查合格證有效期限屆滿前，應向檢查機構申請定期檢查，經定期檢查合格者，應延長其檢查合格證有效期限，此項延長每次以二年為限，但升降機及吊籠仍為一年。

   （四）重新檢查：

      固定式起重機、移動式起重機、人字臂起重桿、升降機、吊籠，雇主擬暫停使用時，如暫停使用期間超過檢查合格證有效期限者，應檢附檢查合格證向檢查機構報備。如擬再使用時應填具重新檢查申請書，向檢查機構申請檢查。

三、危險性機械檢查、有效許可使用期限：

檢查別 危險性 機械別	型式 檢查	竣工 檢查	使用 檢查	定期 檢查	變更 檢查[註]	重新 檢查	檢查合格證最 長有效期限
固定式 起重機	○	○		○	○	○	2 年
移動式 起重機	○		○	○	○	○	2 年
人字臂 起重桿	○	○		○	○	○	2 年
升降機	○	○		○	○	○	1 年
營建用 提升機	○	○		○	○	○	2 年
吊　籠	○		○	○	○	○	1 年

註：如材質、規格及尺寸不變者，不視為「變更」。

四、危險性設備檢查：

(一) 型式檢查

製造鍋爐或第一種壓力容器等危險性設備，應於製造或修改前先由製造人或修改人向製造所在地檢查機構申請。

(二) 重新檢查：

1. 由國外進口者。

2. 停用或經構造檢查、重新檢查合格後未裝設而閒置經過一年以上者。

3. 遷移裝置地點者。(移動式除外)

4. 經過大修改致其胴體、爐筒、火室端板、頂蓋板、管板、集管器或補強支撐等有變動者。(申請變更檢查)

5. 經重新 (或變更) 檢查合格後之處理方式：

(1) 國外進口者應發給重新檢查合格明細表以憑辦理竣工檢查。

(2) 前列停用，經大修改且未遷移地點者，僅在原合格證上簽注檢查結果即可。

(3) 如遷移地點則應發給重新檢查合格明細表以辦理竣工檢查。

五、危險性設備檢查、有效許可使用期限：

檢查別 危險性機械別	型式 檢查	熔接 檢查	構造 檢查	竣工 檢查	定期 檢查	變更 檢查	重新 檢查	檢查合格證 最長有效期效
鍋爐	○	○	○	○	○	○	○	1 年
壓力容器	○	○	○	○	○	○	○	1 年
高壓氣體 特定設備	○	○	○	○	○	○	○	1 年
高壓氣體容器	○	○	○		○		○	5 年

六、某營造公司，欲興建 10 層鋼骨大樓，您將鋼骨結構部分發包給專業機構承包，此一工程用一台 7.5 公噸之固定式起重機，由該營造公司提供，請回答下列問題：

(一) 須經何種程序，固定式起重機始可取得合法使用？另起重操作人員需具備何種條件？

🖎 固定式起重機經設置完成時應向檢查機構申請竣工檢查，經檢查合格者再發給合格證，有效期限為二年。危險性機械之操作人員，雇主應僱用經中央主管機關認可之訓練或經技能檢定之合格人員充任之。

(二) 該起重機應實施自動檢查，自動檢查有哪幾種？

🖎 雇主對固定式起重機，應每年就該機械之整體定期實施檢查一次。雇主對前項之固定式起重機，應每月依下列規定定期實施檢查一次。

1. 過捲預防裝置、警報裝置、制動器、離合器及其他安全裝置有無異常。
2. 鋼索及吊鏈有無損傷。
3. 吊鉤、抓斗等吊具有無損傷。
4. 配線、集電裝置、配電盤、開關及控制裝置有無異常。
5. 對於纜索固定式起重機之鋼纜等及絞車裝置有無異常。

(三) 上述自動檢查之責任，依規定由何者承擔？

🖎 上述自動檢查之執行，依規定應由各級主管及管理、指揮、監督人員負責執行。

七、某一工廠設有一部積載荷重一公噸以上的升降機，如果你是職業安全管理師，對該升降機依職業安全衛生法令之規定，應如何管理？

答（一）升降機經設置完成時應向檢查機構申請竣工檢查，經檢查合格者再發給合格證，有效期限最長為一年。升降機檢查合格證有效期限屆滿前一個月，應填具升降機定期檢查申請書，向檢查機構申請定期檢查；逾期未申請檢查或檢查不合格者，不得繼續使用。

（二）危險性機械之操作人員，雇主應僱用經中央主管機關認可之訓練或經技能檢定之合格人員充任之。

（三）對升降機，應每年就該機械之整體定期實施檢查一次。每月依下列規定定期實施檢查一次：

1. 終點極限開關、緊急停止裝置、制動器、控制裝置及其他安全裝置有無異常。

2. 鋼索或吊鏈有無損傷。

3. 導軌之狀況。

4. 設置於室外之升降機者，為導索結頭部分有無異常。

八、依危險性機械及設備安全檢查規則規定：

（一）請敘明那 3 種特殊之危險性設備，因其構造或安裝方式特殊，事業單位應於事前將風險評估報告送中央主管機關審查，非經審查通過及確認檢查規範，不得申請各項檢查？

（二）前小題所述之風險評估報告，其內容應包括那 5 項？

（三）雇主對鍋爐於下列情況時，應向檢查機構申請何種檢查？

1. 鍋爐檢查合格證有效期限屆滿前 1 個月。

2. 鍋爐經修改致其燃燒裝置等有變動者。

3. 鍋爐設置完成時。

4. 擬變更鍋爐傳熱面積者。

答（一）依據「危險性機械及設備安全檢查規則」第 6 條第 3 項規定，對於構造或安裝方式特殊之地下式液化天然氣儲槽、混凝土製外槽與鋼製內槽之液化天然氣雙重槽、覆土式儲槽等，事業單位應於事前將風險評估報告送中央主管機關審查，非經審查通過及確認檢查規範，不得申請各項檢查。

（二）　依據「危險性機械及設備安全檢查規則」第 6 條第 3 項第 3 款規定，對於風險評估報告之內容，應包括：風險情境描述、量化風險評估、評估結果、風險控制對策及承諾之風險控制措施。

（三）　對於鍋爐於下列情況時，應向檢查機構申請檢查種類如下列：

1. 鍋爐檢查合格證有效期限屆滿前 1 個月：定期檢查

2. 鍋爐經修改致其燃燒裝置等有變動者：變更檢查

3. 鍋爐設置完成時：竣工檢查

4. 擬變更鍋爐傳熱面積者：重新檢查

九、

（一）既有危險性機械及設備安全檢查規則係於民國 95 年 1 月 11 日訂定發布，並於民國 101 年 9 月 19 日修正發布，該規則所稱既有危險性機械及設備之適用範圍為何？

（二）依危險性機械及設備安全檢查規則規定，高壓氣體特定設備及高壓氣體容器之定義為何？

（三）依危險性機械及設備安全檢查規則規定，高壓氣體特定設備有何種情事者，應由所有人或雇主向檢查機構申請重新檢查。

答（一）本規則所稱既有危險性機械及設備如下：

1. 職業安全衛生法納入適用範圍前，已設置且目前未經檢查合格者。

2. 危險性機械及設備安全檢查規則發布施行前，已設置且目前未經檢查合格者。

3. 國家標準或危險性機械及設備法規規範相關構造規格前，已設置且目前未經檢查合格者。

4. 中央主管機關指定適用國外檢查標準前，已設置且目前未經檢查合格者。

（二）高壓氣體特定設備定義：

係指供高壓氣體之製造 (含與製造相關之儲存) 設備及其支持構造物 (供進行反應、分離、精鍊、蒸餾等製程之塔槽類者，以其最高位正切線至最低位正切線間之長度在五公尺以上之塔，或儲存能力在三百立方公尺或三公噸以上之儲槽為一體之部分為限)，其容器以「每平方公分之公斤數」單位所表示之設計壓力數值與以「立方公尺」單位所表示之內容積數值之積，超過○‧○四者。

（三）高壓氣體特定設備有下列各款情事之一者，應由所有人或雇主向
檢查機構申請重新檢查：

1. 從外國進口。

2. 構造檢查、重新檢查、竣工檢查或定期檢查合格後，經閒置
   一年以上，擬裝設或恢復使用。但由檢查機構認可者，不在
   此限。

3. 經禁止使用，擬恢復使用。

4. 遷移裝置地點而重新裝設。

5. 擬提升最高使用壓力。

6. 擬變更內容物種類。

對外國進口具有相當檢查證明文件者，檢查機構得免除本條所定
全部或一部之檢查。

十、某化學工廠擬於廠內增設汽電共生用鍋爐一座，若該鍋爐屬職業安全衛生法
所列之「具有危險性之設備」，請回答下列問題：

（一）請列出該鍋爐於設計至使用前需申請之檢查項目，並簡要說明申請該
檢查之時機。

（二）該鍋爐檢查合格證之最長有效期限幾年？該合格證未到有效期限前應
申請何項檢查？

（三）該鍋爐使用 2 年後，為提高其蒸汽產出量，修改鍋爐之燃燒裝置，該
鍋爐應申請何項檢查？

（四）若因為市場需求不佳，停用該鍋爐超過 1 年，日後若欲使用該鍋爐，
應申請何項檢查？

答 （一）該鍋爐於設計至使用前需申請之檢查項目有：型式檢查、熔接檢
查 (以鉚釘製造者除外)、構造檢查、竣工檢查。

製造前先由製造人向製造所在地的勞動檢查機構申請型式檢查，
未經檢查合格不得製造。

以熔接製造之鍋爐，應於施工前由製造人向製造所在地檢查機構
申請熔接檢查。

製造鍋爐本體完成時，應由製造人向製造所在地檢查機構申請構
造檢查。

雇主於鍋爐設置完成時，應向檢查機構申請竣工檢查；未經竣工
檢查合格，不得使用。

(二) 該鍋爐檢查合格證之最長有效期限為一年；該合格證未到有效期限前應申請定期檢查。

(三) 該鍋爐使用 2 年後，為提高其蒸汽產出量，修改鍋爐之燃燒裝置，該鍋爐應申請變更檢查。

(四) 若因為市場需求不佳，停用該鍋爐超過 1 年，日後若欲使用該鍋爐，應申請重新檢查。

第3章
職業災害預防理論

一、職災 4E 為何？請詳述之。

🏅（一）工程 (Engineering)：利用工程上之改善，以消除作業場所中環境設備材料方法之危害。可利用：

  1. 作業前實施作業環境測定

  2. 作業環境之改善。如：通風換氣

  3. 危險性工作場所之電氣設備應使用防爆型

  4. 工作安全分析與安全觀察

  5. 設置監視人員監視

（二）教育 (Education)：利用安全衛生教育的實施，以消除勞工本身不安全的行為與心態。需接受教育的勞工有：

  1. 職業安全衛生人員

  2. 安全衛生相關之業務主管

  3. 危險性機械設備操作人員

  4. 特殊作業人員

  5. 一般作業人員

  6. 環測人員

  7. 施工安全評估與製程安全評估人員

（三）強制 (Enforcement)：利用作業執行上遵守相關之守則，以消除可能產生之危害。如：

  1. 安全衛生工作守則

  2. 安全作業標準

  3. 佩帶個人防護具

  4. 落實自動檢查與稽核計畫

  5. 落實職災防止計畫

  6. 確實進行職災之調查與分析

(四) 熱忱 (Enthusiasm)：以愛心、耐心、與熱心，讓勞工對安衛工作有想做、肯做的意願。可利用：

    1. 零災害運動

    2. 安全衛生提案制度

    3. 安全衛生相關競賽活動

    4. 廠場整潔與 5S 活動

    5. 交通災害之宣導

二、列舉四種事業單位常實施的安全衛生活動。

(一) 零災害運動：

    目的：強調人命的可貴，藉由先知先覺的方式以消除作業上的危害。

    作法：利用小組腦力激盪的方式，找出危害發生之點，進而尋求改善對策最後找出具體可行的方法。

(二) 安全衛生提案制度：

    目的：利用提案的方式以消除安衛工作上的缺失。

    作法：藉由作業人員利用提案方式，提出工作過程中可能潛藏的危害提出。

(三) 安全衛生競賽活動：

    目的：藉由趣味性的安全衛生活動，將安全衛生的觀念深植於勞工心中。

    作法：利用安全衛生標語比賽或是短劇比賽，讓勞工在緊張刺激的過程中體會安全衛生的精神。

(四) 廠場整潔與 5S 活動：

    目的：利用整潔比賽的過程讓 5S 可以深植勞工心中。

    作法：定期舉辦場內各部門的整潔比賽，讓勞工了解 5S 可以消除許多不安全的行為。

(五) 交通意外事故宣導：

    目的：藉由宣導的方式強化勞工的安全意識。

    作法：定期舉辦交通災害防治宣導，讓勞工能注意到上下班時的交通安全。

三、職業災害預防理論中，何謂失誤安全設計 (Fail-Safe Designs)？區分為幾種型態？

答 (一) 失誤安全設計

設備失誤通常會造成災害，因此，失誤安全設計之主要目的為防止因設備失誤，使人員造成傷亡與設備的損壞，失誤安全設計的原理主要是確定失誤發生時，讓系統失效或轉至不會對人有傷害或設備產生損壞的安全狀態，然而大多數失誤安全設計，有其缺陷，就是會使系統功能減弱。

(二) 失誤安全設計可分為下列三種型態：

1. 被動式失誤安全設計 (Fail-passive Arrangement)

大多數的失誤安全設計是將系統因失誤所產生的能量減至最低，係以減少系統運作功能，或中止作業系統的方式來達到防止災害發生之目的。如迴路開關電流過載時，保險絲熔斷，使系統保持安全狀態，欲重新啟動時，需將保險絲修復，才能作業。

2. 主動式失誤安全設計 (Fail-active Arrangement)

主動式失誤安全設計係於失誤發生時，將系統維持在一安全操作狀態，直到狀況解除，或驅動一替代系統，來消除可能發生之危害。

如設計一個餘備系統，當危害發生時，自動啟動來維護系統之安全。通常主動式失誤安全設計會包括監測或警報系統，當狀況異常時，會以連續閃爍或不同顏色、輔助燈光聲音等加以防制處理。

3. 調節式失誤安全設計 (Fail-operational Arrangement)

設計一調節系統，當系統發生異常時，調節系統能發揮調節功能，使系統自動回復安全之正常作業狀況，而該種系統不會造成功能之損失。

如鍋爐之進水閥需要一個方向調節式失誤安全設計，進水必須由下流過並不得越過閥盤，閥盤分離管徑，允許水壓推升閥盤，使鍋鑪中之流量保持在正常狀況，如果進料超過，分離器將會關閉該閥，將停止進流並釋放水於鍋爐，以防止因缺水而導致蒸氣壓上升，產生鍋爐爆裂。

四、解釋名詞：

(一) 危害 (Hazard)：是一種潛在的情況，可能會演變成意外 (Incident)，造成事故 (Accident)，而發生人員或財物的損失，因此，所稱之「危害」是指一種會產生意外事故的機率。

(二) 本質安全：每個產品或作業都存在先天上的危害，將危害加以控制，使其在任何情況下，都不會造成災害的發生，是謂本質安全 (Intrinsically Safe)。

五、列舉七種危害之消除或減少之方法，並說明之：

(一) 消除危害：

追求本質安全 (Intrinsically Safe) 的設計，從「完全消除危害」及「限制危害低於危害水準」方式達成。

例如：良好的廠場整潔、5S 運動的推行、材料 / 設備 / 製程的替代等皆是。

(二) 減少危害：

危害的存在本身無法消除，但可限制危害低於危害水準，雖暴露在危害之中，亦不會因而產生傷害。

例如：安全電壓、安全玻璃等。

(三) 隔離、閉鎖、連鎖：

1. 隔離：

在安全工程技術上，隔離通常採取三個基本原理：

(1) 一旦危害被辨識出來，則隔離危害。

(2) 防止不相容 (Incompatible Events) 事件發生；防止在不當時機發生，或出現程序錯誤。

(3) 在適當及正確行動被採取後，提供能量予以適當釋放的空間。例如：滅火原理、人機分離、鐵路欄柵、物理性危害之工程改善等。

2. 閉鎖：

(1) Lock-out：防止人、物、能或其他因素進入非期望區域。例如停電作業。

(2) Lock-in：防止人、物、能或其他因素離開限制區域。例如通風換氣作業。

3. 連鎖 (Interlocks)

最後的安全措施，連鎖是一有效的方式，因為其需要操作者對製程的正向行動，連鎖依據其作業模式，有許多種不同的型態。

(四) 失誤安全設計 (Fail-Safe Designs)

1. 被動式失誤安全設計 (Fail-Passive Arrangement)：例如漏電斷路器。

2. 主動式失誤安全設計 (Fail-Active Arrangement)：例如自動化之集中監控。

3. 調節式失誤安全設計 (Fail-Operational Arrangement)：

例如：不斷電系統。

(五) 失誤最小化 (Fail Minimization)

1. 安全因子及界限

2. 失誤率減少

(1) 增加零件之生命期較使用期為長 (De-rating)

(2) 篩選 (Screening)

(3) 定期置換 (Timed Replacement)

(4) 餘備裝置 (Redundant Arrangements)

3. 計量監測 (Monitoring)

4. 互護系統 (Buddy System)

5. 警告裝置

(六) 安全程序

安全程序→良好的管理→防止意外。

(七) 支援與回復

事故→災害→緊急應變與處理→適當的支援與回復→防止災害。

六、何謂失誤最小化，分為幾種型態？

㊄ 失誤最小化 (Fail Minimization)：在失誤安全設計為不可行時，設計以減小至最低危害程度，以下四個原則最常被使用：

(一) 安全因子及界線：

這是最傳統的失誤最小化設計，依此觀念，物體或結構之設計強度均大於使用強度，允許計算誤差、物質特性誤差、外力誤差、物體衰弱誤差等因素。

(二) 失誤率減少：

這是工程上信賴度的問題，其致力於使用零件或設計之預期使用期限遠遠超過使用之期限，以減少在使用期間所產生失誤之機率。失誤率減少通常採用：

1. 增加零件之生命期較使用之期間為長，特別對時間較一般要求為長。

2. 篩選：減少失誤率可由零件之品質管制進行，良好的品管意味著消除可能在操作中產生失誤零件之機率。

3. 定期置換。

4. 多重裝置：採並聯或備用裝置。

(三) 計量監測

一個特別計量，諸如溫度、噪音、毒性氣體濃度、振動、壓力、或輻射等保持監測，以確保其在限制範圍內，藉以決定是否有異常狀況，俾以採取進一步措施。

監測裝置不能僅用作多重防護的指示，其亦能被用來維持任何一被選擇的計量，如溫度、壓力，以確保其在正常的水準之下持續運作，更大的好處是一有狀況即能有所導正，而不需作緊急狀況之處置。

(四) 互護系統

互護系統可以說是從事危害作業一種相互監護的方式，許多活動為此特定之目的而被使用，如童軍、游泳、工廠等之作業活動等。

互護系統有二種型式，一種是二人組成一對，同一時間，同一狀況，暴露於同一危害，兩者必須相互確保對方安全，提供必要之協助，如電力公司之高壓活線作業，即利用此方式相互援助救助。

互護系統第二種型式是一對之中僅有一人暴露於危害之中，另一人僅擔任守護，及提供必要的援助，最常見的例子是入槽作業，在槽外的一人即負責擔任守護，通常槽外的人無其他工作，除了監視槽內者是否發生危險，或者提供一工具等，無論如何，兩者均需堅守崗位，並且需有良好的聯絡方法。

互護系統的作業必須非常詳細，包括何者做什麼，何者需負責什麼，列出所需工具、儀器設備，個人防護具及聯絡信號等，避免任何疏失，每個人必須知道發生緊急狀況時應如何處置，如何使用緊急救援工具，如何確保能適當的處置。

(五) 警告裝置

警笛裝置是一種引起操作者注意以避免發生意外的方式,許多法令要求通知勞工、使用者、或者公眾有關之危險,但每一通知及確認危害狀況是需要溝通的,所有人們感官都可作為警告方式,而各感官的描述,其優先順序原則上為視覺、聽覺、嗅覺、觸覺等。

七、列舉四種損失控制或減少的理論:

只要危害存在,就有方法去減少危害,同樣地,如果災害的發生是不可避免的,一定會發生,但不知何時會發生,則某些危害必須接受意外是會發生的,而意外就可以採用遠離等方法來減少損害,來消除所有可能災害發生所產生之損害,而損失的減少與抑制,則須考慮災害發生的頻率及嚴重率,以及所需設備功能性及費用,以下僅就一些減低危害的防護方式,包括隔離、個人防護具、能量吸收機轉,及避難救助,一一加以說明。

(一) 隔離

意外一旦發生後,將能量予以吸收、減弱、或隔開,使災害損失減至最低:

1. 安全距離:將可能發生意外點與人、設備間保持適當的距離,如爆炸安全距離。

2. 變流裝置:可經由反射或吸收能量減少損害,殘留量將減至危害量以下,能量變流如用熱反射器、噪音保護具、捕火防柵等。

3. 抑制劑:防止火之散布,如撒水系統或抑制劑噴霧。

4. 隔離物:如金屬護圍、防爆牆、或其他不可穿透之物體。

(二) 弱連結

弱連結是一種在壓力水準下,當意外發生時,會產生作業失敗,來減少或控制任何可能會導致更嚴重的失誤或災害發生。

最簡單的弱連結,如在紙張上打一連續的孔或點線,則紙就很容易被撕開。而弱連結經常使用在電氣、機械、構造系統等。電氣如保險絲用在電線短路上,鍋爐有機械保險桿,當水位下降時,溫度上升熔斷,蒸氣外洩避免鍋爐破裂。又如灑水系統,溫度升高時之灑水滅火功能,或是防止機械應力過大的剪針,化工儲槽的破裂盤、安全閥等均是。

弱連結有其潛在的問題,就是雖然損害可能減少,但是仍有損害,如開關可能會關斷,在沒有過電流的情況下,而且必須更換才能重新使用,在設計上,常為次等設備。

(三) 個人防護具

個人防護具為損失減少或抑制的方法之一，主要目的係以個人穿著裝備，防止職業災害發生，其雖然用於保護人體來對抗惡劣環境或防止意外，但通常是在環境設備無法改善或在改善期間，因保護的需求，才加以使用，就用途而言，可以分為三類：

1. 對於預期中的危害作業

   如噴漆作業，預期可能有機溶劑造成人體中毒之危害，需要戴用防護具，防護具須符合為特定目的所使用。

2. 用於調查或維修作業

   調查環境是否有危害，或洩漏、污染、等之調查，其危害通常較廣泛，選用個人防護具亦要有較多的功能。

3. 災變處理

   災變發生後的數分鐘，如何控制災情，防止繼續擴大，作適當的搶救處理等可能為重要關鍵，使用個人防護具，可避免救災可能造成的傷害，因此，該項之個人防護具之性能，應以方便使用、容易操作為主。

(四) 逃生、避難及救助

一個緊急狀況可能會一直持續造成損壞，直到必須放棄或犧牲建物、設備等以避免人員之傷害。在緊急狀況支援及回復無效時，逃離危險區域是必要的，而逃生、避難、救助是否成功，將為最重要的關鍵。逃生、避難是指由個人的努力，利用現有的資源來完成，而搶救則是需經由他人的努力，來共同完成的。

第 4 章
損失控制概論

一、何謂損失控制五大功能？損失控制管理制度的八大工具？試簡要說明。

答（一）損失控制五大基本功能如下：

　　1. 鑑定工作之建立：

　　　　損失控制首先要鑑定的工作是事故原因，用於鑑定工作的程序有下列數種：

　　　　(1) 安全檢查。

　　　　(2) 作業環境監測。

　　　　(3) 安全觀察。

　　　　(4) 工作安全分析。

　　　　(5) 事故調查。

　　2. 標準：

　　　　在損失控制管理制度方面下列各項也具有標準或規範之功能：

　　　　(1) 安全法規與安全守則。

　　　　(2) 安全政策之頒布。

　　　　(3) 安全檢查基準、判定基準。

　　　　(4) 工作安全分析。

　　　　(5) 安全作業標準。

　　3. 量度：

　　　　在損失控制管理制度下，各項事故費用之損失費用均應予以計算與統計，以資警惕、加強控制管理。

　　　　(1) 失能傷害事故費用
　　　　　　=「人力費用」
　　　　　　=「醫療費用」＋「補償給付」＋「生產時間工資損失」

　　　　(2) 財物損害事故費用
　　　　　　=「機械費用」＋「材料費用」＋「設施費用」
　　　　　　　＋「其他費用」

4. 評估工作

事業單位「損失控制管理」推行績效是否良好、是否有進步，亦需要計算其頻率及嚴重率，俾評估推行績效，以求改善。

5. 改正缺失

事故發生之後我們必須發掘根源性原因，採取防止重演之一切措施，而在平常更應改正缺失、修補疏漏、加強管理。下列工具均具有此一功能：

(1) 事故調查。

(2) 工作安全分析。

(3) 安全觀察。

(4) 安全接談。

(5) 安全檢查。

(6) 安全訓練。

(7) 安全激勵。

(8) 安全守則、法規。

(二) 損失控制管理制度的八大工具：

1. 安全衛生工作守則：

參酌職業安全衛生法施行細則第三十四條規定之項目訂定公布適合其事業單位必要之安全衛生工作守則，勞工有遵守之義務。

2. 自動檢查：

事業單位應依據職業安全衛生管理辦法，依事業之規模、性質，實施安全衛生管理、設置職業安全衛生組織及人員，訂定自動檢查計畫，實施自動檢查。

3. 安全衛生教育訓練：

對於勞工應施以從事工作及預防災變所必要之安全衛生教育訓練，勞工有接受之義務。

4. 事故調查：

事故調查為防止事故重演的最佳工具，調查目的為尋找事故之根源性原因，採取防範措施，而非調查事故責任。事故應在發生之後盡快調查，延遲時間越少越好，查核意外現場之

前歷時愈久，人們會很快忘記意外的細節，也很可能會「發明事實」，誤導事實經過。意外現場應迅速查核以免證據改變或消失，更別忘了對受傷當事人及證人加以詢問調查，以免扭曲了事實。

5. 工作安全分析：

工作安全分析的目的為將工作分解成若干步驟、工作方法及鑑定一切潛在的危險，經分析後採取防範措施，如再加上事故處理就成了一份完整的安全衛生作業標準。

6. 安全觀察：

安全觀察係由各級主管實施臨時性的、有意性的、計畫性地觀察勞工不安全的行為或不安全的環境或設備。

7. 安全接談：

常與屬下安全接談，討論並指導其在工作上的安全事項。

8. 激勵：

適當的激勵，往往可以增強安全行為，激勵士氣，增加工作效率。

二、工作人員對損失控制的職責：

(一)遵守安全衛生守則。

(二)接受健康檢查。

(三)接受安全衛生教育訓練。

(四)服從與遵從主管的指示。

(五)立即報告一切事故與傷害。

(六)知道緊急事件之應變任務。

(七)力行預知危險，養成自護、互護與監護習慣。

(八)參與安全衛生活動。

(九)使用安全防護具與安全設備，使安全成為自己工作的一部分。

(十)其他。

三、損失控制制度的目標及其計畫應注意事項：

(一) 損失控制制度的目標

就安全觀點而言，全面損失控制與安全管理實為一體的兩面，亦即使生產資源的損失經由管理控制而減至最少，全面損失控制是我們企求的目標與理想，希望經由損失控制未達成下列四項目標：

1. 人員的防護 (Protection of Personnel)。

2. 設備與環境的防護 (Protection of Equipment and Environment)。

3. 增進生產效率 (Procedure Efficiency)。

4. 增進優良的產品 (Product Superiority)。

換言之，其共同目標是「為事先防範以制止事故發生，以避免傷亡損失及財物損失」，以達增加利潤的目的。

(二) 計畫注意事項：

全面損失控制管理制度是有效的安全衛生管理，它是應用計畫、組織、領導及控制等管理技巧。從人員、設備、材料、環境等各方面予以鑑定、控制及竭力使事故的損失減至最低的一種管理制度，可從下列各方面加以計畫：

1. 人員方面：選任、配置、訓練、溝通、激勵、績效與管制。

2. 設備方面：工程、採購、操作、維護、損害控制及能源節約。

3. 材料方面：預測、採購、策劃、處理、品管、搬運、廢料管制、安全等。

4. 環境方面：污染管制、工作衛生、人際關係、法律、政策、危險管制及災害管制等。

一個事故預防計畫永遠必須從最高階層開始，知曉事故的問題點，並要求安全經營的管理，安全地生產而不是安全與生產分開。

四、損失控制管理包含以下工作：

(一) 所承受風險之辨識。

(二) 所承受風險之量度與分析。

(三) 影響現有或可能採取之損失控制技術或行動對既存風險之決定。

(四) 考量有效性與經濟性，選取最適之損失控制方案。

(五) 受經濟限制時，最有效的計畫執行方式之管理。

五、損失控制安全部門的安全職責：

(一)安衛諮詢服務：提供安衛問題或事故防止之諮詢服務，並提出消除危害之建議。

(二)檢查作業裝置：會同使用單位檢查新裝置設備之安全性與安全防護措施，並提出檢查報告。

(三)事故調查：當接獲事故單位報告時，應立即會同轄區安衛人員實施調查工作，並提出調查報告。

(四)安全衛生自動檢查：每年訂定年度安全衛生自動檢查計畫，並據以實施。對現場人員的自動檢查除應施予抽查外，安全部門每月應至少有一次安全檢查，並提出檢查報告。

(五)安全觀察：每月觀察現場工作人員的安全行為，並據實記錄之。

(六)安全守則之擬訂與修訂：會同現場主管人員與工會代表擬訂適用之安全守則，每年並加以檢討修正。

(七)承攬商之安全管理：應經常與工事部門及監工部門協調，以加強承攬商之安全管理。

(八)辦理安全衛生教育訓練：協助事業主辦理各項災害預防所必須之安全衛生教育訓練。

(九)工程協調會：在各種工程施工前，督促監工部門召開施工協調會，做好安全防護措施。

(十)採購安全管理：訂定採購程序，以保證採購時能購入合格之安全設備與工具；並審核有關個人防護具與安全裝置請購單。

(十一)健康管理：與醫療部門協調合作辦理健康檢查，並加以管理。

(十二)活動績效報告：每月辦理安全活動，並陳報活動績效統計表。

六、解釋名詞：「損失控制」

損失控制是指事故一旦發生，如何將災害之損失減至最低程度，且不致產生大災害。

七、企業安全衛生政策的目標：

(一)消除職業災害，促進工作者的安全與健康。

(二)符合法令之規定。

(三)達到無事故、無災害、無公害。

(四)提升全體員工之安全衛生知識。

（五）達成重大災害事件數爲零。

（六）創造舒適安全的工作環境。

八、企業全面損失控制之範圍為何？請列舉十項。

（一）工作傷害。

（二）職業疾病。

（三）工餘傷害。

（四）家居傷害。

（五）汽車毀損。

（六）物料毀損。

（七）一般財物毀損。

（八）竊盜損失。

（九）火災損失。

（十）產品責任險之賠償。

第 5 章
系統安全分析

一、失誤樹分析

（一）何謂失誤樹分析 (Fault Tree Analysis)？失誤樹分析與事件樹分析 (Event Tree Analysis) 有何不同？

答 1. 失誤樹分析 (Fault Tree Analysis) 為一種將各種不欲發生之故障情況 (如：製程偏離、反應失控)，以推理及圖解，逐次分析的方法。其應用範圍主要在系統安全分析時，欲評估其可靠度的系統或次系統，有下列功效：

(1) 可強迫分析者應用推理的方法，努力地思考可能造成故障的原因。

(2) 可提供明確的圖示方法，以使設計者以外的人，亦可很容易地明瞭導致系統故障的各種途徑。

(3) 可指出系統較脆弱的環節。

(4) 可提供評估系統改善策略的工具。

2.

(1) 失誤樹是由上而下式的方式，回溯 (Backward) 發展模式，演繹 (Deductively) 或推論後果 (Effect) 及其原因 (Causes)。

(2) 事件樹是由下而上式的方法，前向 (Forward) 發展模式歸納 (Inductively) 或引導原因 (Cause) 及其結果 (Effects)。

（二）實施失誤樹分析之步驟為何？請分別列出說明。

答 失誤樹的分析程序歸納如下：

1. 系統定義

(1) 定義分析範圍及分析邊界

(2) 定義起始條件

(3) 定義頂上事件 (Top Event)

2. 系統邏輯模型建構

　　→建立失誤樹

3. 共同原因失誤模式分析 (Common Cause Failure Analysis)

4. 定性分析 (Qualitative Analysis)

　　(1) 布林代數 (Boolean Algebra) 化減

　　(2) 找出最小切集合 (Minimal Cut Set，MCS)

5. 由失誤率資料庫 (Generic Data Bank) 搜尋基本事件之失誤率 (Failure Rate)

6. 依製程條件、環境因素等修正基本事件失誤率

7. 建立失誤率資料檔

8. 定量分析 (Quantitative Analysis)

　　→求出 Top Event/MCS 之失誤率及機率，包括：不可靠度 (Unreliability)、不可用度 (Unavailability)、失誤期望值 (Expected Number of Failure) 等。

9. MCS 排序、相對重要性分析 (Importance Analysis)。

二、系統安全分析

(一) 系統安全分析的目的為何？

🈺 系統安全分析的目的有二：預防與消減，是在於預防危害的發生或減少其發生後的損失。

(二) 除失誤樹分析外，請列舉五種系統安全分析的方法。

🈺 1. 初步危害分析 (PHA)

2. 檢核表分析 (Check List)

3. 危害及可操作性分析 (HAZOP)

4. 事件樹分析 (Event Tree Analysis)

5. 失誤模式及影響分析 (Failure Mode and Effect Analysis)

三、對於高風險工業必須在系統週期的整個過程中從事審慎的危害分析，說明危害分析小組成員的組成及進行分析前蒐集資料的種類。

(一) 危害分析小組成員

1. 小組長 (Leader)：必須具有完整之危害分析技術的知識和適當之經驗。

2. 記錄員：需了解所用分析技術及製程之相關用語，並能迅速完成應有之記錄。

3. 工程師、資深操作員或領班：至少有一至兩位對製程之操作及技術相當程度的了解。

4. 方法工程師。

5. 儀電工程師。

6. 修護工程師。

7. 環保人員。

8. 安全管理人員。

9. 衛生管理人員。

10. 製程工程師。

11. 操作工程師。

12. 機械工程師。

(二) 進行分析前應蒐集的資料

1. 工廠位置 (工廠四週狀況圖)

2. 工廠佈置 (工廠內部配置圖及地形圖)

3. 製程系統圖 (管線、流程圖、立體配置圖)

4. 儲槽之安全設施 (原設計圖)

5. 各工廠製程機械設備明細表。

6. 原材料、中間產物、產品之物理化學性質及危害資料 (如 SDS)。

7. 儀器管線流程圖。

8. 消防系統 (配置圖、系統圖)

9. 安全衛生自動檢查資料。

10. 危險機械設備檢查資料。

四、請列出四種危害分析 (安全評估) 技術 (定性、定量分析各兩種)，並說明其意義及應用。

(一) 定性危害分析法

1. 檢核表分析法 (Check-List)

   事前規劃出危害分析的檢核項目或檢查因子，以供檢查人員依循，因此檢核表本身即可說是此分析方式的指導原則，評估人員只需逐條檢討，解釋製程是否符合即可。

2. 如果－結果分析法 (What-If)

   如果－結果分析法與檢核表分析是兩種完全不同的方式，檢核表分析是將所有考慮因素事先加以設計：假設模擬分析則對於考慮因素採開放式問答，優點是可激發出更多被忽略的潛在性危害，缺點是難以引導與規範危害分析之進行，尤其對於較欠缺經驗的人員來說更是如此。

(二) 定量危害分析法：

1. 失誤樹分析 (FTA)

   失誤樹分析是屬於一種演繹 (Deductive) 的安全評估方式，主要是針對一特定之意外事件或系統失誤，抽絲剝繭地找出其基本原因。一般之失誤樹爲樹狀之圖形，藉由圖形中之數學與統計邏輯關係，描繪出意外事件中的人爲錯誤與設備失效之組合。

2. 事件樹分析 (ETA)

   事件樹是一種失誤邏輯圖模式，它是一種經由推論歸納的邏輯方式，辨識出由起始事件 (Initiating Event) 所引發的各種可能之後果或影響，並可將這些可能產生的事件之機率加以量化的分析技術。

五、何謂危害分析？請列舉定性及定量危害分析各兩種，並說明其意義及應用。

🔑 (一) 所謂危害分析係針對會造成人員死亡或重大財產損失之潛在特性，如職業性傷害、職業病等特性，加以辨識及評估之技術。

(二) 定性危害分析法

1. 檢核表分析法 (Check-List)

   事前規劃出危害分析的檢核項目或檢查因子，以供檢查人員依循，因此檢核表本身即可說是此分析方式的指導原則，評估人員只需逐條檢討，解釋製程是否符合即可。

2. 如果－結果分析法 (What-If)

如果－結果分析法與檢核表分析是兩種完全不同的方式，檢核表分析是將所有考慮因素事先加以設計；假設模擬分析則對於考慮因素採開放式問答，優點是可激發出更多被忽略的潛在性危害，缺點是難以引導與規範危害分析之進行，尤其對於較欠缺經驗的人員來說更是如此。

(三) 定量危害分析法：

1. 失誤樹分析 (FTA)

失誤樹分析是屬於一種演繹 (Deductive) 的安全評估方式，主要是針對一特定之意外事件或系統失誤，抽絲剝繭地找出其基本原因。一般之失誤樹為樹狀之圖形，藉由圖形中之數學與統計邏輯關係，描繪出意外事件中的人為錯誤與設備失效之組合。

2. 事件樹分析 (ETA)

事件樹是一種失誤邏輯圖模式，它是一種經由推論歸納的邏輯方式，辨識出由起始事件 (Initiating Event) 所引發的各種可能之後果或影響，並可將這些可能產生的事件之機率加以量化的分析技術。

六、檢核表優點、使用限制事項：

(一) 檢核表分析的優點：

1. 適用範圍廣泛　　　　2. 分析方法簡單

3. 使用時快速容易　　　4. 分析成本較低

5. 可用來作為操作之訓練依據

(二) 檢核表分析的限制：

1. 如何發展出一個好的檢核表

2. 檢核表的品質會受到撰寫人經驗及專業知識的影響

3. 在設備設計的階段較難運用檢核表

4. 無法進行事故模擬、事故頻率分析或嚴重性排序

5. 不適合用於當作事故調查之依據

七、某一反應器因冷卻水流失，使反應器之溫度升至 T_1，此時應發出警報，以示操作員再加冷卻水入反應器，若警報系統故障，或操作員人為疏忽而未聽到警報系統之警報，致使未及時補充冷卻水，使反應器之溫度升至 T_2，此時在正常情況下，自動 Shut Down System 將發揮其作用，使反應器停機，但若自動 Shut Down System 亦故障，則導致反應器因失控 (Runaway) 而爆炸。

(一) 試繪出 Event Tree(ET)。

(二) 設每次操作冷卻水流失機率 $\overline{A} = 10^{-3}$，
警報系統故障之機率為 $\overline{B} = 9 \times 10^{-3}$，
操作員疏忽未能加冷卻水之機率 $\overline{C} = 5 \times 10^{-2}$，
自動停機系統故障之機率 $\overline{D} = 2 \times 10^{-2}$，試計算其失控爆炸之機率？

(三) 設每次操作冷卻水流失機率 $\overline{A} = 1 \times 10^{-5}$，
警報系統故障之機率為 $\overline{B} = 2 \times 10^{-4}$，
操作員疏忽未能加冷卻水之機率 $\overline{C} = 3 \times 10^{-3}$，
自動停機系統故障之機率 $\overline{D} = 1 \times 10^{-5}$，試計算其失控爆炸之機率？

🖋 (一) 事件樹 (Event Tree) 繪製如下：

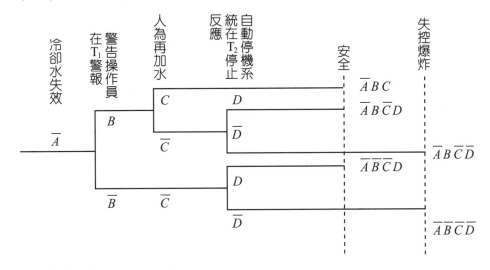

(二) 失控爆炸之機率如上圖所示。

$$P = \overline{ABCD} + \overline{ABCD} = \overline{ACD}(B + \overline{B}) = \overline{ACD}$$
$$= (10^{-3})(5 \times 10^{-2})(2 \times 10^{-2}) = 10^{-6}$$

(三) 失控爆炸之機率如上圖所示。

$$P = \overline{ABCD} + \overline{ABCD} = \overline{ACD}(B + \overline{B}) = \overline{ACD}$$
$$= (1 \times 10^{-5})(3 \times 10^{-3})(1 \times 10^{-5}) = 3 \times 10^{-13}$$

八、某反應器有氧化劑與還原劑進行放熱反應 (Exothermic Reaction)。在此反應中，除了添加觸媒之外，尚須添加冷卻水，以防止溫度過高。今假設冷卻水未於需要時進入反應器 (此為起始事件)，而產生正常操作之偏離情況，則該操作系統需實施下列應變措施，並啓動相關安全裝置：

(一) 在溫度 T_1 時，高溫警報器警告操作員 (故障率 $= 5 \times 10^{-4}$/hr)。

(二) 操作員將冷卻水添加至反應器，溫度回復正常 (故障率 $= 5 \times 10^{-2}$/hr)。

(三) 在溫度 T_2 時，自動停機系統停止反應 (故障率 $= 5 \times 10^{-4}$/hr)。

(四) 起始事件 (冷卻水系統失效) 發生的機率為 2.5×10^{-3}。試依前述條件繪製事件樹，並求反應器失控反應 (Runaway Reaction) 的機率 (Probability)。

答 (一) 事件樹

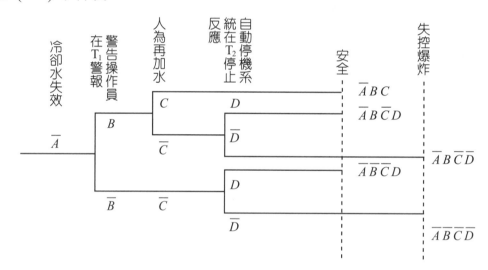

(二) 反應器失控反應 (Runaway Reaction) 的機率

$$= \overline{A}B\overline{C}\overline{D} + \overline{A}\overline{B}\overline{C}\overline{D} = \overline{A}\overline{C}\overline{D}(B + \overline{B}) = \overline{A}\overline{C}\overline{D}$$

$$= (2.5 \times 10^{-3})(10^{-2})(10^{-4}) = 2.5 \times 10^{-9}$$

九、一般化學反應器相關的安全裝置如下圖所示。一旦達到設定的壓力 (Set Pressure)，高壓警報器即發出警報 (Alarm)。反應器內裝有壓力開關連接到警示器。此反應器又安裝一套自動 (高壓) 停機警報系統 (Shutdown)。當反應器內壓大於警報 (Alarm) 設定的壓力時，則停止進料閥進料 (壓力指示控制器 PIC 將關閉閥)，求此反應過壓 (Overpressure) 之失誤樹 (Fault Tree)、最小切集合 (Minimum Cut Set)、發生機率 (Probability)。

PIA(壓力指示警報器) 失誤機率 $=10^{-4}$

警報裝置 (Alarm Device) 失誤機率 $= 8 \times 10^{-4}$

壓力指示控制器 (PIC) 失誤機率 $=10^{-4}$ ；

進料閥失誤機率 $= 0.04$。

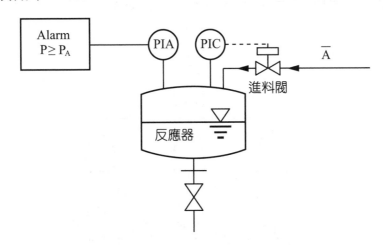

(一) 此反應器過壓 (Overpressure) 之失誤樹為：

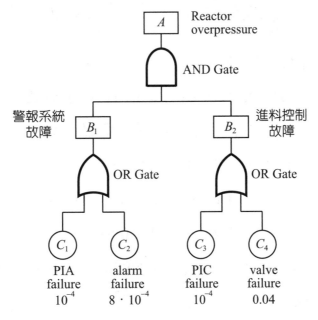

(二) 最小切集合 (Minimum Cut Set)

$A=B_1B_2=(C_1 + C_2)(C_3 + C_4) = C_1C_3 + C_1C_4 + C_2C_3 + C_2C_4$ (最小切集合)

(三) $P(A) = 1- [1- (10^{-4} \times 10^{-4})][1- (10^{-4} \times 0.04)][1-(8 \times 10^{-4} \times 10^{-4})]$
$[1- (8 \times 10^{-4} \times 0.04)] = 3.61 \times 10^{-5}$ (反應器過壓之機率)

十、失誤樹分析如下圖，圖中各基本事件 (Basic Events) 之失誤率如圖所示，試回答及計算下列問題。

(一)以直接消去法或矩陣法並應用布林代數化減此失誤樹，並寫出此失誤樹之最小切割集合的方程式。

(二)計算此失誤樹頂端事件 (Top Event) 之機率。

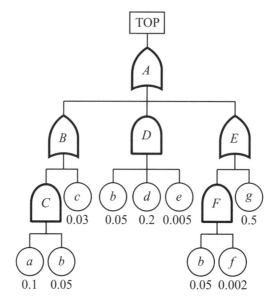

答 (一) 頂端事件 (Top Event)

$$A = B + D + E = (C + c) + bde + (F + g) = (ab + c) + bde + (bf + g)$$

$$= ab + c + bde + bf + g \text{ (最小切集合)}$$

(二) $P(A) = 1 - P'_{ab} \cdot P'_c \cdot P'_{bde} \cdot P'_{bf} \cdot P'_g$

$$= 1 - (1 - 0.1 \times 0.05)(1 - 0.03)(1 - 0.05 \times 0.2 \times 0.005)$$

$$(1 - 0.05 \times 0.002)(1 - 0.5)$$

$$= 1 - 0.995 \times 0.97 \times 0.99995 \times 0.9999 \times 0.5$$

$$= 0.5175$$

即頂端事件之機率為 0.5175

十一、道氏防止火災爆炸指數，適用於化學製程單元，請自「選擇適當製程單元」
　　　此步驟開始，回答下列問題：

（一）試繪出道氏指數之分析與評估流程圖。

（二）一般製程危害係數 (F_1) 包括哪些危害？

（三）特別製程危害係數 (F_2) 包括哪些危害？

（四）何謂 mF(物質係數)？

（五）MPDO 為何？並解釋其意義。

　　答（一）道氏指數之分析與評估流程圖：(如下圖)

　　　　（二）一般製程危害係數 (F_1) 包括：放熱反應、吸熱反應、物料處理和
　　　　　　　輸送、封閉或室內之製程單元 / 次系統、通道、排放和洩漏控制。

　　　　（三）特別製程危害係數 (F_2) 包括：毒性物質、真空操作、接近或在易
　　　　　　　燃範圍中操作、塵爆、操作壓力與釋放壓力、低溫 (金屬材料暴
　　　　　　　露於脆性轉移溫度下之破壞變化)、大量可燃性物質產生之燃燒
　　　　　　　熱、腐蝕和浸蝕、洩漏 - 接頭和法蘭墊圈、使用加熱爐、熱油熱
　　　　　　　交換系統以及轉動設備等。

　　　　（四）所謂 mF(物質係數) 是一基礎數值，是表述物質由燃燒或其他化
　　　　　　　學反應引起的火災、爆炸中所釋放能量大小的內在特性，反映發
　　　　　　　生事故的危險性。

　　　　（五）所謂 MPDO 意指最大可能停工天數，其目的是為了評估停產損
　　　　　　　失。

十二、何謂「危害及可操作性分析」？何謂「失誤樹分析」？除上述二種分析外，
　　　請列出製程安全分析方法五種？

　　答（一）危害及可操作性分析 (HAZOP)

　　　　　　　危害及可操作性分析技術是以製程偏離 (Process Deviation) 來引
　　　　　　　導危害分析之進行。利用偏離引導字逐一對所有的管線、設備、
　　　　　　　操作步驟與程序來評估當製程偏離正常設計時的可能原因、可能
　　　　　　　後果或危害，同時亦辨識出其現有之安全防護措施，並判斷是否
　　　　　　　足夠以及應增加何種改善措施。HAZOP 因利用系統化之製程偏
　　　　　　　離來引導危害分析之進行，並且涵蓋所有管線與設備甚至操作步

驟，故其探討問題的空間更大，除 FMEA 中的設備元件故障外，更廣及於人為失誤、材料劣化、上下游製程單元之影響、公用系統失常、操作程序設計不當等，是目前最被廣泛採用的危害分析方法。因其牽涉範圍十分寬闊，一般皆以小組討論方式進行。

(二) 失誤樹分析 (FTA)

失誤樹分析是屬於一種演繹 (Deductive) 的安全評估方式，主要是針對一特定之意外事件或系統失誤，抽絲剝繭地找出其基本原因。一般之失誤樹為樹狀之圖形，藉由圖形中之數學與統計邏輯關係，描繪出意外事件中的人為錯誤與設備失效之組合。

(三) 製程安全分析有下列五種方法初步危害分析 (Preliminary Hazard Analysis, PHA)、檢核分析表 (Checklist Analysis)、如果－結果分析 (What-If)、失誤模式與影響分析 (Failure Modes and Effects Analysis, FMEA)、事件樹分析 (Event Tree Analysis, ETA)、原因－後果分析 (Cause Consequence Analysis, CCA)、人可靠度分析 (Human Reliability Analysis, HRA) 等。

十三、請簡化下圖，並求其最小切集合。

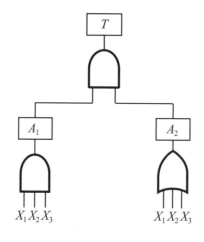

$T = A_1 \cdot A_2$

$\quad = (X_1 \cdot X_2 \cdot X_3) \cdot (X_1 + X_2 + X_3)$

$\quad = (X_1 \cdot X_1 \cdot X_2 \cdot X_3) + (X_1 \cdot X_2 \cdot X_2 \cdot X_3) + (X_1 \cdot X_2 \cdot X_3 \cdot X_3)$

$\quad = (X_1 \cdot X_2 \cdot X_3) + (X_1 \cdot X_2 \cdot X_3) + (X_1 \cdot X_2 \cdot X_3)$

$\quad = X_1 \cdot X_2 \cdot X_3$ ………最小切集合

因此，原圖形可簡化如右：

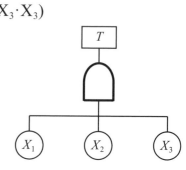

十四、危險性工作場所，非經勞動檢查機構審查或檢查合格，事業單位不得使勞工在該場所作業，其中甲類、乙類及丙類工作場所申請審查時，應檢附之製程安全評估報告書，其安全評估方法除實施初步危害分析外，針對重大潛在危害實施安全評估時，依規定可採行哪些方法？

　　🅐 (一) 檢核表 (Checklist)。

　　　　(二) 如果－結果分析 (What-If)。

　　　　(三) 如果－結果分析 / 檢核表 (What-If/Checklist)。

　　　　(四) 危害及可操作性分析 (Hazard and Operability Studies)。

　　　　(五) 失誤模式與影響分析 (Failure Modes and Effects Analysis)。

　　　　(六) 失誤 (故障) 樹分析 (Fault Tree Analysis)。

　　　　(七) 其他經中央主管機關認可具有上列同等功能之安全評估方法。

十五、請說明系統安全分析之檢核表中開放式、封閉式與混合式等三類檢核表之特性及製作時的注意事項。

　　(一) 開放式、封閉式與混合式等三類檢核表之特性：

　　　　1. 開放式檢核表：

　　　　　　基本上對於一個新設備或製程的分析較為有效，在應用上可將分析項目依不同的類別來作分類，然後根據法規或準則以開放式的問題逐一檢核。在使用開放式檢核表時，為防止分析有所遺漏，其分析要項除了引導檢核問題外，還應設有設備檢查結果說明、缺失點是否存在和改善建議三個要項存在。

　　　　2. 封閉式檢核表：

　　　　　　基本上是一種比較固定的分析工具，要檢查的項目已經完全地逐條列出，檢核時並不需要太多的技巧，其內容包括檢查項目和是否符合檢查標準的兩大主要欄位，有時還會註明檢查方法和結果說明。此種檢核表之檢查項目早已由專人設計完成，因檢查之項目完整且固定，故較適合於一般的例行性檢查。

3. 混合式檢核表：

綜合開放式與封閉式兩種型式，其內容包括了檢查問題項目、是否符合檢查之欄位、檢查結果說明及改善建議等事項。混合的檢核表於分析使用時，除依循其問項外，亦可由評估人員之專業引伸其問項涵意，並在檢查結果說明欄中作出進一步的解釋，發揮腦力激盪的功效，以檢核出更多的潛在問題。

(二)製作檢核表時的注意事項：

1. 必須找出相關的政府法規、公司安全規範及產業共同標準。

2. 必須準備好工程設計及所用化學品之文件。

3. 必須全盤了解操作程序及實際操作情形。

4. 必須要有經驗的製程、設備及安全工程師參與製作。

5. 必須注意不同的系統需使用不同的檢核表，甚至同樣的系統在不同的操作條件或是操作環境之下，檢核的內容也不相同，因此在製作或選用檢核表時，需要特別的謹慎和小心。

6. 檢核表製作時必須注意的是語意清楚、易於了解。

7. 檢核表的內容常依據一般系統常見的項目加以製作，並不代表其完整性，因此使用者在使用這些檢核表時必須根據分析系統的特殊需求，增減檢核表的內容。

8. 檢核表分析負責人與分析人員均需具專業能力。

十六、解釋名詞：「初步危害分析」、「最小切集合」

(一)初步危害分析的意義在於系統設計或規劃初期階段之安全評估、早期辨識潛在危害，及對既有系統而言，在發覺重大潛在危害的區域或次系統進行安全分析。

(二)任何一個切集合中最少基本事件的組合，這組合中所有基本事件發生就會使頂端事件發生，稱為最小切集合 (Minimal Cut Set)。

十七、

1. 若布林代數 T = AB ＋ BC ＋ AD，試繪製成失誤樹圖。

2. 上述布林代數請予以最簡化 (求最小切集合，minimum cut set，MCS)，並寫出最簡化之布林代數。

3. 如上述各事件均為獨立事件，且或然率分別為 P(A) = 0.1，P(B) = 0.2，P(C) = 0.3，P(D) = 0.4，試計算 P(T) = ？

答 (一)

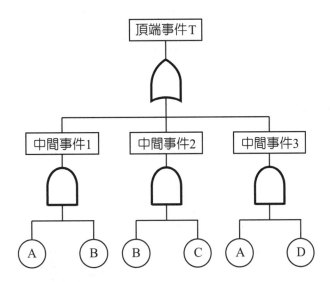

(二) 最小切集合 (MCS) 為 T = AB + BC + AD，無法再簡化

(三) P(T) = P(AB + BC + AD)

$$= 1-[1-P(A)P(B)][1-P(B)P(C)][1-P(A)P(D)]$$

$$= 1-[1-(0.1) \times (0.2)][1-(0.2) \times (0.3)][1-(0.1) \times (0.4)]$$

$$= 0.1156$$

十八、有一批次反應常因物料 A 注料作業中靜電火花引發爆炸，今業者為防制此危害採取下列安全措施：

1. 物料 A(其閃火點為 20℃) 注料前先經由冷凍機降溫至 5℃ (唯有停電時冷凍機才會失效)

2. 反應時採氮封設計 (唯有氮氣不足才會失效)

3. 靜電火源控制措施為 a. 接地等電連結 b. 離子風扇 (停電或風扇故障此功能才會失效)

各系統之失誤機率如下表：

系統	機率
環境溫度低於 20℃	0.1
停電	10^{-3}
氮氣不足	2×10^{-3}
離子風扇故障	10^{-4}
接地 / 等電位連結失效	10^{-3}

(一) 請畫出與物料 A 作業引發爆炸為頂端事件之失誤樹圖。

(二) 請求出最小切集 (Minimum Cut Set)。

(三) 請求出頂端事件之發生機率。

🈵 (一) 失誤樹圖 (如附圖)

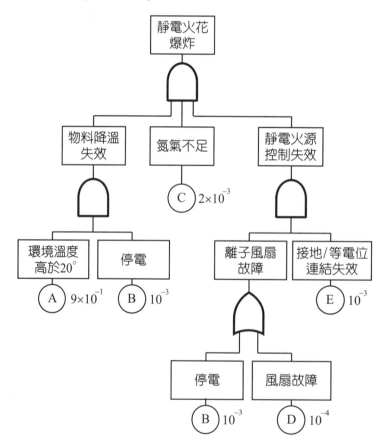

(二) 最小切集合 (Minimum Cut Set)

$$\text{Top Event} = (A \times B) \times C \times (B + D) \times E$$

$$= (A \times B \times C \times B \times E) + (A \times B \times C \times D \times E)$$

$$= (A \times B \times C \times E) + (A \times B \times C \times D \times E)$$

$$= (A \times B \times C \times E) \times (1 + D)$$

$$= (A \times B \times C \times E)$$

(三) 頂端事件之發生機率

$$P(T) = P_A \times P_B \times P_C \times P_E = 9 \times 10^{-1} \times 10^{-3} \times 2 \times 10^{-3} \times 10^{-3}$$
$$= 1.8 \times 10^{-9}$$

十九、某機械設備發生故障事件 T 與其組件 A、B、C、D、E 之關係可以布林代數式表示：T=AB+C+DE，若 (a) 故障事件 T 造成之損失為 500 萬；(b) 零件組每年之故障率分別為 P(A)=0.04、P(B)=0.05、P(C)=0.04、P(D)=0.02、P(E)=0.03；(c) 假設各零組件皆為獨立事件，依上述資料：試求

(一) 故障事件 T 之發生率為多少？

(二) 每年因故障事件 T，而損失金額為多少？

(三) 試以「成本 / 效益」分析下列兩個改善方案，何者為優？

> 方案一 每年花費 10,000 元，將 A 與 B 之故障率降低為
> P(A) = P(B) = 0.03

> 方案二 每年花費 50,000 元，將 C 之故障率降低為 P(C) = 0.02

答 (一) $P(M_1) = P(AB) = P(A)P(B) = 0.04 \times 0.05 = 2 \times 10^{-3}$ 次 / 年

$P(C) = 4 \times 10^{-2}$ 次 / 年

$P(M_2) = P(DE) = P(D)P(E) = 0.02 \times 0.03 = 6 \times 10^{-4}$ 次 / 年

故障事件 P(T) 之發生率

$= P(M_1 + C + M_2)$

$= 1-[1-P(M_1)][1-P(C)][1-P(M_2)]$

$= 1-[(1-2 \times 10^{-3}) \times (1-4 \times 10^{-2}) \times (1-6 \times 10^{-4})]$

$= 1-[(0.998) \times (0.96) \times (0.9994)] = 1-0.9575$

$= 0.0425$ 次 / 年

(二) 每年因故障事件 T 而損失之金額

$= 500$ 萬 $\times P(T) = 500$ 萬 $\times 0.0425 = 212,500$ 元

(三)

> 方案一 每年花費 10,000 元，將 A 與 B 之故障率降低為
> P(A) = P(B) = 0.03

> $P(M_1) = P(AB) = P(A)P(B)$
> $= 0.03 \times 0.03 = 9 \times 10^{-4}$ 次 / 年

故障事件 $P(T_1)$ 之發生率

$= P(M_1 + C + M_2) = 1-[1-P(M_1)][1-P(C)][1-P(M_2)]$

$= 1-[(1-9 \times 10^{-4}) \times (1-4 \times 10^{-2}) \times (1-6 \times 10^{-4})]$

$= 1-[(0.9991) \times (0.96) \times (0.9994)]$

$= 1-0.9586 = 0.0414$ 次 / 年

每年因故障事件 $P(T_1)$ 而損失之金額

$= 500$ 萬 $\times P(T_1) = 500$ 萬 $\times 0.0414 = 207,000$ 元

方案一 每年花費 10,000 元，降低損失金額

$= 212,500-207,000 = 5,500$ 元

改善方案一之成本 / 效益 $= 10,000/5,500 = 1.8182$

方案二 每年花費 50,000 元，將 C 之故障率降低為

$P(C) = 0.02$

$P(C) = 2 \times 10^{-2}$ 次 / 年

故障事件 $P(T_2)$ 之發生率

$= P(M_1 + C + M_2) = 1-[1-P(M_1)][1-P(C)][1-P(M_2)]$

$= 1-[(1-2 \times 10^{-3}) \times (1-2 \times 10^{-2}) \times (1-6 \times 10^{-4})]$

$= 1-[(0.998) \times (0.98) \times (0.9994)]$

$= 1-0.9774 = 0.0226$ 次 / 年

每年因故障事件 $P(T_2)$ 而損失之金額

$= 500$ 萬 $\times P(T_2) = 500$ 萬 $\times 0.0226 = 113,000$ 元

方案二每年花費 50,000 元，

降低損失金額 $= 212,500-113,000 = 99,500$ 元

改善方案二之成本 / 效益 $= 50,000/99,500 = 0.5025$

因改善方案二之成本 / 效益小於改善方案一之

成本 / 效益，故改善方案二較優。

二十、失誤樹之布林代數化簡

假設事件 1 與事件 2 為獨立事件，其發生機率分別為 P_1、P_2：

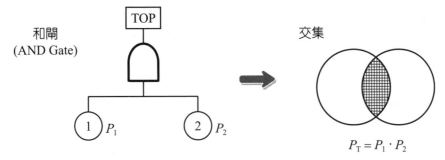

三個事件時，且每一事件彼此間兩兩互相獨立，則：

$$P_T = P_1 \cdot P_2 \cdot P_3$$

餘此類推

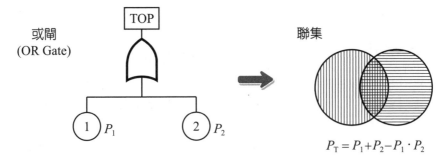

其組成為兩事件時：

$$P_T = 1 - [(1 - P_1)(1 - P_2)] = P_1 + P_2 - P_1 \cdot P_2$$

若其組成為三事件時：

$$P_T = 1 - [(1 - P_1)(1 - P_2)(1 - P_3)]$$

$$= P_1 + P_2 + P_3 - P_1 \cdot P_2 - P_2 \cdot P_3 - P_3 \cdot P_1 + P_1 \cdot P_2 \cdot P_3$$

餘此類推

二十一、布林代數之運算定律

1. $\overline{\overline{A}} = A$	雙否定律 (Law of double negation)
2. $A+B = B+A$ $A \cdot B = B \cdot A$	交換律 (Commutative law)
3. $A+(B+C) = (A+B)+C$ $A \cdot (B \cdot C) = (A \cdot B) \cdot C$	結合律 (Associative law)
4. $A+(B \cdot C) = (A+B) \cdot (A+C)$ $A \cdot (B+C) = (A \cdot B)+(A \cdot C)$	分配律 (Distributive law)
5. $A+A = A$ $A \cdot A = A$	冪等律 (Idempotent law)
6. $1+A = 1$ $0 \cdot A = 0$	吸收律 (Identity law)
7. $A+0 = A$ $A \cdot 1 = A$	同一律 (Identity law)
8. $A \cdot \overline{A} = 0$	矛盾律 (Law of contradiction)
9. $A+\overline{A} = 1$	排中律 (Law of excluded middle)
10. $\overline{A+B} = \overline{A} \cdot \overline{B}$ $\overline{A \cdot B} = \overline{A}+\overline{B}$	狄摩根定律 (De Morgan's law)

第 6 章
風險管理

一、事業單位為防止職業災害，必須在整個工作過程中實施風險管理，請從危害辨識、風險評估、風險控制三方面說明如何實施風險管理。

(一) 危害辨識：擬實施不同種類或性質之危害辨識時，必須先蒐集相關資訊，辨識事業單位所面臨之各種潛在危害，方能進一步評估損失之幅度，並擬訂因應對策，危害辨識時應採用系統方法最為合適，故應發展出一套辨識架構為宜。

　　1. 資訊來源

　　　(1) 包括：社會、政治、法律、經濟、作業、實例、理念等多種不同環境。譬如化學工廠有 MSDS、製程與廠務、機械設備等資料。

　　　(2) 蒐集方法：檢核表分析、作業流程分析、財務分析、問卷調查、法律責任分析、事故統計分析、實地安全稽核 (經驗法則) 等。

　　2. 資訊範圍

　　　(1) 現行經營業務：內部條件、外部環境、產業競爭與服務範圍等。

　　　(2) 作業範疇。

(二) 風險評估：風險評估時應採用系統方法最為合適，故應發展出一套架構為之。其評估方法可依循下述二種方法實施之：

　　1. 財務統計評估法：

　　　(1) 重大損失檢核表法　　　(2) 流程表法

　　　(3) 財務報表分析法　　　(4) 損害防阻專業實地查勘

　　2. 危害分析方法

　　　(1) 如果－結果分析法 (What-If)：乃屬歸納法，自可能存在之失誤或變異推測其可能造成之影響。

　　　(2) 檢核表法 (Check-List)：藉由具經驗之專業人員，針對製造或工作場所之危害特性訂定表格式之檢點項目，供設計、評估等相關人員查核用。

(3) 危害與可操作性研究 (HAZOP)：將工作場所細分成許多小製程區域後，再逐步逐項分析，藉由一組專業人員 (五至七人) 腦力激盪法找出其中之各種潛在危害之地毯式評估法。

(4) 故障模式與影響分析 (FMEA)：乃對系統或工作場所內之設備失誤以表格化之方式，找出各種故障可能造成之影響而進行診斷之方式，可由二位或多位具經驗之分析人員組成辦理之。

(5) 失誤樹分析 (FTA)：乃對工作場所內可能造成之各種重大災害以演繹法推導出造成失誤之各個因子之方法。

(三) 風險控制：風險經過仔細之辨認與評估其潛在損失之可能幅度後，即應採取相對預防與控制策略，始能有效預防損失事件之發生，而且一旦仍發生損失事件後，能夠及時抑制損失之幅度，降至可接受風險範圍內。風險控制包括損失控制，非財務型風險移轉，風險分散以及風險之避免等四大類，在執行上大略可分為：

1. 工程控制：以修改製程系統或增加安全設備的方式來降低危害的風險，例如改變設備類型、管件、閥種類，以提高可靠度。

2. 管理控制：藉由人員之管理、專業訓練與工廠作業方式來改善製程安全，例如修改操作方法與操作條件。

二、「風險」乃是危害事件發生的可能性與其對人員造成傷害或危害健康的嚴重度的結合。亦即，危害事件發生之可能性與嚴重性二者之乘積，危害物質造成事故之機率與嚴重性愈高，則風險愈高。又可分為定性、半定量與定量的風險，前者為相對性之風險；後者為絕對量化之風險。危害：是指能對人體造成傷害或有損健康的潛在因素。風險評估，指辨識、分析及評量風險之程序。

三、實施風險管理的五個步驟：

1. 危害辨識

尋找每個工作場所有可能造成傷害的潛在因子，列出工作場所所有的危害。

2. 風險評估

依據每個工作場所的特性，選擇適當的風險評估方法及分析風險的等級去評估危害而產生的風險。

3. 風險控制

決定控制方法以預防或減低風險，控制方法包括消除危害、取代、工程控制、隔離、行政管理、監督、訓練、標示、個人防護具等等。

4. 控制方法的實施

　　實施控制方法包括發展作業程序、溝通、提供訓練及指導、監督、維持等等。

5. 監督與審查。

　　監督與審查控制方法的有效性並適時予以修正。

四、請畫出風險危害評估流程圖，並加以說明。

🏅 風險是意外發生的機率與損害程度的組合，也就是危害對於安全的比例。風險評估則是評估一個系統危險程度的系統化方法，其目的在於事先發現程序中的危害、機率、影響以及三者組合的危險程度。

　　風險危害評估可分：危害鑑定、機率分析、影響分析、風險分析等四個主要部份。危害鑑定為發現程序或系統中可能具危害特性或造成。

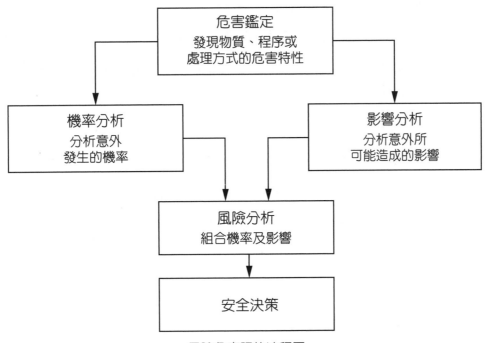

風險危害評估流程圖

五、一般風險控制的方法有①代替，②隔離，③監督，④標示、資訊提供，⑤消除危害，⑥重新設計，⑦行政管理，⑧訓練，⑨個人防護具等：

(一) 請列出上述最優先及最後考慮的風險控制方法。

(二) 假如一個製程設備風險評估的結果為不能忍受的風險，請列舉上述三種可行之風險控制方法以降低風險。

(三) 某一工地進行吊掛作業，雇主指派吊掛指揮人員指揮作業屬上述何種風險控制方法？

(四) 以遙控的方式處理危險物質或程序屬上述何種風險控制方法？

答 (一)

1. 最優先：⑤消除危害

2. 最後考慮：⑨個人防護具

(二) ①代替；⑤消除危害；⑥重新設計

(三) ③監督

(四) ②隔離

六、職業安全衛生管理計畫中明定雇主應執行工作環境或作業危害之辨識、評估及控制，試回答下列問題：

(一) 何謂風險評估？

(二) 執行風險評估及檢討原有風險評估的時機為何？

(三) 請詳列風險評估之作業流程？

答 (一) 所謂「風險評估」為評估危害在既有且適當控制措施下之風險，並決定其風險是否可接受的過程。常用以作為危害辨識、風險評估及風險控制三部分的統稱。

(二) 執行風險評估及檢討原有風險評估的時機如下列：

1. 建立安全衛生管理計畫或職業安全衛生管理系統時。

2. 新的化學物質、機械、設備、或作業活動等導入時。

3. 機械、設備、作業方法或條件等變更時。

(三) 風險評估之作業流程如下：

1. 辨識出所有的作業或工程。

2. 辨識危害及後果。

3. 確認現有防護設施。

4. 評估危害的風險。

5. 決定降低風險的控制措施。

6. 確認採取控制措施後的殘餘風險。

七、工作場所實施風險管理有助於降低意外事故之發生，提升職場安全，為安全管理工作重要一環，試回答下列風險管理之相關問題：

(一) 列舉 5 項工作場所風險管理之主要步驟。

(二) 列舉 5 種風險評估方法。

(三) 請依本質安全 (列舉 2 項)、工程控制 (列舉 2 項) 與行政管理 (列舉 1 項) 之風險控制方法，並各舉 1 例說明之。

答 (一) 實施風險管理的五個步驟如下：

1. 危害辨識

2. 評估危害而產生的風險 (風險評估)

3. 決定控制方法以預防或減低風險 (風險控制)

4. 實施控制方法

5. 監督與審查控制方法的績效

(二) 風險評估方法

1. 如果－結果分析 (What-If)。

2. 危害與可操作性分析 (HazOp)。

3. 失誤樹 (FTA)。

4. 事件樹 (ETA)。

5. 故障模式及其影響分析 (FMEA)。

(三) 風險控制方法：

本質安全有：

1. 消除：修改設計以消除危害，例如使用機械式提舉設備來消除人力處理的危害。

2. 取代：使用低危害性物質或降低系統能源，例如降低能量、電流強度、壓力及溫度等。

工程控制有：

1. 重新設計：包括變更工作場所、機器設備、或作業程序的設計。例如改善通風設施，可以控制化學物質的污染；裝置升降設備，可以減少人工的搬運。

2. 隔離：將危害從員工處分離或分開、或將員工從危害處分離或分開。例如圍住危險機器周遭或防護危險機器；以遙控方式處理危險物質或程序。

行政管理有：

利用作業程序或訓練減低對風險的暴露。例如適當的監督管理；安全作業程序的指示和訓練。其它如安全標示、危險地區標示、發光標示、人行道標示、警示鈴 / 光、警鈴、安全程序、設備檢查、進出管控等皆是。

第 7 章
高壓氣體勞工安全規則

一、甲類製造事業單位應就下列事項，訂定災害防止規章，使勞工遵行：

1. 安全衛生管理體制及該事業內各層級人員應擔負之職責。

2. 製造設備之安全運轉及操作之必要事項。

3. 安全巡視、檢點、檢查之必要事項。

4. 製造設施之新設、增設、變更之管理，與設備、管線之維護、保養、檢修、汰換及其他必要事項。

5. 製造設施遭遇緊急狀態時之應變措施及演練事項。

6. 對於承攬人、再承攬人之管理、協調事項。

7. 其他防止災害及安全衛生應注意之必要事項。

二、名詞定義：(一) 特定高壓氣體；(二) 灌氣容器；(三) 殘氣容器；(四) 減壓設備；(五) 處理設備；(六) 甲類製造事業單位。

(一) 特定高壓氣體：高壓氣體中之壓縮氫氣、壓縮天然氣、液氧、液氨及液氯、液化石油氣。

(二) 灌氣容器：灌裝有高壓氣體之容器，而該氣體之質量在灌裝時質量之二分之一以上者。

(三) 殘氣容器：灌裝有高壓氣體之容器，而該氣體之質量未滿灌裝時質量之二分之一者。

(四) 減壓設備：係指將高壓氣體變換為非高壓氣體之設備。

(五) 處理設備：係指以壓縮、液化及其他方法處理氣體之高壓氣體製造設備。

(六) 甲類製造事業單位：使用壓縮、液化或其他方法處理之氣體容積一日在三十立方公尺以上或一日冷凍能力在二十公噸以上之設備從事高壓氣體之製造者。

三、從事液化石油氣灌裝應注意那些安全事項？

(一) 不得灌注於內容積在 1,000 公升以下之容器。

(二) 液化石油氣之灌裝，應使用經檢查合格之容器或儲槽。

(三) 灌裝時，應於事前確認承注之容器或儲槽已設有液面計或過裝防止裝置。

(四) 灌注於儲槽時，應控制該液化石油氣容量不超過該儲槽在常用溫度下槽內容積之 90%。

(五) 灌裝時，應採取防止該設備之原動機產生之火花。

(六) 將液化石油氣灌注於儲槽或容器，或自儲槽或容器抽出時，應於事前確認該製設備之配管與該儲槽或容器配管間連接部位無液化石油氣漏洩之虞，且於灌注後，將留存於配管內之剩餘氣體以不致發生危害之程度，微量逐予排放後，始可拆卸配管。

(七) 灌裝高壓氣體時，應採取卻除該設備可能產生靜電之措施。

(八) 將液化石油氣灌注於固定在車輛上內容積在 5,000 公升以上之容器或自該容器抽出液化石油氣時，應在該車輛設置擋車裝置並加以固定。

四、

(一) 自可燃性氣體製造設備之外面至處理煙火之設備，應保持八公尺以上距離或設置防止可燃性氣體自製造設備漏洩時不致流竄至處理煙火之設備之措施。

(二) 自可燃性氣體製造設備之高壓氣體設備之外面至其他可燃性氣體製造設備之高壓氣體設備應保持五公尺以上距離，與氧氣製造設備之高壓氣體設備應保持十公尺以上距離。

(三) 自儲存能力在三百立方公尺或三千公斤以上之可燃性氣體儲槽外面至其他可燃性氣體或氧氣儲槽間應保持一公尺或以該儲槽、其他可燃性氣體儲槽或氧氣儲槽之最大直徑和之四分之一以上較大者之距離。

例如：某一槽車，有一容器固定於該車之托架上，該容器之內容積 10 立方公尺灌裝有比重 0.67 之液氨 2.5 公噸，有下列注意事項：

答 (一) 該容器依「危害性化學品標示及通識規則」規定，應標示之圖式及危害性之分類：

氣體鋼瓶

腐蝕

骷髏與兩根交叉骨

(二) 使用該容器應先取得危險性設備定期檢查合格證明;自構造檢查合格日起算 20 年以上者,每年應檢查一次。

(三) 該容器依「高壓氣體勞工安全規則」,規定之儲存能力,如以計算式表示,應為該儲存設備之儲存能力 (W) = 0.9wV₂ (公斤)

其中

w = 儲槽於常用溫度時液化氣體之比重值
(單位:每公升之公斤數)。

V_2 = 儲存設備之內容積值 (單位:公升)。

$W = 0.9wV_2 = (0.9)(0.67)(10,000) = 6,030$ (公斤)

(四) 讓容器在管理分類上,灌裝有高壓氣體之容器,而該氣體之質量在灌裝時質量之二分之一以上者為灌氣容器;未滿灌裝時質量之二分之一者為殘氣容器。計算式表示如下:

因該容器灌裝之液氨為 2,500 公斤少於 W/2,即 3,015 公斤,故該容器為殘氣容器。

應至少再灌裝 3,015 − 2,500 = 515 公斤以上才屬灌氣容器。

(五) 該容器於灌裝液氨時,其處理設備之外面至處理煙火設備,應保持 8 公尺以上距離。

五、

(一) 下列設備應於其四周設置可防止液化氣體漏洩時流竄至他處之防液堤或其他同等設施:

1. 儲存能力在一千公噸以上之液化可燃性氣體儲槽。

2. 儲存能力在一千公噸以上之液化氧氣儲槽。

3. 儲存能力在五公噸以上之液化毒性氣體儲槽。

4. 以毒性氣體為冷媒氣體之冷媒設備,其承液器內容積在一萬公升以上者。

(二) 依前條規定設置防液堤者,其防液堤內側及堤外十公尺範圍內,除指定之設備及儲槽之附屬設備外,不得設置其他設備。但液化毒性氣體儲槽防液堤外之距離範圍,應依下條之規定辦理,不受十公尺規定限制:

其中，可設置於防液堤內側之設備及儲槽之附屬設備如下：

1. 與該儲槽有關之低溫儲槽之輸液設備。

2. 惰性氣體儲槽。

3. 水噴霧裝置。

4. 撒水裝置及儲槽外面至防液堤間超過 20 公尺者，可自防液堤外側操作之滅火設備。

5. 氣體漏洩檢知警報設備之感應部。

6. 除毒設備之吸收洩漏氣體之部分。

7. 照明設備。

8. 計測設備。

9. 排水設備。

10.配管及配管架臺。

11.其他不妨礙安全之設備。

(三)液化毒性氣體儲槽，應依下列公式計算前條所定防液堤外側應維持之距離：

1. 毒性氣體中之可燃性氣體：

(1) 當 $5 \leq X < 1,000$，

$$L = \frac{4}{995}(x-5) + 6$$

(2) 當 $X \geq 1,000$，$L = 10$

X：儲存能力 (公噸)

L：距離 (公尺)

2. 前款以外之毒性氣體：

(1) 當 $5 \leq X < 1,000$，

$$L = \frac{4}{995}(x-5) + 4$$

(2) 當 $X \geq 1,000$，$L=8$

X：儲存能力 (公噸)

L：距離 (公尺)

六、下列氣體不得予以壓縮：

　　(一)乙炔、乙烯及氫氣以外之可燃性氣體中，含氧容量佔全容量之百分之四以上者。

　　(二)乙炔、乙烯或氫氣中之含氧容量佔全容量之百分之二以上者。

　　(三)氧氣中之乙炔、乙烯及氫氣之容量之合計佔全容量之百分之二以上者。

　　(四)氧氣中之乙炔、乙烯及氫氣以外之可燃性氣體，其容量佔全容量之百分之四以上者。

第 8 章
鍋爐及壓力容器安全規則

一、依「鍋爐及壓力容器安全規則」規定，雇主對於勞工進入鍋爐或其燃燒室、煙道之內部，從事清掃、修繕、保養等作業時，應依下列規定辦理：

(一)將鍋爐、燃燒室或煙道適當冷卻。

(二)實施鍋爐、燃燒室或煙道內部之通風換氣。

(三)鍋爐、燃燒室或煙道內部使用之移動電線，應為可撓性雙重絕緣電纜或具同等以上絕緣效力及強度者；移動電燈應裝設適當護罩。

(四)與其他使用中之鍋爐或壓力容器有管連通者，應確實隔斷或阻斷。

(五)置監視人員隨時保持連絡，如有災害發生之虞時，立即採取危害防止、通報、緊急應變及搶救等必要措施。

二、雇主應使鍋爐操作人員實施下列事項：

(一)監視壓力、水位、燃燒狀態等運轉動態。

(二)避免發生急劇負荷變動之現象。

(三)防止壓力上升超過最高使用壓力。

(四)保持壓力表、安全閥及其他安全裝置之機能正常。

(五)每日檢點水位測定裝置之機能一次以上。

(六)確保鍋爐水質，適時化驗鍋爐用水，並適當實施沖放鍋爐水，防止鍋爐水之濃縮。

(七)保持給水裝置機能正常。

(八)檢點及適當調整低水位燃燒遮斷裝置、火焰檢出裝置及其他自動控制裝置，以保持機能正常。

(九)發現鍋爐有異狀時，應即採取必要措施。

三、最高使用壓力：

(一)蒸汽鍋爐或壓力容器在指定溫度下，其構造上最高容許使用之壓力。

(二)熱水鍋爐在指定溫度下，其構造上最高容許使用之水頭壓力。

四、依「鍋爐及壓力容器安全規則」規定，雇主對於勞工進入壓力容器內部，從事壓力容器之清掃、修理、保養工作時，應採行之措施如下：

(一) 將壓力容器適當冷卻。

(二) 實施壓力容器內部之通風換氣。

(三) 壓力容器內部使用之移動電線，應為可撓性雙重絕緣電纜或具同等以上絕緣效力及強度者；移動電燈應裝設適當護罩。

(四) 與其他使用中之鍋爐或壓力容器有管連通者，應確實隔斷或阻斷。

(五) 置監視人員隨時保持連絡，如有災害發生之虞時，立即採取危害防止、通報、緊急應變及搶救等必要措施。

五、雇主對於鍋爐房或鍋爐設置場所，應依下列規定管理：

(一) 在作業場所明顯處設置禁止無關人員擅自進入之標示。

(二) 禁止攜入與作業無關之危險物等。

(三) 置備水位計之玻璃管或玻璃板、各種填料、修繕用工具及其他必備品，以備緊急修繕用。

(四) 應將鍋爐檢查合格證及鍋爐操作人員資格證件影本揭示於明顯處所；如屬移動式鍋爐，亦得將檢查合格證影本交鍋爐操作人員隨身攜帶。

(五) 鍋爐胴體、燃燒室或煙道與鄰接爐磚間發生裂縫時，應盡速予以適當修補。

六、為預防鍋爐安全管理不當，致發生火災、爆炸等災害，依鍋爐及壓力容器安全規則與職業安全衛生管理辦法之規定：

(一) 人員資格

雇主對於鍋爐之操作管理，應設置專任操作人員，每人以操作一座為原則。鍋爐操作人員應由經鍋爐操作技能檢定合格者擔任。

(二) 鍋爐作業主管之資格

雇主對於同一鍋爐房內或同一鍋爐設置場所中，設有二座以上鍋爐者，應指派鍋爐作業主管，負責指揮、監督鍋爐之操作、管理及異常處置等相關工作，其資格之規定：

1. 各鍋爐之傳熱面積合計在五百平方公尺以上者，應指派具有甲級鍋爐操作人員資格者擔任鍋爐作業主管。但各鍋爐均屬貫流式者，得由具有乙級以上鍋爐操作人員資格者為之。

2. 各鍋爐之傳熱面積合計在五十平方公尺以上未滿五百平方公尺者，應指派具有乙級以上鍋爐操作人員資格者擔任鍋爐作業主管。但各鍋爐均屬貫流式者，得由具有丙級以上鍋爐操作人員資格為之。

3. 各鍋爐之傳熱面積合計未滿五十平方公尺者，應指派具有丙級以上鍋爐操作人員資格者擔任鍋爐作業主管。

(三) 鍋爐房之管理規定

雇主對於鍋爐房或鍋爐設置場所，應依下列規定管理：

1. 在作業場所明顯處設置禁止無關人員擅自進入之標示。

2. 禁止攜入與作業無關之危險物等。

3. 置備水位計之玻璃管或玻璃板、各種填料、修繕用工具及其他必備品，以備緊急修繕用。

4. 應將鍋爐檢查合格證及鍋爐操作人員資格證件影本揭示於明顯處所；如屬移動式鍋爐，亦得將檢查合格證影本交鍋爐操作人員隨身攜帶。

5. 鍋爐胴體、燃燒室或煙道與鄰接爐磚間發生裂縫時，應盡速予以適當修補。

(四) 操作事項

雇主應使鍋爐操作人員實施之事項為：

1. 監視壓力、水位、燃燒狀態等運轉動態。

2. 避免發生急劇負荷變動之現象。

3. 防止壓力上升超過最高使用壓力。

4. 保持壓力表、安全閥及其他安全裝置之機能正常。

5. 每日檢點水位測定裝置之機能一次以上。

6. 確保鍋爐水質，適時化驗鍋爐用水，並適當實施沖放鍋爐水，防止鍋爐水之濃縮。

7. 保持給水裝置機能正常。

8. 檢點及適當調整低水位燃燒遮斷裝置、火焰檢出裝置及其他自動控制裝置，以保持機能正常。

9. 發現鍋爐有異狀時，應即採取必要措施。

(五) 自動檢查

　　雇主對小型鍋爐應每年依下列規定定期實施檢查一次：

1. 鍋爐本體有無損傷。

2. 燃燒裝置有無異常。

3. 自動控制裝置有無異常。

4. 附屬裝置及附屬品性能是否正常。

5. 其他保持性能之必要事項。

第 9 章
起重升降機具安全規則

一、吊升荷重：係指依固定式起重機、移動式起重機、人字臂起重桿等之構造及材質，所能吊升之最大荷重。

額定荷重：在未具伸臂之固定式起重機或未具吊桿之人字臂起重桿，係指自吊升荷重扣除吊鉤、抓斗等吊具之重量所得之荷重。

積載荷重：在升降機、簡易提升機、營建用提升機或未具吊臂之吊籠，係指依其構造及材質，於搬器上乘載人員或荷物上升之最大荷重。

額定速率：在固定式起重機、移動式起重機或人字臂起重桿，係指在額定荷重下使其上升、直行、迴轉或橫行時之各該最高速率。

過負荷防止裝置：避免吊掛重量超過容許負荷的自動裝置。過負荷防止裝置有使用機械式、油壓式、電氣式或電子式等型式。

二、請依起重升降機具安全規則，說明吊升荷重之定義？

🈺 係指依固定式起重機、移動式起重機、人字臂起重桿等之構造及材質，所能吊升之最大荷重。

三、具有伸臂之移動式起重機之額定荷重：

依其構造及材質、伸臂之傾斜角及長度、吊運車之位置，決定其足以承受之最大荷重後，扣除吊鉤、抓斗等吊具之重量所得之荷重。

四、

(一) 具有吊臂之吊籠之積載荷重：係指於其最小傾斜角狀態下，依其構造、材質，於其工作台上乘載人員或荷物上升之最大荷重。

(二) 吊籠之容許下降速率：

係指於吊籠工作台上加予相當於積載荷重之重量，使其下降之最高容許速率。

五、升降機應有之安全裝置：

(一) 對於升降機之升降路各樓出入口，應裝置構造堅固平滑之門，並應有安全裝置，使升降搬器及升降路出入口之任一門開啟時，升降機不能開動，及升降機在開動中任一門開啟時，能停止上下。

(二)對於升降機各樓出入口及搬器內,應明顯標示其積載荷重或乘載之最高人數,並規定使用時不得超過限制。

(三)對於升降機之升降路各樓出入口門,應有連鎖裝置,使搬器地板與樓板相差 7.5 公分以上時,升降路出入口門不能開啓之。

(四)對於升降機,應設置終點極限開關、緊急刹車及其他安全裝置。

六、固定式起重機吊運一捆長約 6 公尺,重約 2 公噸角鐵,正好越過機械修護人員之正上方,突然鋼索斷裂,角鐵傾洩而下,壓死修護工人二人,經查鋼索斷裂負荷為 120,000 公斤,起重吊鉤(未設防脫裝置),鉤住一長 3 公尺吊具,在桁架上設有過捲揚極限開關,試分析其職業災害之直接原因、間接原因、基本原因。

(一)直接原因:鋼索斷裂,角鐵傾洩而下,壓死兩位工人。

(二)間接原因

　　1. 不安全的行為:

　　(1) 未設置現場監督作業人員。

　　(2) 在起重機作業下方通過。

　　(3) 未遵守安全衛生工作守則。

　　(4) 缺乏足夠的安全衛生意識。

　　(5) 未配戴安全帽等個人防護具。

　　2. 不安全的狀況 (設備與環境):

　　(1) 鋼索之設置未符合勞工安全衛生設施規則之規定。

　　(2) 吊鉤之使用未符合規定 (未設防脫鉤裝置)。

　　(3) 起重機未設過捲揚極限開關。

　　(4) 作業場所人員管制不當。

(三) 基本原因

　　1. 勞工安全衛生管理單位及人員未盡到法定的職責。

　　2. 相關業務主管人員未盡到法定上的職責。

　　3. 起重機的自動檢查與定期檢查未落實。

　　4. 起重機操作人員未接受固定式起重機安全衛生教育訓練。

　　5. 未會同勞工代表制訂相關安全衛生工作守則。

七、試寫出起重機具經常發生災害種類五種及其原因，並再列舉其重要之安全裝置五種及說明其功能。

(一) 災害類型與原因

1. 荷物墜落：

   由下列原因造成：(1) 鋼索斷裂；(2) 荷物從吊鉤脫落；(3) 過捲；(4) 失壓 (油壓裝置失效)

2. 起重機翻覆：

   (1) 吊臂伸展過長；(2) 作業半徑過大；(3) 荷物過重；(4) 土壤過於鬆軟；(5) 地面斜度太大；(6) 支撐不足。

3. 勞工進入有碰撞之虞的空間：

   由於作業前未對作業場所進行人員管制，及勞工缺乏安全意識而造成。

4. 吊桿斷裂：

   由於平日未落實安全檢查與作業時超過安全負荷而造成。

5. 人員感電：

   由於起重機在高壓電線附近作業時，未保持安全距離或做好適當的隔離措施而造成。

(二) 安全裝置與其功能：

1. 過捲預防裝置：

   當起重機之鋼索發生過捲揚時，其吊具會碰傷吊臂造成荷物墜落及吊臂本身破損。為避免此一情形發生而裝設過捲預防裝置，當鋼索捲揚超過安全距離時，其裝置將啟動予以制動。

2. 過捲預防警報器：

   作用與過捲預防裝置相同，只是其為發出警報聲響讓操作人了解已發生過捲現象。

3. 過負荷預防裝置：

   起重機作業中，當吊升荷物的荷重超過安全的作業荷重，會立即發出警報聲響，並且予以制動之裝置，但不包含一般之荷重計。

4. 吊鉤之防脫鉤裝置：

   為裝置一個簡單的防滑舌片，以防止吊掛作業時發生脫鉤之現象。

八、影響移動式起重機 (吊車) 之安定性的因素如下：

(一) 過捲預防裝置之調整：調整移動式起重機之過捲預防裝置，應使吊鉤、抓斗等吊具或該吊具之槽輪上方與伸臂前端槽輪及其他與該上方有接觸之虞的物體 (傾斜伸臂除外) 之下方之間隔保持 0.25 公尺以上。直動式過捲預防裝置為 0.05 公尺以上。

(二) 安全閥之調整：使用液壓為動力之移動式起重機，應裝置防止該液壓過度升高用之安全閥，此安全閥應調整在額定荷重之最大值下之壓力即能作用。但實施荷重試驗及安定性試驗時，不在此限。

(三) 過負荷之限制：移動式起重機之使用，應不得超過額定荷重。

(四) 傾斜角之限制：其有伸臂之移動式起重機之使用，伸臂之傾斜角不得超過該移動式起重機明細表內所記載之範圍。

(五) 搭乘之限制：移動式起重機之使用，應不得乘載或吊升勞工從事作業。但在不得已的情形下，經採取足以防止墜落之措施者，不在此限。

(六) 立入禁止：移動式起重機作業時，應禁止人員進入吊舉物之下方。

(七) 修理作業：從事檢修、調整時，應指定作業監督人員，從事監督指揮工作但危險無虞，或採其他安全措施，確無危險之虞者，不在此限。

(八) 自運轉位置脫離之禁止：操作人員不得擅離經吊有貨物之操作位置。

(九) 組占及解體作業：組配、拆卸時，應選用適當人員擔任，作業區內禁止無關人員進入，必要時並設置警告標示。

(十) 強風時之作業中止：因強風、大雨等惡劣氣候下，致作業有危險之虞時，應禁止工作。

九、為防止吊車的翻覆，應當設置之安全裝置如下：

(一) 移動式起重機之吊升裝置、起伏裝置及伸縮裝置，應設置過捲預防裝置或預防過捲之警報裝置。但使用液壓或氣壓為動力之起伏裝置及伸縮裝置者，不在此限。

(二) 使用液壓為動力之移動式起重機，應裝置防止該液壓過度升高用之安全閥，此安全閥應調整在額定荷重之最大值以下之壓力即能作用。但實施荷重試驗及安定性試驗時，不在此限。

(三) 移動式起重機之吊升裝置、起伏裝置及伸縮裝置，應設控制荷重或伸臂下降所必要之制動裝置。但使用液壓或氣壓為動力之吊升裝置、起伏裝置或伸縮裝置，不在此限。

十、試述起重機類危險性機械的災害種類有那些？又其對應之災害原因為何？

1. 吊掛物飛落：吊索斷裂、吊掛或捆縛方法失當。

2. 機體翻倒：過負荷、支撐不良、操作失當。

3. 吊桿折斷：仰角過高、碰撞。

4. 人體墜落：檢修中未加防護措施。

5. 感電：在高壓電附近工作或閃電雷擊。

十一、依起重升降機具安全規則規定，雇主對於移動式起重機之使用，以吊物為限，不得乘載或吊升勞工從事作業。但從事貨櫃裝卸、船舶維修、高煙図施工等尚無其他安全作業替代方法，或臨時性、小規模、短時間、作業性質特殊，經採取防止墜落等措施者，不在此限。上述但書所定之防止墜落措施，應辦理事項包括：

1. 以搭乘設備乘載或吊升勞工，並防止其翻轉及脫落。

2. 使勞工佩戴安全帶或安全索。

3. 搭乘設備自重加上搭乘者、積載物等之最大荷重，不得超過該起重機作業半徑所對應之額定荷重之百分之五十。

4. 搭乘設備下降時，採動力下降之方法。

十二、某工地承攬人違規使用移動式起重機吊掛吊籃，吊升勞工從事鋼箱梁螺栓鎖固作業(距地面高度3.5公尺)，發生吊籃掉落地面，導致勞工死亡災害。

(一)若欲使用移動式起重機乘載或吊升勞工從事作業，依起重升降機具安全規則之規定有何限制？

(二)若符合規定可使用移動式起重機乘載或吊升勞工從事作業，請分別說明有哪些防止墜落措施(試至少列舉三項)及搭乘設備(試至少列舉七項)？

答 (一)移動式起重機之使用，以吊物為限，不得乘載或吊升勞工從事作業。但從事貨櫃裝卸、船舶維修、高煙図施工等尚無其他安全作業替代方法，或臨時性、小規模、短時間、作業性質特殊，經採取防止墜落等措施者，不在此限。

(二)防墜措施：

1. 以搭乘設備乘載或吊升勞工，並防止其翻轉及脫落。

2. 使勞工佩戴安全帶或安全索。

3. 搭乘設備自重加上搭乘者、積載物等的最大荷重,不得超過該起重機作業半徑所對應的額定荷重的百分五十。

4. 設備下降時,採動力下降的方法。

搭乘設備:

1. 搭乘設備應有足夠強度,其使用之材料不得有影響構造強度之損傷、變形或腐蝕等瑕疵。

2. 搭乘設備周圍設置高度九十公分以上之扶手,並設中欄杆及腳趾板。

3. 搭乘設備的懸吊用鋼索或鋼線之安全係數應在十以上。

4. 搭乘設備的吊鏈、吊帶及其支點之安全係數應在五以上。

5. 搭乘設備及懸掛裝置,應妥予安全設計,並事前將其構造設計圖、強度計算書及施工圖說等,委託中央主管機關認可之專業機構簽認,其簽認效期最長二年。

6. 於搭乘設備之明顯易見處,標示自重及最大荷重。

7. 起重機載人作業前,應先以預期最大荷重之荷物,進行試吊測試,將測試荷物置於搭乘設備上,吊升至最大作業高度,保持五分鐘以上,確認其平衡性及安全性無異常。該起重機移動設置位置者,應重新辦理試吊測試。

十三、依起重升降機具安全規則規定,雇主對於使用起重機具從事吊掛作業之勞工,應辦理下列事項:

1. 確認起重機具之額定荷重,使所吊荷物之重量在額定荷重值以下。

2. 檢視荷物之形狀、大小及材質等特性,以估算荷物重量,或查明其實際重量,並選用適當吊掛用具及採取正確吊掛方法。

3. 估測荷物重心位置,以決定吊具懸掛荷物之適當位置。

4. 起吊作業前,先行確認其使用之鋼索、吊鏈等吊掛用具之強度、規格、安全率等之符合性;並檢點吊掛用具,汰換不良品,將堪用品與廢棄品隔離放置,避免混用。

5. 起吊作業時,以鋼索、吊鏈等穩妥固定荷物,懸掛於吊具後,再通知起重機具操作者開始進行起吊作業。

6. 當荷物起吊離地後,不得以手碰觸荷物,並於荷物剛離地面時,引導起重機具暫停動作,以確認荷物之懸掛有無傾斜、鬆脫等異狀。

7. 確認吊運路線,並警示、清空擅入吊運路線範圍內之無關人員。

8. 與起重機具操作者確認指揮手勢，引導起重機具吊升荷物及水平運行。

9. 確認荷物之放置場所，決定其排列、放置及堆疊方法。

10. 引導荷物下降至地面。確認荷物之排列、放置安定後，將吊掛用具卸離荷物。

11. 其他有關起重吊掛作業安全事項。

十四、一移動式起重機之吊升荷重能力為 4 公噸，為確保該移動式起重機作業安全，試回答下列問題：

(一) 若該起重機吊鉤之斷裂荷重為 20 公噸，承受之最大荷重為 4 公噸，試說明該吊鉤強度是否符合移動式起重機安全檢查構造標準規定？

(二) 若該起重機捲揚用鋼索之斷裂荷重為 15 公噸，承受之最大荷重為 4 公噸，試說明該鋼索強度是否符合移動式起重機安全檢查構造標準規定？

(三) 為防護鋼索強度折減而發生意外事故，依移動式起重機安全檢查構造標準規定，請列舉 3 種鋼索需予以更換之情形。

(四) 為保護勞工使用該起重機從事吊掛作業之安全，依起重升降機具安全規則規定，在進行吊掛作業時，請列舉 5 項應辦理事項。

　　🔑 (一) 依移動式起重機安全檢查構造標準：

雇主對於起重機具之吊鉤，其安全係數應在 4 以上。前項安全係數為吊鉤之斷裂荷重值除以吊鉤個別所受最大荷重值所得之值。

故 20/4 = 5，符合規定。

(二) 依移動式起重機安全檢查構造標準：

雇主對於起重機具之吊掛用鋼索，其安全係數應在 4.5 以上。

前項安全係數為鋼索之斷裂荷重值除以鋼索所受最大荷重值所得之值。

故 15/4 = 3.75，不符合規定。

(三) 雇主不得有下列各款情形之一之鋼索，供起重吊掛作業使用：

1. 鋼索一撚間有百分之十以上素線截斷者。

2. 直徑減少達公稱直徑百分之七以上者。

3. 有顯著變形或腐蝕者。

4. 已扭結者。

(四) 進行吊掛作業時,應辦理事項:

1. 確認起重機具之額定荷重,使所吊荷物之重量在額定荷重值以下。

2. 檢視荷物之形狀、大小及材質等特性,以估算荷物重量,或查明其實際重量,並選用適當吊掛用具及採取正確吊掛方法。

3. 估測荷物重心位置,以決定吊具懸掛荷物之適當位置。

4. 起吊作業前,先行確認其使用之鋼索、吊鏈等吊掛用具之強度、規格、安全率等之符合性;並檢點吊掛用具,汰換不良品,將堪用品與廢棄品隔離放置,避免混用。

5. 起吊作業時,以鋼索、吊鏈等穩妥固定荷物,懸掛於吊具後,再通知起重機具操作者開始進行起吊作業。

6. 當荷物起吊離地後,不得以手碰觸荷物,並於荷物剛離地面時,引導起重機具暫停動作,以確認荷物之懸掛有無傾斜、鬆脫等異狀。

7. 確認吊運路線,並警示、清空擅入吊運路線範圍內之無關人員。

8. 與起重機具操作者確認指揮手勢,引導起重機具吊升荷物及水平運行。

9. 確認荷物之放置場所,決定其排列、放置及堆疊方法。

10. 引導荷物下降至地面。確認荷物之排列、放置安定後,將吊掛用具卸離荷物。

11. 其他有關起重吊掛作業安全事項。

第 10 章

失控反應與爆炸

一、會發生失控反應的原因除了溫度過高之外，另有：

(一) 供應設備不順或停止

工廠設備通常會用電力或蒸汽作為動力，且用空氣帶動計測儀器，如果這些供應設備發生異常或停止，就可能發生失控之危險。

(二) 原料比例錯誤

原料比例錯誤，使反應熱增大，亦會引起失控，國內 PU 泡綿製造，常因為人工配料不精確，使二異氨酸甲苯與乙二醇之比例過高，所以反應溫度過高，導致廠房燒毀。

(三) 微量不純物之濃縮

蒸餾分餾精製過程中，因副反應而生成微量不純物時，就會逐漸濃縮而成反應失控，例如內醯胺硫濃縮過程中其微量副產品硝酸銨濃縮至某一濃度以上，就會產生化學失控爆炸。

(四) 混合產生熱量

當二種以上物質因某種原因或事故而混合一起，發生混合熱或反應熱，而致容器內氣體或液體發生爆炸性的膨脹、造成儲槽的破損。例如硫酸加入水中即產生高熱。

二、試說明化學反應失控，為何會引起爆炸災害？並列舉 10 種可能造成化學反應失控之原因。

🌑 (一) 失控反應的發生起因於系統 (槽車中或容器中) 所產生或累積的熱能 (或升溫速度) 遠大於系統所能排除的熱能 (經由系統邊界之熱傳導或加抑制劑等)，而沒有除去多餘的熱能，導致熱爆炸產生。

(二) 發生失控反應的原因有：

1. 溫度過高。

2. 供應設備不順或停止。

3. 原料比例錯誤。

4. 微量不純物之濃縮。

5. 混合產生熱量。

6. 計測器誤動作。

7. 有空氣滲入裝置中。

8. 因操作錯誤而反應失控。

9. 機器、設備故障。

10. 維修、保養不良。

第 11 章
燃燒與火災

一、何謂閃火點、爆炸範圍？其與火災的關係為何？

答 (一) 閃火點：引火性物質表面蒸發作用釋出的蒸氣，在空氣中擴散成為可燃的混合氣體，其濃度相當爆炸下限，此時液體之最低溫度稱為閃火點。

(二) 爆炸範圍：係指引火性液體之蒸氣及可燃性氣體與空氣混合後遇到火種可以爆炸最低與最高之體積百分比，其界限謂之爆炸範圍。

(三) 閃火點、爆炸範圍與火災的關係：可以燃燒之最低百分比稱為燃燒下限 (或爆炸下限)，其最高百分比稱為燃燒上限 (或爆炸上限)。如混合氣體在密閉情況下燃燒即產生爆炸現象，一般常見之引火性液體，可燃性氣體有很廣泛的燃燒界限，如其百分比低於下限，混合氣體中可燃性氣體濃度太低則不能燃燒；其百分比高於上限，混合氣體中可燃性氣體之濃度高，氧氣不足，也不能燃燒或爆炸。

二、氧氣濃度對爆炸範圍之影響當空氣中氧氣體積大於 21% 時，或氧氣分壓大於 160mmHg 時，即構成危險環境，氧的濃度愈高，或氧的分壓愈高，其火災及爆炸之潛在危險即相對提高。環境中的氧濃度提高時，會降低易燃性氣體之引火所需能量，並且加大其燃燒上下限範圍。例如丙烷於常壓空氣中，其燃燒上下限範圍很窄，大約 2% ～ 9%；最低引火所需能量約 0.5mJ。當氧濃度提高到 100% 時，丙烷燃燒上下限範圍會擴大為 2% ～ 41%，而最低引火所需能量也降低到 0.003mJ 左右。氧濃度提高時，物質延燒速度也會加快。

三、試述燃燒四要素與延伸的滅火原理。

(一) 燃燒四要素：

1. 可燃性物質 (燃料)：一般可燃性物質均為碳氫化合物，其特性就是易於氧結合，如木材、紙張等。

2. 氧氣 (空氣)：燃燒的過程中需要有充足的氧氣供給，一般空氣中的氧含量為 21%，且有些物質本身就含有氧元素，如：氯酸鹽類。

3. 熱能 (溫度)：可然性物質要有一定的燃料才能點火，也就是說溫度要達一定的程度才可產生燃燒現象。其中熱能的來源有：明火、摩擦、靜電等。

4. 連鎖反應 (Chain Effect)：只可燃性物質與大氣中的氧氣分離與重新結合反應過程的現象。連鎖反應會加速燃燒的速率與擴大燃燒之現象。

(二) 相對應的滅火原理：

1. 隔離法：移開燃燒中的物質或減少其供應，使受熱面減少，以消除火勢阻止延燒。如：開闢防火巷、關閉火場的輸油管等。

2. 窒息法：減少空氣中氧氣的含量，以達窒息火災的目的。如：以不然性的氣體或泡沫覆蓋燃燒物、密閉燃燒的房間。

3. 冷卻法：降低燃燒物質的溫度，使熱能減少，火自然就熄滅。如：利用大量的水來降溫。

4. 抑制法：利用鹵化碳氫化合物或特殊的乾粉噴灑燃燒物，以打斷其連鎖反應。

四、請列舉滅火劑種類及滅火原理。

(一) 滅火劑種類

1. 消防水：適用甲類火災

2. 泡沫：適用甲類、乙類火災。

3. CO_2：適用乙類、丙類 (電氣) 火災。

4. ABC 類乾粉：適用甲類、乙類、丙類 (電氣) 火災。

5. BC 類乾粉：適用丙類 (電氣) 火災。

6. D 類乾粉：適用丁類 (金屬) 火災。

7. 鹵化烷：適用乙類、丙類 (電氣) 火災。

(二) 滅火原理

1. 隔離法：將燃燒中的物質移開或斷絕其供應，使受熱面積減少，以削弱火勢或阻止延燒以達滅火的目的。

2. 冷卻法：將燃燒物冷卻，使其熱能減低，亦能使火自然熄滅。

3. 窒息法：使燃燒中的氧氣含量減少，可以達到窒息火災的效果。

4. 抑制法：在連鎖反應中的游離基，可用化學乾粉或鹵化碳氫化合物除去。

五、何謂易燃液體，為何在火災時危險性較高，另外防火防爆應注意哪些事項？

　　🈺（一）易燃液體之定義：常溫之下為液態，且具有流動性，經點火可以產生燃燒之液體。如：汽油、酒精等。

　　（二）易燃液體危險性高之原因：因為易燃液體具有流動性，所以點火之後，火焰會隨著火場地勢高低而擴大；並且易燃液體之蒸氣與空氣中的氧氣結合，達到爆炸下限之後一經點火會產生火災爆炸，造成嚴重的傷亡。

　　（三）易燃液體之防火防爆要點：

　　　　1. 作業場所嚴禁煙火，禁止閒人進入，工作人員禁止使用明火。

　　　　2. 其作業場所之機具設備應不易產生火花與電弧。

　　　　3. 其作業場所之化學設備有火災爆炸之虞的部份應以不燃性材料構築。

　　　　4. 其化學設備與機具應定期保養與檢查。

　　　　5. 其作業場所之倉庫應裝置避雷針。

　　　　6. 為避免人員誤操作應使用自動控制裝置。

　　　　7. 為避免停電之危害應裝設緊急供電系統。

　　　　8. 易燃液體卸收與灌注的槽車應設有防止靜電之措施。

　　　　9. 作業場所的吸菸室應設置在不受延燒的地方。

　　　　10.作業場所應設置適當的消防設備。

　　　　11.當作業場所的易燃液體蒸氣濃度達爆炸下限 30% 以上時應立即下令停工。

六、

　　（一）沸騰液體膨脹蒸氣爆炸 (BLEVE) 液化氣體在儲槽內係在高壓下以高於其沸點的狀態儲存，若是儲槽受火災熱氣侵襲，液化氣體蒸發使槽內壓力上昇，此時安全閥動作放出內部壓力，但因加熱過度安全閥無法宣洩巨大壓力導致儲槽破裂。破裂瞬間內部成平衡狀態之氣態及液態的液化氣體，因壓力放出而破壞平衡，若將此高壓瞬間降低至常壓，則液化氣體大量沸騰為氣體，體積膨脹的結果一方面會將破片飛射至遠處，一方面與空氣混合成可燃氣遇火源則點燃爆炸。該種爆炸就稱為沸騰液體膨脹蒸氣爆炸 (BLEVE)。

(二) 預防 BLEVE 發生的方法：

    1. 於儲槽外部設固定式撒水設備，使儲槽不至受外界大量的熱，而造成液體的沸騰。

    2. 將儲槽作外部斷熱處理，減低外界熱對儲槽內液體的影響，增加處理的時間。

    3. 將防液堤設計成斜坡狀，或使集液部遠離油槽，使得萬一油槽洩漏，於集液部發生火災時，不至於讓火燄直接對油槽加熱。

七、為降低爆炸危害，常於設備中選用設置破裂片、洩爆門、釋放口、抑爆系統、爆炸阻隔等 5 種安全裝置，請說明上列 5 種安全裝置之作用方式。

(一) 破裂片：

一種開放性的裝置，用以保護在壓力突然升高的情況或可能造成危險的真空狀態下的壓力槽、裝置或系統，爆炸發生時、薄膜因壓力而破裂，形式有圓頂狀拉張型、複合型。

(二) 洩爆門：

與破裂片功能相同，但洩爆效果較弱，藉由加大洩放面積或加強設備強度來改善，為防止洩爆門於洩壓時破損或飛射出而造成傷害，故常加裝鏈條或磁鐵式、彈簧式的裝置連接。

(三) 釋放口：

爆炸壓力釋放口是安裝於粉體 (尤其是小粒徑之可燃性粉體)、氣體、乾燥器、脫臭裝置等具有爆炸危險之設備上，用於爆炸發生時釋放爆炸壓力。

(四) 抑爆系統：

利用爆炸的初期階段，壓力的上昇緩和，可由檢測器檢測出此階段的微小壓力變化，隨後速的噴射散佈燃燒抑制劑，於初期階段消滅火焰，抑制壓力上升之裝置。

(五) 爆炸阻隔：

一般爆炸隔離系統係於設備與設備間的管路中，安裝感知器、控制閥與隔離閥所組成，一旦其中某設備發生爆燃時，在互相連接之管線中的隔離閥將立即關閉，可防止爆炸發生後產生之火焰傳播至其它設備中，以降低火災爆炸所造成的連鎖效應損失。

八、

(一) 試列舉並簡要說明 4 種預防火災爆炸的方法。

(二) 請簡要列舉 4 種動火作業許可管制的工作項目。

(三) 某一化學公司儲槽區發生火災爆炸，該槽區有數座儲槽。事故發生後，化學儲槽相繼爆炸，產生蕈狀雲的爆燃火焰直沖天空。經調查，本案第一次起爆點係為內裝有易燃液體槽體炸飛，其原因為切割金屬管線後，管線內易燃液體起火。因為儲槽氮封系統關閉，導致儲槽內氮氣濃度逐漸降低，氧氣濃度逐漸上升直到爆炸範圍，所以切割管線後，經過大約十分鐘後引爆。導致易燃液體槽體飛離，該火災引發其他槽體 BLEVE 連續爆炸。根據以上案例背景，為防止類似火災爆炸再度發生，試回答下列問題：

1. 列舉 3 項工作場所操作注意要點。

2. 列舉 3 項動火作業安全注意事項。

🈺 (一) 預防火災爆炸的方法如下：

　　　1. 惰化處理 (消除助燃物，如氧氣)。

　　　2. 著火源的預防或消除。

　　　3. 可燃物的濃度控制。

　　　4. 易燃、易爆高危險化學品之管制。

　　　5. 化學設備之本質較安全設計。

　　　6. 耐爆、洩爆、抑爆等設施之採用。

(二) 從事熔接、熔斷、金屬之加熱及其他須使用明火之作業或有發生火花之虞之作業，均為動火工作安全許可之管制項目。

(三)

　　　1. 工作場所操作注意要點如下：

　　　(1) 確實遵守動火作業許可之申請。

　　　(2) 指派人員進行動火作業之監視。

　　　(3) 與控制製程人員緊密聯繫，確保氮封及水霧設備正常運作。

　　　(4) 採取清槽等安全措施。

　　　(5) 時常演練緊急應變訓練。

　　　(6) 於作業區設置緊急處理步驟告示和緊急連絡電話。

2. 動火作業安全注意事項如下：

(1) 火源的管制。

(2) 易燃物的管制。

(3) 個人防護。

(4) 緊急處理。

九、

(一) 請簡要說明粉塵爆炸之過程。

(二) 請列出 5 種具爆炸性粉塵之類別。

(三) 請列出 5 項影響粉塵爆炸之因子，並簡要說明之。

答 (一) 粉塵爆炸之過程簡要說明如下述：

1. 懸浮粉塵在熱源作用下迅速地被氣化而產生可燃氣體。

2. 可燃氣體與空氣混合而燃燒。

3. 燃燒產生的熱量以燃燒中心向外傳遞引起鄰近的粉塵進一步燃燒。如此循環導致反應速度不斷加快，最後形成爆炸。

(二) 具爆炸性粉塵之類別如下所列：

1. 碳化物類：煤炭、木炭等。

2. 肥料類：飼料、魚粉、玉米粉等。

3. 食品類：小麥粉、澱粉、糖粉、奶粉等。

4. 金屬類：鎂粉、鋁粉、鐵粉等。

5. 木質類：紙粉、木粉等。

6. 化學品類：合成材料 (如塑膠粒料、染料粉粒)。

7. 副產品：棉花、蘗草等。

(三) 影響粉塵爆炸之因子，如：

1. 粉塵成分：形成粉塵之物品本身若可分解出氧氣、可燃性氣體、燃點低、爆炸線下限低，越容易發生爆炸。

2. 粉塵粒徑：粒徑愈小，接觸反應之表面積變大，愈容易發火。

3. 粉塵顆粒形狀：顆粒形狀愈不規則，增加摩擦機會，愈容易發火。

4. 週遭可燃氣體：可燃氣體混合濃度愈高，容易發火，爆炸範圍愈寬。

5. 溫度：週遭環境溫度越高，使發火能量變小，越容易發生爆炸。

6. 壓力：週遭環境壓力越大，使發火能量變小，越容易發生爆炸。

7. 溼度：環境溼度越大，使發火能量變大，不易發生爆炸。

十、試回答下列粉塵爆炸相關問題：

(一) 請列舉 4 項影響粉塵爆炸之因素。

(二) 請列舉 3 項引起粉塵爆炸之可能火源。

(三) 請列舉 3 項防止粉塵爆炸之對策。

答 (一) 粉塵爆炸之因素

1. 化學組成：粉塵的化學性質，對其爆炸性質影響很大，如已氧化的粉塵，反應性較小；但若粉塵為過氧化物或硝化物，則因粉塵本身即含有活化性的氧，不需外界來提供反應所需的氧，故較易起激烈的爆炸。

2. 粒徑：粉塵爆炸係發生於粉塵表面之燃燒現象，因此，粉體粒子愈小，即比表面積愈大，愈容易發火，發生爆炸的可能性愈大。

3. 爆炸界限：粒子愈小爆炸下限愈低，危險性愈大，點火源為高熱物之爆炸下限較電氣火花低。

4. 氧氣的濃度：氧的濃度愈高，粉塵愈容易爆炸，因此降低氧的濃度，可提高粉塵爆炸下限，防止粉塵爆炸。

5. 可燃性氣體：粉塵中若有可燃性氣體共存，將降低粉塵爆炸的下限，增加粉塵爆炸的危險。

6. 發火溫度：粉塵個體的粒徑愈小，濃度愈高，發火溫度愈低，不過發火溫度與火源種類有關，不是該粉體的物理定數。

7. 發火能量：粒子愈小發火能量愈低，在氧氣中的最小發火能量，較在空氣中者低。水分影響亦大，含水量愈多最小發火能量愈高，濃度低時，其值愈高。

8. 壓力、溫度：壓力愈大、溫度愈高，最小發火能量變低，爆炸界限變廣，危險性愈大。

(二) 引起粉塵爆炸之可能火源

1. 表面熱。

2. 明火、菸蒂餘燼。

3. 摩擦。

4. 靜電放電。

5. 機械設備或其他設備產生電弧。

(三) 防止粉塵爆炸之對策

1. 減少粉塵飛揚。例如,依據操作量選擇適當設備,以減少粉塵飛揚的自由空間;以濕式混拌取代乾式混拌;經常清除濾網、濾布及作業場所,以避免粉塵的堆積。

2. 可燃物質的濃度控制。在製程中可燃物的使用難以避免,但可利用通風換氣設備控制,使可燃物的濃度不在爆炸範圍內。

3. 惰化設計。製程中以惰性氣體吹洩,以避免新鮮的氧氣進入,如此可以減低氧的分壓,減少爆炸的危險。

4. 粉塵作業場所盡量遠離可能產生火源或靜電的場所。例如,香菸、切割、電焊、電氣火花、機械火花、熱表面、炙熱物質。

5. 增濕除塵。

十一、依據 Jones 理論,可燃性物質之爆炸下限為其理論混合比例值 C_{st} 之 0.55 倍,亦即 LEL = $0.55C_{st}$,請估算 (詳列計算過程) 丙烷 (C_3H_8),苯乙烯 (C_8H_8) 及乙醇 (C_2H_5OH) 之爆炸下限為何?

答 1. 丙烷之燃燒下限:

丙烷燃燒之平衡式:$C_3H_8 + 5O_2 \rightarrow 3CO_2 + 4H_2O$

$$C_{st} = \frac{1}{1 + \frac{5}{0.21}} = \frac{1}{1 + 23.8} = 0.04$$

$$LEL = 0.55 \times 0.04 = 0.022 = 2.2\%$$

2. 苯乙烯之燃燒下限:

苯乙烯燃燒之平衡式:$C_8H_8 + 10O_2 \rightarrow 8CO_2 + 4H_2O$

$$C_{st} = \frac{1}{1 + \frac{10}{0.21}} = \frac{1}{1 + 47.6} = 0.02$$

$$LEL = 0.55 \times 0.02 = 0.011 = 1.1\%$$

3. 乙醇之燃燒下限:

乙醇燃燒之平衡式:$C_2H_5OH + 3O_2 \rightarrow 2CO_2 + 3H_2O$

$$C_{st} = \frac{1}{1 + \frac{3}{0.21}} = \frac{1}{1 + 14.29} = 0.0654$$

$$LEL = 0.55 \times 0.0654 = 0.036 = 3.6\%$$

十二、有一含氫氣、乙烷及乙烯之混合氣體，其體積組成比例分別為 30%、30% 及 40%，請依勒沙特列 (Le Chatelier) 定律計算此混合氣體在空氣中的爆炸下限 (LEL) 與上限 (UEL)。(其中氫之 LEL：4.0vol%、UEL：75vol%；乙烷之 LEL：3.0Vol%、UEL：12.4 Vol%；乙烯之 LEL：2.5Vol%、UEL：36Vol%)。

　　🔑 依勒沙特列 (Le Chatelier) 定律此混合氣體在空氣中的爆炸下限 (LEL) 計算如下：

　　　$LEL = 100 \div (V_1/LEL_1 + V_2/LEL_2 + V_3/LEL_3)$

　　　　　$= 100 \div (30/4.0 + 30/3.0 + 40/2.5)$

　　　　　$= 3.0\%$

　　爆炸上限 (UEL) 計算如下：

　　　$UEL = 100 \div (V_1/UEL_1 + V_2/UEL_2 + V_3/UEL_3)$

　　　　　$= 100 \div (30/75.0 + 30/12.4 + 40/36.0)$

　　　　　$= 25.4\%$

十三、試列出混合氣體的爆炸下限公式，並且計算甲烷 80%(LEL=5%)、乙烷 15%(LEL=3%)、丙烷 5%(LEL=2.1 %)，混合後之爆炸下限。

　　🔑 依勒沙特列 (Le Chatelier) 定律

　　此混合氣體在空氣中的爆炸下限 (LEL) 計算如下：

　　$LEL = 100 \div (V_1/LEL_1 + V_2/LEL_2 + V_3/LEL_3)$

　　　　$= 100 \div (80/5.0 + 15/3.0 + 5/2.1)$

　　　　$= 4.3\%$

十四、所謂理論空氣量係指可燃性物質完全燃燒所需要的空氣量，如碳氫化合物完全燃燒產物為 CO_2 及 H_2O，以丙烷為例，其完全燃燒反應式為 $C_3H_8 + 5O_2 \rightarrow 3CO_2 + 4H_2O$。現有四種物質其分別為：丙烷 ($C_3H_8$，分子量 44g/mole)、丙酮 ($CH_3COCH_3$，分子量 58g/mole)、異丙醇 ($CH_3CHOHCH_3$，分子量 60g/mole)、甲乙醚 ($CH_3OC_2H_5$，分子量 60g/mole)

(一) 試問當上述四種物質質量相等時，何者燃燒時具最低之理論空氣量？

(二) 請說明處置上述物質之防火防爆安全措施為何 (至少列舉五項)？

答 (一) 丙烷完全燃燒反應式為 $C_3H_8+5O_2 \rightarrow 3CO_2+4H_2O$

丙酮完全燃燒反應式為：$CH_3COCH_3+4O_2 \rightarrow 3CO_2+3H_2O$

異丙醇完全燃燒反應式為：$CH_3CHOHCH_3+4.5O_2 \rightarrow 3CO_2+4H_2O$

甲乙醚完全燃燒反應式為：$CH_3OC_2H_5+4.5O_2 \rightarrow 3CO_2+4H_2O$

最低之理論空氣量 = 丙烷：丙酮：異丙醇：甲乙醚

$= (g/44) \times 5：(g/58) \times 4：(g/60) \times 4.5：(g/60) \times 4.5$

$= 0.114$ g-mole：0.069 g-mole：0.075 g-mole：0.075 g-mole

以丙酮燃燒時具最低之理論空氣量

(二) 處置上述物質之防火防爆安全措施：

1. 易燃液體之製造或處置最在其爆炸範圍外之蒸氣濃度下實施，對於有危險性的操作最好在惰性氣體中進行。允其在試運轉或運轉停止後之修理作業，應特別注意有無在爆炸範圍內之混合氣體存在。

2. 導電性較低之石油的易燃液體，在處理或輸送之際，因流動、摩擦及其他原因配管或機械設備可能會發生靜電，應有消除靜電設施。

3. 可能有易燃液體之蒸氣漏洩場所，附近不得有發生火源之虞之設備或物質存在。

4. 容器應依平時操作壓力，最高使用壓力，最大爆炸壓力之基礎設計，構造應十分堅固，並應有適當之壓力釋放裝置，俾使其在內部爆炸時不致破裂。

5. 操作時突然停電，可能招致很大的混亂，往往造成火災爆炸的危險，故應有預備電源的設置。

6. 為防止易燃液體之蒸氣自配管或機械設備中洩漏，在設置時即應注意，運轉時亦應經常檢點整修，以保持其正常。

十五、所謂理論空氣量係指可燃性物質完全燃燒所需要的空氣量，以正己烷為例，其完全燃燒反應式為 $C_6H_{14}+9.5O_2 \rightarrow 6CO_2+7H_2O$。現有正己烷 (分子量86，LEL = 1.1%)每天八小時消耗48kg(大氣條件：25℃、一大氣壓、氧氣濃度 21%)，試回答下列問題：

(一) 正己烷每小時之燃燒理論空氣量為何 (m^3/hr)？

(二) 為防止火災爆炸發生，正己烷作業之最低換氣量 (m^3/min) 為何？

答（一）∵每小時消耗 6kg(或 6,000g) 之正己烷，且

正己烷之完全燃燒反應式為 $C_6H_{14} + 9.5O_2 \rightarrow 6CO_2 + 7H_2O$

正己烷與氧氣之重量比為

$86 : 304 = 6,000 : x$

∴ $x = 21,209.3g$(所需氧氣重量)

因氧氣佔正常空氣之 21%，

故所需氧氣之體積 $= (21,209.3/32) \times 24.45$

$= 16,205.2(L) = 16.21(m^3)$

所需理請空氣量 $= \dfrac{100 \times 16.21}{21} = 77.1(m^3/hr)$

（二）為避免火災爆炸之最低換氣量，根據勞工安全衛生設施規則第 177 條：易燃液體之蒸氣、可燃性氣體之濃度達爆炸下限值之百分之三十以上時，應即刻使勞工退避至安全場所，並停止使用煙火及其他為點火源之虞之機具，並應加強通風。因此，所需之最低換氣量計算如下：

$$Q_1 = \frac{24.45 \times 1,000 \times 6,000(g/hr)}{60 \times (0.3 \times 1.1 \times 10^4) \times 86} = 8.62 \, m^3/min$$

十六、某科技股份有限公司以丙烷 (C_3H_8) 作為燃料，用以加熱潮濕粉末，若其每天 8 小時之消耗量為 40 公斤，回答下列問題：

（一）請列出丙烷完全燃燒之化學反應式。

（二）若大氣環境為 1 大氣壓、溫度 25℃、每莫耳體積 24.5 升、氧氣濃度 21%，為使丙烷完全燃燒，請計算所需之理論空氣量，以每小時立方米 (m^3/hr) 表示之。

（三）丙烷之理論爆炸下限為 $0.55Cst$(C_{st}：理論混合比)，請計算丙烷之爆炸下限。

（四）若丙烷之爆炸上限為 9.5%，請計算丙烷之危險性 (指數)。

答（一）丙烷 (C_3H_8) 之燃燒化學反應式如下：

$C_3H_8 + 5O_2 \rightarrow 3CO_2 + 4H_2O$

(二) 每小時消耗之丙烷量為：

40,000 g/8hr = 5,000 g/hr = 113.64 mole

568.18 mole×24.5 L/mole =13,920.4 L ＝ 13.92 m³

因空氣中氧氣含量為 21％ (體積比)，故所需之理論空氣量 (以體積表示) 為：$13.92 \times 100/21 = 66.28$ m³

(三) 丙烷 (C_3H_8) 之理論爆炸下限 $= 0.55 \times C_{st} = 0.55 \times 4.03\% = 2.22\%$

其中 $C_{st} = \dfrac{100}{1+\dfrac{5}{0.21}} = \dfrac{100}{24.8} = 4.03\%$

(四) 丙烷之危險指數 (HI) = (UEL − LEL)/LEL

$= (9.5\% - 2.22\%)/2.22\% = 3.28$

十七、一碳氫混合氣體，其組成與其體積百分比分別為乙烷 (C_2H_6)80%、丙烷 (C_3H_8)10%、丁烷 (C_4H_{10})10%，燃燒過程中空氣之氧氣體積百分比為 21%，請依題意回答下列問題：

(一) 列出完全燃燒之化學平衡方程式並計算乙烷、丙烷、丁烷個別氣體之理論混合比 (C_{st})。

(二) 計算乙烷、丙烷、丁烷個別氣體之爆炸下限 (LEL)。

(三) 依勒沙特 (Le Chatelier) 定律，計算該混合氣體之爆炸下限 (LEL)。

參考公式：

碳氫氣體完全燃燒之化學平衡方程式：

$$C_xH_y + \frac{4x+y}{4}O_2 \rightarrow xCO_2 + \frac{y}{2}H_2O$$

LEL(爆炸下限) = $0.55C_{st}$ (理論混合比)

❀ (一) 乙烷 (C_2H_6)

$C_2H_6 + 3.5O_2 \rightarrow 2CO_2 + 3H_2O$

$\Rightarrow C_{st} = \dfrac{1}{1+\dfrac{3.5}{0.21}} = 5.66\%$

丙烷 (C_3H_8)

$C_3H_8 + 5O_2 \rightarrow 3CO_2 + 4H_2O$

$\Rightarrow C_{st} = \dfrac{1}{1+\dfrac{5}{0.21}} = 4.03\%$

丁烷 (C_4H_{10})

$C_4H_{10} + 6.5O_2 \rightarrow 4CO_2 + 5H_2O$

$\Rightarrow C_{st} = \dfrac{1}{1+\dfrac{6.5}{0.21}} = 3.13\%$

（二）乙烷 (C_2H_6) 之爆炸下限：$LEL = 0.55 \times 5.7\% = 3.11\%$

　　　丙烷 (C_3H_8) 之爆炸下限：$LEL = 0.55 \times 4\% = 2.22\%$

　　　丁烷 (C_4H_{10}) 之爆炸下限：$LEL = 0.55 \times 3.1\% = 1.72\%$

（三）混合氣體之爆炸下限 $= \dfrac{100}{\dfrac{80}{3.11}+\dfrac{10}{2.21}+\dfrac{10}{1.72}} = 2.77\%$

十八、

（一）異丁烷、乙烷及乙酸戊酯之爆炸範圍如下表所列，試以合理方式計算各別物質之危險度或相對危害指數，並列明其相對危險度之大小順序。

物質名稱	化學式	爆炸下限 (v%)	爆炸上限 (v%)	閃火點 (°C)	著火點 (°C)
異丁烷	$CH_3CH(OH_3)CH_3$	1.8	8.4	81	460
乙　烷	C_2H_6	3.0	12.4	130	515
乙酸戊酯	$CH_3CO_2(CH_2)CH_3$	1.0	7.1	25	360

（二）試以化學計量方法計算甲醇 (CH_3OH) 之理論爆炸下限爲多少 %？

🖎（一）異丁烷之危險度 $= (8.4 - 1.8)/1.8 = 3.67$

　　　乙烷之危險度 $= (12.4 - 3.0)/3.0 = 3.13$

　　　乙酸戊酯之危險度 $= (7.1 - 1.0)/1.0 = 6.1$

　　　乙酸戊酯 > 異丁烷 > 乙烷

(二) $C_nH_mO_x + [n + (m - 2x)/4]O_2 \rightarrow nCO_2$

$C_{st} = \{100/1 + 4.773[n + (m - 2x)/4]\}$ (%)

理論爆炸下限 $= 0.55 \times C_{st}$

甲醇 (CH_3OH) 之理論爆炸下限計算如下：

甲醇 (CH_3OH) 之 n = 1；m = 4；x = 1

$C_{st} = \{100/1 + 4.773[1 + (4 - 2 \times 1)/4]\}$ (%) = 12.26%

甲醇 (CH_3OH) 之理論爆炸下限

$= 0.55 \times C_{st} = 0.55 \times 12.26\% = 6.74\%$

十九、如下表某混合可燃性氣體由乙烷、環氧乙烷、異丁烷等三種可燃性氣體組成，試計算每一可燃性氣體的危險性 H，並依危險性自高至低排列？計算此一混合氣體在空氣中之爆炸上限與爆炸下限？

物質名稱	爆炸界限 (%)	組成百分比
乙 烷	3.0 ～ 12.4	25%
環氧乙烷	3.6 ～ 100	50%
異丁烷	1.8 ～ 8.4	25%

答 (一) H(乙烷) = (12.4 − 3.0)/3.0 = 3.13

H(環氧乙烷) = (100 − 3.6)/3.6 = 26.78

H(異丁烷) = (8.4 − 1.8)/1.8 = 3.67

危險性自高至低，依次為：環氧乙烷 > 異丁烷 > 乙烷

(二) 此一混合氣體在空氣中之爆炸上限

$$UEL = \frac{100}{\frac{25}{12.4} + \frac{50}{100} + \frac{25}{8.4}}(\%) = 18.2(\%)$$

(三) 此一混合氣體在空氣中之爆炸下限

$$LEL = \frac{100}{\frac{25}{3} + \frac{50}{3.6} + \frac{25}{1.8}}(\%) = 2.8(\%)$$

第 12 章
工作場所佈置與設計

一、工作場所廠房空間規劃佈置之六項原則：

(一) 安全衛生和舒適的原則

　　使作業人員能在安全衛生和舒適的工作環境下工作，如此，可減少員工的流失，減少工作的疲勞，提高工作效率和保障員工的安全與生命。

(二) 綜合的原則

　　將生產的四要素「人」、「設備」、「材料」、「方法」在所需要的空間作最佳化佈置。

　　如果綜合不好時，物料流動走走停停，造成大量的搬運和效率低落。

(三) 最短距離的原則

　　工廠佈置的主要目的，在於求取人、物料和設備等移動之距離達到最短化，以使搬運愈短化，進而作業能愈安全。

(四) 流動的原則

　　在設備的佈置，要盡量使物料呈直線式流動，不要逆行、交叉等流動，此可達到流動的最短化。

　　然而，往往常受場地的限制，將直線式改為 L 型、U 型、S 型或 E 型等，但還是要維持物料的直線流動。

(五) 立體的原則

　　現國內土地和建築昂貴，必須充分有效利用立體空間，例如倉庫的立體料架、夾層儲藏室等。

(六) 彈性和開放的原則

　　工作場所的佈置，必須隨產品的機種和產量的變化，而有所變化。如產品常變化時，要有隨時彈性變化的觀念。

二、工作場所佈置的型式：

(一) 固定位置式 (Fixed Position)

將物料、機器、人員和工具等固定在一處進行製造。例如蓋房子、造船或裝配鍋爐等。

(二) 功能式 (Function)

將類似或相同功能的機器集中在一起，例如下圖的車床集中成車床班、銑床集中成銑床班、鑽床集中成鑽床班。

優點：能達到分工化和專業化，可培養出專業技術人員。在過去設備功能差、技術人員欠缺的時代裡，是最佳的佈置方式。

缺點：由下圖圖可知，製造 A 或 B 或 C 的產品時，工件的流動路線非常下長，且常有折線、交叉等，浪費非常多的人力和時間在搬運。而且，工件經某台機械加工後，為了節省搬運，不可能一件一件送到次工程機械加工，必須裝滿一台車或容器內才搬走，此造成庫存和堆積所需空間的浪費。

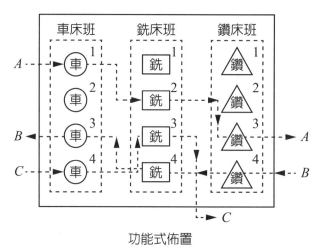

功能式佈置

(三) 製程式 (Process)

機械依照產品的加工順序、製程來排列。例如下圖的 A 產品的加工順序為：先車床，次為銑床，最後為鑽床等加工。因此，在加工 A 產品時，將第一台車床、第二台銑床和第三台鑽床依序排列。

優點：由於製程式佈置，是將設備依產品的製程順序排列，設備可緊緊靠在一起，工件第一台加工後馬上移送到第二台，因此，幾乎沒有半成品庫存，可大量減少搬運、人力和空間的浪費。減少搬運就是減少災害機會的發生。

缺點：如產品和製程大幅改變時，設備也要變更，此為製程式佈置的
最大缺點。

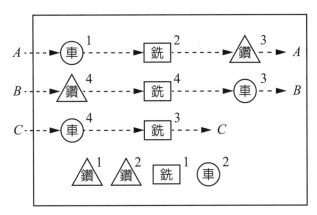

製程式佈置

(四) 混合式

如工廠規模大或製程複雜時，不可能只有一種佈置，而是將上述三種
依製程特性和空間來混合佈置。

三、某一機械工廠，其內部佈置如下圖所示，請以職業安全管理的空間配置觀點，
解釋各區之間「危險顧慮」及「安全對策」並填入下表。

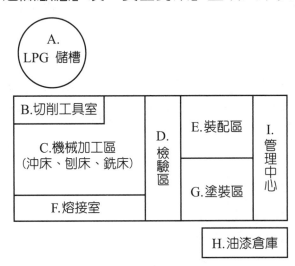

機械工廠內部佈置圖

區分	危險顧慮	安全對策
A-H	1. 火災	1-1 裝置警報器 1-2 設置消防安全設備 1-3 加強通風換氣 1-4 保持安全距離 1-5 裝設自動監測系統
	2. 爆炸	2-1 同上述各項
C-I	往復動作所造成之傷害 切割動作所造成之傷害 衝、截、彎等動作所造成之傷害 機械引起之各種危險	使用安全裝置 利用手工具送料退料 改良機械性能 設置必要之醫療設備 加強自動檢查、檢點 改善機械防護方法，如連鎖
F-H	1. 火災	1-1 裝置警報器 1-2 設置消防設備 1-3 加強通風換氣 1-4 保持安全距離 1-5 裝設自動監測系統
	2. 爆炸	2-1 同上述各項
	3. 中毒	3-1 提供個人防護具 3-2 加強通風換氣
	4. 漏電	4-1 裝設漏電斷路器

四、下圖是一個工作場所佈置的相關圖，它是將各個生產活動 (或各部門、各設施、各機器) 的相關動作安全關聯性列於圖上，以便作有系統的分析之用。

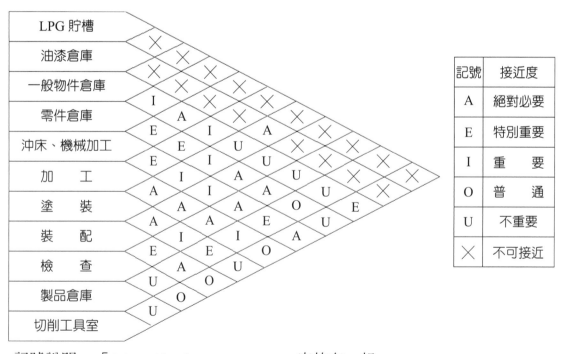

記號說明：「A」：Absolute necessary 一定放在一起。
　　　　　「×」：絕對不可放在一起。

請回答下列問題：

1. 為何 LPG 貯槽與油漆倉庫兩者的接近度是「×」？

2. 為何油漆倉庫與塗裝兩者的接近度是「A」？

3. 為何 LPG 與製品倉庫兩者的接近度是「×」？

4. 為何裝配與製品倉庫爾者的接近度是「A」？

答 1. LPG 貯槽與油漆倉庫之接近度是「×」：因為有易燃、易爆的 LPG 貯槽與有易燃的油漆倉庫等高危險性設備和物質，兩者若放在一起，其危險性增加，若其安全管理不善或安全措施不良，容易發生火災、爆炸等危險，不但危及廠內作業勞工等生命安全和機器設備等財產安全，也會危及廠區附近居民的生命財產安全，企業主在安排工廠佈置時，應注意 LPG 貯槽與油漆倉庫兩者絕對不可放在一起。

2. 油漆倉庫與塗裝兩者的接近度是「A」：因為塗裝部門所使用的主要材料是油漆，因作業的關係，兩者一定要放在一起，方便就近取材工作，若兩者間相距太遠，不但會造成工作之不便性，也容易產生油漆物料之儲存和搬運的危險性，易燃性的油漆在搬運之過程應避免經過其他工作部門，並以最短距離搬運為原則，以避免失火時，不會波及主要廠房及人員安全；倉庫在工廠佈置時不可靠近 LPG 貯槽、一般物料倉庫、零件倉庫、沖床機械加工、加工、塗裝、裝配、檢查、製品倉庫、切削工具室等。

3. LPG 貯槽與製品倉庫兩者的接近度是「×」：因為製品倉庫堆放大量製品，耗費了許多人力物力，經過重重步驟才完成的製品，等待交貨給客戶，必須與易燃性、易爆性等高危險性設備和物質保持安全距離，並採取良好的安全防護措施，所以在安排工廠佈置時，應注意 LPG 貯槽與製品倉庫兩者絕對不可放在一起。

4. 裝配與製品倉庫兩者的接近度是「A」：因為產品經過裝配後，不是半成品就是成品，這些半成品或成品，必須有適當的場所放置，以保持其完整性與安全性；半成品或成品搬運至放置場所的距離愈近愈好，以避免因不小心而損傷或影響其性能，所以裝配與製品倉庫兩者一定要放在一起。

五、說明下圖工廠佈置圖為何種型式？有何優缺點？

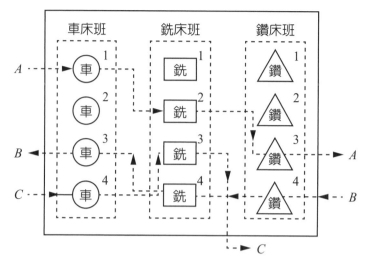

答（一）此一佈置方式是將類似或相同功能的機器集中在一起，故為功能式佈置。

（二）優點：能達到分工化和專業化，可培養出專業技術人員。

缺點：由圖可知，製造 A 或 B 或 C 的產品時，工件的流動路線非常長，且常有折線、交叉等，浪費非常多的人力和時間在搬運。而且，工件經某台機械加工後，為了節省搬運，不可能一件一件送到次工程機械加工，必須裝滿一台車或容器內才搬走，此造成庫存和堆積所需空間的浪費。

六、手錶帶安裝是一個普遍熟悉的工作，現在我們要對這個工作實施安全衛生管理，請利用下列平面作業域圖，舉出這個工作在視距、視角、照明、陳示之整體效果等方面，應予以考慮之要點。

（一）視距：即陳示物與操作員眼睛的距離，作業員在採坐姿作業的情況下，視距應保持在 12-25 公分之間。所有操作物件、零件、工具均應置於通常作業域，亦即以手肘為旋轉移動中心所畫出之雙手可及區域內 (39 公分內)。在此區域中人們有最佳的視覺協調能力。作業空間內，所有物件、工具均應置於操作人員前方與雙手可及之最大作業域 (59 公分內) 如上圖，以減少人員為取放物品而產生腰部扭轉、不良的肩膀姿勢 (避免肩膀做超過 45 度屈曲及外展動作，尤其應該有超過 90 度的屈曲及外展動作。作業中亦應避免肩膀做伸展的動作，雙手移動應以手肘而非肩部為旋轉中心，以避免頸肩與上背之壓力) 與手部過度前伸之動作 (避免上肢過度伸展，如向上超過肩或向下低於腰，避免手臂完全伸直取物。)

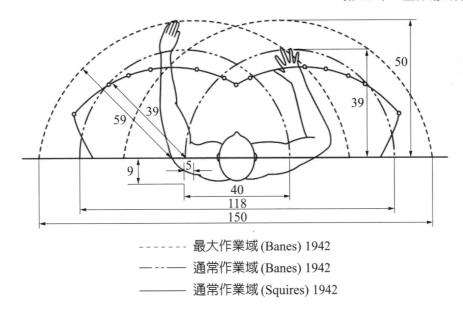

-------- 最大作業域 (Banes) 1942
—·—· 通常作業域 (Banes) 1942
———— 通常作業域 (Squires) 1942

(二) 視角：即陳示物與操作員眼睛所成的角度。其視角不應太大，否則會造成人員頸部因轉動而疲勞。假設手錶帶安裝作業員是以坐姿作業時，視覺作業應擺放在下列位置：

1. 在坐姿眼高線下方 30-45 度位置。

2. 當物體放在眼前 15 吋時，則應放在眼高水平線下方 7.5 吋到 10.5 吋的位置。

3. 當物體放在眼前 30 吋時，則應放在眼高水平線下方 15 吋到 21 吋的位置。由於坐姿眼高線範圍在 27 吋到 34 吋之間，因此容許 7 吋的調整範圍是必要的。

(三) 照明：光線應分佈均勻，明暗比並應適當；應避免光線之刺目、眩耀現象。如採用局部輔助照明時，應使勞工眼睛與光源之連線和眼睛與注視工作點之連線所成之角度，在 30 度以上；如在 30 度以內應設置適當之遮光裝置，不得產生眩目之大面積光源。手錶帶安裝作業台面不得產生反射耀眼光線，其顏色並應與所處理物件有較佳之對比。

(四) 陳示之整體性：手錶帶安裝時通常與其他陳示共置於工作台上，設計師必須確定呈現訊息所用到的各種陳示以及當操作員需要相關資訊時，他能很容易地確認一特殊的陳示，如重要的顯示器或控制器必須放在通常作業域。手錶帶安裝工作台之儀表與螢幕顯示應清晰易辨，儀表、螢幕與控制按鍵鈕之位置、形式應容易辨識、閱讀、觸及與操控。

第 13 章
人因工程學

一、失誤的類型如下：

(一) 取代失誤

在緊急時，將某類物品誤以為是另一類物品，將某一控制器誤認成另一類控制器，因而發生失誤。

(二) 調整失誤

操作控制器時調整過多或不及。

(三) 遺忘失誤

忘記在適當時機執行某一動作或忘記執行順序程序。

(四) 顛倒錯誤

弄反操控方向，與個人使用習慣不一致。

(五) 無意啟動

不小心觸動開關而引起作用。

(六) 無法搆及

二、為防止人為失誤之發生，在系統設計上應採取：

(一) 容錯設計，也就是當錯誤不小心發生時，系統不致導致嚴重破壞與意外。

(二) 增加設計可靠度，設計時將人為失誤率考慮進來。任何需要人為操作之機器，即使機器之可靠度百分之百，遇到人為失誤，可靠度仍大大下降。

(三) 可逆措施，當錯誤不小心發生時，系統能逆轉已發生之程序，這在電腦軟體介面設計上較為可行，因此機器上許多電腦介面部分應可採行。

(四) 防誤、防呆設計，在不同的控制器上採用易於區分的形狀或方式，例如電腦主機後端之各類插座均以不同型式設計，防止使用者誤插。

(五) 記憶輔助措施，將重要程序、操作順序、特殊意義等在機器旁以圖形或簡要說明文字提供給操作人員與維修人員。

(六) 警示措施，利用視覺與聽覺顯示提供警示。

三、為避免累積性肌肉骨骼創傷之發生，應注意手工具設計的原則：

(一) 保持手腕正直

針對特殊性作業設計具有彎曲角度之握把，可以使手的施力及操控工具更為有效，然而必須注意角度的選取，否則弄巧成拙，中性握把的優點是能適用於各種時機，具有彎曲角度之握把則僅適用於固定特定之場合，才能發揮效用。

(二) 避免對肌肉軟性組織壓迫

握柄應避免銳利之稜角，才不會因用力時壓迫肌肉與神經，但需注意保持足夠之手與握把間摩擦力，以利抓握。

(三) 避免手指重複動作

電動工具上常有開關按鈕，致使手指需重複按鈕，避免以單一食指為施力按鈕之主要方式，可以由拇指取代，或將按鈕加大面積以四指一同按壓則可減輕單指壓力。

(四) 安全上的顧慮

刀具或鋸子等銳利工具之握柄可加裝擋板，防止手心流汗濕滑時滑入刀緣而受傷。

(五) 考慮不同性別及不同慣用手

女性之手掌較小，因此對於女性作業員使用之工具握柄直徑應略小於男性握柄。握柄之設計常具方向性，通常只適合慣用右手者，對於慣用左手者最好能予以另外設計，才適合其使用。

四、人工提舉與下背傷害

根據英美國家資料顯示，約25％工業界意外災害與人工物料作業有關，50％過度用力傷害與下背傷害有關，60％過度用力傷害病人中認為用力不當是造成下背痛主要原因，而少於三分之一下背痛勞工有能力重回其工作崗位執行原作業。美國每年約有50萬勞工受過度用力傷害之苦，相當於每200名勞工中即有一名患有用力傷害疾病。人工搬運與50~60％之下背痛病例有關，而操作姿勢不良與12～19％之職病事故有關。工作經驗低於三年之勞工較易發生職病事故，30～45歲之勞工較易患下背傷害，機械工人、物料搬運工、生產作業現場人員與實習工較易發生事故。總計每年下背痛引起約50億美元金錢損失。由以上數字可知，現場人工提舉作業必須有效管理，才能預防下背職業傷害之發生。

　　美國 NIOSH 於 1991 時提出其搬運公式之修訂版。搬運公式主要在計算可接受之安全抬舉物重，搬運公式係根據抬舉時之作業條件而計算出安全抬舉物重，作業條件包括數個參數：物品離身體水平距離、物品離地高度、物品垂直移動距離、抬舉頻率。1981 搬運公式認為安全抬舉物重與這四個作業參數有關，1991 搬運公式則增加考慮抬舉時軀幹扭轉之角度及手與物品間握持方式之緊密程度。

　　NIOSH 係根據流行病學、生理學、心理物理法與生物力學等四種不同學理而發展其搬運公式，除流行病學外，該公式有相當明確之理論依據。生物力學上該公式所建議之安全重量係考慮下背脊椎間 (L5/S1；第五腰椎與第一薦椎間的椎間盤) 壓迫力之安全容忍範圍 (< 3,400N)；生理學上，該公式考慮生理代謝能量速率在一定範圍內 (< 3.5Kcal/min)；而心理物理法則保障人群中有一定比例之人口 (99％之男性與 75％之女性) 能接受該公式所建議之搬運物重。實際操作重量小於 AL，則代表該作業符合上述各學理之安全範圍，若操作重量大於動作極限之三倍 (稱為最大容許極限，MPL)，則該操作為極不安全之作業。

重量極限 (RWL)；搬運指數 (LI)

$$LI = \frac{實際操作物重}{RWL}$$

　　搬運指數 LI 低於 1 代表該操作相對安全，指數愈高則愈不安全，至於LI 多高代表極不安全，與搬運危害風險之間的關係又如何，NIOSH 仍在進行更進一步的研究中。

NIOSH 1991 搬運公式如下：

$$RWL = 23(25/H)(1 - 0.003 \mid V - 75 \mid)[0.82 + (4.5/D)]$$
$$(1 - 0.0032A) \times FM \times CM$$

H：手與兩腳踝中點水平距離，25 < H < 63cm；H < 25 令 H = 25，
　　H > 63 則 RWL = 0

V：手離地面的垂直高度，0 < V < 175cm；V > 175 則 RWL = 0

D：物品垂直上移高度，25 < D < 175cm；D < 25 令 D = 25，
　　D > 175 則 RWL = 0

A：軀幹扭轉角度，0 < A < 135°；A > 135°，則 RWL = 0

五、職業性下背痛 (Low-back-pain)

造成職業性下背痛的主要原因為人工提舉作業，人工提舉物品常因用力不當或過度，而造成下背疼痛。預防下背痛的方法敘述如下：

(一) 維持正確的姿勢：

1. 站、坐姿正確。

2. 睡姿正確。

3. 工作姿勢正確。

(二) 工作中應適度改變姿勢，使脊椎骨受的壓迫減輕。

(三) 每天做一次全身性體操，強化腰部肌肉。

(四) 休息時按摩腰部穴道，鬆懈背部肌肉。

(五) 發現有下背痛應即就醫，早日治癒。

六、靜態作業比動態作業易造成工作者疲勞的原因：

靜態的肌力控制是一種身體部位並無移動現象的運動，在這種控制裡某幾組肌肉相互牽制，以保持身體或肢體的平衡。以手部來說，要把手部維持在某特定位置時，那些控制手部運動的肌肉之間，必須處在一種力量平衡的狀態，而不致有任何方向的淨位移。為獲取平衡而在肌肉裡建立的張力或緊張現象，仍需要不斷地施出力氣；因而要保持一種靜態姿勢，事實上要比某些動態姿勢調節更容易疲勞。

七、作業面過高或過低對勞工的影響：

作業面太低時，勞工背部將過度彎曲，時間一久，就會造成背部的酸痛；作業面太高時，勞工肩膀必須抬高而處於緊張姿勢，以致引起肩膀和頸部的不適。

針對不同工作性質 (精密、輕度、粗重工作) 其作業面高度考量：坐姿作業面高度的重要影響因素，一般所建議愈粗重的作業其作業面高度愈低。

立姿作業面高度的重要影響因素，部分與坐姿相同，例如肘高 (此時係由地面算起) 和工作類型等。輕度作業和粗重作業的作業高度均在肘高以下，而精密作業則比肘高略高 (通常對精密的手動控制提供有肘靠)。因此愈粗重的作業其作業面高度愈低。

提供可調整高度的作業面是比較理想的做法；然而，實務上常見的因應措施有：配合個人尺寸而選購或訂製，在桌腳底下加置墊塊可供站立的幾英吋高平台或可機械式調整的桌腳等方式。

八、從事電腦終端機之操作可能引起之主要危害及預防措施如下：

(一) 從事電腦終端機之操作可能引起之主要危害：

1. 下背疼痛，甚至傷害；

2. 造成肩膀的肌肉酸痛；

3. 頸項的肌肉酸痛；

4. 產生下肢的血液循環不良之問題；

5. 螢幕字體太小，造成視覺疲勞。

(二) 預防及改善方法：

1. 椅背應可調整傾斜度、高度、與椅座深度。

2. 椅背應具有良好之腰部 (下背) 支撐。

3. 座高應可調整。

4. 調整之後，膝蓋與大腿內側應能適當輕放於椅座上而不會感到壓迫。

5. 雙腳應能接觸地面，必要時應給予腳靠墊。

6. 桌下空間應足以讓雙腳變換姿勢稍作活動。

7. 座高與鍵盤高度應配合，調整後應讓上臂自然下垂，雙手置於鍵盤上時前臂成水平。

8. 鍵入作業時手腕應保持正直，人體工學鍵盤之設計即為讓手腕作業能保持腕部之自然正直狀態。

9. 螢幕高度與傾斜度應讓頭頸保持自然輕鬆姿勢，頭部勿過度上揚。

10. 鍵盤下緣應留有部分空間讓手腕與前臂輕靠，人體工學鍵盤之設計已包含此一靠腕之處。

九、產業界工業化程度愈高，重複且單調的工作增多，作業勞工的肌肉骨骼傷害案例時有所聞，導致勞工肌肉骨骼傷害的主要影響因素如下：

(一) 工作姿勢

使用不良的工作姿勢，如側彎、扭轉等姿勢，或過度的施力或是靜態姿勢持續過久，也會出現酸痛現象，而容易造成勞工肌肉骨骼傷害。

(二) 施力

當施力增加時，容易造成不適與疲勞，且肌肉恢復所需的時間較長。

(三) 頻率

工作頻率直接影響肌肉收縮速度與頻率，亦即影響肌肉收縮與舒張。當重複性高 (高頻率) 時，雖然用力不大，但肌肉負荷增加的情況下，仍可能導致傷害。

(四) 休息時間安排

長時間作業時，必須在工作週期中加入適當的休息時間，以避免造成疲勞而導致勞工肌肉骨骼傷害。

十、聽覺陳示及視覺陳示顯示器之使用時機：

(一) 聽覺陳示顯示器之使用時機：

1. 訊息單純。　　　　　　2. 訊息很短。

3. 訊息隨後不會被用到。　4. 訊息與事件發生之時間有關。

5. 訊息要求立即回應。　　6. 當視覺已被佔用。

7. 燈光照明不利於視覺顯示時。　8. 人員之工作需經常走動。

(二) 視覺陳示顯示器之使用時機：

1. 訊息複雜。　　　　　　2. 訊息很長。

3. 訊息隨後會被用到。

4. 訊息與事件發生之空間 (或方向) 有關。

5. 訊息不要求立即回應。　6. 當聽覺已被佔用。

7. 噪音不利於聽覺顯示時。　8. 人員於固定位置作業。

十一、依人體工學原理，作業之動作應符合動作經濟原則，試說明此原則之目的，並列舉出關於人體運動方面之經濟原則四種。

所謂動作經濟原則係指讓操作動作能以用力最小、疲勞最少，而又能達到最高效率的方法。

(一) 目的：(1) 減少工人的疲勞。(2) 減短工人的操作時間。

(二) 動作經濟的基本原則：

第一基本原則：兩手同時使用，避免單手負荷過重而另一手卻空閒浪費。

第二基本原則：動作單元力求減少，刪除不必要的動作、材料。

第三基本原則：動作距離力求縮短。

第四基本原則：舒適的工作以減輕精神疲勞。

十二、肌肉之施力分兩類：

(一) 等張收縮 (isotonic contraction)

等張收縮時肌肉抵抗一定的阻力時，肌肉長度發生變化，但產生的張力保持恆定。例如舉啞鈴或拉單槓……等等。進行引體向上 (chin-up) 動作時，當二頭肌產生張力 (收縮) 並縮短，把身體向上提升時，就是正在進行向心收縮。反過來說，在引體向上的下降階段，肌動蛋白微絲向外滑行，使到肌節在受控制的情況下延長並回復至原來的長度時，就是正在進行離心收縮 (eccentric contraction)。

(二) 等長收縮 (isometric contraction)

等長收縮時肌肉長度維持不變且不會產生肢體的位移或關節角度的變化。例如用手推牆；伏地挺身保持不動或屈肘舉一重物維持一固定姿勢；進行引體向上時，只把身體掛在橫桿上等。

例：小明以右手提重物 (50 公斤)，右手被此重物拉得彎不起來，此時他的右手肌肉進行何類型的收縮？

答 等長收縮 (isometric contraction)

十三、試說明工作空間設計時之應注事事項：

(一) 坐姿較適合之時機：

1. 所有零件、工件、工具能就近撷取操作。

2. 作業時雙手抬起不超過桌面 15cm。

3. 作業時雙手用力不大，處理物品重量低於 4.5kg。

4. 作業以細組裝或書寫為主。

(二) 站姿較適合之時機

1. 工作台下沒有大腿放置空間。

2. 處理物品重量大於 4.5 時。

3. 經常需要舉起雙手伸長手臂於高處取物。

4. 作業必須經常起身走動。

5. 作業必須以雙手向下施加壓力。

(三) 半站坐姿較適合之時機

1. 雙手經常伸出取物向前超過的 41cm、雙手經常高於工作 檯面 15cm 以上，然而不需伸手取物時基本作業可以坐著操作。

2. 多種作業交替，有些適合站，有些適合坐。

十四、試解釋下列名詞，並舉例說明之。

　（一）極端設計

　　　分爲極小設計與極大設計兩種。極小設計係於設計時採取第百分之五之尺寸，使比之還高大之群體均能適用。設計時若採取第百分之九十五之尺寸，使此之還矮小之群體均能適用，稱爲極大設計。

　　　例如，門高可採用極大設計，身高在第百分之九十五以下的群眾均能順利通過而不需要彎腰低頭。機器觸控鈕之距離則應採極小設計，使手及大於第百分之五以上的人員均能觸摸到按鈕。

　（二）可調設計

　　　可調設計之目標在於讓使用者隨自己身體之尺寸調整，以適應個別之需要，雖然成本較高，但卻是較人性化之設計，因此常用於個人使用性之設備用具上。

　　　例如個人座椅，椅座高度可供調整，調整之範圍以容納百分之九十的群眾使用爲原則，因此椅座高度調整上限常採用第百分之九十五的膝蓋內側高度，下限則設定在第百分之五之高度。若欲增加可調範圍，容納更多的人員，則成本會因而增加。

　（三）平均設計

　　　係於設計時採取第百分之五十（即群體尺寸之平均值）之尺寸，使整個群體均能適用。

　　　例如銀行或郵局之櫃檯高度，由於每一位客戶停留於櫃檯辦事之時間並不長，而爲每一位客戶調整櫃檯高度卻需要一段時間，若採可調設計，豈不是調整的時間比真正作業的時間還常，若採極小設計，則幾乎所有人皆得彎腰駝背在櫃檯上作業。反之，若採極大設計，則幾乎所有人皆得自備小板凳墊腳才能在櫃檯上作業，採取平均設計則雖然每一位客戶都可能有些不便，整體不便卻是最小。何況此不便對每一人而言僅有數分鐘而已，因此平均設計成爲較合理之設計。

　（四）作業空間

　　　人體在作業中（如機械前作業），其上肢可在一定的範圍中畫出一條弧線，包括上、下、左、右與垂直面，該動作範圍稱爲作業域。而作業域應用在動態作業時加上需蹲、坐、走等最小空間之後，再加上機械的空間就稱爲作業空間。

（五）人體工學

人體工學是不同學門間關於工人和工作環境交互作用的研究。人體工學研究的目標在於讓人類工作經驗更有效率，同時促進工人的幸福。這牽涉到一方面建立及維持設備、工具、工作及環境因子間的相容性，另一方面也考慮人體解剖、生物力學及觀念上行為上的特徵。

十五、試述視覺陳示之良好設計應考慮之一般原則。

（一）視距：即陳示物與操作員眼睛的距離。其距離大小應由陳示物用途來決定，一般地圖、書報設計在 40mm 以內，而高速公路的路標應設計在幾哩外都能看見。

（二）視角：即陳示物與操作員眼睛所成的角度。其視角不應太大，會造成人員頸部因轉動而疲勞，所以視角之設計也是重要的課題！

（三）照明：陳示物周圍的照明也具有相當大的影響，當照明不足或太昏暗時，會影響操作員對陳示物的判斷而造成誤操作。

（四）陳示之整體性：當陳示物為兩種資訊以上一起呈現時，就應注意陳示的整體性是否可以讓操作者一眼就看出兩種資訊各代表之涵義。故絕不可發生讓操作者難以判斷的設計產生。

（五）一般環境因素：應考慮到一般環境因素，如：噪音、振動、缺氧等，會使勞工造成對陳示之判斷有困難之情況。

（六）操作員型別：每個操作員能力均不相同，所以設計應朝向「大眾化」的設計為導向。

（七）與控制器之相容性：(1) 移動相容性；(2) 空間相容性。兩者均應注意到。

十六、試說明勞工在完全自動化系統的任務及自動化系統對工作的影響。

（一）勞工在完全自動化系統的任務：

1. 準備：將所需之生產作業工作指令輸入系統中，或是設定系統的狀況標準等工作。

2. 作業與監督：操作員須監督機械操作 (含啟動機器、停止其運作、更換指令、供應資料) 或適時補充系統所需資料。

3. 維護 (自動化系統所需人力最多的部分)：操作員在完全自動化系統中最主要任務之一，便是維護系統；維護可分為兩種：預防保養、損壞之修護作業。

(二) 自動化系統對工作之影響，可能使作業勞工的工作更加容易或也可能
更困難：

1. 使作業勞工的工作更加容易：使用傳統機械時，操作員需學習正確
的技術，同時對於這些技術必須繼續不斷地加以練習。若不繼續加
以練習，操作員會感到生疏。然而自動化機械係利用電腦程控操作，
操作員只需要較少技術即可操作機械。只需以較少的技術，操作員
就能替代較精密的人工，因此自動化系統作業可使操作員的工作更
加容易。

2. 使作業勞工的工作更加困難：操作勞工沒有很多的時間去練習工作
上所需之技術，將來當他必須做這件工作時，他可能有無法有效地
接管此項工作的後果。

第 14 章
重複性工作傷害

一、累積性肌肉骨骼創傷的引發原因有幾個：

(一)過度用力

研究調查顯示，過度用力是造成肌肉骨骼創傷的主因之一，尤其是長時間靜態施力，靜態施力指的是施力時肌肉維持固定長度，通常是因為身體保持固定姿勢，使肌肉無法伸張，例如以起子旋轉螺絲的動作，不論是旋緊或旋鬆之一瞬間，手腕保持一固定姿勢，肌肉呈拉緊狀態，此時最易發生肌肉扭傷，靜態用力較易造成肌肉疲勞。

(二)姿勢不當

身體施力時常有一比較容易用力之角度，與人比腕力時若手肘角度過於張開，大概已輸了一半。同樣地，作業時若工具設計造成手無法以較佳姿勢用力，為達成目的，則無形中肌肉必須付出較大力量以彌補不當姿勢而損失的力量。

(三)反覆重複

不斷反覆利用身體相同部位操作，適度時成為對肌肉的訓練，超過時則變成受傷的原因，反覆的頻率過高使肌肉用力後之疲勞無法立即恢復，經久累積後引起傷害。

(四)三者合併同時發生

上述三個原因若單獨存在時其影響並不大，不幸的是絕大多數作業中此三者皆合併發生，加重了個別因素對身體的影響。

二、常見的手部累積性肌肉骨骼創傷有：

(一)腕道症候群

由於手腕重複施力，同時手腕彎曲過度，容易壓迫腕道內的神經，久而久之造成神經傳導受阻，常見症狀為肘或手腕麻與疼痛、握觸感喪失、手腕無力等。打字、研磨、彈奏樂器、手工屠宰、組裝、鎚打等工作常易引發此症。

（二）腱鞘炎

　　肌腱的外面有一層腱鞘，發炎時肌腱表面紅腫，作業中含有摩擦、切割、按壓、鉗夾、扭轉等動作均可能引起手部肌肉腱鞘炎。

（三）扳機指

　　經常反覆使用具有類似扳機開關的手工具，容易得到扳機指，食指不自主彎曲，無法主動伸展。

（四）白指症

　　又稱為震動症候群，手指與手的血液流量減少，顏色蒼白，手遇冷時有針刺、麻木、疼痛的感覺，懷疑與手部長期暴露於震動及寒冷環境下所造成。

（五）網球肘

　　手肘處肌腱發炎，造成酸痛，常起因於手施力時手腕背屈與小臂旋轉同時發生，這種動作在網球員與棒球投手之間經常發生，而工作中如轉動螺絲、螺旋鈕、手工屠宰作業等亦常發生。

三、為避免累積性肌肉骨骼創傷之發生，應注意手工具設計的原則：

（一）保持手腕正直

　　針對特殊性作業設計具有彎曲角度之握把，可以使手的施力及操控工具更為有效，然而必須注意角度的選取，否則弄巧成拙，中性握把的優點是能適用於各種時機，具有彎曲角度之握把則僅適用於固定特定之場合，才能發揮效用。

（二）避免對肌肉軟性組織壓迫

　　握柄應避免銳利之稜角，才不會因用力時壓迫肌肉與神經，但需注意保持足夠之手與握把間摩擦力，以利抓握。

（三）避免手指重複動作

　　電動工具上常有開關按鈕，致使手指需重複按鈕，避免以單一食指為施力按鈕之主要方式，可以由拇指取代，或將按鈕加大面積以四指一同按壓則可減輕單指壓力。

（四）安全上的顧慮

　　刀具或鋸子等銳利工具之握柄可加裝檔板，防止手心流汗濕滑時滑入刀緣而受傷。

(五) 考慮不同性別及不同慣用手

女性之手掌較小，因此對於女性作業員使用之工具握柄直徑應略小於男性握柄。握柄之設計常具方向性，通常只適合慣用右手者，對於慣用左手者最好能予以另外設計，才適合其使用。

四、在執行人因工程危害評估過程中，請說明危害監測 (Surveillance) 方式之種類？如何進行工作安全分析？

🅰 (一) 在執行人因工程危害評估過程中，危害監測方式可分為被動式監測與主動式監測兩種技術，種類如下：

1. 被動式監測 (Passive Suveillance)

所謂被動式監測係指收集工作場所之中勞工受傷害情形而加以分析其原因，由於所收集的資料為正式的書面報告，一般而言與真實情況比較，大多有所低估。

(1) 意外傷害報告：工作中安全生管理人員所製作的勞工意外傷害事故報告資料。

(2) 職業傷害補償：勞工保險給付資料。

(3) 請假紀錄：人事單位員工請假原因資料統計。

2. 主動式監測 (Active Surveillance)

(1) 疲勞及症狀調查：勞工身體疲勞情形與肢體不適症狀調查。

(2) 現場訪查：調查哪些工作容易造成重複性肌肉骨骼損傷。

(二) 不同工廠其工作型態不盡相同，因此必須針對其特性予以分析、評估，以了解其真正危害的原因，而加以預防及改善。分析方法說明如下：

1. 確認工作上之問題點：

可依據醫療紀錄、現場人員詢問、缺席狀況、人因工程檢核表等資料加以分析及研判，以確認出工作上之問題點。

2. 評估危險因子：

針對工作場所之中可能危害勞工安全衛生的因子，例如：暴露量之確認、工作之特徵、可能的因果關係等，加以分析與評估。

　　3. 一般性的危險因子檢核表使用：

　　檢核表題有一個快速的方法來識別工作所引起的骨骼肌肉系統疾 (MSDs) 之重要危險因子。亦即，以檢核表來判別哪些需要改善或者更深入分析的作業。

五、在預防重複性工作傷害所採取之步驟中，有一個「工程改善」的步驟，在此步驟中又有一項避免「過度用力」的原則，說明其應用在搬運工作和手工具加工方面的安全方法。

(一) 減輕搬運物件的單位重量。

(二) 避免搬運物件離身體太遠，原則上以越靠近身體爲佳。

(三) 使用重力或機械輔助設備進行搬運。

(四) 提供良好握把使物件易於抬舉或推拉。

(五) 改善工作站佈置與流程順序，減少搬運次數與距離。

(六) 使用動力手工具取代機械式手工具以減少手部施力。

(七) 保持刀具鋒利減少過度施力。

第 15 章
勞動生理

一、疲勞之測定大略有以下幾種方法：

（一）自覺症狀調查法：藉由疲勞感之自覺而測定。測定結果可分成一般型、精神工作型、肉體勞力工作型等疲勞。

（二）機能檢查：包括

　　1. 生理測定法：如心臟血管機能測定、呼吸機能測定、肌肉活動測定、眼球運動測定等方法。

　　2. 生理心理機能測定法：如認知區域法、加減法計算、反應時間檢查、注意力維持檢查、Flicker 檢查法等。

（三）生化學的檢查法：如測定血漿皮質激素、尿中 17-OHCS 尿蛋白、血漿兒茶酚胺、鈉與鉀等。

（四）動作研究、時間研究的方法：如攝影法、記錄法、休息狀況之調查、缺勤或疾病統計等。

二、影響勞動疲勞之主要因素：

（一）工作環境：包括照明、噪音、通風、高低溫及有害物暴露等環境條件。

（二）工作時間：包括工作時間長短、時段、作業與休息時間之長短與分配、輪班交替制度等。

（三）工作條件：

　　1. 肉體上強度：如動態肌肉負荷、維持姿勢之靜態負荷等。

　　2. 精神上負荷：如精神上緊張度、注意力集中等因素。

（四）適應能力：由於每個人的體力、心理適應、知識與技能等條件各不相同，故疲勞顯現程度亦有所不同。

（五）其他：包括工作者本身條件（如年齡、性別）、生活條件（如生活水準、睡眠）及人際關係等因素。

第 16 章
勞動法簡介

一、依勞動基準法之定義：

　（一）勞工：謂受雇主僱用從事工作獲致工資者。

　（二）雇主：謂僱用勞工之事業主、事業經營之負責人或代表事業主處理有
　　　　　關勞工事務之人。

二、依勞動檢查法施行細則之定義，重大職業災害，係指下列職業災害之一：

　（一）發生死亡災害者。

　（二）發生災害之罹災人數在三人以上者。

　（三）氨、氯、氟化氫、光氣、硫化氫、二氧化硫等化學物質之洩漏，發生
　　　　　一人以上罹災勞工需住院治療者。

　（四）其他經中央主管機關指定公告之災害。

三、勞工發生職業災害後，勞動基準法對勞工職業災害補償之規定：

　（一）勞工因遭遇職業災害而致死亡、殘廢、傷害或疾病時，雇主應依下列
　　　　　規定予以補償；同一事故，依勞工保險條例或其他法令規定，已由雇
　　　　　主支付費用補償者，雇主得予以抵充之：

　（二）受傷或罹患職業病時，雇主應補償其必需之醫療費用。

　（三）勞工在醫療中不能工作時，雇主應按其原領工資數額予以補償。

　（四）勞工經治療終止後，經指定之醫院診斷，審定其身體遺存殘廢者，雇
　　　　　主應按其平均工資及其殘廢程度，一次給予殘廢補償。

　（五）勞工遭遇職業傷害或罹患職業病而死亡時，雇主除給與五個月平均工
　　　　　資之喪葬費外，並應一次給與其遺屬四十個月平均工資之死亡補償。

四、勞工懷疑自己罹患職業病，欲向雇主申請職業災害補償時，勞雇雙方可循下列程序處理：

1. 勞工懷疑罹患職業疾病，應經醫師診斷，取得職業疾病診斷書，得認定為職業疾病。勞工取得職業疾病診斷書，得向雇主提出職業災害補償。

2. 勞雇之一方對於職業疾病認定有異議時，得檢附有關資料向當地主管機關申請認定。

3. 當地主管機關對於職業疾病之認定有困難，或勞雇之一方對當地主管機關之認定結果有異議時，得檢附有關資料，送勞動部職業疾病鑑定委員會鑑定。

4. 經勞動部職業疾病鑑定委員會鑑定之案件，勞資雙方應依鑑定結果處理；如尚有疑義，得循司法途徑提起民事訴訟。

五、依勞動檢查法第二十六條，下列危險性工作場所，非經勞動檢查機構審查或檢查合格，事業單位不得使勞工在該場所作業：

1. 從事石油裂解之石化工業之工作場所。

2. 農藥製造工作場所。

3. 爆竹煙火工廠及火藥類製造工作場所。

4. 設置高壓氣體類壓力容器或蒸汽鍋爐，其壓力或容量達中央主管機關規定者之工作場所。

5. 製造、處置、使用危險物、有害物之數量達中央主管機關規定數量之工作場所。

6. 中央主管機關會商目的事業主管機關指定之營造工程之工作場所。

7. 其他中央主管機關指定之工作場所。

六、依製程安全評估定期實施辦法，下列兩類工作場所事業單位應每五年實施製程安全評估。：

1. 從事石油產品之裂解反應，以製造石化基本原料之工作場所。

2. 製造、處置或使用危險物及有害物，達勞動檢查法規定數量之工作場所。

應使用下列一種以上之安全評估方法，以評估及確認製程危害：

1. 如果－結果分析。　　　　　2. 檢核表。

3. 如果－結果分析／檢核表。　4. 危害及可操作性分析。

5. 失誤模式及影響分析。　　　6. 故障樹分析。

7. 其他經中央主管機關認可具有同等功能之安全評估方法。

七、製程安全評估定期實施辦法規定，評估報告內容除實施評估過程之必要文件及結果外，尚包括：

1. 勞工參與。　　　　　　　2. 標準作業程序。

3. 教育訓練。　　　　　　　4. 承攬管理。

5. 啟動前安全檢查。　　　　6. 機械完整性。

7. 動火許可。　　　　　　　8. 變更管理。

9. 事故調查。　　　　　　　10. 緊急應變。

11. 符合性稽核。　　　　　　12. 商業機密。

八、有立即發生危險之虞之五種災害類型如下：

1. 墜落。　　　　　　　　　2. 感電。

3. 倒塌、崩塌。　　　　　　4. 火災、爆炸。

5. 中毒、缺氧。

第 17 章
危險性工作場所審查暨檢查辦法

一、依「勞動檢查法」第二十六條規定，下列危險性工作場所非經勞動檢查機構審查或檢查合格，事業單位不得使勞工在該場所作業：

（一）從事石油裂解之石化工業之工作場所。

（二）農藥製造工作場所。

（三）爆竹煙火工廠及火藥類製造工作場所。

（四）設置高壓氣體類壓力容器或蒸汽鍋爐，其壓力或容量達中央主管機關規定者之工作場所。

（五）製造、處置、使用危險物，或有害物之數量達中央主管機關規定數量之工作場所。

（六）中央主管機關會商目的事業主管機關指定之營造工程之工作場所。

（七）其他中央主管機關指定之工作場所。

二、勞動檢查機構認為有必要時，得以書面通知事業單位部份或全部停工之情況：

（一）勞動檢查機構派員調查職業災害原因及責任時，發現非立即停工不足以避免職業災害擴大者，應就發生災害場所，以書面通知事業單位，部份或全部停工。

（二）勞動檢查機構派員檢查發現勞工有立即發生危險之虞，認為有必要時得就該場所以書面通知逕予先行停工。

（三）事業單位未依勞動檢查機構通知限期改善事項而有發生職業災害之虞，檢查機構認有必要時，得以書面通知事業單位部分或全部停工。

三、所謂丁類危險性工作場所係指下列之營造工程：

（一）建築物高度在八十公尺以上之建築工程。

（二）單跨橋梁之橋墩跨距在七十五公尺以上或多跨橋梁之橋墩跨距在五十公尺以上之橋墩工程。

（三）採用壓氣施工作業之工程。

（四）長度一千公尺以上或需開挖十五公尺以上之豎坑之隧道工程。

(五)開挖深度達十八公尺以上，且開挖面積達五百平方公尺之工程。

(六)工程中模板支撐高度七公尺以上、面積達三百三十平方公尺以上者。

四、依「危險性工作場所審查暨檢查辦法」規定，危險性工作場所可區分為幾類？並將危險性工作場所列明？

依勞動檢查法令規定，危險性工作場所依特性不同共分為甲類、乙類、丙類及丁類工作場所：

(一)甲類工作場所：係指從事石油產品之裂解反應，以製造石化基本原料之工作場所或製造、處置、使用危險物、有害物之數量達中央主管機關規定數量之工作場所。

(二)乙類工作場所：係指從事農藥原體合成之工作場所，或製造爆竹煙火類物品之爆竹煙火工廠，或從事火藥類製造工作場所。

(三)丙類工作場所：係指蒸汽鍋爐之傳熱面積在五百平方公尺以上，或高壓氣體類壓力容器一日之冷凍能力在一百五十公噸以上，或處理能力符合下列規定之一者：

1. 一千立方公尺以上之氧氣、有毒性及可燃性高壓氣體(如氨氣)。

2. 五千立方公尺以上之前款以外之高壓氣體(氮氣)。

(四)丁類工作場所：中央主管機關會商目的事業之指定之主管機關營造工程工作場所。

**第 18 章
職業安全衛生管理辦法
(含自動檢查計畫之製作)**

一、職業安全衛生管理單位及人員之設置規定 (參考表一、表二)：

1. 第一類事業之事業單位勞工人數在一百人以上者，應設直接隸屬雇主之專責一級管理單位；第二類事業之事業單位之事業單位勞工人數在三百人以上者，應設直接隸屬雇主之一級管理單位。

2. 第一類事業之事業單位僱用勞工人數在一百人以上者，所置管理人員應為專職；第二類事業之事業單位僱用勞工人數在三百人以上者，所置管理人員應至少一人為專職。所置專職管理人員，應常駐廠場執行業務，不得兼任其他與職業安全衛生無關之工作。

3. 事業設有總機構者，除各該地區事業單位之管理單位及管理人員外，應依下列規定另於總機構或其地區事業單位設綜理全事業之職業安全衛生事務之管理單位，及依規模置管理人員，並依規定辦理安全衛生管理事項：

   (1) 第一類事業勞工人數在五百人以上者，應設直接隸屬雇主之專責一級管理單位。

   (2) 第二類事業勞工人數在五百人以上者，應設直接隸屬雇主之一級管理單位。

   (3) 第三類事業勞工人數在三千人以上者，應設管理單位。

   前項規定所置管理人員，應為專職。但第二類及第三類事業之職業安全衛生業務主管，不在此限。

   第一類事業單位或其總機構所設置之職業安全衛生管理單位，如已實施職業安全衛生管理系統相關管理制度，管理績效並經中央主管機關認可者，得不受一級管理單位應為專責及職業安全衛生業務主管應為專職之限制。

4. 第一類事業之事業單位所屬從事製造之一級單位，勞工人數在一百人以上未滿三百人者，應另置甲種職業安全衛生業務主管一人，勞工人數超過三百人者，應增置專職職業安全衛生管理員一人。

5. 對於橋樑、道路、隧道、輸配電等距離較長之工程，應於每十公里內增置至少一名丙種職業安全衛生業務主管。

6. 營造業之事業單位僱用之職業安全衛生業務主管，應由接受營造業職業安全衛生業務主管教育訓練者選任之。

7. 事業單位勞工人數之計算，包含原事業單位及其承攬人、再承攬人之勞工及其他受工作場所負責人指揮或監督從事勞動之人員，於同一期間、同一工作場所作業時之總人數。

8. 事業設有總機構者，其勞工人數之計算，包含所屬各地區事業單位作業勞工之人數。

表一　依風險等級之分類設置管理單位

事業分類	管理單位 (勞工人數)		備註
第一類事業	事業單位	專責一級單位 (100 人以上)	實施職業安全衛生管理系統相關管理制度，管理績效經勞委會或委託之機構認可者，所設管理單位得免受應為專責之限制。
	總機構	專責一級單位 (500 人以上)	
第二類事業	事業單位	一級單位 (300 人以上)	
	總機構	一級單位 (500 人以上)	
第三類事業	事業單位	—	
	總機構	管理單位 (3,000 人以上)	

表二　各類事業之事業單位應設置之職業安全衛生人員

事業分類	勞工人數	管理人員	專/兼職	備註
營造業	29以下	丙種主管(1)		橋梁、道路、隧道、輸配電等距離較長之工程，應於每10公里內增至丙種主管(1)
	30-99	乙種主管(1)+管理員(1)		
	100-299	甲種主管(1)+管理員(1)	專職	
	300-499	甲種主管(1)+安(衛)師(1)+管理員(2)	專職	
	500以上	甲種主管(1)+安(衛)師(2)+管理員(2)	專職	
營造業以外之事業單位（第一類事業）	29以下	丙種主管(1)		
	30-99	乙種主管(1)		
	100-299	甲種主管(1)+管理員(1)	專職	所從屬具製造之一級單位
	300-499	甲種主管(1)+安(衛)師(1)+管理員(1)	專職	
	500-999	甲種主管(1)+安(衛)師(1)+管理員(2)	專職	另置甲種主管(1)
	1000以上	甲種主管(1)+安(衛)師(2)+管理員(2)	專職	另置甲種主管(1)+增至專職管理員(1)
總機構	500-999	甲種主管(1)+管理員(1)		
	1000以上	甲種主管(1)+安(衛)師(1)+管理員(1)		

表二　各類事業之事業單位應設置之職業安全衛生人員（續）

事業分類		勞工人數	管理人員	專/兼職	備註
第二類事業	事業單位	29 以下	丙種主管 (1)		
		30-99	乙種主管 (1)		
		100-299	甲種主管 (1)		
		300-499	甲種主管 (1) + 管理員 (1)	至少 1 人專職	
		500 以上	甲種主管 (1)+ 安（衛）師 (1)+ 管理員 (1)		
	總機構	500-999	甲種主管 (1) + 管理員 (1)	專職	
		1000 以上	甲種主管 (1)+ 安（衛）師 (1)+ 管理員 (1)	專職	
第三類事業	事業單位	29 以下	丙種主管 (1)		
		30-99	乙種主管 (1)		
		100-499	甲種主管 (1)		
		500 以上	甲種主管 (1) + 管理員 (1)		
	總機構	3000 以上	甲種主管 (1) + 管理員 (1)	專職	

（第一至第三類總機構管理人員均應專職）

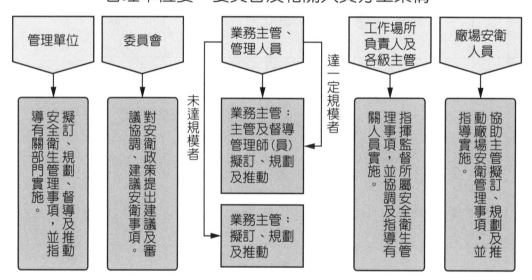

二、職業安全衛生組織、人員、工作場所負責人及各級主管之職責如下：

(一)職業安全衛生管理單位：擬訂、規劃、督導及推動安全衛生管理事項，並指導有關部門實施。

(二)未置有職業安全(衛生)管理師、職業安全衛生管理員事業單位之<u>職業安全衛生業務主管</u>：擬訂、規劃及推動安全衛生管理事項。

(三)置有職業安全(衛生)管理師、職業安全衛生管理員事業單位之<u>職業安全衛生業務主管</u>：主管及督導安全衛生管理事項。

(四)<u>職業安全(衛生)管理師、職業安全衛生管理員</u>：擬訂、規劃及推動安全衛生管理事項，並指導有關部門實施。

(五)<u>一級單位之職業安全衛生人員</u>：協助一級單位主管擬訂、規劃及推動所屬部門安全衛生管理事項，並指導有關人員實施。

(六)工作場所負責人及各級主管之職業安全衛生職責：依職權指揮、監督所屬執行安全衛生管理事項，並協調及指導有關人員實施。

管理單位要、委員會及相關人員分工架構

三、依「職業安全衛生管理辦法」規定，事業單位之職業安全衛生委員會之：
(一)職責；(二)設置相關規定及(三)辦理事項如下：

(一)職業安全衛生委員會之職責：對雇主擬訂之安全衛生政策提出建議，並審議、協調、建議安全衛生相關事項。

(二)其設置相關規定如下：

委員會置委員 7 人以上。除雇主為當然委員及第 5 款規定者外，由雇主視該事業單位之實際需要指定下列人員組成：

1. 職業安全衛生人員。

2. 事業內各部門之主管、監督、指揮人員。

3. 與職業安全衛生有關之工程技術人員。

4. 從事勞工健康服務之醫護人員。

5. 勞工代表。

   委員任期為二年，並以雇主為主任委員，綜理會務。委員會由主任委員指定一人為秘書，輔助其綜理會務。勞工代表應佔委員人數三分之一以上；事業單位設有工會者，由工會推派之；無工會組織而有勞資會議者，由勞方代表推選之；無工會組織且無勞資會議者，由勞工共同推選之。

(三) 委員每三個月開會一次。辦理下列事項：

1. 對雇主擬訂之職業安全衛生政策提出建議。

2. 協調、建議職業安全衛生管理計畫。

3. 審議安全、衛生教育訓練實施計畫。

4. 審議作業環境監測計畫、監測結果及採行措施。

5. 審議健康管理、職業病預防及健康促進事項。

6. 審議各項安全衛生提案。

7. 審議事業單位自動檢查及安全衛生稽核事項。

8. 審議機械、設備或原料、材料危害之預防措施。

9. 審議職業災害調查報告。

10. 考核現場安全衛生管理績效。

11. 審議承攬業務安全衛生管理事項。

12. 其他有關職業安全衛生管理事項。

   前項委員會審議、協調及建議安全衛生相關事項，應作成紀錄，並保存三年。

四、雇主應依其事業單位之規模、性質，訂定職業安全衛生管理計畫，要求各級主管及負責指揮、監督之有關人員執行；勞工人數在三十人以下之事業單位，得以安全衛生管理執行紀錄或文件代替職業安全衛生管理計畫。勞工人數在一百人以上之事業單位，應另訂定職業安全衛生管理規章。

五、下列事業單位，應參照中央主管機關所定之職業安全衛生管理系統指引，建立適合該事業單位之職業安全衛生管理系統：

　1. 第一類事業勞工人數在 200 人以上者。

　2. 第二類事業勞工人數在 500 人以上者。

　3. 有從事石油裂解之石化工業工作場所者。

　4. 有從事製造、處置或使用危害性之化學品，數量達中央主管機關規定量以上之工作場所者。

前項管理系統應包括下列安全衛生事項：

　1. 政策。

　2. 組織設計。

　3. 規劃與實施。

　4. 評估。

　5. 改善措施。

六、依職業安全衛生管理辦法規定，第一類事業勞工人數在二百人以上之事業單位，應參照中央主管機關所定之職業安全衛生管理系統指引，建立適合該事業單位之職業安全衛生管理系統，於採購管理上之規定：

　　第一類事業勞工人數在二百人以上之事業單位，關於機械、器具、設備、物料、原料及個人防護具等之採購、租賃，其契約內容應有符合法令及實際需要之職業安全衛生具體規範，並於驗收、使用前確認其符合規定。

　　前項事業單位將營繕工程之施工、規劃、設計及監造等交付承攬或委託者，其契約內容應有防止職業災害之具體規範，並列為履約要件。

七、依職業安全衛生管理辦法規定，第一類事業勞工人數在二百人以上之事業單位，應參照中央主管機關所定之職業安全衛生管理系統指引，建立適合該事業單位之職業安全衛生管理系統，於承攬管理上之規定：

　　第一類事業勞工人數在二百人以上之事業單位，以其事業之全部或一部分交付承攬或與承攬人分別僱用勞工於同一期間、同一工作場所共同作業時，除應依本法第二十六條或第二十七條規定辦理外，應就承攬人之安全衛生管理能力、職業災害通報、危險作業管制、教育訓練、緊急應變及安全衛生績效評估等事項，訂定承攬管理計畫，並促使承攬人及其勞工，遵守職業安全衛生法令及原事業單位所定之職業安全衛生管理事項。

八、自動檢查的種類：

1. 機械之定期檢查。

2. 設備之定期檢查。

3. 機械設備之重點檢查。

4. 機械設備之作業檢點。

5. 作業檢點。

九、

(一) 事業單位以其事業之全部或部分交付承攬或再承攬時，如該承攬人使用之機械、設備或器具係由原事業單位提供者，該機械、設備或器具應由原事業單位實施定期檢查及重點檢查；於有必要時得由承攬人或再承攬人會同實施。

如承攬人或再承攬人具有實施定期檢查及重點檢查之能力時，得以書面約定由承攬人或再承攬人為之。

(二) 事業單位承租、承借機械、設備或器具供勞工使用者，應對該機械、設備或器具實施自動檢查；但得以書面約定由出租、出借人實施定期檢查及重點檢查。

十、雇主依規定實施之定期檢查、重點檢查應就下列事項記錄，並且保存三年：

1. 檢查年、月、日。

2. 檢查方法。

3. 檢查部分。

4. 檢查結果。

5. 實施檢查者之姓名。

6. 依檢查結果應採取改善措施之內容。

十一、危險性設備之自動檢查

(一) 雇主依規定實施之自動檢查，應指定該作業人員為之。

(二) 使勞工從事法規規定之危險性設備作業時，應使該勞工就其作業有關事項實施檢點。

十二、雇主對高空工作車應每月依下列規定定期實施檢查一次：

1. 制動裝置、離合器及操作裝置有無異常。

2. 作業裝置及油壓裝置有無異常。

3. 安全裝置有無異常。

十三、若某一工廠設有吊升荷重三公噸以上固定式起重機，荷重一公噸以上堆高機，則該等設備之自動檢查項目、自動檢查應記錄事項、記錄保存年限各為：

(一) 雇主對固定式起重機，應每年就該機械之整體定期實施檢查一次。

雇主對前項之固定式起重機，應每月依下列規定定期實施檢查一次。

1. 過捲預防裝置、警報裝置、制動器、離合器及其他安全裝置有無異常。

2. 鋼索及吊鏈有無損傷。

3. 吊鉤、抓斗等吊具有無損傷。

4. 配線、集電裝置、配電盤、開關及控制裝置有無異常。

5. 對於纜索固定式起重機之鋼纜等及絞車裝置有無異常。

(二) 雇主對堆高機應每年就該機械之整體定期實施檢查一次。

雇主對前項之堆高機，應每月就下列規定定期實施檢查一次：

1. 制動裝置、離合器及方向裝置。

2. 積載裝置及油壓裝置。

3. 頂蓬及桅桿。

(三) 雇主依規定實施之定期檢查、重點檢查應就下列事項記錄，並保存三年。

1. 檢查年、月、日。

2. 檢查方法。

3. 檢查部分。

4. 檢查結果。

5. 實施檢查者之姓名。

6. 依檢查結果應採取改善措施之內容。

(四) 記錄保存三年。

十四、依職業安全衛生管理辦法規定，須實施重點檢查之機械、設備：

  1. 第二種壓力容器：於初次使用前。

  2. 捲揚裝置：於開始使用、拆卸、改裝或修理時。

  3. 局部排氣裝置或除塵裝置：於開始使用、拆卸、改裝或修理時。

  4. 異常氣壓之輸氣設備：

   (1) 初次使用或予分解後加以改造、修理或停用一個月以上擬再度使用時。

   (2) 發生故障或因出水或發生其他異常，致高壓室內作業勞工有遭受危險之虞時。

  5. 特定化學設備或其附屬設備：於開始使用、拆卸、改裝或修理時。

十五、某公司內部擬建立、實施及維持符合職業安全衛生管理系統相關規範要求之採購管理制度，依採購管理技術指引所定原則：

 （一）採購大致可分為那 3 類？

 （二）在請購及交貨驗收階段應分別考量之安全衛生事項為何？

  🈺（一）採購大致可分為下列三類：

   1. 工程採購

   2. 財物採購

   3. 勞務採購

  （二）在請購及交貨驗收階段應分別考量之安全衛生事項如下列：

   1. 請購階段：訂定工程、財物或勞務之安全衛生規格，且應考量供應商提供的所有工程、財物或勞務之所有可能潛在危害。

   2. 交貨驗收階段：依據契約相關規定及量測程序，確認供應商所提供的工程、財物或勞務符合相關安全衛生規格。

十六、某勞工達 250 人之金屬製造業，依職業安全衛生管理辦法規定，設置安全衛生組織及人員。請回答下列問題：

 （一）管理單位之層級為何？

 （二）應置管理人員之種類及人數為何？

  🈺（一）金屬製造業為第一類事業之事業單位，應設直接隸屬雇主之專責一級管理單位。

（二）營造業以外之第一類事業單位，一百人以上未滿三百人者應置甲種職業安全衛生業務主管及職業安全衛生管理員各一人。

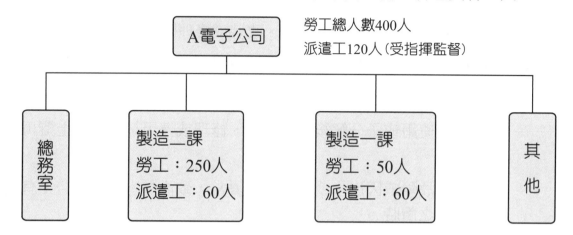

十七、A 電子零組件製造公司，其勞工人數及相關組織架構如下，請依職業安全衛生管理辦法規定，回答下列問題：

（一）職業安全衛生管理單位設置之性質及層級為何？

（二）職業安全衛生管理單位之職業安全衛生管理人員如何設置？

（三）製造一課應增加何種職業安全衛生管理人員？

☞ A 電子公司屬營造業以外第一類事業，共計 520 人

（一）A 電子公司之職業安全衛生管理單位應為專責一級管理單位。

（二）甲種職業安全衛生業務主管一人、安全衛生管理師一人、職業安全衛生管理員兩人。

（三）製造一課為 A 電子公司所屬從事製造之一級單位，勞工 50 人、派遣工 60 人，共 110 人。應置甲種職業安全衛生業務主管一人。

十八、請就職業安全衛生法有關職業安全衛生管理措施之規定，回答下列問題：

（一）

1. 依職業安全衛生法規定，雇主應依其事業單位之規模、性質，訂定何種計畫？

2. 勞工人數在三十人以下之事業單位，得以何作為代替前述計畫？

3. 勞工人數在一百人以上之事業單位，應另訂定何種規章？

（二）

1. 事業單位達何種規模或何種工作場所，應建置適合該事業單位之職業安全衛生管理系統？

2. 前述管理系統應包括那些安全衛生事項？

(三) 建置前項管理系統之事業單位在引進或修改製程、契約規範與履約要件、事業交付承攬且參與共同作業及事業潛在風險之緊急狀況預防等情形下，應分別採行何種管理或計畫？

答 (一)

1. 雇主應依其事業單位之規模、性質，訂定職業安全衛生管理計畫；並設置安全衛生組織、人員，實施安全衛生管理及自動檢查。

2. 勞工人數在三十人以下之事業單位，得以安全衛生管理執行紀錄或文件代替職業安全衛生管理計畫。

3. 勞工人數在一百人以上之事業單位，應另訂定職業安全衛生管理規章。

(二)

1. 下列事業單位，應參照中央主管機關所定之職業安全衛生管理系統指引，建置適合該事業單位之職業安全衛生管理系統：

(1) 第一類事業勞工人數在二百人以上者。

(2) 第二類事業勞工人數在五百人以上者。

(3) 有從事石油裂解之石化工業工作場所者。

(4) 有從事製造、處置或使用危害性之化學品，數量達中央主管機關規定量以上之工作場所者。

2. 前項管理系統應包括下列安全衛生事項：

(1) 政策。

(2) 組織設計。

(3) 規劃與實施。

(4) 評估。

(5) 改善措施。

(三)

1. 引進或修改製程：實施變更管理。

2. 契約規範與履約要件：實施採購管理。

3. 事業交付承攬且參與共同作業：實施承攬管理並訂定承攬管理計畫。

4. 事業潛在風險之緊急狀況預防：訂定緊急應變計畫，並定期實施演練。

第 19 章
工作安全分析與安全作業標準之製作

一、工作安全分析應考慮及注意事項：

（一）人的方面：不安全的主體是人，客體才是環境或機械。人的知識、經驗、意願、身體狀況、精神狀況、人際關係、婚姻家庭、親子關係等都是造成人為失誤的主要因素。

（二）方法方面：作業流程中之工作程序、步驟、方式，都是影響工作安全的重要因素。

（三）機械方面：作業中所需使用的機械、設備、器具與工具等有無安全裝置，是否為本質安全、有無維護保養或定期檢查，都需要加以考慮。

（四）材料方面：作業中所需使用的物料、材料，都需在工作安全分析表上列明，以便在作業前可以檢查是否齊全、有無缺陷。

（五）環境方面：作業場所空間情形、安全狀況、空氣、溫濕度、噪音、照明條件、安全標示、危險物及有害物標示等，都是影響作業安全的重要因素。

二、何謂「安全觀察」？應受安全觀察的作業有哪些？應受安全觀察的對象？

答（一）「安全觀察」是各級主管人員，在作業場所實施定期性、臨時性或計畫性的觀察作業人員不安全動作或作業及不安全設備或環境，並立即導正，以防止勞工因不安全行為導致受傷害。

（二）應受安全觀察的作業有：

1. 傷害頻率高的工作。

2. 傷害嚴重率高的工作。

3. 曾發生事故的工作。

4. 有潛在危險的工作。

5. 臨時性或非經常性的工作。

6. 新工作。

7. 經常性但非生產性的工作。

(四) 應受安全觀察之人員

1. 無經驗的人。

2. 屢遭意外的人。

3. 以不安全出名的人。

4. 在身體或心智上不能安全工作的人。

5. 其他需要安全觀察的人：

(1) 長期生病或長期未工作恢復工作的人。

(2) 似曾情緒擾亂，或經他人報告有怪異行動的人。

(3) 因種種原因調任多年未再擔任職位的人。

三、工作安全分析的程序：

(一) 決定要分析的工作名稱。

1. 傷害頻率高的工作。

2. 傷害嚴重率高的工作。

3. 曾發生事故的工作。

4. 有潛在危險的工作。

5. 臨時性或非經常性的工作。

6. 新工作。

7. 經常性但非生產性的工作。

(二) 將工作分成幾個步驟。

(三) 發現潛在的危險及可能的危害。

(四) 決定安全的工作方法。

四、製作安全作業標準與製作工作安全分析表相同，首先要實施工作分析，將作業分解為基本步驟，列出工作方法；針對工作方法提出不安全因素及安全措施，並檢討各種不安全因素所可能造成之傷害事故，提出安全措施及事故處理方法。

今以人力搬運物品為例，製作一安全作業標準表如下：

安全作業標準表

作業種類：搬運作業　　　　　　　　　　　　　　編號：1051201
作業名稱：人力搬運　　　　　　　　　　　　　　訂定日期：105 年 12 月 01 日
作業方法：個人作業　　　　　　　　　　　　　　修訂日期：106 年 03 月 01 日
使用器具、工具：無　　　　　　　　　　　　　　修訂次數：1
防護具：安全鞋、棉紗手套　　　　　　　　　　　製作人：洪○○

工作步驟	工作方法	不安全因素	安全措施	事故處理
1. 準備	1-1 預估荷物重量			
2. 檢查	2-1 檢查荷物外觀有無破損 2-2 檢查工作範圍環境狀況 2-3 檢討防護具是否妥當			
3. 搬運	3-1 站立於荷物外側，左右腳分開半步 3-2 腳下蹲，背部挺直，手掌抵住荷物，手指握緊荷物，提舉荷物 3-3 移動腳步搬運到新地點	3-1 腳位置不當，重心不穩，易傾倒 3-2 姿勢不當，易閃腰 3-3 搬運不專心時，荷物掉落打傷腳	3-1 確認雙腳位置 3-2 挺直背部，兩臂貼身，緊縮下顎保持平衡 3-3 步調自然穩定	壓傷、扭傷或擦傷者即送醫診治
4. 卸放	4-1 放下荷物	4-1 放下時若不慎仍會掉落	4-1 確認位置小心放下	

五、實施工作分析，可以達到之功用：

(一) 使工作人員瞭解其在整個組織中之關係或地位。

(二) 作為考選、訓練、任用、升調之依據。

(三) 作為人員考核之基礎。

(四) 作為工作評價，建立薪工制度之基礎。

(五) 作為工作方法改進，工作分配調整之參考。

(六) 使各級人員權責有所劃分，易分層負責。

六、實施工作分析的步驟如下：

　　(一) 要確定工作分析的目的與性質。

　　(二) 慎選工作分析人員。

　　(三) 蒐集工作分析資料。

　　(四) 研究分析資料，撰寫工作說明書、標準作業程序或工作規範。

七、設安全抽樣，初步觀察 200 次，發現 50 人次的不安全行為，若以 ±10% 的精確度來計算，試求其安全觀察的總次數為多少？

$$P = 50/200 = 0.25 = 25\%$$

$$N = \frac{4(1-P)}{Y^2 P} = \frac{4(1-0.25)}{(0.10)^2(0.25)} = 1,200 \text{ 次}$$

八、安全作業標準之意義與功用：

　　(一) 所謂安全作業標準，即經由工作安全分析，建立正確工作程序，以消除工作時的不安全行為、設備與環境，確保工作安全的標準。

　　(二) 安全作業標準之功用

　　　　1. 防範工作場所危害的發生。

　　　　2. 確定工作場所所需的設備、器具或防護具。

　　　　3. 選擇適當的人員工作。

　　　　4. 作為安全教導的參考。

　　　　5. 作為安全觀察的參考。

　　　　6. 作為事故調查的參考。

　　　　7. 增進工作人員的參與感。

九、試以手工具作業為例，製作一份(鐵鎚、起子、板手三者任選一種)之安全作業標準：

<table>
<tr><td colspan="5" style="text-align:center">安全作業標準表</td></tr>
<tr><td colspan="3">作業種類：手工具作業
作業名稱：鐵鎚作業
作業方法：個人作業
使用器具、工具：槌子一支
作業物：加工件
防護具：安全眼鏡、安全鞋</td><td colspan="2">編號：
訂定日期：105 年 12 月 01 日
修訂日期：106 年 03 月 01 日
修訂次數：1
製作人：洪○○</td></tr>
<tr><td>工作步驟</td><td>工作方法</td><td>不安全因素</td><td>安全措施</td><td>事故處理</td></tr>
<tr><td>1. 選用</td><td>選用重量、大小適當之鐵鎚</td><td>鐵鎚重量過重造成人員手腕扭傷</td><td>鐵鎚上確實標明磅數與適用之作業</td><td>送醫</td></tr>
<tr><td>2. 檢查</td><td>1. 錘頭是否有裂痕
2. 手柄是否有裂痕
3. 錘頭與手柄是否確實接合</td><td>鎚頭掉落擊傷勞工</td><td>1. 穿安全鞋
2. 握把要握好</td><td>送醫</td></tr>
<tr><td>3. 敲擊作業</td><td>1. 於作業前先檢查四周無會受到擊傷之人員與機具
2. 手握於握把末端，開始敲擊
3. 力道由輕而重，且速度要穩定</td><td>1. 鎚頭掉落擊傷勞工
2. 鐵屑傷及眼睛
3. 加工件脫落</td><td>1. 穿安全鞋
2. 戴安全眼鏡
3. 確實固定加工件</td><td>送醫</td></tr>
<tr><td>4. 歸回定位</td><td>使用完畢後，確實將鐵鎚歸回工具箱或工具間</td><td>1. 踢到置於地上之鐵錘
2. 鐵鎚遺失</td><td>1. 穿安全鞋
2. 制定機具借出使用登記簿</td><td>送醫</td></tr>
</table>

十、事業單位工作安全分析在決定要分析的工作名稱時，優先選擇次序為何？試說明之。

(一) FR 高的工作：事故發生的頻率高，就代表預防的工作做得不夠確實，所以我們應就 FR 高的工作先進行分析，以降低傷害的頻率。

(二) SR 高的工作：SR 高即代表災害若是發生，就會造成非常嚴重的損失，而且損失不單是機具設備，甚至是人命。

(三) 曾發生事故的工作：對於那些曾經發生事故的作業，一定要進行分析，以找出其發生的危害的原因，進而消除種種不安全的因素，避免事故的重演。

(四) 具有潛在危害之工作：具有潛在危害之工作，具有相當大的危險性，雖然尚未發生，但是一旦發生將會造成極大的損失，所以必須加以分析。

(五) 新工作：新工作包括機具設備的更換與作業方法的改變，所以產生何種危害是無法馬上了解的，唯有藉著工作安全分析，才可發現其危害因素。

(六) 臨時性且非經常性的工作：對於這些工作，勞工可能不太熟練以致會產生不安全的動作與狀態，所以要事先加以分析。

(七) 經常性且非生產性的工作：如研發作業、辦公室作業等，會造成人因工程上的職業傷害所以要先進行分析。

十一、解釋名詞：「工作安全分析」

工作安全分析，可以說是「工作分析」與「預知危險」的結合；工作安全分析就是將一項工作按照其作業程序，找出可能發生的危害而尋求消除或控制該危害的方法。工作安全分析的結果，可作為員工工作教導與訂定安全作業標準的依據。

十二、試以研磨機為例，說明其工作標準步驟，並就其步驟說明工作方法、不安全因素、安全措施與事故處理。

<table>
<tr><td colspan="6" align="center">安全作業標準</td></tr>
<tr><td colspan="3">作業種類：研磨作業
作業名稱：研磨機研磨作業
作業方式：個人作業
處理物品：研磨工件
使用器具：研磨機
防護器具：安全眼鏡、
安全鞋、防護面罩</td><td colspan="3">分類編號：
訂定日期：105 年 01 月 23 日
修訂日期：106 年 03 月 01 日
修訂次數：1 次
製作人：洪○○</td></tr>
</table>

工作步驟	工作方法	不安全因素	安全措施	事故處理
1. 使用安全防護具	穿安全鞋，戴用安全眼鏡，護面罩，輸氣面罩，裝設安全玻璃於研磨機上。			
2. 使用前檢查	檢查防護罩及砂輪有無裂痕及缺角。音響測試。先用低速試轉看有無破綻，再作高速運轉試驗。	砂輪破裂碎片會傷及人身。	砂輪若有破裂或缺角應換新。	受傷人員應急救送醫治療。
3. 研磨工作	用鉗子夾牢零件研磨，若不用鉗子手指或手掌可能觸及旋轉之砂輪而受傷。研磨時應將工件托架鉗牢。按工件大小選擇適當之砂輪。	砂輪破裂碎片會傷及人身。工作因研磨發熱而放開，墜落傷及腳部。不用鉗子，手部觸及砂輪而受傷。戴用手套研磨可能傷到手指而不自知。	不宜研磨過久，發燙時用水冷卻。小工件須用鉗子夾牢才能研磨。禁止戴用手套研磨。	
4. 完工收拾工具	停止砂輪機運轉，切斷電源。整理工具、場地及防護具			

十三、工廠製程區儲槽年度設備內部設備檢查作業,需在完成清洗後,先入槽實施勘查。而入槽勘察作業為局限空間作業,試以入槽勘察作業為題製作一份安全作業標準。

入槽勘查作業 安全作業標準

工作名稱:入槽勘查作業
作業方式:小組作業
工作地點:儲槽
使用的機械設備或工具:手電筒
使用的材料物料:
防護器具:氣體探測器、送風機、安全帶、空氣呼吸器等安全設備。

工作步驟	工作方法	不安全因素	安全措施	事故處理
1. 準備	1.1 實施作業環境測定。 1.2 作業用具及防護具之整備。	中毒、缺氧。	1.1 使用送風管將新鮮空間灌入儲罐槽內,以置換原有的有害氣體。	
2. 入槽檢查	2.1 作業勞工攀爬進入儲槽內。 2.2 實施儲槽內部之檢查。	中毒、缺氧、感電及墜落。	2.1 作業勞工身繫安全索,並將安全索之另一端固定在油槽外。 2.2 設置氧氣含量及有害氣體濃度自動監視、偵測系統。	2.1 盡速將事故狀況報告主管並傷者送醫治療。
3. 出槽	3.1 作業勞工攀爬離開儲槽。	墜落。	3.1 確實配戴安全索,並小心攀爬。 3.2 作業結束後,將出入口封閉。 3.3 檢查防護具是否配戴適當。 3.4 監視員,隨時監視內部工作人員情形且不得擅離現場。	3.1 壓傷、擦傷、扭傷者報告主管並送醫治療。
圖解				

第 20 章
職業安全衛生管理系統

一、依 ILO OHSMS-2001 職業安全衛生管理系統，職業安全衛生政策之制定至少應包含 4 個承諾，除了符合法規外，請說明其餘 3 個承諾及其內涵為何？

答 職業安全衛生政策之制定至少應包括下述關鍵原則及應承諾的目標：

(一) 職災預防

預防發生與工作有關的傷害、不健康、疾病和事故，以保護組織全體員工的安全衛生。應利用各種工具及方法，辨識和評估各種影響員工安全衛生的危害或風險，並按優先順序進行預防和控制。

(二) 全員參與

確保與員工及其代表進行諮詢，並鼓勵他們積極參與職業安全衛生管理系統所有過程的活動。員工參與之原因是任何個人的安全衛生疏失，都有往往可能造成重大的安全衛生後果，包括個人的安全衛生危害，例如摔傷、灼傷、感電等都有可能造成員工的永久性傷害、死亡，甚至引發社會經濟不安。員工的支持和重視是決定安全衛生管理成效重要的因素，員工的經驗和智識是規劃和運作職業安全衛生管理系統寶貴的資源。

(三) 持續改善

持續改善職業安全衛生管理系統績效。組織應針對持續改善職業安全衛生管理系統及整個系統的相關要素制定實施作法並予以維持。為不斷改善職業安全衛生績效，組織應與其他組織比較職業安全衛生的實施過程和績效。

(四) 符合法規

遵守國家相關的職業安全衛生法令規章、組織簽署的自願性方案、集體協議及其他要求。

二、

（一）請用規劃 - 實施 - 檢查 - 行動 (PDCA) 方法簡述國家級職業安全衛生管理系統 (TOSHMS) 之內涵？

（二）請說明在 TOSHMS 管制作業中，實施採購與承攬作業之控制措施為何？

（三）請簡述 TOSHMS 參與及諮詢中，員工之參與方式有那些？

答（一）依「臺灣職業安全衛生管理系統驗證規範」：

(1) 規劃：建立目標與必要之過程，以達成符合組織職業安全衛生政策之結果。

(2) 實施：執行這些過程。

(3) 檢查：針對職業安全衛生政策、目標、法規與其他要求事項之監督與量測過程，並報告結果。

(4) 行動：採取措施以持續改善職業安全衛生管理系統之績效。

（二）依「臺灣職業安全衛生管理系統驗證規範」：

對於採購之控制措施應包含：

(1) 符合安全衛生方面之要求可以辨識、評估及具體化到組織之採購及租賃說明書中；

(2) 確保在採購貨物與接受服務之前，可符合法規及組織本身安全衛生要求之作法；

(3) 確保在使用前可達成各項安全衛生要求之作法。

對於承攬之控制措施應包含：

(1) 確保組織之各項安全衛生要求或至少相同之要求適用於承攬商及其員工；

(2) 在評估和選擇承攬商之程序上包括安全衛生準則；

(3) 確保作業開始前，組織與承攬商在適當層級建立有效的溝通與協調機制。該機制應包括危害及其預防與控制措施之溝通；

(4) 確保承攬商及其員工報告為組織工作時發生與工作有關之傷病、不健康和事件之作法；

(5) 在作業開始前和作業過程中，對承攬商及其員工應提供必要之工作場所安全衛生危害之認知，及確認應有之教育訓練；

(6) 定期監督承攬商工作場所之安全衛生績效之作法；

(7) 確保承攬商落實現場安全衛生管理之作法。

(三) 依「臺灣職業安全衛生管理系統驗證規範」：

員工以下列方式參與：

(1) 在危害鑑別、風險評估及決定控制措施過程中適當的參與；

(2) 在事件調查中適當的參與；

(3) 參與安全衛生政策與目標之建立與審查；

(4) 在有任何變更會影響其安全衛生之情況時被諮詢；

(5) 代表安全衛生相關事務。

員工應被通知有關他們在參與方面之安排，包括誰是他們在安全衛生事務方面之代表。

三、職業安全衛生管理系統之五要素：

(1) 政策　　　　　　　　(2) 組織設計

(3) 規劃與實施　　　　　(4) 評估

(5) 改善措施

四、台灣職業安全衛生管理系統 (TOSHMS 2007) 架構：

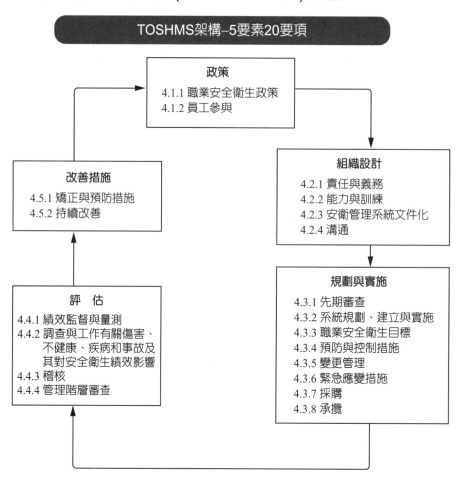

五、台灣職業安全衛生管理系統指引 (2007) 之重要解釋名詞摘錄：

(1) 主動式監督：檢查危害和風險的預防與控制措施，以及實施職業安全衛生管理系統的作法，符合其所定準則的持續性活動。

(2) 被動式監督：對因危害和風險的預防與控制措施、職業安全衛生管理系統的失誤而引起的傷病、不健康和事故進行檢查、辨識的過程。

(3) 員工健康監控：為檢測和辨識異常情況而對員工健康進行評估的一般術語。監控結果應用來保護和增進員工個人、集體以及受作業環境暴露族群的健康，健康評估程序應包括 (但不必局限) 對員工進行健康檢查、生物監測、輻射檢查、問卷調查及健康記錄評估等內容。

(4) 危害：能對人體造成傷害或有損健康的潛在因素。

(5) 事故：與工作有關或工作過程中發生，但未造成人員傷害的不安全事件。

(6) 職業安全衛生管理系統：係組織整體管理系統的一部分，用以發展及實施其職業安全衛生政策，並管理其職業安全衛生風險。

(7) 風險：危害事件發生的可能性與其對人員造成傷害或危害健康的嚴重度的結合。

(8) 風險評估：評估危害在既有且適當控制措施下之風險，並決定其風險是否可接受的過程。

六、依臺灣職業安全衛生管理系統驗證規範，定義下列用語：

(1) 矯正措施：消除所偵知之不符合或不期待之情況原因之措施。

(2) 事件：造成或可能造成傷害、不健康 (不論嚴重程度) 或死亡之工作相關情事。

(3) 意外事故 (Accident)：屬於事件之一部分，專指造成傷害、不健康或死亡之事件。

(4) 虛驚事件：未造成傷害、不健康、死亡，或是其他形式損失之事件，稱為 "虛驚事件"，又稱 "虛驚徵兆"、 "驚險" 或 "瀕危情況"。

(5) 預防措施：消除潛在不符合或其他不期待之情況原因之措施。

七、台灣職業安全衛生管理系統 (TOSHMS) 有關下列事項之指引重點：1. 員工參與；2. 變更管理；3. 採購；4. 承攬；5. 預防與控制措施。

1. 員工參與

    (1) 員工參與是職業安全衛生管理系統的基本要素之一。

    (2) 雇主應安排員工及其代表有時間和資源積極參與職業安全衛生管理系統的組織設計、規劃與實施、評估和改善措施等過程。

    (3) 雇主應根據國家相關法規規定設置有員工代表參與的安全衛生委員會，並提供適當的安排以發揮其應有的功能。

2. 變更管理

    (1) 組織對於內部及外部的變化應評估其對職業安全衛生管理所產生的影響，並在變化之前採取適當的預防措施。

    (2) 組織在修改或引進新作業方法、材料、程序或設備之前，應進行作業場所危害辨識和風險評估。

    (3) 組織應確保在實施各項變更時，組織內所有相關人員都被告知及接受相關的訓練。

3. 採購

    組織應訂定維持程序，確保在採購貨物與接受服務前確認符合國家法令規章及組織本身職業安全衛生的要求，且在使用前可達成各項安全衛生要求。

4. 承攬

    (1) 組織應訂定維持程序，以確保組織的各項安全衛生要求適用於承攬商及其員工。

    (2) 組織應確保作業開始前，與承攬商在適當層級建立有效的溝通與協調機制，該機制包括危害溝通及其預防與控制措施。

5. 預防與控制措施

    (1) 組織應建立及維持適當的程序，以持續辨識和評估各種影響員工安全衛生的危害及風險，並依下列優先順序進行預防和控制：

    (a) 消除危害及風險。

    (b) 經由工程控制或管理控制從源頭控制危害及風險。

    (c) 設計安全的作業制度，包括行政管理措施將危害及風險的影響減到最低。

(d) 當綜合上述方法仍然不能控制殘餘的危害及風險時，雇主應免費提供適當的個人防護具，並採取措施確保防護具的使用和維護。

(2) 組織應訂定安全衛生管理計畫、程序或方案，以消除或控制所鑑別出的危害及風險。

(3) 組織應建立及維持適當的程序，以持續鑑別、取得及評估適用的國家法令規章、國家指引、特制指引、組織簽署的自願性方案和其他要求，並定期評估其符合性。

八、

(一) 在決定控制措施，或是考慮變更現有控制措施時，應依據下列順序以考量降低風險：

1. 消除；

2. 取代；

3. 工程控制措施；

4. 標示 / 警告與 / 或管理控制措施；

5. 個人防護器具。

(二) 控制措施的範例：

1. 消除－修改設計以消除危害，例如使用機械式提舉設備來消除人力處理的危害；

2. 取代－使用低危害性物質或降低系統能源 (例如降低能量、電流強度、壓力及溫度等)；

3. 工程控制－安裝通風系統、機器防護、連鎖裝置及完善的隔離裝置等；

4. 標示牌、警語、與 / 或管理控制－安全標示、危險地區標示、發光標示、人行道標示、警示鈴 / 光、警鈴、安全程序、設備檢查、進出管控、警告標語、工作授權的安全系統使用等；

5. 個人防護具－安全眼鏡、聽力防護具、面罩、安全帶和安全索，呼吸防護具和手套等。

第 21 章
人性管理與自主活動

一、ERG 理論係由耶魯大學 Clayton Alderfer 將 Maslow 理論修訂而成，以存在需求 (Existence)、關係需求 (Relatedness)、成長需求 (Growth) 為主，各種需求可以同時具有激勵作用，如果較高層次的需求未能滿足的話則較低層次需求的慾望就會加深。

二、需求理論係由 David McClelland 提出，以人的三種重要需求：成就需求 (Need For Achievement)、權力需求 (Need For Power) 與親和需求 (Need for Affiliation) 作研究，成就需求與工作績效有高度相關而權力需求與親和需求也有一致的研究成果。高成就需求的人喜歡工作能提供個人責任感、回饋及適度風險。

三、目標設定理論由 Edwin Locke 於 1960 年提出，他認為明確的目標本身就具有激勵作用，以認知角度解釋行為企圖引導行為。

四、增強理論認為行為之後果才是影響行為的主因，其不管個體的內心狀態，然而增強作用對行為確有很重要的影響，但其不是唯一的影響。

五、安全衛生活動包括：

(一) 零災害運動。

(二) 安全衛生競賽。

(三) 安全衛生提案制度。

(四) 其他安全衛生活動，如廠場整潔 (5S 運動)、交通安全運動、報告虛驚事故運動。

六、列舉四種事業單位常實施的安全衛生活動。

(一) 零災害運動：

目的：強調人命的可貴，藉由先知先覺的方式以消除作業上的危害。

作法：利用小組腦力激盪的方式，找出危害發生之點進而尋求改善對策最後找出具體可行的方法。

（二）安全衛生提案制度：

　　目的：利用提案的方式以消除安衛工作上的缺失。

　　作法：藉由作業人員利用提案方式，將工作過程中可能會有潛藏危害的地方提出。

（三）安全衛生競賽活動：

　　目的：藉由趣味性的安全衛生活動，將安全衛生的觀念深植於勞工心中。

　　作法：利用安全衛生標語比賽或是短劇比賽，讓勞工在緊張刺激的過程中體會安全衛生的精神。

（四）廠場整潔與 5S 活動：

　　目的：利用整潔比賽的過程讓 5S 可以深植勞工心中。

　　作法：定期舉辦場內各部門的整潔比賽，讓勞工了解 5S 可以消除許多不安全的行為。

（五）交通意外事故宣導：

　　目的：藉由宣導的方式強化勞工的安全意識。

　　作法：定期舉辦交通災害防制宣導，讓勞工能注意到上下班時的交通安全。

七、組織中溝通流程有垂直及橫向兩種，組織協調與溝通之目的為：

（一）建立共識：透過溝通與協調，讓員工知道這些情緒與感覺是否合理，進一步加以紓解，並達成意見的共識。

（二）激勵員工的工作安全：主管人員指導員工依安全作業標準作業，以確保員工工作安全、身體健康及提高工作效率及生產力。

（三）資訊公開交流：提供充分且必須的資訊，供全體成員參考別人的安全衛生經驗及教訓，從中學習正確的安全衛生知識技能，並採取正確的作業方式。

（四）達成安全管理：主管人員的責任在於透過有效的組織設計，實施良好的溝通與協調，使權責清楚並控管績效，以達成安全管理。

八、有效溝通的基本原則：

(一)設身處地原則：人性化組織管理推動同理心式的溝通，隨時設身處地站在對方立場思考問題。

(二)尊重對方原則：使對方感到被重視、受尊重，使對方願意溝通。

(三)心胸敞開原則：無預設立場，廣納意見，接受好的意見。

(四)就事論事原則：就事論事才能無私的討論。

(五)組織目標原則：溝通不能偏離組織目標。

(六)合法合理原則：一切應以合法合理為原則。

(七)公開公正原則：溝通時盡量公開地進行，此外公正是溝通不二法門。

第 22 章
教學技巧

一、評鑑的種類，根據美國學者史蒂夫萊賓 (D. L. Stufflebean) 等人的研究，提出四種類型，即所謂之 CIPP 評鑑模式：

(一) 背景評鑑 (Context Evaluation)：對教學而言是指教學目標之擬定，教學計畫之編制的評鑑。

(二) 輸入評鑑 (Input Evaluation)：對教學而言是指教學資料之蒐集，教學資源之準備，教法之應用，與活動之安排的評鑑。

(三) 歷程評鑑 (Process Evaluation)：這種評鑑旨在探討實施歷程中的缺點，以便隨時加以修正，並在教學中隨時考察學生學習的結果以謀補救，及改變教學方法的依據，這種評鑑亦即所謂之「形成性評鑑」。

(四) 成果評鑑 (Product Evaluation)：就教學而言，這種評鑑即指教學目標的評鑑，亦稱為「總結性評鑑」。

二、教學目標分類一般是根據布魯姆 (B.S. Bloom) 等人的分類分為三種，分別為認知 (Cognitive)、技能 (Psychomotor)、情意 (Affective) 三個領域。

(一) 認知領域目標的分類：認知方面的目標包括了知識思考和其他知識方面的學習，包含六個層次：

1. 知識：包括記憶名詞、事實等，認知目標中最低層次的能力。

2. 理解：指能瞭解所學過的知識或概念的意義。

3. 應用：具備應用所學能力。

4. 分析：可將概念或原則分析為各個構成的部分或找出各部分之相互關係。

5. 綜合：可整合所學過之片段概念或知識原理。

6. 評鑑：指依據某項標準做價值判斷的能力，評鑑是認知領域中最高層次的能力。

(二) 技能領域目標的分類：凡是運用到骨骼與肌肉之協調能力之體能方面的活動如表演、製作、建造等均包含在內。

(三) 情意領域目標的分類：情意的教學目標包括態度、欣賞、興趣、理想、適應方式方面的學習目標，這一部分的學習在教育中是非常重要的。

第 23 章
危害性化學品標示及通識規則

一、何謂危險物？各項危險物分別列出六項？

🔑 (一) 危險物係指爆炸性物質、著火性物質 (易燃固體、自燃物質、禁水性物質)、氧化性物質、易燃液體、可燃性氣體，及其他物質經中央主管機關指定者。

(二) 各項危險物分別列出六項：

  1. 爆炸性物質中之下列物質：硝化乙二醇、硝化甘油、硝化纖維、三硝基苯、三硝基甲苯、過氧化丁酮。

  2. 著火性物質中之下列物質：硫化磷、赤磷、黃磷、二亞硫磺酸鈉、金屬鉀、金屬鋰。

  3. 氧化性物質中之下列物質：氯酸鉀、氯酸鈉、過氯酸鉀、過氯酸鈉、過氧化鉀、過氧化鈉。

  4. 易燃液體中之下列物質：乙醚、汽油、正己烷、環氧乙烷、乙醇、甲醇。

  5. 可燃性氣體中之下列物質：氫、乙炔、乙烯、甲烷、乙烷、丙烷。

二、GHS 重要名詞定義

(一) LD_{50}(半致死劑量)：指給予實驗動物組群一定劑量 (mg/kg) 的化學物質，觀察 14 天，結果能造成半數 (50%) 動物死亡的劑量。

(二) LC_{50}(半致死濃度)：指在固定濃度下，暴露一定時間 (通常 1～4 小時) 後，觀察 14 天，能使試驗動物組群半數 (50%) 死亡的濃度。

(三) 生物濃縮：指物質經水暴露在生物體內吸收、轉化和排出的淨現象；亦即指環境中的毒性物質可藉生物系統中食物鏈的循環反應，使其濃度在生物體內形成逐漸累積的效應。

(四) 生物濃縮因子 (Bioconcentration Factor；BCF)：在穩定狀態下，生物體內的化學物質濃度與水域中化學物質濃度的比值；亦即水域中的化學物質濃度經生物濃縮後，在生物體內被放大的倍數。

(五) 辛醇 / 水分配係數 (Kow)：指平衡狀態下，化合物在正辛醇和水相中濃度的比值。它反應了化合物在水相和有機相之間的遷移能力，是描述有機化合物在環境中行為的重要物理化學參數；同時也與化合物的水溶性、土壤吸附常數和生物濃縮因子密切相關。

三、危害通識制度之推行步驟 (或危害通識制度之五大工作)

(一) 雇主應訂定危害通識計畫。

(二) 雇主應製作危害性化學品清單。

(三) 雇主應建立每一危害性化學品之安全資料表，並放置於作業場所。

(四) 雇主對裝有危害性化學品之容器，應於明顯處進行標示。

(五) 雇主使勞工從事製造、處置或使用危害性化學品時，應依職業安全衛生教育訓練規則之規定對員工進行職業安全衛生教育訓練。

四、安全資料表的英文簡稱 SDS，其屬於化學物質之說明書，為化學物質安全衛生管理之基本工具。危害通識規則規定，雇主對每一含有危害性化學品之物品，均應提供勞工安全資料表，並置於工作場所中易取得之處。

安全質料表之內容：

1. 物品與廠商資料。	2. 成分辨識資料。
3. 危害辨識資料。	4. 急救措施。
5. 滅火措施。	6. 洩漏處理方法。
7. 安全處置與儲存方法。	8. 暴露預防措施。
9. 物理及化學性質。	10. 安定性及反應性。
11. 毒性資料。	12. 生態資料。
13. 廢棄處置方法。	14. 運送資料。
15. 法規資料。	16. 其他資料。

五、在事業單位內需要用易燃液體及致癌物，其盛裝之容器需作標示，其標示之內容如下：

1. 名稱。	2. 危害成分。
3. 警示語。	4. 危害警告訊息。
5. 危害防範措施。	
6. 製造商或供應商之名稱、地址及電話。	

六、雇主對裝有危害性化學品之容器標示事項，包括圖式及內容：

1. 圖式。

2. 內容：

    (1) 名稱。　　　　　　　　　　(2) 危害成分。

    (3) 警示語。　　　　　　　　　(4) 危害警告訊息。

    (5) 危害防範措施。

    (6) 製造商或供應商之名稱、地址及電話。

七、依危害性化學品標示及通識規則之規定，(一) 何謂「容器」？(二) 雇主對裝有危害性化學品之容器屬那些情形者，得免標示？

　🈺 (一) 依據「危害性化學品標示及通識規則」規定，「容器」係指任何袋、筒、瓶、箱、罐、桶、反應器、儲槽、管路及其他可盛裝危害性化學品者。但不包含交通工具內之引擎、燃料槽或其他操作系統。

　　(二) 雇主對裝有危害性化學品之容器屬下列情形之一者，得免標示：

　　　　1. 外部容器已標示，僅供內襯且不再取出之內部容器。

　　　　2. 內部容器已標示，由外部可見到標示之外部容器。

　　　　3. 勞工使用之可攜帶容器，其危害性化學品取自有標示之容器，且僅供裝入之勞工當班立即使用。

　　　　4. 危害性化學品取自有標示之容器，並供實驗室自行作實驗、研究之用。

八、安全資料表之含義及其在安全衛生上的功能：

　　　安全資料表的英文簡稱 SDS，其屬於化學物質之說明書，為化學品安全衛生管理之基本工具。危害性化學品標示及通識規則規定，雇主對每一含有危害性化學品之物品，均應提供勞工安全資料表，並置於工作場所中易取得之處。

　　　安全資料表在安全衛生上的功能：

1. 讓勞工瞭解工作場所中有哪些危害物及其特性、預防危害等相關知識。

2. 平日可依據安全資料表規劃儲存方式、設置防護設備及消防管理等用途。

3. 發生緊急事故時可參考其中相關資料進行應變措施。

九、試依「危害性化學品標示及通識規則」及其相關之解釋令與公告，簡答並扼要說明下列問題：

（一）目前那些化學物質依規定應予標示？

（二）裝有危害性化學品之容器，在運輸及進入工作場所時之標示要求為何？

（三）何謂非工業用途之一般民生消費用品？並請舉兩例說明之。

（四）經中央主管機關核定具商業機密之危害性化學品，其安全資料表內容可省略那些項目？

答 （一）目前依規定應予標示者有：(1) 危害性化學品標示及通識規則附表一所列舉者以及 (2) 除附表一以外，符合國家標準一五○三○化學品分類及標示系列具有物理性危害或健康危害之化學品。

（二）雇主對裝有危害性化學品之容器於交通運輸時，已依運輸相關法規設標示者，該容器於工作場所內運輸時，得免再依危害性化學品標示及通識規則附表二標示。但於勞工從事卸放、搬運、處置或使用危害性化學品作業時，仍應依該規則辦理。

（三）所謂非工業用途之一般民生消費用品是指非用在工業製程相關用途之一般民生消費商品，如家庭用浴廁鹽酸、漂白水及立可白。

（四）可省略危害性化學品成分之名稱、含量或製造商、供應商名稱。

十、危害性化學品之危害圖式 (GHS)

氣體鋼瓶	火焰	炸彈爆炸
加壓氣體	易燃氣體；易燃氣膠 易燃液體；易燃固體 自反應物質；發火性液體 發火性固體；自熱物質 禁水性物質；有機過氧化物	爆炸物 自反應物質 A 型及 B 型 有機過氧化物 A 型及 B 型

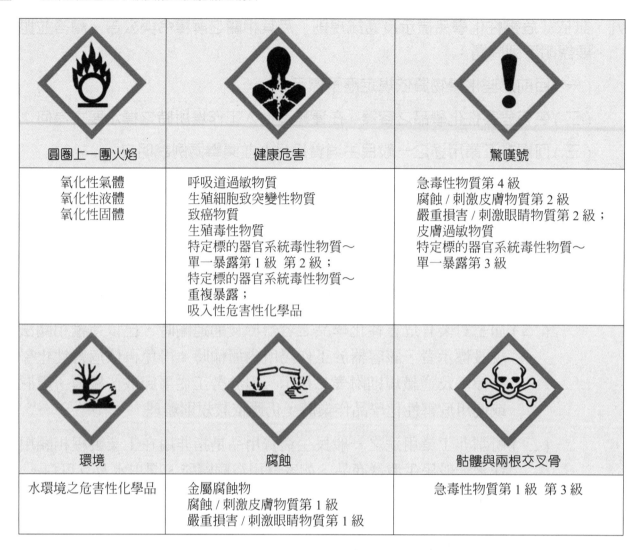

圓圈上一團火焰	健康危害	驚嘆號
氧化性氣體 氧化性液體 氧化性固體	呼吸道過敏物質 生殖細胞致突變性物質 致癌物質 生殖毒性物質 特定標的器官系統毒性物質～ 單一暴露第 1 級 第 2 級； 特定標的器官系統毒性物質～ 重複暴露； 吸入性危害性化學品	急毒性物質第 4 級 腐蝕／刺激皮膚物質第 2 級 嚴重損害／刺激眼睛物質第 2 級； 皮膚過敏物質 特定標的器官系統毒性物質～ 單一暴露第 3 級
環境	腐蝕	骷髏與兩根交叉骨
水環境之危害性化學品	金屬腐蝕物 腐蝕／刺激皮膚物質第 1 級 嚴重損害／刺激眼睛物質第 1 級	急毒性物質第 1 級 第 3 級

十一、

(一) 依危害性化學品標示及通識規則規定，請問下列危害性化學品應標示之危害圖式為何？請以下列各式危害圖式之代號答題，不用畫圖。

1. 致癌物質第 2 級。　　　　2. 自反應物質 B 型。

3. 加壓氣體之壓縮氣體。　　4. 腐蝕／刺激皮膚第 3 級。

5. 氧化性固體第 1 級。

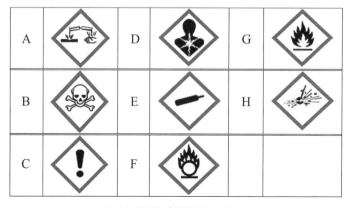

(以上圖示外框皆為紅色)

(二) 磷化氫 (PH3) 氣體鋼瓶上之危害圖式為 2.1(可燃性氣體) 與 2.3(毒性氣體)，請用上面危害圖式方式表示之。並請說明除危害圖式外，危害標示內容應包含哪些項目？

(三)GHS(Globally Harmonized System of Classification and Labelling of Chemicals)

答 (一) [D]　　　1. 致癌物質第 2 級。

[G、H]　　2. 自反應物質 B 型。

[E]　　　　3. 加壓氣體之壓縮氣體。

[I]　　　　4. 腐蝕 / 刺激皮膚第 3 級。

[F]　　　　5. 氧化性固體第 1 級。

(二) 磷化氫 (PH$_3$) 氣體鋼瓶上之危害圖式為 [B、E、G]

除危害圖式外，危害標示內容應包含項目如下列：

1. 名稱。

2. 危害成分。

3. 警示語。

4. 危害警告訊息。

5. 危害防範措施。

6. 製造商或供應商之名稱、地址及電話。

(三) GHS：化學品分類及標示全球調和制度。是一套全球一致化的化學品分類與標示制度，希望能提供化學品安全資訊予勞工，以減少運作 (製造、運輸、處置或使用) 過程之危害、或於意外事故發生時，能正確且迅速地善後，降低化學品對人體與環境造成之危險，並減少化學品跨國貿易必須符合各國不同標示規定之成本；GHS 之適用範圍包括了化學品之生產、製造、使用及廢棄。

十二、某產品之標示如下，請依危害性化學品標示及通識規則規定回答下列問題：

(一) 為何祇有一個警示語「危險」？

(二) 標示中提供十項危害警告訊息，但為何僅祇有三個圖式？

(三) 危害警告訊息有說明苯為「對水生生物有害」，為何標示沒有對應之圖式？

(四) 本標示尚欠缺那些重要訊息？

(五) 若此產品含有成份少於 1% 之其它危害成份時，應如何處理？

危害成分：苯
危害警告訊息：
　　　高度易燃液體和蒸氣
　　　吞食有害
　　　造成皮膚刺激
　　　造成嚴重眼睛刺激
　　　可能造成遺傳性缺陷
　　　可能致癌
　　　懷疑對生育能力或胎兒造成傷害
　　　長期暴露會損害神經系統
　　　對水生生物有害
　　　如果吞食並進入呼吸道可能致命

答 (一) 警示語是用來表明危害的相對嚴重程度的標示語。全球調和制度使用的警示語有「危險」和「警告」等兩種。「危險」用於較為嚴重的危害級別 (即主要用於第 1 和第 2 級)；「警告」用於較輕的級別，選取最嚴重者標示即可。由「危害警告訊息」得知苯為「高度易燃液體和蒸氣」，屬危害級別之「第二級」，故警示語為「危險」。

(二) 由危害警告訊息，依照「危害性化學品之分類、標示要項」僅分別屬於三種危害圖示，故祇有三個圖示。。

(三) 由「危害警告訊息」得知苯為「對水生生物有害」，惟此危害警告訊息屬危害級別之「急性 II」，故不需標示對應之圖示。

(四) 該標示尚欠缺：(1) 名稱；(2) 危害防範措施；(3) 製造商或供應商名稱、地址及電話。

(五)

1. 蒐集混合物相關資訊，確立混合物之危害分類。

2. 確認對混合物危害有貢獻之危害成分。

3. 依照法規找出對應之標示要項，包括危害圖示、警示語及危害警告訊息。

4. 依照混合物特性選擇危害防範措施。

十三、依危害性化學品標示及通識規則規定：

　　(一) 雇主對裝有危害性化學品之容器屬那些情形者，得免標示？

　　(二) 試舉五項具有危害圖式為「驚嘆號」 （設外框為紅色）之危害分類。

　　　答 (一) 依據「危害性化學品標示及通識規則」規定，雇主對裝有危害性化學品之容器屬下列情形之一者，得免標示：

　　　　　1. 外部容器已標示，僅供內襯且不再取出之內部容器。

　　　　　2. 內部容器已標示，由外部可見到標示之外部容器。

　　　　　3. 勞工使用之可攜帶容器，其危害性化學品取自有標示之容器，且僅供裝入之勞工當班立即使用。

　　　　　4. 危害性化學品取自有標示之容器，並供實驗室自行作實驗、研究之用。

　　　(二) 危害圖式為「驚嘆號」之危害分類如下：

　　　　　1. 急毒性物質第 4 級。

　　　　　2. 腐蝕／刺激皮膚物質第 2 級。

　　　　　3. 嚴重損傷／刺激眼睛物質第 2 級。

　　　　　4. 皮膚過敏物質。

　　　　　5. 特定標的器官系統毒性物質～單一暴露第 3 級。

第 24 章
個人防護具

一、個人防護具

(一) 防護具應具備的條件：容易使用；應具有充分防止危害之性能；使用的材料應具良好之品質；應具良好的構造及修整；優美的外觀與設計。

(二) 選擇防護具的方法 (應注意哪些事項)：在一定條件下能將危險加以遮斷；使用的材料應具備良好的品質；良好的構造與修整；良好的作業性；易於使用。

(三) 防護具保管時應留意事項：應儲放在不受日曬的場所；應儲放在通風良好的場所；應儘量避免接近高溫物體；不可與腐蝕性液體、有機溶劑、油脂類、化妝品、酸類等一併儲放在同一室內；受砂或泥土污穢時，應予水洗乾淨，置放於陰涼場所，使它自然風乾後存放；受汗水污穢時，應予洗濯乾淨，充分乾燥後存放。

(四) 雇主供給勞工使用之個人防護具或防護器具，為維持防護具或器具能用、可用、堪用之一般原則性規定：(1) 保持清潔，並予必要之消毒；(2) 經常檢查，保持其性能，不用時並妥予保存；(3) 防護具或防護器具應準備足夠使用之數量，個人使用之防護具應置備與作業勞工人數相同或以上之數量，並以個人專用為原則；(4) 如對勞工有感染疾病之處時，應置備個人專用防護器具，或作預防感染疾病之措施。

二、安全帽

選用安全帽應留意之事項：適用於作業性質；應經檢驗合格；適合頭部的形狀；重量要輕。

三、呼吸防護具

(一) 呼吸防護具之種類

防塵 (口) 面罩、輸氣管 (口) 面罩、簡易式防塵口罩、空氣呼吸器、電動式粉塵用呼吸防護具、氧氣呼吸器、防毒 (口) 面罩。

(二) 在缺氧場所可使用

輸氣管 (口) 面罩、空氣呼吸器、氧氣呼吸器。

(三) 在中毒場所可用使用

防毒 (口) 面罩、輸氣管 (口) 面罩、空氣呼吸器、氧氣呼吸器。

(四) 選用呼吸防護具應先確認之事項：

1. 有害物質之種類。

2. 是否有缺氧之可能。

3. 是否會立即危及生命或健康。

4. 有害物在空氣中之濃度為何？

5. 有害物之物性、化性及毒性。

6. 是否具刺激性作用，如對眼、鼻、皮膚等。

7. 是否會引起火災、爆炸。

8. 是否有設置必要之工程控制設備。

9. 是否有令人憎惡之味道存在，或其他物理條件。

10.是否需配戴其他的防護具如安全眼鏡、防護衣等。

11.勞工工作進行速度、工作範圍、移動情形。

12.各項呼吸防護具之特性及限制。

(五) 使用空氣呼吸器時應確認及注意之事項：

(1) 確認氣瓶內之空氣量。

(2) 確認高壓導管之接續狀況是否良好。

(3) 確認警報裝置之動作是否靈敏。

(4) 確認面體、輸氣管等有無破損。

(5) 確認呼氣閥之狀況是否良好。

(6) 檢查面體與顏面之密合度是否良好。

(7) 確認調整器之動作狀況。

(8) 使用中隨時確認殘存之空氣量在 20% 以上，或壓力指針在 30kg/cm^2 以上。

(9) 警報時或空氣瓶殘存壓力未達 30kg/cm^2 應即停止作業，並退避至安全處所。

(10) 使用後應即清理、保養、充填並妥善保管。

(六)應考慮使用呼吸防護具之場合

1. 採用工程控制設備，仍無法有效預防作業環境有害物或缺氧危害時。

2. 製程之限制無法設計有效之工程控制設備。

3. 緊急意外事故逃生、現場處理、應變、搶救人命、事故現場善後清理清除時。

4. 有缺氧之虞作業場所從事作業時。

5. 入槽作業時，尤其下水道、儲糟、箱涵、船艙等內部實施清掃、清理、檢查、維護保養等時。

6. 密閉空間、開口有限空間、平時密閉空間等場所從事作業時。

7. 臨時性作業、作業時間短暫作業、作業期間短暫作業等非常規作業時。

(七)防塵口罩選用應特別注意事項：

1. 捕集效率：愈高愈好。

2. 呼氣抵抗：愈小愈佳。

3. 吸氣抵抗：愈低愈好。

4. 吸氣抵抗上昇率：小者較佳。

5. 重量：愈輕愈好。

6. 重心：愈前面愈差。

7. 視野：應在六十度以上，愈大愈好。

8. 密合度：愈好愈佳，壓迫感愈小愈佳。

9. 穿戴：愈容易愈佳。

(八)防毒口(面)罩應具之性能：

1. 與臉面接觸部分不可使用會傷害皮膚的材質者。

2. 可簡單著用，不易破損，長時間使用也不致有壓迫感。

3. 吸氣閥、排氣閥、頭帶等應容易更換。

4. 面體不可漏氣，眼片宜不因呼氣而生霧。

5. 爲瞭解使用界限，應附有破過檢知裝置、破過曲線圖及使用時間記錄卡。

6. 吸收罐的除毒能力應因應其種類適合於到達最大容許透過限度時之時間所定之破過時間。

7. 附有濾材的吸收罐，更應適合微粒子狀物質等之捕集效率所定的基準。

四、輸氣管面罩、空氣呼吸器與氧氣呼吸器之比較

型式	優點	缺點	使用時機
輸氣管面罩	1. 重量輕，人員負荷輕，長時間工作不易疲倦。 2. 供氣持續不斷，人員可長時間工作。	1. 受輸氣管長度限制，工作範圍不能過遠。 2. 需一人協助監視送氣裝置，不能中斷。	1. 使用於缺氧場所。 2. 使用於立即危害生命或健康 (IDLH) 之場所。 3. 適於固定場所長時間使用。
空氣呼吸器	1. 本身有自給式空氣，工作範圍大。 2. 可獨立作業，無需另一人協助。 3. 常備有急救用口罩，供緊急使用。 4. 可使用於可燃性氣體洩漏之場所。	1. 空氣鋼瓶重量重，人員負荷重、長時間工作易疲倦。 2. 空氣鋼瓶容量一定，有工作時間限制。	1. 使用於缺氧場所。 2. 使用於立即危害生命或健康 (IDLH) 之場所。 3. 適於緊急救人時使用。
氧氣呼吸器	1. 本身有自給式氧氣，工作範圍大。 2. 可獨立作業，無需另一人協助。 3. 常備有急救用口罩，供緊急使用。	1. 氧氣鋼瓶重量重，人員負荷重，長時間工作易疲倦。 2. 氧氣鋼瓶容量一定，有工作時間限制。 3. 不可使用於發生可燃性氣體洩漏之場所。	同空氣呼吸器。

五、防塵口 (面) 罩之主要用途為何？說明其應具備之性能？檢點時應確認之要項為何，請列出。何狀況下應考慮廢棄？

答 (一) 防塵口 (面) 罩之主要用途：防止人體吸入有害粉塵、霧滴等，保護呼吸系統免受害之防護具。

(二) 防塵口 (面) 罩應具備之性能：

1. 與臉部接觸部分之材料，對皮膚應不具傷害性。

2. 應使用對人體無害的濾材。

3. 不易破損。

4. 過濾材、吸氣閥、排氣閥及繫帶應容易更換。

5. 使用者容易檢查臉部與面體的密合性。

6. 配戴簡單，配戴時不致有壓迫感或苦痛。

7. 累積應適合面體種類之值。

8. 吸 (排) 氣閥應可靈敏動作。

9. 排氣閥於內部與外部壓力平衡時，應能保持閉鎖狀態。

10. 繫帶應具充分彈性且長短應容易調節。

(三) 防塵口 (面) 罩檢點時應確認之要項：

1. 確認過濾材是否乾燥，放置於一定場所，有否污穢、收縮、破損或變形。

2. 確認面體有否破損、污穢或老化。

3. 確認繫帶是否尚有彈性，有否破損，長度是否適當。

4. 確認排氣閥的動作是否正常，有否龜裂或附著異物。

(四) 應考慮廢棄之狀況：

1. 濾材為防塵口罩中之靈魂，其壽命究竟多長頗難決定，一般認為在呼吸側已漏出粉塵時即應考慮廢棄。

2. 粉塵濃度在平均 10 mg/m³ 程度時，大致為三個月程度。

3. 吸氣壓損增大，致不易吸氣時就應加以廢棄。

六、試將個人防護具中「安全帶」於著裝及定期檢查時應注意事項列明？

🅐 (一) 著裝時應注意事項：

1. 應儘可能著裝於腰骨附近，並位於施工架側。

2. 扣環應正確使用，皮帶端應穿過皮帶穿行孔。

3. 伸縮調節器應正確掛在角環，確認皮帶端或衣服等未被捲入。

4. 使用後，宜在地面加以各別使用狀態時之重量，確認無異常。

(二) 定期檢查時應注意事項：

1. 確認皮帶有否磨損、傷痕、扭曲，受藥品的沾污變色。

2. 確認有否縫線的磨損、斷線、綻開。

3. 確認配件金屬有否磨耗、龜裂、變形，有否受電氣短路而熔融、回轉部分的摺動部分的狀況，鉚丁或彈簧的狀況有否異常。

4. 確認索的磨損、素線有否斷裂、傷痕、燒焦、扭節、變形或受藥品的沾污而變色之外。安全帶在不使用時應保管於陰涼、通風良好、少塵埃低濕之場所，避免接近煙火或熱之物體，且不可與腐蝕性物質同儲存於相同之室內，並防止老鼠之囓食。

七、請說明眼臉防護具中，防塵眼鏡、遮光眼鏡及熔接面具 (罩)、防護面罩等三種之防護功能及選用原則。

(一) 防塵眼鏡：

1. 防護功能：係防止研磨作業產生的火花、微細粉塵、切削作業所產生的切屑或處理溶劑、藥液的飛沫等，以保護眼睛的防護具。

2. 選用原則：選用時防塵眼鏡應考慮應充分符合性能，對飛來物需具有充分的抗拒強度，眼鏡重量要輕，視野要廣，用畢則放置在工作場所內固定的處所。

(二) 遮光眼鏡及熔接面具 (罩)：

1. 防護功能：係為防止勞工在以電焊、氣焊從事溶接、溶斷等作業或熔爐前作業所產生的有害光帶，對眼睛引起之危害為目的所戴用，目前也使用於其周邊作業的勞工。

2. 選用原則：遮光防護具可減弱強烈的可視線外，並可遮斷有害紅外線、有害紫外線。熔接面具 (罩) 戴用時須注意應有足夠的防護面積以防護有害光的危害，並亦應具備良好的耐熱性、電氣絕緣性、固定鏡片之裝置應為易於更換者，面體應光滑，且不致有造成割傷的毛邊或尖凸情形。

(三) 防護面罩：

1. 防護功能：防護面罩為防止飛落物、輻射物、有害光線等造成眼、臉、頸部及頭部傷害的防護具，其中防塵用防護面具，可保護臉部的全部，此與防護眼鏡只能保護眼睛為最大不同之處。

2. 選用原則：濾片、蓋片等均應符合國家標準。塑膠製者應能耐輕度衝擊，難於燃燒，不因傷痕而影響視野。金屬製者應可有效地遮斷熱輻射。纖維製熔接用防護具，應有足夠的防護面積，並具備高度耐熱性、電氣絕緣性及不洩漏輻射線的視野，各種鏡片均可自由更換，且不致有令人割傷的銳角或凹凸。

第 25 章
職業安全衛生法規

一、勞動場所：包括下列場所：

（一）於勞動契約存續中，由雇主所提示，使勞工履行契約提供勞務之場所。

（二）自營作業者實際從事勞動之場所。

（三）其他受工作場所負責人指揮或監督從事勞動之人員，實際從事勞動之場所。

二、工作場所：係指勞動場所中，接受雇主或代理雇主指示處理有關勞工事務之人所能支配、管理之場所。

三、作業場所：係指工作場所中，為特定之工作目的所設之場所。

四、雇主於僱用勞工時，應施行體格檢查；對在職勞工應施行下列健康檢查：

1. 一般健康檢查。

2. 從事特別危害健康作業者之特殊健康檢查。

3. 經中央主管機關指定為特定對象及特定項目之健康檢查。

在職勞工應施行之健康檢查如下：

（一）一般健康檢查：指雇主對在職勞工，為發現健康有無異常，以提供適當健康指導、適性配工等健康管理措施，依其年齡於一定期間或變更其工作時所實施者。

（二）特殊健康檢查：指對從事特別危害健康作業之勞工，為發現健康有無異常，以提供適當健康指導、適性配工及實施分級管理等健康管理措施，依其作業危害性，於一定期間或變更其工作時所實施者。

（三）特定對象及特定項目之健康檢查：指對可能為罹患職業病之高風險群勞工，或基於疑似職業病及本土流行病學調查之需要，經中央主管機關指定公告，要求其雇主對特定勞工施行必要項目之臨時性檢查。

五、職業災害：指因勞動場所之建築物、機械、設備、原料、材料、化學品、氣體、蒸氣、粉塵等或作業活動及其他職業上原因引起之工作者疾病、傷害、失能或死亡。(職業上原因，指隨作業活動所衍生，於勞動上一切必要行為及其附隨行為而具有相當因果關係者。)

六、勞工：謂受僱從事工作獲致工資者。

　　工作者：指勞工、自營作業者及其他受工作場所負責人指揮或監督從事勞動之人員。

七、雇主：謂事業主或事業之經營負責人。(與勞動基準法所稱之雇主有別)

八、有立即發生危險之虞之情況係指：

　　(一)自設備洩漏大量危害性化學品，致有發生爆炸、火災或中毒等危險之虞時。

　　(二)從事河川工程、河堤、海堤或圍堰等作業，因強風、大雨或地震，致有發生危險之虞時。

　　(三)從事隧道等營建工程或管溝、沉箱、沉筒、井筒等之開挖作業，因落磐、出水、崩塌或流砂侵入等，致有發生危險之虞時。

　　(四)於作業場所有易燃液體之蒸氣或可燃性氣體滯留，達爆炸下限值之百分之三十以上，致有發生爆炸、火災危險之虞時。

　　(五)於儲槽等內部或通風不充分之室內作業場所，致有發生中毒或窒息危險之虞時。

　　(六)從事缺氧危險作業，致有發生缺氧危險之虞時。

　　(七)於高度二公尺以上作業，未設置防墜設施及未使勞工使用適當之個人防護具，致有發生墜落危險之虞時。

　　(八)於道路或鄰接道路從事作業，未採取管制措施及未設置安全防護設施，致有發生危險之虞時。

　　(九)其他經中央主管機關指定公告有發生危險之虞時之情形。

九、具有危險性之機械，指符合中央主管機關所定一定容量以上之下列機械或設備：

　　(一) 危險性機械，包括：

　　　　　(1) 固定式起重機。　　　　　(2) 移動式起重機。

　　　　　(3) 人字臂起重桿。　　　　　(4) 營建用升降機。

(5) 營建用提升機。　　　　　(6) 吊籠。

(7) 其他經中央主管機關指定者。

(二) 危險性設備，包括：

(1) 鍋爐。　　　　　　　　(2) 壓力容器。

(3) 高壓氣體特定設備。　　　(4) 高壓氣體容器。

(5) 其他經中央主管機關指定者。

十、雇主對下列事項，應妥為規劃及採取必要之安全衛生措施：

1. 重複性作業等促發肌肉骨骼疾病之預防。

2. 輪班、夜間工作、長時間工作等異常工作負荷促發疾病之預防。

3. 執行職務因他人行為遭受身體或精神不法侵害之預防。

4. 避難、急救、休息或其他為保護勞工身心健康之事項。

(一) 預防重複性作業等促發肌肉骨骼疾病應妥為規劃，其內容應包含下列事項：

1. 作業流程、內容及動作之分析。

2. 人因性危害因子之確認。

3. 改善方法及執行。

4. 成效評估及改善。

5. 其他有關安全衛生事項。

(二) 預防輪班、夜間工作、長時間工作等異常工作負荷促發疾病應妥為規劃，其內容應包含下列事項：

1. 高風險群之辨識及評估。

2. 醫師面談及健康指導。

3. 工作時間調整或縮短及工作內容更換之措施。

4. 健康檢查、管理及促進。

5. 成效評估及改善。

6. 其他有關安全衛生事項。

(三) 預防執行職務因他人行為遭受身體或精神不法侵害應妥為規劃，其內容應包含下列事項：

1. 危害辨識及評估。

2. 作業場所之配置。

3. 工作適性安排。

4. 行為規範之建構。

5. 危害預防及溝通技巧之訓練。

6. 事件之處理程序。

7. 成效評估及改善。

8. 其他有關安全衛生事項。

十一、事業單位與承攬人、再承攬人分別僱用勞工共同作業時，為防止職業災害，原事業單位應盡責任有：

(一) 其承攬人就承攬部分負本法所定雇主之責任；原事業單位就職業災害賠償仍應與承攬人負連帶責任。再承攬者亦同。

(二) 事業單位以其事業之全部或一部分交付承攬時，應於事前告知該承攬人有關其事業工作環境、危害因素暨職業安全衛生法及有關安全衛生規定應採取之措施。

(三) 事業單位與承攬人、再承攬人分別僱用勞工共同作業時，原事業單位為防止職業災害，原事業單位應採取下列措施：

1. 設置協議組織，並指定工作場所負責人，擔任指揮、監督及協調之工作。

2. 工作之連繫與調整。

3. 工作場所之巡視。

4. 相關承攬事業間之安全衛生教育之指導及協助。

5. 其他為防止職業災害之必要事項。

事業單位分別交付二個以上承攬人共同作業而未參與共同作業時，應指定承攬人之一負前項原事業單位之責任。

十二、事業單位工作場所如發生職業災害，雇主應採取之措施有：

(一) 事業單位工作場所如發生職業災害，雇主應即採取必要急救、搶救等措施，並會同勞工代表實施調查、分析及作成紀錄。(違反者，處新臺幣三萬元以上三十萬元以下罰鍰)

事業單位勞動場所發生下列職業災害之一時，雇主應於八小時內通報勞動檢查機構 (違反者，處新臺幣三萬元以上三十萬元以下罰鍰)：

1. 發生死亡災害。

2. 發生災害之罹災人數在三人以上。

3. 發生災害之罹災人數在一人以上，且需住院治療。

4. 其他經中央主管機關指定公告之災害。

勞動檢查機構接獲前項報告後，應即派員檢查。

事業單位發生第二項之職業災害，除必要之急救、搶救外，雇主非經司法機關或勞動檢查機構許可，不得移動或破壞現場。(違反者，處一年以下有期徒刑、拘役或科或併科新臺幣十八萬元以下罰金)

十三、

(一)作業環境監測，指為掌握勞工作業環境實態與評估勞工暴露狀況，所採取之規劃、採樣、測定、分析及評估。

(二)依規定應訂定作業環境監測計畫及實施監測之作業場所有：

1. 設置有中央管理方式之空氣調節設備之建築物室內作業場所。

2. 坑內作業場所。

3. 顯著發生噪音之作業場所。

4. 下列經中央主管機關指定之作業場所：

(1) 高溫作業場所。　　　　　(2) 粉塵作業場所。

(3) 鉛作業場所。　　　　　　(4) 四烷基鉛作業場所。

(5) 有機溶劑作業場所。　　　(6) 特定化學物質作業場所。

5. 其他經中央主管機關指定者。

(三)違反(二)者，處新臺幣三萬元以上三十萬元以下罰鍰。

十四、

(一)「安全衛生工作守則」之訂定：

雇主應依職業安全衛生法及有關規定會同勞工代表訂定適合其需要之安全衛生工作守則，報經勞動檢查機構備查後，公告實施。

(二)安全衛生工作守則之內容為：

1. 事業之安全衛生管理及各級之權責。

2. 機械、設備或器具之維護及檢查。

3. 工作安全及衛生標準。

4. 教育及訓練。

5. 健康指導及管理措施。

6. 急救及搶救。

7. 防護設備之準備、維持及使用。

8. 事故通報及報告。

9. 其他有關安全衛生事項。

(三)若違反上述 (一) 之規定時，處新臺幣三萬元以上十五萬元以下罰鍰。

(四)安全衛生工作守則，得依事業單位之實際需要，訂定適用於全部或一部分事業，並得依工作性質、規模分別訂定，報請勞動檢查機構備查。

(五)事業單位訂定之安全衛生工作守則，其適用區域跨二以上勞動檢查機構轄區時，應報請中央主管機關指定之勞動檢查機構備查。

十五、特別危害健康作業包括：

(一)高溫作業。

(二)噪音作業。

(三)游離輻射作業。

(四)異常氣壓作業。

(五)鉛作業。

(六)四烷基鉛作業。

(七)粉塵作業。

(八)有機溶劑作業，經中央主管機關指定者。

(九)製造、處置或使用特定化學物質之作業，經中央主管機關指定者。

(十)黃磷之製造、處置或使用作業。

(十一) 聯吡啶或巴拉刈之製造作業。

(十二) 其他經中央主管機關指定之作業。

十六、有下列情事之一之工作場所，事業單位應依中央主管機關規定之期限，定期實施製程安全評估，並製作製程安全評估報告及採取必要之預防措施；製程修改時，亦同：

1. 從事石油裂解之石化工業。

2. 從事製造、處置或使用危害性之化學品數量達中央主管機關規定量以上。

前項製程安全評估報告，事業單位應報請勞動檢查機構備查。

十七、依職業安全衛生法規定，勞工違反下列條款時，處以新台幣三千元以下罰鍰：

1. 職業安全衛生法第二十條第六項：勞工不接受體格檢查、健康檢查。

2. 職業安全衛生法第三十二條第三項：勞工不接受教育訓練。

3. 職業安全衛生法第三十四條第二項：勞工不遵守工作守則。

十八、製造者、輸入者、供應者或雇主，對於中央主管機關指定之機械、設備或器具，其構造、性能及防護非符合安全標準者，不得產製運出廠場、輸入、租賃、供應或設置。

所稱中央主管機關指定之機械、設備或器具如下：

1. 動力衝剪機械。

2. 手推刨床。

3. 木材加工用圓盤鋸。

4. 動力堆高機。

5. 研磨機。

6. 研磨輪。

7. 防爆電氣設備。

8. 動力衝剪機械之光電式安全裝置。

9. 手推刨床之刃部接觸預防裝置。

10. 木材加工用圓盤鋸之反撥預防裝置及鋸齒接觸預防裝置。

11. 其他經中央主管機關指定公告者。

十九、雇主對於經中央主管機關指定具有危險性之機械或設備，非經勞動檢查機構或中央主管機關指定之代行檢查機構檢查合格，不得使用；其使用超過規定期間者，非經再檢查合格，不得繼續使用。

規定之檢查，由中央主管機關依機械、設備之種類、特性，就下列檢查項目分別定之：

1. 熔接檢查。　　　　　　　　2. 構造檢查。

3. 竣工檢查。　　　　　　　　4. 定期檢查。

5. 重新檢查。　　　　　　　　6. 型式檢查。

7. 使用檢查。　　　　　　　　8. 變更檢查。

二十、具有特殊危害作業是指高溫作業、異常氣壓作業、高架作業、精密作業、重體力勞動作業或其他對於勞工具有特殊危害之作業。

在「高溫場所」工作之勞工，雇主不得使其每日工作時間超過六小時；「異常氣壓作業」「高架作業」「精密作業」「重體力勞動」或其他對於勞工具有特殊危害之作業，亦應規定減少勞工工作時間，並在工作時間中予以適當之休息。

二十一、雇主應依其事業規模、性質，訂定職業安全衛生管理計畫，執行下列勞工安全衛生事項：

1. 工作環境或作業危害之辨識、評估及控制。

2. 機械、設備或器具之管理。

3. 危害性化學品之分類、標示、通識及管理。

4. 有害作業環境之採樣策略規劃及監測。

5. 危險性工作場所之製程或施工安全評估。

6. 採購管理、承攬管理及變更管理。

7. 安全衛生作業標準。

8. 定期檢查、重點檢查、作業檢點及現場巡視。

9. 安全衛生教育訓練。

10.個人防護具之管理。

11.健康檢查、管理及促進。

12.安全衛生資訊之蒐集、分享及運用。

13.緊急應變措施。

14. 職業災害、虛驚事故、影響身心健康事件之調查處理及統計分析。

15. 安全衛生管理紀錄及績效評估措施。

16. 其他安全衛生管理措施。

二十二、有下列情形之一者，得公布事業單位、雇主或機構名稱及姓名：

   1. 事業單位發生重大職業災害。

   2. 經依罰責處分之事業單位。

   3. 經依罰責處分之代行檢查機構、醫療機構、驗證機構、作業環境監測機構、訓練單位或顧問服務機構。

   4. 事業單位發生職業病。

二十三、雇主應負責宣導本法及有關安全衛生之規定，使勞工周知。

依規定宣導本法及有關安全衛生規定時，得以教育、公告、分發印刷品、集會報告、電子郵件、網際網路或其他足使勞工周知之方式為之。

二十四、雇主不得使未滿十八歲者從事下列危險性或有害性工作：

   1. 坑內工作。

   2. 處理爆炸性、易燃性等物質之工作。

   3. 鉛、汞、鉻、砷、黃磷、氯氣、氰化氫、苯胺等有害物散布場所之工作。

   4. 有害輻射散布場所之工作。

   5. 有害粉塵散布場所之工作。

   6. 運轉中機器或動力傳導裝置危險部分之掃除、上油、檢查、修理或上卸皮帶、繩索等工作。

   7. 超過二百二十伏特電力線之銜接。

   8. 已熔礦物或礦渣之處理。

   9. 鍋爐之燒火及操作。

   10. 鑿岩機及其他有顯著振動之工作。

   11. 一定重量以上之重物處理工作。

   12. 起重機、人字臂起重桿之運轉工作。

   13. 動力捲揚機、動力運搬機及索道之運轉工作。

   14. 橡膠化合物及合成樹脂之滾輾工作。

   15. 其他經中央主管機關規定之危險性或有害性之工作。

二十五、雇主不得使妊娠中之女性勞工從事下列危險性或有害性工作：

　　1. 礦坑工作。

　　2. 鉛及其化合物散布場所之工作。

　　3. 異常氣壓之工作。

　　4. 處理或暴露於弓形蟲、德國麻疹等影響胎兒健康之工作。

　　5. 處理或暴露於二硫化碳、三氯乙烯、環氧乙烷、丙烯醯胺、次乙亞胺、砷及其化合物、汞及其無機化合物等經中央主管機關規定之危害性化學品之工作。

　　6. 鑿岩機及其他有顯著振動之工作。

　　7. 一定重量以上之重物處理工作。

　　8. 有害輻射散布場所之工作。

　　9. 已熔礦物或礦渣之處理工作。

　　10.起重機、人字臂起重桿之運轉工作。

　　11.動力捲揚機、動力運搬機及索道之運轉工作。

　　12.橡膠化合物及合成樹脂之滾輾工作。

　　13.處理或暴露於經中央主管機關規定具有致病或致死之微生物感染風險之工作。

　　14.他經中央主管機關規定之危險性或有害性之工作。

二十六、雇主不得使分娩後未滿一年之女性勞工從事下列危險性或有害性工作：

　　1. 礦坑工作。

　　2. 鉛及其化合物散布場所之工作。

　　3. 鑿岩機及其他有顯著振動之工作。

　　4. 一定重量以上之重物處理工作。

　　5. 其他經中央主管機關規定之危險性或有害性之工作。

二十七、重要名詞解釋：

　　(一)合理可行範圍：指依本法及有關安全衛生法令、指引、實務規範或一般社會通念，雇主明知或可得而知勞工所從事之工作，有致其生命、身體及健康受危害之虞，並可採取必要之預防設備或措施者。

　　(二)風險評估：指辨識、分析及評量風險之程序。

(三) 型式驗證：指由驗證機構對某一型式之機械、設備或器具等產品，審驗符合安全標準之程序。

(四) 職業安全衛生管理系統：指事業單位依其規模、性質，建立包括安全衛生政策、組織設計、規劃與實施、評估及改善措施之系統化管理體制。

二十八、請就協議組織設立之 (一) 目的、(二) 成員、(三) 會議召開方式、(四) 主要討論事項及 (五) 行政支援事宜等要項，試訂定一份營造工地共同作業協議組織運作規範。

營造工地共同作業協議組織運作規範：

(一) 目的

本協議組織設立之目的為協調、溝通、解決各承包商間相關安全衛生事項，進而召開協議組織會議。

(二) 協議組織由下列成員組成：

　　1. 本工程之工地主任、副主任、各部門主管；

　　2. 本工程之安全 (衛生) 管理師 (員)；

　　3. 本工程各承攬商；

　　4. 其他必要人員。

(三) 協議組織會議，依召開性質可分為：

　　1. 正式會議：由全體成員參加，原則上每月召開一次，也要時得召開臨時會議。

　　2. 非正式會議：以討論事項相關之成員參加為主，由工地主任主動或應成員之請求而召開。

(四) 主要討論事項如下：

　　1. 有關本土工程安全衛生管理、承攬管理項目之修正案；

　　2. 共同作業之危害防止事項；

　　3. 勞工安全衛生法所定之協調事項；

　　4. 平行承攬單位請求配合之相關安全衛生管理事項；

　　5. 安全衛生自主管理檢查及施工安全循環相關事項；

　　6. 其他與本工程相關之安全衛生事項。

(五) 本工程協議組織會議行政支援事宜如下：

協議組織會議召開之行政作業，由本工務所安全衛生管理人員負責，會前應備妥會議討論資料連同會議通知送達出席人員，會議記錄應於會議後一日內送達出 (列) 席人員，三日內送公司備查。

非正式會議如受限於準備時間，得免備會議討論資料，並得以電話通知取代書面會議通知單。

第 26 章
職業安全衛生設施規則 (安全部分)

一、本規則所稱特高壓，係指超過二萬二千八百伏特之電壓；高壓，係指超過六百伏特至二萬二千八百伏特之電壓；低壓，係指六百伏特以下之電壓。(第 3 條)

二、本規則所稱車輛機械，係指能以動力驅動且自行活動於非特定場所之車輛、車輛系營建機械、堆高機等。(第 6 條)

　　車輛系營建機械，係指推土機、平土機、鏟土機、碎物積裝機、刮運機、鏟刮機等地面搬運、裝卸用營建機械及動力鏟、牽引鏟、拖斗挖泥機、挖土斗、斗式掘削機、挖溝機等掘削用營建機械及打樁機、拔樁機、鑽土機、轉鑽機、鑽孔機、地鑽、夯實機、混凝土泵送車等基礎工程用營建機械。

三、本規則所稱可燃性氣體，指下列危險物 (第 15 條)：

1. 氫。
2. 乙炔、乙烯。
3. 甲烷、乙烷、丙烷、丁烷。
4. 其他於一大氣壓下、攝氏十五度時，具有可燃性之氣體。

四、本規則所稱高壓氣體，係指下列各款 (第 18 條)：

1. 在常用溫度下，表壓力（以下簡稱壓力）達每平方公分十公斤以上之壓縮氣體或溫度在攝氏三十五度時之壓力可達每平方公分十公斤以上之壓縮氣體。但不含壓縮乙炔氣。
2. 在常用溫度下，壓力達每平方公分二公斤以上之壓縮乙炔氣或溫度在攝氏十五度時之壓力可達每平方公分二公斤以上之壓縮乙炔氣。
3. 在常用溫度下，壓力達每平方公分二公斤以上之液化氣體或壓力達每平方公分二公斤時之溫度在攝氏三十五度以下之液化氣體。
4. 除前款規定者外，溫度在攝氏三十五度時，壓力超過每平方公分零公斤以上之液化氣體中之液化氰化氫、液化溴甲烷、液化環氧乙烷或其他經中央主管機關指定之液化氣體。

五、局限空間，指非供勞工在其內部從事經常性作業，勞工進出方法受限制，且無法以自然通風來維持充分、清淨空氣之空間。(第 19-1 條)

六、雇主對於有車輛出入、使用道路作業、鄰接道路作業或有導致交通事故之虞之工作場所，應依下列規定設置適當交通號誌、標示或柵欄：(第 21-1 條)

1. 交通號誌、標示應能使受警告者清晰獲知。

2. 交通號誌、標示或柵欄之控制處，須指定專人負責管理。

3. 新設道路或施工道路，應於通車前設置號誌、標示、柵欄、反光器、照明或燈具等設施。

4. 道路因受條件限制，永久裝置改為臨時裝置時，應於限制條件終止後即時恢復。

5. 使用於夜間之柵欄，應設有照明或反光片等設施。

6. 信號燈應樹立在道路之右側，清晰明顯處。

7. 號誌、標示或柵欄之支架應有適當強度。

8. 設置號誌、標示或柵欄等設施，尚不足以警告防止交通事故時，應置交通引導人員。

前項交通號誌、標示或柵欄等設施，道路交通主管機關有規定者，從其規定。

七、雇主對於使用道路作業之工作場所，為防止車輛突入等引起之危害，應依下列規定辦理：(第 21-2 條)

1. 從事挖掘公路施工作業，應依所在地直轄市、縣（市）政府審查同意之交通維持計畫，設置交通管制設施。

2. 作業人員應戴有反光帶之安全帽，及穿著顏色鮮明有反光帶之施工背心，以利辨識。

3. 與作業無關之車輛禁止停入作業場所。但作業中必須使用之待用車輛，其駕駛常駐作業場所者，不在此限。

4. 使用道路作業之工作場所，應於車流方向後面設置車輛出入口。但依周遭狀況設置有困難者，得於平行車流處設置車輛出入口，並置交通引導人員，使一般車輛優先通行，不得造成大眾通行之障礙。

5. 於勞工從事道路挖掘、施工、工程材料吊運作業、道路或樹養護等作業時，應於適當處所設置交通引導人員。

6. 前二款及前條第一項第八款所設置之交通引導人員如有被撞之虞時，應於該人員前方適當距離，另設置具有顏色鮮明施工背心、安全帽及指揮棒之電動旗手。

八、雇主使勞工於局限空間從事作業前，應先確認該局限空間內有無可能引起勞工缺氧、中毒、感電、塌陷、被夾、被捲及火災、爆炸等危害，如有危害之虞者，應訂定危害防止計畫，並使現場作業主管、監視人員、作業勞工及相關承攬人依循辦理。(第 29-1 條)

前項危害防止計畫，應依作業可能引起之危害訂定下列事項：

1. 局限空間內危害之確認。

2. 局限空間內氧氣、危險物、有害物濃度之測定。

3. 通風換氣實施方式。

4. 電能、高溫、低溫及危害物質之隔離措施及缺氧、中毒、感電、塌陷、被夾、被捲等危害防止措施。

5. 作業方法及安全管制作法。

6. 進入作業許可程序。

7. 提供之防護設備之檢點及維護方法。

8. 作業控制設施及作業安全檢點方法。

9. 緊急應變處置措施。

九、雇主使勞工於局限空間從事作業，有危害勞工之虞時，應於作業場所入口顯而易見處所公告下列注意事項，使作業勞工周知：(第 29-2 條)

1. 作業有可能引起缺氧等危害時，應經許可始得進入之重要性。

2. 進入該場所時應採取之措施。

3. 事故發生時之緊急措施及緊急聯絡方式。

4. 現場監視人員姓名。

5. 其他作業安全應注意事項。

十、雇主使勞工於有危害勞工之虞之局限空間從事作業時，其進入許可應由雇主、工作場所負責人或現場作業主管簽署後，始得使勞工進入作業。對勞工之進出，應予確認、點名登記，並作成紀錄保存一年。(第 29-6 條)

前項進入許可，應載明下列事項：

1.　作業場所。

2.　作業種類。

3.　作業時間及期限。

4.　作業場所氧氣、危害物質濃度測定結果及測定人員簽名。

5.　作業場所可能之危害。

6.　作業場所之能源隔離措施。

7.　作業人員與外部連繫之設備及方法。

8.　準備之防護設備、救援設備及使用方法。

9.　其他維護作業人員之安全措施。

10. 許可進入之人員及其簽名。

11. 現場監視人員及其簽名。

雇主使勞工進入局限空間從事焊接、切割、燃燒及加熱等動火作業時，除應依第一項規定辦理外，應指定專人確認無發生危害之虞，並由雇主、工作場所負責人或現場作業主管確認安全，簽署動火許可後，始得作業。

十一、雇主使勞工從事局限空間作業，有致其缺氧或中毒之虞者，應依下列規定辦理：(第 29-7 條)

1.　作業區域超出監視人員目視範圍者，應使勞工佩戴安全帶及可偵測人員活動情形之裝置。

2.　置備可以動力或機械輔助吊升之緊急救援設備。但現場設置確有困難，已採取其他適當緊急救援設施者，不在此限。

十二、雇主對於下列機械、設備或器具，應使其具安全構造，並依機械設備器具安全標準之規定辦理：(第 41 條)

1.　動力衝剪機械。　　　　2.　手推刨床。

3.　木材加工用圓盤鋸。　　4.　動力堆高機。

5.　研磨機。　　　　　　　6.　研磨輪。

    7. 防爆電氣設備。

    8. 動力衝剪機械之光電式安全裝置。

    9. 手推刨床之刃部接觸預防裝置。

    10.木材加工用圓盤鋸之反撥預防裝置及鋸齒接觸預防裝置。

    11.其他經中央主管機關指定公告者。

十三、雇主應於每一具機械分別設置開關、離合器、移帶裝置等動力遮斷裝置。但連成一體之機械，置有共同動力遮斷裝置，且在工作中途無須以人力供應原料、材料及將其取出者，不在此限。(第 44 條)

十四、雇主對於使用動力運轉之機械，具有顯著危險者，應於適當位置設置有明顯標誌之緊急制動裝置，立即遮斷動力並與制動系統連動，能於緊急時快速停止機械之運轉。(第 45 條)

十五、雇主對於機械之掃除、上油、檢查、修理或調整有導致危害勞工之虞時，應採取措施有：(第 57 條)

    1. 應停止相關機械運轉及送料。

    2. 為防止他人操作該機械之起動等裝置或誤送料，應採上鎖或設置標示等措施，並設置防止落下物導致危害勞工之安全設備與措施。

    3. 前項機械停止運轉時，有彈簧等彈性元件、液壓、氣壓或真空蓄能等殘壓引起之危險者，雇主應採釋壓、關斷或阻隔等適當設備或措施。

    4. 第一項工作必須在運轉狀態下施行者，雇主應於危險之部分設置護罩、護圍等安全設施或使用不致危及勞工身體之足夠長度之作業用具。

    5. 對連續送料生產機組等，前項機械停止運轉或部分單元停機有困難，且危險部分無法設置護罩或護圍者，雇主應設置具有安全機能設計之裝置，或採取必要安全措施及書面確認作業方式之安全性，並指派現場主管在場監督。

十六、雇主對於研磨機之使用，應依下列規定：(第 62 條)

    1. 研磨輪應採用經速率試驗合格且有明確記載最高使用周速度者。

    2. 規定研磨機之使用不得超過規定最高使用周速度。

    3. 規定研磨輪使用，除該研磨輪為側用外，不得使用側面。

　　4. 規定研磨輪使用，應於每日作業開始前試轉一分鐘以上，研磨輪更換時應先檢驗有無裂痕，並在防護罩下試轉三分鐘以上。

前項第一款之速率試驗，應按最高使用周速度增加百分之五十為之。直徑不滿十公分之研磨輪得免予速率試驗。

十七、研磨機之使用應注意安全事項及最高使用周速度之計算：

　　(一) 研磨機之使用，應注意下列事項：

　　　　1. 研磨輪應採用經速率試驗合格且有明確記載最高使用周速度者。(速率試驗，應按最高使用周速度增加百分之五十為之。

　　　　2. 研磨機之使用不得超過規定最高使用周速度。

　　　　3. 研磨輪使用，除該研磨輪為側用外，不得使用側面。

　　　　4. 研磨機使用，應於每日作業開始前試轉一分鐘以上，研磨輪更換時應先檢驗有無裂痕，並在防護罩下試轉三分鐘以上。

　　(二) 週邊速度之計算公式如下：

$$V = \pi DN$$

V：週邊速度 (公尺 / 分)
D：直徑 (公尺)
N：研磨輪轉速 (rpm)

研磨機之研磨最高使用速率應大於前述公式所求得之週邊速度，以符合安全要求。

十八、雇主對於紙、布、鋼纜或其他具有捲入點危險之捲胴作業機械，其作業有危害勞工之虞者，應設置護罩、護圍或具有連鎖性能之安全門等設備。

十九、雇主對於棉紡機、絲紡機、手紡式或其他各種機械之高速迴轉部分易發生危險者，應裝置護罩、護蓋或其他適當之安全裝置。(第 63 條)

二十、雇主對於離心機械，應裝置覆蓋及連鎖裝置。(第 73 條)

二十一、為防止勞工有自粉碎機及混合機之開口部分墜落之虞，雇主應有覆蓋、護圍、高度在九十公分以上之圍柵等必要設備。(第 73 條)

二十二、雇主對於滾輾紙、布、金屬箔等或其他具有捲入點之滾軋機，有危害勞工之虞時，應設護圍、導輪等設備。(第 78 條)

二十三、雇主對於滾輾橡膠、橡膠化合物、合成樹脂之滾輾機或其他具有危害之滾輾機，應設置於災害發生時，被害者能自己易於操縱之緊急制動裝置。(第 79 條)

二十四、雇主對於射出成型機、鑄鋼造形機、打模機等 (本章第四節列舉之機械除外)，有危害勞工之虞者，應設置安全門，雙手操作式起動裝置或其他安全裝置。(第 82 條)

二十五、雇主對於起重機具之運轉，應於運轉時採取防止吊掛物通過人員上方及人員進入吊掛物下方之設備或措施。(第 92 條)

從事前項起重機具運轉作業時，為防止吊掛物掉落，應依下列規定辦理：

1. 吊掛物使用吊耳時，吊耳設置位置及數量，應能確保吊掛物之平衡。

2. 吊耳與吊掛物之結合方式，應能承受所吊物體之整體重量，使其不致脫落。

3. 使用吊索 (繩)、吊籃等吊掛用具或載具時，應有足夠強度。

二十六、雇主不得以下列任何一種情況之吊鏈作為起重升降機具之吊掛用具：(第 98 條)

1. 延伸長度超過百分之五以上者。

2. 斷面直徑減少百分之十以上者。

3. 有龜裂者。

二十七、雇主不得以下列任何一種情況之吊掛之鋼索作為起重升降機具之吊掛用具：(第 99 條)

1. 鋼索一撚間有百分之十以上素線截斷者。

2. 直徑減少達公稱直徑百分之七以上者。

3. 有顯著變形或腐蝕者。

4. 已扭結者。

二十八、雇主對於高壓氣體容器，不論盛裝或空容器，使用時，應依下列規定辦理：(第 106 條)

1. 確知容器之用途無誤者，方得使用。

2. 高壓氣體容器應標明所裝氣體之品名，不得任意灌裝或轉裝。

3. 容器外表顏色，不得擅自變更或擦掉。

4. 容器使用時應加固定。

5. 容器搬動不得粗莽或使之衝擊。

6. 焊接時不得在容器上試焊。

7. 容器應妥善管理、整理。

二十九、雇主對於高壓氣體容器，不論盛裝或空容器，搬運時，應依下列規定辦
理：(第 107 條)

1. 溫度保持在攝氏四十度以下。

2. 場內移動儘量使用專用手推車等，務求安穩直立。

3. 以手移動容器，應確知護蓋旋緊後，方直立移動。

4. 容器吊起搬運不得直接用電磁鐵、吊鏈、繩子等直接吊運。

5. 容器裝車或卸車，應確知護蓋旋緊後才進行，卸車時必須使用緩衝
板或輪胎。

6. 儘量避免與其他氣體混載，非混載不可時，應將容器之頭尾反方向
置放或隔置相當間隔。

7. 載運可燃性氣體時，要置備滅火器；載運毒性氣體時，要置備吸收
劑、中和劑、防毒面具等。

8. 盛裝容器之載運車輛，應有警戒標誌。

9. 運送中遇有漏氣，應檢查漏出部位，給予適當處理。

10.搬運中發現溫度異常高昇時，應立即灑水冷卻，必要時，並應通知
原製造廠協助處理。

三十、雇主對於毒性高壓氣體之儲存及使用應注意事項有：(第 110、111 條)

(一) 儲存：

1. 儲存處要置備吸收劑、中和劑及適用之防毒面罩或呼吸用防護具。

2. 具有腐蝕性之毒性氣體，應充分換氣，保持通風良好。

3. 不得在腐蝕化學藥品或煙囪附近儲藏。

4. 預防異物之混入。

(二) 使用：

1. 非對該氣體有實地瞭解之人員不准進入。

2. 工作場所空氣中之毒性氣體濃度不得超過容許濃度。

3. 工作場所置備充分及適用之防護具。

4. 使用毒性氣體場所，應保持通風良好。

三十、雇主對於使用高空工作車之作業，應依下列事項辦理：(第 128-1 條)

1. 除行駛於道路上外，應於事前依作業場所之狀況、高空工作車之種類、容量等訂定包括作業方法之作業計畫，使作業勞工周知，並指定專人指揮監督勞工依計畫從事作業。

2. 除行駛於道路上外，為防止高空工作車之翻倒或翻落，危害勞工，應將其外伸撐座完全伸出，並採取防止地盤不均勻沉陷、路肩崩塌等必要措施。但具有多段伸出之外伸撐座者，得依原廠設計之允許外伸長度作業。

3. 在工作台以外之處所操作工作台時，為使操作者與工作台上之勞工間之連絡正確，應規定統一之指揮信號，並指定人員依該信號從事指揮作業等必要措施。

4. 不得搭載勞工。但設有乘坐席位及工作台者，不在此限。

5. 不得超過高空工作車之積載荷重及能力。

6. 不得使高空工作車為主要用途以外之用途。但無危害勞工之虞者，不在此限。

7. 除工作台作垂直上升或下降之高空工作車外，使用高空工作車從事作業時，雇主應使該高空工作車工作台上之勞工佩戴安全帶。

三十一、雇主使勞工進入供儲存大量物料之槽桶時，應依下列規定：(第 154 條)

1. 應事先測定並確認無爆炸、中毒及缺氧等危險。

2. 應使勞工佩掛安全帶及安全索等防護具。

3. 應於進口處派人監視，以備發生危險時營救。

4. 規定工作人員以由槽桶上方進入為原則。

三十二、雇主使勞工以捲揚機等吊運物料時，應依下列規定辦理：(第 155-1 條)

1. 安裝前須核對並確認設計資料及強度計算書。

2. 吊掛之重量不得超過該設備所能承受之最高負荷，且應加以標示。

3. 不得供人員搭乘、吊升或降落。但臨時或緊急處理作業經採取足以防止人員墜落，且採專人監督等安全措施者，不在此限。

4. 吊鉤或吊具應有防止吊舉中所吊物體脫落之裝置。

5. 錨錠及吊掛用之吊鏈、鋼索、掛鉤、纖維索等吊具有異狀時應即修換。

6. 吊運作業中應嚴禁人員進入吊掛物下方及吊鏈、鋼索等內側角。

7. 捲揚吊索通路有與人員碰觸之虞之場所，應加防護或有其他安全設施。

8. 操作處應有適當防護設施，以防物體飛落傷害操作人員，如採坐姿操作者應設坐位。

9. 應設有防止過捲裝置，設置有困難者，得以標示代替之。

10. 吊運作業時，應設置信號指揮聯絡人員，並規定統一之指揮信號。

11. 應避免鄰近電力線作業。

12. 電源開關箱之設置，應有防護裝置。

三十三、物料堆放應注意事項有：(第 159 條)

1. 不得超過堆放地最大安全負荷。

2. 不得影響照明。

3. 不得妨礙機械設備之操作。

4. 不得阻礙交通或出入口。

5. 不得減少自動灑水器及火警警報器有效功用。

6. 不得妨礙消防器具之緊急使用。

7. 以不倚靠牆壁或結構支柱堆放為原則。並不得超過其安全負荷。

三十四、雇主對於下列設備有因靜電引起爆炸或火災之虞者，應採取接地、使用除電劑、加濕、使用不致成為發火源之虞之除電裝置或其他去除靜電之裝置：(第 175 條)

1. 灌注、卸收危險物於液槽車、儲槽、油桶等之設備。

2. 收存危險物之液槽車、儲槽、油桶等設備。

3. 塗敷含有易燃液體之塗料、粘接劑等之設備。

4. 以乾燥設備中，從事加熱乾燥危險物或會生其他危險物之乾燥物及其附屬設備。

5. 易燃粉狀固體輸送、篩分等之設備。

6. 其他有因靜電引起爆炸、火災之虞之化學設備或其附屬設備。

三十五、雇主對於作業場所有易燃液體之蒸氣、可燃性氣體或爆燃性粉塵以外之可燃性粉塵滯留，而有爆炸、火災之虞者，應依危險特性採取通風、換氣、除塵等措施外，並依下列規定辦理：(第 177 條)

1. 指定專人對於前述蒸氣、氣體之濃度，於作業前測定之。

2. 蒸氣或氣體之濃度達爆炸下限值之百分之三十以上時，應即刻使勞工退避至安全場所，並停止使用煙火及其他為點火源之虞之機具，並應加強通風。

3. 使用之電氣機械、器具或設備，應具有適合於其設置場所危險區域劃分使用之防爆性能構造。

三十六、雇主使用軟管以動力從事輸送硫酸、硝酸、鹽酸、醋酸、苛性鈉溶液、甲酚、氯磺酸、氫氧化鈉溶液等對皮膚有腐蝕性之液體時，對該輸送設備，應依下列規定：(第 178 條)

1. 於操作該設備之人員易見之場所設置壓力表，及於其易於操作之位置安裝動力遮斷裝置。

2. 該軟管及連接用具應具耐腐蝕性、耐熱性及耐寒性。

3. 該軟管應經水壓試驗確定其安全耐壓力，並標示於該軟管，且使用時不得超過該壓力。

4. 為防止軟管內部承受異常壓力，應於輸壓設備安裝回流閥等超壓防止裝置。

5. 軟管與軟管或軟管與其他管線之接頭，應以連結用具確實連接。

6. 以表壓力每平方公分二公斤以上之壓力輸送時，前款之連結用具應使用旋緊連接或以鉤式結合等方式，並具有不致脫落之構造。

7. 指定輸送操作人員操作輸送設備，並監視該設備及其儀表。

8. 該連結用具有損傷、鬆脫、腐蝕等缺陷，致腐蝕性液體有飛濺或漏洩之虞時，應即更換。

9. 輸送腐蝕性物質管線，應標示該物質之名稱、輸送方向及閥之開閉狀態。

三十七、雇主對於常溫下具有自燃性之四氫化矽 (矽甲烷 SiH_4) 之處理，除依高壓氣體相關法規規定辦理：

1. 氣體設備應具有氣密之構造及防止氣體洩漏之必要設施，並設置氣體洩漏檢知警報系統。

2. 氣體容器之閥門應具有限制最大流率之流率限制孔。

3. 氣體儲存於室外安全處所，如必須於室內儲存者，應置於有效通風換氣之處所，使用時應置氣瓶櫃內。

4. 未使用之氣體容器與供氣中之容器，應分隔放置。

5. 提供必要之個人防護具，並使勞工確實使用。

6. 避免使勞工單獨操作。

7. 設置火災時，提供冷卻用途之灑水設備。

8. 保持逃生路線通暢。

三十八、雇主對於從事灌注、卸收或儲藏危險物於化學設備、槽車或槽體等作業，應依下列規定辦理：(第 186 條)

1. 使用軟管從事易燃液體或可燃性氣體之灌注或卸收時，應事先確定軟管結合部分已確實連接牢固始得作業。作業結束後，應確認管線內已無引起危害之殘留物後，管線始得拆離。

2. 從事煤油或輕油灌注於化學設備、槽車或槽體等時，如其內部有汽油殘存者，應於事前採取確實清洗、以惰性氣體置換油氣或其他適當措施，確認安全狀態無虞後，始得作業。

3. 從事環氧乙烷、乙醛或 1.2. 環氧丙烷灌注時，應確實將化學設備、槽車或槽體內之氣體，以氮、二氧化碳或氦、氬等惰性氣體置換之。

4. 使用槽車從事灌注或卸收作業前，槽車之引擎應熄火，且設置適當之輪擋，以防止作業時車輛移動。作業結束後，並確認不致因引擎啓動而發生危害後，始得發動。

三十九、依「職業安全衛生設施規則」之規定，於通風或換氣不充分之工作場所，使用可燃性氣體及氧氣從事熔接、熔斷或金屬之加熱作業時，為防止該等氣體之洩漏或排出引起爆炸、火災，雇主應辦理之事項：

1. 氣體軟管或吹管，應使用不因其損傷、摩擦導致漏氣者。

2. 氣體軟管或吹管相互連接處，應以軟管帶、軟管套及其他適當設備等固定確實套牢、連接。

3. 擬供氣於氣體軟管時，應事先確定在該軟管裝置之吹管在關閉狀態或將軟管確實止栓後，始得作業。

4. 氣體等之軟管供氣口之閥或旋塞，於使用時應設置標示使用者之名牌，以防止操作錯誤引起危害。

5. 從事熔斷作業時，為防止自吹管放出過剩氧氣引起火災，應有充分通風換氣之設施。

6. 作業中斷或完工離開作業場所時，氣體供氣口之閥或旋塞應予關閉後，將氣體軟管自氣體供氣口拆下，或將氣體軟管移放於自然通風、換氣良好之場所。

四十、雇主對於化學設備或其配管，為防止危險物洩漏或操作錯誤而引起爆炸、火災之危險，應依下列規定辦理：(第 196 條)

1. 化學設備或其配管之蓋板、凸緣、閥、旋塞等接合部分，應使用墊圈等使接合部密接。

2. 操作化學設備或其配管之閥、旋塞、控制開關、按鈕等，應保持良好性能，標示其開閉方向，必要時並以顏色、形狀等標明其使用狀態。

3. 為防止供料錯誤，造成危險，應於勞工易見位置標示其原料、材料、種類、供料對象及其他必要事項。

四十一、雇主對勞工於以石綿板、鐵皮板、瓦、木板、茅草、塑膠等材料構築之屋頂或於以礦纖板、石膏板等材料構築之夾層天花板從事作業時，為防止勞工踏穿墜落，應採取下列設施：(第 227 條)

1. 規劃安全通道，於屋架或天花板支架上設置適當強度且寬度在三十公分以上之踏板。

2. 於屋架或天花板下方可能墜落之範圍，裝設堅固格柵或安全網等防墜設施。

3. 指定專人指揮或監督該作業。

四十二、雇主對於使用之移動梯，應符合下列之規定：

1. 具有堅固之構造。

2. 其材質不得有顯著之損傷、腐蝕等現象。

3. 寬度應在三十公分以上。

4. 應採取防止滑溜或其他防止轉動之必要措施。

四十三、雇主對於使用之合梯，應符合下列規定：(第 230 條)

1. 具有堅固之構造。

2. 其材質不得有顯著之損傷、腐蝕等。

3. 梯腳與地面之角度應在七十五度以內，且兩梯腳間有金屬等硬質繫材扣牢，腳部有防滑絕緣腳座套。

4. 有安全之防滑梯面。

雇主不得使勞工以合梯當作二工作面之上下設備使用，並應禁止勞工站立於頂板作業。

四十四、雇主對於使用對地電壓在一百五十伏特以上移動式或攜帶式電動機具，或於含水或被其他導電度高之液體濕潤之潮濕場所、金屬板上或鋼架上等導電性良好場所使用移動式或攜帶式電動機具，為防止因漏電而生感電危害，應於各該電動機具之連接電路上設置適合其規格，具有高敏感度、高速型，能確實動作之防止感電用漏電斷路器。(第 243 條)

四十五、停電作業之安全管理：(第 254 條)

電路開路後從事該電路、該電路支持物，或接近該電路工作物之敷設、建造、檢查、修理、油漆等作業時，應於確認電路開路後，就該電路採取下列設施：

1. 開路之開關於作業中，應上鎖或標示「禁止送電」、「停電作業中」或設置監視人員監視之。

2. 開路後之電路如含有電力電纜、電力電容器等致電路有殘留電荷引起危害之虞者，應以安全方法確實放電。

3. 開路後之電路藉放電消除殘留電荷後，應以檢電器具檢查，確認其已停電，且為防止該停電電路與其他電路之混觸；或因其他電路之感應；或其他電源之逆送電引起感電之危害，應使用短路接地器具確實短路，並加接地。

4. 停電作業範圍如為發電或變電設備或開關場之一部分時，應將該停電作業範圍以藍帶或網加圍，並懸掛「停電作業區」標誌；有電部分則以紅帶或網加圍，並懸掛「有電危險區」標誌，以資警示。

5. 作業終了送電時，應事先確認從事作業等之勞工無感電之虞，並於拆除短路接地器具與紅藍帶或網及標誌後為之。

四十六、雇主供給勞工使用之個人防護具或防護器具，應依下列規定辦理：(第 277 條)

1. 保持清潔，並予必要之消毒。

2. 經常檢查，保持其性能，不用時並妥予保存。

3. 防護具或防護器具應準備足夠使用之數量，個人使用之防護具應置備與作業勞工人數相同或以上之數量，並以個人專用為原則。

4. 如對勞工有感染疾病之虞時，應置備個人專用防護器具，或作預防感染疾病之措施。

四十七、雇主對於在高度二公尺以上之高處作業，勞工有墜落之虞者，應使勞工確實使用安全帶、安全帽及其他必要之防護具，但經雇主採安全網等措施者，不在此限。

前項安全帶之使用，應視作業特性，依國家標準規定選用適當型式，對於鋼構懸臂突出物、斜籬、二公尺以上未設護籠等保護裝置之垂直固定梯、局限空間、屋頂或施工架組拆、工作台組拆、管線維修作業等高處或傾斜面移動，應採用符合國家標準一四二五三規定之背負式安全帶及捲揚式防墜器。(第 281 條)

四十八、應採用背負式安全帶及捲揚式防墜器之高處作業：

(一) 鋼構懸臂突出物、斜籬、二公尺以上未設護籠等保護裝置之垂直固定梯。

(二) 局限空間。

(三) 屋頂或施工架組拆。

(四) 工作台組拆。

(五) 管線維修作業等高處或傾斜面移動。

四十九、雇主使勞工於經地方政府已宣布停止上班之颱風天從事外勤作業，有危害勞工之虞者，應視作業危害性，置備適當救生衣、安全帽、連絡通訊設備與其他必要之安全防護設施及交通工具。(第 286-2 條)

五十、重要名詞解釋：

1. 高空工作車：是載運工作人員至高處作業的起重升降工具。移動式起重機以吊掛物體為主，而高空工作車則以舉升人員為主，兩者皆具有高位能及高電能的危險因子特性。

2. 壓氣施工法：乃以壓縮機將空氣壓入局限空間之作業區域內，以防止地層水因間隙水壓而滲入作業區，並造成土壤軟化或產生異常出水、崩塌等問題，俾利於施工作業之一種方法。工程上之運用主要分為沉箱施工法、潛盾工法等項。

3. 漏電斷路器：漏電斷路器是保護電器設備發生微小的漏電時，能夠瞬間將電源自動跳脫斷電，來防止人員受到電擊，或設備燒毀，造成火災的一種電器安全裝置。

第 27 章
職業安全衛生教育訓練規則
(含安全衛生教育訓練計畫之製作)

一、雇主對新僱勞工或在職勞工於變更工作前，應使其接受適於各該工作必要之一般安全衛生教育訓練。無一定雇主之勞工及其他受工作場所負責人指揮或監督從事勞動之人員，應接受前項安全衛生教育訓練。

新僱勞工或在職勞工於變更工作前依實際需要排定時數，不得少於三小時。

但從事使用生產性機械或設備、車輛系營建機械、高空工作車、捲揚機等之操作及營造作業、缺氧作業、電焊作業等應各增列三小時；對製造、處置或使用危害性化學品者應增列三小時。

各級業務主管人員於新僱或在職於變更工作前，應增列六小時課程。

二、職業安全衛生業務主管安全衛生教育訓練，應依下列規定辦理：

(一) 雇主僱用勞工人數在一百人以上者，應使擔任職業安全衛生業務主管者接受甲種職業安全衛生業務主管安全衛生教育訓練。

(二) 雇主僱用勞工人數在三十人以上未滿一百人者，應使擔任職業安全衛生業務主管者接受乙種職業安全衛生業務主管安全衛生教育訓練。

(三) 雇主僱用勞工人數未滿三十人者，應使擔任職業安全衛生業務主管者接受丙種職業安全衛生業務主管安全衛生教育訓練。

三、雇主應使下列有害作業主管接受安全衛生教育訓練：

(一) 有機溶劑作業主管。

(二) 鉛作業主管。

(三) 四烷基鉛作業主管。

(四) 缺氧作業主管。

(五) 特定化學物質作業主管。

(六) 粉塵作業主管。

(七) 高壓室內作業主管。

(八) 潛水作業主管。

四、應接受具有危險性之機械操作人員安全衛生教育訓練之人員：

(一) 吊升荷重在三公噸以上之固定式起重機操作人員，應接受吊升荷重在三公噸以上固定式起重機操作人員安全衛生教育訓練。

(二) 吊升荷重在三公噸以上之移動式起重機操作人員，應接受吊升荷重在三公噸以上移動式起重機操作人員安全衛生教育訓練。

(三) 吊升荷重在三公噸以上之人字臂起重桿操作人員，應接受吊升荷重在三公噸以上人字臂起重機操作人員安全衛生教育訓練。

五、應接受具有危險性之設備操作人員安全衛生教育訓練之人員：

(一) 鍋爐操作人員，應接受鍋爐操作人員安全衛生教育訓練。

(二) 第一種壓力容器操作人員，應接受第一種壓力容器操作人員安全衛生教育訓練。

(三) 高壓氣體特定設備操作人員，應接受高壓氣體特定設備操作人員安全衛生教育訓練。

(四) 高壓氣體容器操作人員，應接受高壓氣體容器操作人員安全衛生教育訓練。

六、雇主對下列勞工，應使其接受特殊作業安全衛生教育訓練：

1. 小型鍋爐操作人員。

2. 荷重在一公噸以上之堆高機操作人員。

3. 吊升荷重在零點五公噸以上未滿三公噸之固定式起重機操作人員。

4. 吊升荷重在零點五公噸以上未滿三公噸之移動式起重機操作人員。

5. 吊升荷重在零點五公噸以上未滿三公噸之人字臂起重桿操作人員。

6. 使用起重機具從事吊掛作業人員。

七、訓練單位辦理教育訓練者 (一般安全衛生教育訓練除外)，應於十五日前檢附下列文件，報請當地主管機關備查：

1. 教育訓練計畫報備書。

2. 教育訓練課程表。

3. 講師概況。

4. 學員名冊。

5. 負責之專責輔導員名單。

八、乙營造公司承造某地下 3 層、地上 20 層 SRC(鋼骨混凝土構造) 住宅工程，採順打工法，並分別將各分項工程交付承攬，該公司要工地主任陳大明擔任工作場所負責人，依職業安全衛生法規定：

(一) 陳大明須擔負那些重要職責？

(二) 陳大明欲協助及指導上述承攬商辦理安全衛生教育訓練，該工程須具有哪些營造作業主管之資格？ (至少列舉 3 項)

　　🈺 (一) 依職業安全衛生法規定，陳大明須擔負重要職責如下：

　　　　　1. 設置協議組織，並指定工作場所負責人，擔任指揮、監督及協調之工作。

　　　　　2. 工作之連繫與調整。

　　　　　3. 工作場所之巡視。

　　　　　4. 相關承攬事業間之安全衛生教育之指導及協助。

　　　　　5. 其他為防止職業災害之必要事項。

　　　(二) 該工程須具有營造作業主管之資格如下：

　　　　　1. 擋土支撐作業主管。

　　　　　2. 露天開挖作業主管。

　　　　　3. 模板支撐作業主管。

　　　　　4. 施工架組配作業主管。

　　　　　5. 鋼構組配作業主管。

　　　　　6. 屋頂作業主管。

九、你是職業安全管理師，廠內有荷重在 1 公噸以上之堆高機 10 台，經統計需接受堆高機操作人員特殊安全衛生教育訓練 25 人，如擬自行辦理該項教育訓練，

(一) 請說明申請該項訓練備查程序？

(二) 應檢附之文件？

(三) 其中教育訓練計畫應含有那些項目？

(四) 於訓練期滿後，自 98 年 9 月 1 日起該等訓練應參加何種方式之測驗？

答 (一) 訓練單位辦理該項教育訓練前，應填具教育訓練場所報備書及檢附下列 (二) 之文件報請當地主管機關核定；變更時亦同。

(二) 應檢附之文件：

1. 置備之安全衛生量測設備及個人防護具。

2. 使用之術科場地、實習機具及設備。

3. 教育訓練場所之設施。

4. 符合各類場所消防安全設備設置標準之文件。

5. 建築主管機關核可有關訓練場所符合教學使用之建物用途證明。

(三) 教育訓練計畫應含有之項目：

1. 訓練期間

2. 訓練場所 (書明教室名稱，並列出主管機關核備文號)

3. 受訓人數 (附受訓學員名冊)

4. 專責輔導員 (應附符合規定之資格檔，並應由訓練單位加保勞工保險)

5. 實習安排概況：敘明使用之實習機具及設備數量、實習場所位置及佈置概要、實習分組概況、實習進行方式等事項

6. 使用之教學設備：敘明使用之教學設備名稱及數量

7. 教材

(四) 於訓練期滿後，自 98 年 9 月 1 日起該等訓練應參加技術士技能檢定之測驗。

十、雇主對擔任下列工作之勞工，應依其工作性質施以職業安全衛生在職教育訓練：

擔任工作	在職教育訓練時數
1.　職業安全衛生業務主管。	2 年 6 小時
2.　職業安全衛生管理人員。	2 年 12 小時
3.　勞工健康服務護理人員。	3 年 12 小時
4.　勞工作業環境監測人員。 5.　施工安全評估人員及製程安全評估人員。 6.　高壓氣體作業主管、營造作業主管及有害作業主管。	3 年 6 小時
7.　具有危險性之機械或設備操作人員。 8.　特殊作業人員。 9.　急救人員。 10.　各級管理、指揮、監督之業務主管。 11.　職業安全衛生委員會成員。 12.　營造作業、車輛系營建機械作業、高空工作車作業、缺氧作業、局限空間作業及製造、處置或使用危險物、有害物作業之人員。 13.　前述各款以外之一般勞工。	3 年 3 小時

範例：依職業安全衛生教育訓練規則規定，雇主對擔任下列工作之勞工，應依其工作性質，每多少年至少施以多少小時之職業安全衛生在職教育訓練？

答 (一) 職業安全衛生業務主管：每二年至少六小時。

(二) 製程安全評估人員：每三年至少六小時。

(三) 有害作業主管：每三年至少六小時。

(四) 堆高機作業人員：每三年至少三小時。

(五) 職業安全衛生委員會成員：每三年至少三小時。

第 28 章
勞工健康保護規則
(含勞工健康管理計畫之製作)

一、辦理勞工體格檢查及定期健康檢查之目的為：

  (一) 勞工體格檢查之目的：

    1. 正確的分配工作。

    2. 保護勞工本人健康及避免危害他人。

    3. 建立勞工基本健康資料。

  (二) 定期健康檢查之目的：

    1. 評估環境管理之效果。

    2. 早期診斷職業病，並改善作業環境。

    3. 有助於診斷感受性高的勞工。

    4. 早期診斷、早期治療。

二、實施勞工體格檢查及健康檢查規劃時，應先瞭解之事項有：

  (一) 作業環境危害因子、作業條件之調查。

  (二) 過去職業病發生情形、健康檢查資料、勞工就診狀況、醫療給付申請情形、勞工申訴案彙整情形。

  (三) 工作場所檢查紀錄、工作安全分析結論。

  (四) 法令規定。

  (五) 組織限制。

  (六) 事業單位之職業安全衛生政策。

三、雇主使勞工從事特別危害健康作業時，應建立健康管理資料，並依下列規定分級實施健康管理：

  (一) 第一級管理：特殊健康檢查或健康追蹤檢查結果，全部項目正常，或部分項目異常，而經醫師綜合判定為無異常者。

  (二) 第二級管理：特殊健康檢查或健康追蹤檢查結果，部分或全部項目異常，經醫師綜合判定為異常，而與工作無關者。

（三）第三級管理：特殊健康檢查或健康追蹤檢查結果，部分或全部項目異常，經醫師綜合判定為異常，而無法確定此異常與工作之相關性，應進一步請職業醫學科專科醫師評估者。

（四）第四級管理：特殊健康檢查或健康追蹤檢查結果，部分或全部項目異常，經醫師綜合判定為異常，且與工作有關者。

前項健康管理，屬於第二級管理以上者，應由醫師註明其不適宜從事之作業與其他應處理及注意事項；屬於第三級管理或第四級管理者，並應由醫師註明臨床診斷。

雇主對於第一項屬於第二級管理者，應提供勞工個人健康指導；第三級管理以上者，應請職業醫學科專科醫師實施健康追蹤檢查，必要時應實施疑似工作相關疾病之現場評估，且應依評估結果重新分級，並將分級結果及採行措施依中央主管機關公告之方式通報；屬於第四級管理者，經醫師評估現場仍有工作危害因子之暴露者，應採取危害控制及相關管理措施。

四、

（一）雇主應使醫護人員臨廠服務辦理下列事項：

1. 勞工之健康教育、健康促進與衛生指導之策劃及實施。

2. 工作相關傷病之防治、健康諮詢與急救及緊急處置。

3. 協助雇主選配勞工從事適當之工作。

4. 勞工體格、健康檢查紀錄之分析、評估、管理與保存及健康管理。

5. 職業衛生之研究報告及傷害、疾病紀錄之保存。

6. 協助雇主與職業安全衛生人員實施工作相關疾病預防及工作環境之改善。

7. 其他經中央主管機關指定公告者。

（二）雇主應使醫護人員配合職業安全衛生及相關部門人員訪視現場，辦理下列事項：

1. 辨識與評估工作場所環境及作業之危害。

2. 提出作業環境安全衛生設施改善規劃之建議。

3. 調查勞工健康情形與作業之關連性，並對健康高風險勞工進行健康風險評估，採取必要之預防及健康促進措施。

4. 協助提供復工勞工之職能評估、職務再設計或調整之諮詢及建議。

5. 其他經中央主管機關指定者。

五、勞工定期健康檢查之期限：

(一) 年滿六十五歲以上者，每年檢查一次。

(二) 年滿四十歲未滿六十五歲者，每三年檢查一次。

(三) 未滿四十歲者，每五年檢查一次。

六、合格急救人員資格及設置標準有：

(一) 除醫護人員外，擔任急救人員之勞工應經急救人員訓練合格。

(二) 無殘障、耳聾、色盲、心臟病，兩眼裸視或矯正視力均在零點六以下等體能及健康不良足以妨礙急救事宜者。

(三) 應置之合格急救人員，每一班次勞工人數未滿五十人者設置一人，五十人以上者每增加五十人再設置一人。但已具有該項功能之醫療保健服務業不在此限。

七、特別危害健康作業係指：

(一) 高溫作業。

(二) 工作日八小時日時量平均音壓級在八十五分貝以上。

(三) 游離輻射作業。

(四) 異常氣壓作業。

(五) 鉛作業。

(六) 四烷基鉛作業。

(七) 粉塵作業。

(八) 有機溶劑作業，經中央主管機關指定者。

(九) 製造、處置或使用特定化學物質之作業，經中央主管機關指定者。

(十) 黃磷之製造、處置或使用作業。

(十一) 聯吡啶或巴拉刈之製造作業。

(十二) 其他經中央主管機關指定之作業。

八、雇主於勞工經一般體格檢查、特殊體格檢查、一般健康檢查、特殊健康檢查
　　或健康追蹤檢查後應採取措施有：

1. 參採醫師之建議，告知勞工，並適當配置勞工於工作場所作業。

2. 對檢查結果異常之勞工，應由醫護人員提供其健康指導；其經醫師健康
　 評估結果，不能適應原有工作者，應參採醫師之建議，變更其作業場所、
　 更換工作或縮短工作時間，並採取健康管理措施。

3. 將檢查結果發給受檢勞工。

4. 將受檢勞工之健康檢查紀錄彙整成健康檢查手冊。

　勞工體格及健康檢查紀錄、健康指導與評估等勞工醫療資料之保存及管理，
應保障勞工隱私權。

九、醫護人員設置之相關規定：

　　　　事業單位之同一工作場所，勞工人數在三百人以上者，應視該場所之規
模及性質，分別依表一與表二所定之人力配置及臨廠服務頻率，僱用或特約
從事勞工健康服務之醫護人員，辦理臨廠健康服務。前項工作場所從事特別
危害健康作業之勞工人數在一百人以上者，應另僱用或特約職業醫學科專科
醫師每月臨廠服務一次，三百人以上者，每月臨廠服務二次。

表一　從事勞工健康服務之醫師人力配置及臨廠服務頻率表

事業性質分類	勞工人數	人力配置或臨廠服務頻率	備註
第一類	300-999 人	1 次 / 月	勞工人數超過 6,000 人者，其人力配置或服務頻率，應符合下列之一之規定： 1. 每增 6,000 人者，增專任從事勞工健康服務醫師 1 人。 2. 每增勞工 1,000 人，依下列標準增加其從事勞工健康服務之醫師臨廠服務頻率： (1) 第一類事業：3 次 / 月 (2) 第二類事業：2 次 / 月 (3) 第三類事業：1 次 / 月
	1,000-1,999 人	3 次 / 月	
	2,000-2,999 人	6 次 / 月	
	3,000-3,999 人	9 次 / 月	
	4,000-4,999 人	12 次 / 月	
	5,000-5,999 人	15 次 / 月	
	6,000 人以上	專任職業醫學科專科醫師一人	

表一　從事勞工健康服務之醫師人力配置及臨廠服務頻率表 (續)

事業性質分類	勞工人數	人力配置或臨廠服務頻率	備註
第二類	300-999 人	1 次 /2 個月	勞工人數超過 6,000 人者，其人力配置或服務頻率，應符合下列之一之規定： 1. 每增 6,000 人者，增專任從事勞工健康服務醫師 1 人。 2. 每增勞工 1,000 人，依下列標準增加其從事勞工健康服務之醫師臨廠服務頻率： (1) 第一類事業：3 次 / 月 (2) 第二類事業：2 次 / 月 (3) 第三類事業：1 次 / 月
	1,000-1,999 人	1 次 / 月	
	2,000-2,999 人	3 次 / 月	
	3,000-3,999 人	5 次 / 月	
	4,000-4,999 人	7 次 / 月	
	5,000-5,999 人	9 次 / 月	
	6,000 人以上	12 次 / 月	
第三類	300-999 人	1 次 /3 個月	
	1,000-1,999 人	1 次 /2 個月	
	2,000-2,999 人	1 次 / 月	
	3,000-3,999 人	2 次 / 月	
	4,000-4,999 人	3 次 / 月	
	5,000-5,999 人	4 次 / 月	
	6,000 人以上	6 次 / 月	

表二　從事勞工健康服務之護理人員人力配置表

勞工作業別及人數		特別危害健康作業勞工人數			備註
		0-99	100-299	300 以上	1. 所置專任護理人員應爲僱用及專職，不得兼任其他與勞工健康服務無關之工作。 2. 勞工總人數超過 6,000 人以上者，每增加 6,000 人，應增加專任護理人員至少 1 人。 3. 事業單位設置護理人員數達 3 人以上者，得置護理主管一人。
勞工人數	1-299		專任 1 人		
	300-999	專任 1 人	專任 1 人	專任 2 人	
	1,000-2,999	專任 2 人	專任 2 人	專任 2 人	
	3,000-5,999	專任 3 人	專任 3 人	專任 4 人	
	6,000 以上	專任 4 人	專任 4 人	專任 4 人	

醫護人員應具下列資格之一：

一、職業醫學科專科醫師。

二、具醫師資格，並經中央主管機關指定之訓練合格者。

三、具護理人員資格，並經中央主管機關指定之訓練合格者。

例：某電子器材製造公司平時僱用勞工 450 人，分為三班制工作，日班 300 人、中班 100 人、夜班 50 人，從事特別危害健康作業的有：噪音作業（在八十五分貝以上）20 人、苯作業 5 人、鉛作業 10 人、游離輻射作業 4 人，請問依照「勞工健康保護規則」應規劃有那些必要數量之醫護人員、急救人員，並敘明應實施之體格檢查及健康檢查之種類與頻率？

答 依「勞工健康保護規則」之規定：

1. 該公司為第一類事業有勞工 450 名，依法從事勞工健康服務之醫師臨廠服務頻率為每月 1 次並應設專任護理人員一名。

2. 依法每班應置急救人員一名，且超過 50 人應增設一人。故早班應置急救人員 300/50=6 人，午班應置急救人員 100/50=2 人，晚班應置急救人員 50/50=1 人。

3. 對於從事特別危害健康作業的勞工（噪音作業 20 人、苯 5 人、鉛 10 人、游離輻射人員 4 人），應實施特殊健康檢查且頻率為每年一次。

4. 其餘一般在職勞工應依年齡層劃分，實施健康檢查。（如：40 歲以下每 5 年一次，40-65 歲每 3 年一次，65 歲以上每年一次）。

5. 健康管理：特別危害健康作業依健康檢查結果分四級管理。

十、依癌症防治法規定，對於符合癌症篩檢條件之勞工，於事業單位實施勞工健康檢查時，得經勞工同意，一併進行口腔癌、大腸癌、女性子宮頸癌及女性乳癌之篩檢。前項之檢查結果不列入健康檢查紀錄表。

第 29 章
職業安全衛生管理計畫及緊急應變計畫之製作

一、欲製作職業安全衛生管理計畫，必先了解本身安全衛生實際情況，研究事實上的需要，才可以訂出切合實際的項目，真正有助於職業災害的防止。必須要掌握的資料有下列幾項：

(一) 職業災害調查統計分析資料

要防止職業災害必先瞭解職業災害實況及發生的原因，才能研究出防止的對策，所以，在訂定職業安全衛生管理計畫之前，先要研究職業災害調查統查分析資料，例如：歷年職業災害率統計、每件職業災害調查報告，以明瞭歷年職業災害率變化的趨勢、各部門職業災害率的高低、職業災害的類型、職業災害的媒介物、每件職業災害發生的個別原因及其對策，所有職業災害發生的通盤的原因及其對策等。

(二) 現場危害因素

要訂定職業安全衛生管理計畫必先明瞭工作現場有何危害因素需要消除。要明瞭危害因素除根據上述職業災害統計分析資料外，尚可根據：

1. 自動檢查紀錄表。

2. 職業安全衛生委員會研議紀錄。

3. 勞動檢查機構監督檢查結果通知書。

4. 工作安全分析單。

5. 安全觀察紀錄表。

6. 安全接談紀錄表等來研究。

(三) 各部門安全衛生活動資料

職業安全衛生工作必須落實到現場每一個人才有實效，所以在訂定職業安全衛生管理計畫之前，必先明瞭各部門安全衛生活動的實際情況，才能針對缺失設法改進。例如：各部門的組織管理情形、教育訓練情形、自動檢查情形，其他活動情形等。

(四)上年度職業安全衛生管理計畫之檢討

職業安全衛生管理計畫是有連續性的,我們要訂定年度職業安全衛生管理計畫,一定先要檢討上年度的職業安全衛生管理計畫的內容。哪項完成了?哪項沒有完成?完成以後獲得什麼效果?哪些工作要繼續進行?哪些工作還要繼續進行?哪些工作還要加強?或者還要增加什麼新的工作?這樣才可以明瞭下年度計畫應如何訂定?工作重點是哪些項目等。

(五)其他

除了上述各種資料應詳加研究,其他許多資料也要搜集加以研究,可以幫助我們訂出完善的職業安全衛生管理計畫,例如:

1. 職業安全衛生有關法令規章,尤其是新修訂者。

2. 中央主管機關每年度發布的勞工檢查方針。

3. 其他事業單位的重大職業災害實例。

4. 其他事業單位的職業災害防止工作優良事蹟。

5. 有關書籍、文獻、報章、雜誌等。

二、職業安全衛生管理計畫之架構及內容:職業安全衛生管理計畫並無一定格式,但必須包含下列幾個要項始能構成完整的計畫架構。

(一)計畫之期間:職業災害計畫可以是長期計畫,也可以是短期計畫。

(二)基本方針:製作職業安全衛生管理計畫,先要確立基本方針,也就是本計畫重點所在。

(三)計畫目標:訂定本計畫想要達成的目標,因爲有了目標,每一個人希望達成它就要努力去做,計畫的事項才容易徹底完成。

(四)計畫項目:基本方針與計畫目標確定後,就要擬出一些爲完成此項目標所需要的工作項目,也就是要訂出計畫項目,計畫項目通常僅是幾個大的項目。

(五)實施細目:計畫項目訂定後,在每一個大項下應按事業場所實際作業及實際機械設備情形,就實際需要分別列入若干應實施之具體細目。

(六)實施要領:包括實施方法、程序、週期。

(七)實施單位及人員:每一實施細目要規定由何單位及何人實施,才能落實計畫。

（八）預定工作進度：每一個實施細目要規定其工作進度，促使負責實施單位及人員知所遵循而如期達成任務。

（九）編用經費：任何工作均需經費支應，因此每一個實施細目均需列出其經費預算。

（十）備註：凡是在前述各欄內無法詳述或有特殊情形者，均可在備註欄補充說明。

三、為使事業單位能有效落實執行職業安全衛生管理計畫，其製作程序如下：

職業安全衛生管理計畫，由事業單位自行訂定編制程序，但應周全，可依下述程序辦理：

（一）每年度開始前二個月應請各有關部門對實際安全衛生加以檢討，提出報告。同時由職業安全衛生人員對各部門安全衛生管理活動狀況，以及各規章等加以檢討掌握問題重點，擬訂次年改善對策，並根據雇主指示擬具次年職業安全衛生管理計劃之基本方針及計劃目標草案，除雇主邀集各有關部門主管共同會商決定。

（二）安全衛生管理單位或人員應請各部門主管依決定之次年改善對策及基本方針等草擬職業安全衛生管理計劃之計劃項目、實施細目、實施要領、實施人員、預定工作進度、需用經費等送安全衛生管理單位或人員彙整整個計劃草案。

（三）整體職業安全衛生管理計畫彙整完竣後，應請雇主邀請各有關部門商討予以定案。

（四）細部計劃編擬呈核後實施：定案之計劃，應由各負責實施單位人員就其負責辦理之實施細目，訂定具體細部計劃，陳請上級核定付諸實施。

四、如果你是一個營造事業單位派駐工地的安全管理師，試列舉製作營造工地職業災害防止計畫（職業安全衛生管理計畫）主要應參考的資料。

營造工地職業安全衛生管理計畫主要應參考的資料，有：

（一）職業災害分析資料－需先了解職災實況及發生原因，才能研究出防止對策。

（二）現場危害因素－依據職災統計分析資料、自動檢查紀錄表、工作安全分析單、安全觀察紀錄表、安全接談紀錄表、安衛委員會研議紀錄、勞動檢查機構監督結果通知書。

(三) 各部門安全衛生活動資料－例如各部門組織管理、教育訓練、自動檢查情形。

(四) 上年度職業安全衛生管理計畫之檢討－哪項 (沒) 完成、完成之效果如何、哪些待繼續、哪些待加強、尚需新增什麼新工作？

(五) 其他－例如職業安全衛生相關法令規章 (尤其是新修訂者)。

五、緊急應變計畫之主要內容，除了法令要求事項外，為使計畫架構趨於完整，至少應涵蓋下列要項：

1. 擬定緊急應變組織架構及權責

2. 訂定通報程序及連絡體系

3. 整理應變器材之配置狀況並統計數量

4. 擬定疏散路線圖、疏散後集合點及清查人數方式

5. 擬定緊急應變程序

6. 訂定各類意外狀況緊急處理措施

7. 事故調查與復原工作

8. 訂定緊急應變訓練計畫

9. 實地演練計畫

10. 緊急應變計畫之檢討與修正

六、一般緊急應變計畫中，緊急應變包括那五個編組？

1. 通報連絡班 (或連絡組)

2. 搶救班 (或搶救組)

3. 避難引導班 (或疏散組)

4. 安全防護班 (或警戒組)

5. 緊急救護班 (或救護組)

第 30 章
安全衛生管理規章及工作守則之製作

一、安全衛生工作守則之訂定、實施及其應有之內容：

　(一) 依據「職業安全衛生法」第三十四條之規定，雇主應依本法及有關會同勞工代表訂定適合其需要之安全衛生工作守則，報經勞動檢查機構備查後，公告實施。勞工對於前項安全衛生工作守則，應切實遵行。

　(二) 另依「職業安全衛生法施行細則」第四十一條之規定，安全衛生工作守則之內容，參酌下列事項訂定之：

　　1. 事業之安全衛生管理及各級之權責。

　　2. 機械、設備或器具之維護及檢查。

　　3. 工作安全及衛生標準。

　　4. 教育及訓練。

　　5. 健康指導及管理措施。

　　6. 急救及搶救。

　　7. 防護設備之準備、維持及使用。

　　8. 事故通報及報告。

　　9. 其他有關安全衛生事項。

二、

　(一) **安全衛生管理規章**：係指事業單位為有效防止職業災害，促進勞工安全與健康，所訂定要求各級主管及管理、指揮、監督等有關人員執行與勞工安全衛生有關之內部管理程序、準則、要點或規範等文件。

　(二) **安全衛生工作守則**：規定與工作有關之作業程序或防護設備、個人防護具或安全行為之守則。

三、安全衛生工作守則之內容可參酌那些事項訂定？每一參酌事項請擬訂二則安全衛生工作守則。

(一) 事業之安全衛生管理及各級的權責：

1. 設立一級單位之安全衛生管理部門，設主管一人、安全衛生人員數人。

2. 主管職責如：工作場所的不定期巡視。

(二) 設備的維護與檢查：

1. 依照職業安全衛生管理辦法規定，機具設備均應依法實施定期檢查。

2. 作業場所之機械設備於每日作業前後都應予以保養。

(三) 工作安全與衛生標準：

1. 對於 FR、SR 高的作業應優先實施工作安全分析。

2. 對於勞工作業場所之通道、地板、階梯等公共設施，應符合職業安全衛生設施規則之規定。

(四) 教育與訓練：

1. 雇主應對勞工施以從事工作及預防災變之必要安全衛生教育訓練。

2. 勞工對於上述之安全衛生教育訓練有接受之義務。

(五) 健康指導及管理措施：

1. 加強體能活動、壓力調適、舉辦多元健康促進活動與教育。

2. 實施定期與不定期健康檢查、慢性病防治、癌症篩檢。

(六) 急救與搶救：

1. 每個人都要會 CPR。

2. 發生災害時應以救人為優先原則。

(七) 事故的通報與報告：

1. 發生重大職災事故時，雇主應於 8 小時之內通報檢查機構。

2. 勞工於作業場所中發現災害應立即通報主管階層。

(八) 防護器具的準備、維持與使用：

1. 個人防護具應經常清洗並予以消毒。

2. 個人防護具應準備足夠之數量、並應個人專用。

(九) 其他安全衛生相關事項：

1. 嚴禁工作中打鬧嬉戲。

2. 從事鉛作業勞工應沐浴、更衣後方可下班。

四、

(一) 事業單位之安全衛生工作守則的訂定，是否應以對不安全衛生的行為之禁止為主？為什麼？

❀ 事業單位之安全衛生工作守則的訂定，主要是依照作業場所不安全衛生的行為來規範，依據近年重大職業災害之統計分析，不安全行為的比例，約佔七成左右，如果事業單位對該單位的各項作業活動，訂出安全衛生工作守則，與勞工充分溝通，讓勞工參與，了解安全衛生工作守則之重要性，並確實遵守，就可以避免很多因不安全衛生的行為所造成的職業災害，勞工之安全與健康就有保障。

(二) 在執行及推動，遵守安全衛生工作守則，在事業單位內涉及四、五個階級人員，他們對安全衛生工作守則的權責為何？其理由何在？

❀ 1. 雇主：雇主應會同勞工代表訂定適合其需要之安全衛生工作守則，讓勞工充分參與、溝通，既可使安全衛生工作守則的訂定更臻完善，又可符合職業安全衛生法暨相關法令之規定。此外，雇主並負安全衛生管理政策制定，綜理事業單位安全衛生管理事項之責。

2. 安全衛生人員：執行職業安全衛生管理業務，以落實安全衛生管理；並負責安全衛生工作守則之宣導與教育，使勞工對其內容周知。

3. 各級主管人員：安全衛生管理執行事項、教導及督導所屬依安全衛生作業標準方法工作、遵行安全衛生工作守則，以避免職業災害發生。

4. 醫護人員：協助雇主與業務主管對工作環境之改善、策劃勞工健康教育及衛生指導，以有效推動健康管理。

5. 勞工：參與安全衛生工作守則訂定，以防止屬於雇主之責任者，藉工作守則之訂定，將責任轉嫁給勞工；勞工並應遵守安全衛生工作守則。

第 31 章
職業安全與職業傷害預防概論

一、失能傷害係指損失工日數<u>一日</u>以上者。

　　失能傷害包含：

　　1.　死亡。

　　2.　永久全失能。

　　3.　永久部份失能。

　　4.　暫時全失能。

二、暫時全失能係指受傷人未死亡亦未永久失能，但不能繼續其正常工作而必須休班離開工作場所，損失時間在一日以上，包括星期日、休假日或工廠停工日，暫時不能恢復工作者。

三、職業傷害指標

　　(一) 失能傷害頻率 (Disabling Frequency Rate, FR)：係指每百萬經歷工時中，所有失能傷害人次數。

$$\text{失能傷害嚴重率 (FR)} = \frac{\text{失能傷害人次數} \times 10^6}{\text{總經歷工時}} \ (\text{取小數點第二位})$$

　　(二) 失能傷害嚴重率 (Disabling Severity Rate, SR)：指每百萬經歷工時中，所有失能傷害總損失日數。

$$\text{失能傷害嚴重率 (SR)} = \frac{\text{總損失日數} \times 10^6}{\text{總經歷工時}} \ (\text{取至個位數})$$

四、工廠油槽油泥過多，需派勞工進入槽內清除油泥前，應如何採取那些安全措施？請說明之。

　　🔑 (一) 一般事項：

　　　　1.　已明瞭原儲藏油料名稱。

　　　　2.　已明瞭油料清洗過程。

(二) 與外設備之隔離：

    1. 進料口之開關或短管已確實拆離，並在其管端裝上盲板。

    2. 出料口之開關或短管已確實拆離，並在其管端裝上盲板。

    3. 放水管之開關或短管已確實拆離，並在其管端裝上盲板。

    4. 所有與外部連通之管線均已拆離，通往外部之一側裝妥耐壓盲板。

(三) 內部通風：

    1. 油槽上下部有人孔已確實開放。

    2. 油槽內部確實通風良好。

(四) 內部環境之測定：

    1. 內部可燃性氣體確在其燃燒下限之 30% 以下。

    2. 內部之有害物質確在容許濃度以下。

    3. 內部之氧氣濃度確在 18 ～ 23%。

(五) 油槽清洗前應核對下列事項：

    1. 承攬商清洗機具是否符合契約規定。

    2. 清洗作業人員是否參加本工程安全協議會議。

    3. 清洗作業人員是否參加安全教育訓練。

    4. 從事特定化學及有機溶劑作業人員健康檢查合格名冊。

    5. 指派缺氧作業主管。

(六) 外部環境：

油槽附近水溝或坑無可燃性氣體或油料存在，亦無由別處流來之可能。

(七) 安全、消防設備及戒備：

    1. 依規定配置氧氣救生器。

    2. 進入油槽內工作應派人監視，入內人員應隨身攜帶自動呼叫器，或將救命繩通出人孔。

    3. 已配置兩支以上 20 磅手提乾粉滅火器。

    4. 從事油槽清洗施工需使用：

        空氣呼吸器 (面罩)

        不浸透性防護衣褲、手套、鞋

五、職業災害發生原因分析

例一：

某工地僱用勞工人數 50 人，有一位勞工從 10 公尺高之施工架上墜落地面死亡，經檢查結果發現施工架之工作台未設護欄，且勞工未佩掛雇主提供之安全帶，另雇主未設職業安全衛生人員、未實施自動檢查及職業安全衛生教育訓練。

職業災害發生之原因分析如下：

(一) 直接原因：從 10 公尺高之施工架上墜落地面死亡。

(二) 間接原因：

　　1. 不安全狀況：施工架之工作台未設護欄。

　　2. 不安全行為：勞工未佩掛雇主提供之安全帶。

(三) 基本原因：

　　1. 雇主未設置職業安全衛生人員。

　　2. 未實施自動檢查。

　　3. 未實施職業安全衛生教育訓練。

例二：

固定式起重機吊運一捆長 6 公尺、重 2 公噸的鋼筋，正好越過工人的正上方，突然鋼索斷裂壓死 2 名工人。經檢查鋼索斷裂負荷為 12,000 公斤，吊鉤未具有防脫鉤裝置，且起重機未設過捲揚極限開關。試分析此職災的直接、間接與基本原因。

職業災害發生之原因分析如下：

(一) 直接原因：鋼索斷裂，角鐵傾洩而下，壓死兩位工人。

(二) 間接原因：

　　不安全的行為：

　　1. 未設置現場監督作業人員。

　　2. 在起重機作業下方通過。

　　3. 未遵守安全衛生工作守則。

　　4. 缺乏足夠的安全衛生意識。

　　5. 未配戴安全帽等個人防護具。

不安全的狀況 (設備與環境)：

1. 鋼索之設置未符合職業安全衛生設施規則之規定。

2. 吊鉤之使用未符合規定 (未設防脫鉤裝置)。

3. 起重機未設過捲揚極限開關。

4. 作業場所人員管制不當。

(三) 基本原因：

1. 職業安全衛生管理單位及人員未盡到法定的職責。

2. 相關業務主管人員未盡到法定的職責。

3. 起重機的自動檢查未落實。

4. 起重機操作人員未接受固定式起重機安全衛生教育訓練。

5. 未會同勞工代表制訂相關安全衛生工作守則。

例三：

某造紙公司指派勞工甲、乙清理密閉污水處理槽 (人孔直徑 80 公分)，甲、乙二人進入槽內後不久昏倒，槽外勞工丙、丁二人發現災害後立即入槽搶救，惟不幸亦均罹難於內，該槽經測定結果空氣中，氧氣含量為 10%、硫化氫濃度為 20ppm，試就本災害分析事故發生之直接、間接及基本原因？並說明類似災害之防範對策。

(一) 災害發生原因：

1. 直接原因：清理密閉污水處理槽因缺氧 (10%) 及硫化氫濃度為 20ppm 超過容許濃度而中毒。

2. 間接原因：

   (1) 不安全行為：勞工進入前未確認局限空間是否安全。

   (2) 不安全設備：現場未發現有氣體探測器、送風機、安全帶、空氣呼吸器等安全設備。

3. 基本原因：

   (1) 雇主未設置缺氧作業主管。

   (2) 未實施局限空間之作業檢點。

   (3) 未購置局限空間作業安全設備。

   (4) 未訂定安全衛生工作守則。

   (5) 未辦理職業安全衛生教育訓練。

(二) 雇主使勞工進入清理密閉污水處理槽時之防範對策：

    1. 應事先測定並確認無爆炸、中毒及缺氧等危險。

    2. 應使勞工佩掛安全帶及安全索等防護具。

    3. 應於進口處派人監護 (現場監督人員)，以備發生危險時聯絡相關人員搶救。

    4. 規定工作人員以由槽桶上方進入為原則。

六、局限空間作業

(一) 局限空間，指非供勞工在其內部從事經常性作業，勞工進出方法受限制，且無法以自然通風來維持充分、清淨空氣之空間。

(二) 雇主使勞工於局限空間從事作業，應訂定危害防止計畫。試述危害防止計畫應包括那些事項？

    1. 局限空間內危害之確認。

    2. 通風換氣實施方式。

    3. 局限空間內氧氣、危險物、有害物濃度之測定。

    4. 電能、高溫、低溫及危害物質之隔離措施及缺氧、中毒、感電、塌陷、被夾、被捲等危害防止措施。

    5. 作業方法及安全管制作法。

    6. 進入作業許可程序。

    7. 提供之防護設備之檢點及維護方法。

    8. 作業控制設施及作業安全檢點方法。

    9. 緊急應變處置措施。

第 32 章
職業衛生與職業病預防概論

一、職業病之定義：職業安全衛生法對職業災害之定義，指因勞動場所之建築物、機械、設備、原料、材料、化學品、氣體、蒸氣、粉塵等或作業活動及其他職業上原因引起之工作者疾病、傷害、失能或死亡。其中疾病即可稱為職業病，亦即職業病可說是因為職業原因所導致的急性或是慢性疾病。

二、職業衛生乃係致力於認知、評估和管制發生於工作場所內或來自工作場所的各種環境因素或危害的科學和技術，以確保勞工之生理和心理健康。

三、職業病之種類繁多，如依勞工在工作場所可能接觸之危害因子區分，可將引發職業病之危害因子分為物理性、化學性、生物性及人因性等四大類。

　　(一)物理性危害因子：如高低溫濕環境、噪音、振動及非游離輻射等。

　　(二)化學性危害因子：如粉塵、金屬燻煙、有毒氣體等。

　　(三)生物性危害因子：如病毒、黴菌及細菌等。

　　(四)人因性危害因子：如坐姿不良、以不適當的姿勢做重複性動作或因座椅、工具等安排不當所導致勞工感到疲勞、下背痛或其他肌肉骨骼傷害。

四、職業病之認定原則：

　　判斷為職業病必須滿足下列條件：

　　(一)工作場所中有害因子確實存在：是指工作環境中確實存在有已知會對人體造成疾病的因子，對動物有害者並不能立即判定對人類有害。

　　(二)必須曾暴露於存在有害因子的環境：發病勞工必須曾暴露於該致病因子的環境，空氣之污染、人體之接觸、口之食入、噪音充斥、輻射外洩等皆視為暴露。

　　(三)發病期間與症狀及有害因子之暴露期間有時序相關：理論上發病與暴露有其因果性，故必須先有暴露過程才導致發病，故症狀最早出現時應晚於第一次暴露時。

五、職業病之鑑定：職業病在鑑定方面其程序如下：

(一)確認該疾病與勞工現在所從事之工作具有職業性起因：評估確認勞工致病的原因與結果，與其現在所從事的工作是否具有因果關係。

(二)查證該勞工工作場所中有害因子確實存在：查證工作環境中確實存在有已知會對人體造成疾病的因子，對動物有害者並不能立即判定對人類有害。

(三)測定與評估勞工暴露於在該有害因子的環境是否足以造成危害：當確知存在工作場所中有害因子後，即依勞工作業環境測定實施辦法實施作業環境測定，以掌握該有害物質濃度，並評估該勞工暴露於有害物質期間之劑量值，是否會危害正常機能或致病。

(四)就勞工發病期間與症狀與所從事工作暴露之有害因子相關性，評估與判定該疾病屬職業病範疇。

六、勞工懷疑自己罹患職業病，欲向雇主申請職業災害補償時，勞雇雙方可循下列程序處理：

(一)勞工懷疑罹患職業疾病，應經醫師診斷，取得職業疾病診斷書，得認定為職業疾病。勞工取得職業疾病診斷書，得向雇主提出職業災害補償。

(二)勞雇之一方對於職業疾病認定有異議時，得檢附有關資料向當地主管機關申請認定。

(三)當地主管機關對於職業疾病之認定有困難或勞雇之一方對當地主管機關之認定結果有異議時，得檢附有關資料，送勞動部職業疾病鑑定委員會鑑定。

(四)經勞動部職業疾病鑑定委員會鑑定之案件，勞資雙方應依鑑定結果處理；如尚有疑義，得循司法途徑提起民事訴訟。

七、有害物之危害預防或有效管理

有害物之危害預防或有效管理，應辦理之具體工作可分成認識（知）、評估、控制三方面，其目的及重要性如下；

(一)認知危害

1. 有害物辨識：找出環境中之有害物。

2. 有害物標示：使勞工確認有害物。

(二) 評估危害

 1. 環境測定：了解有害物存在於環境中之濃度。

 2. 生物偵測：了解有害物在人體內之劑量。

(三) 控制危害

 1. 原料替代：將製程中之有害物原料，用其他低危害物料替代。

 2. 工程改善：由工程改善可減少勞工與有害物接觸。

八、有害物預防對策

(一) 工程對策

 1. 生產技術之調整

  (1) 停止使用、製造有害物質或使用毒性較小之物質代替高毒性物質。

  (2) 改良製程、作業方法以防止有害物質之發散。

 2. 環境改善技術

  (1) 設備之密閉、自動化、隔離、遙控操作。

  (2) 設置局部排氣裝置以防污染有害物之擴散。

  (3) 設置整體換氣裝置將污染有害物稀釋後排除。

(二) 管理對策

 1. 實施作業環境測定及作業管理。

 2. 減少作業時間、使用個人防護具，以減少污染有害物進入人體之量。

 3. 實施就業前體格檢查、健康檢查、適當的選工、配工。

 4. 實施定期健康檢查、特殊健康檢查，早期發現、早期治療。

 5. 辦理危害因子之危害預防安全衛生教育訓練。

第 33 章
職業災害調查處理與統計

一、災害原因調查步驟共分「掌握災害狀況 (確認事實)」、「發現問題點 (掌握災害要因)」及「決定根本問題點 (決定災害原因)」等三階段，連同第四階段改善規劃之「樹立對策 (災害防止方針)」即為職業災害處理四階段。災害調查的步驟如下圖所示。

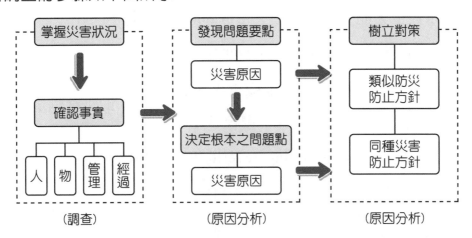

二、職業災害統計依統計目的，可分別就工作場所、災害類型、起因物種類、加害物、不安全狀況、不安全行為等與災害件數、災害程度、公傷假日數、直接損失、間接損失值等計算其比率：下列就職業安全衛生法規定適用事業單位應辦理之職業災害統計種類分述：

(一) 失能傷害分類

  1. 死亡 (Death)

    指由於職業災害而引起的生命喪失而言，不論受傷至死亡之時間長短。

  2. 永久全失能 (Permanent Total Disability，殘廢)

    指除死亡之外的任何傷害，足以使受傷者造成永久全失能，或在災害中損失下列各項之一，或失去其機能者：

    (1) 雙目。

    (2) 一隻眼睛及一隻手，或手臂或腿或足。

    (3) 不同肢中之任何下列兩種：手、臂、足或腿。

3. 永久部分失能 (Permanent Partial Disability，殘廢)

指除死亡、永久全失能之外的任何傷害，足以造成肢體之任何一部分完全失去或失去其機能者。不論該受傷之肢體或損傷身體機能之事前有無任何失能。

(註：無作業效力之損失如損失牙齒、體型破相等七項不能列為永久部份失能。)

4. 暫時全失能

(二) 失能傷害嚴重程度評估：

1. 死亡：每次按損失日數 6000 日登記。

2. 永久全失能：每次按損失日數 6000 日登記。

(三) 失能傷害頻率 (Disabling Frequency Rate，FR)

$$失能傷害頻率 (FR) = \frac{失能傷害人次數 \times 10^6}{總經歷工時} \quad (取小數點第二位)$$

(四) 失能傷害嚴重率 (Disabling Severity Rate，SR)

$$失能傷害嚴重率 (SR) = \frac{總損失日數 \times 10^6}{總經歷工時} \quad (取至個位數)$$

(五) 失能傷害平均損失日數

$$失能傷害平均損失日數 = \frac{總損失日數}{失能傷害次數} = \frac{SR}{FR}$$

(六) 死亡年千人率

$$死亡年千人率 = \frac{年間死亡勞工人數 \times 1000}{平均勞工人數}$$

$$= 2.1 \times FR \ (以年工作時間 2,100 小時計)$$

(七) 總和傷害指數

失能傷害頻率與失能傷害嚴重率的乘積除以 1,000 開根號所得的指數。該指數反應出頻率與嚴重率，為總失能傷害的綜合指標。

$$總和傷害指數 = \sqrt{\frac{FR \times SR}{1,000}}$$

範例：

某事業單位 97 年度之 FR 爲 40，SR 爲 10,000，請依中央勞工主管機關之規定，計算該年度之總和傷害指數。

🖐 總和傷害指數 $= \sqrt{\dfrac{FR \times SR}{1,000}} = \sqrt{\dfrac{40 \times 10,000}{1,000}} = 20$

三、試述職業災害調查的目的及其步驟？

(一) 災害調查之目的在蒐集防止同種災害及類似災害有關之災害要因，經分析、檢討災害要因後決定災害原因，依據災害原因樹立災害防止對策，規劃對策之執行計畫，將計畫付諸實施並報請相關單位配合，製作災害統計評估其成效。

(二) 災害原因調查步驟共分：

1. 掌握災害狀況 (確認事實)。

2. 發現問題點 (掌握災害要因)。

3. 決定根本問題點 (決定災害原因)。

4. 樹立對策 (災害防止方針)。

四、請由下表已知條件回答下列問題：

	01 月	02 月	03 月	04 月	05 月	06 月	07 月	08 月	09 月	10 月	11 月	12 月
經歷工時	62311	50162	60139	56318	61322	58272	61314	59215	60101	63112	63112	59313
傷亡人數	1死1傷	0	3傷	1死2傷	0	0	1傷	0	0	5傷	0	0
災害次數	2	0	3	3	0	0	1	0	0	4	0	0
損失日數	9500	0	5500	10500	0	0	1200	0	0	11250	0	0

(一) 試求其失能傷害頻率、失能傷害嚴重率及失能傷害平均損失日數？

🖐 失能傷害人次數 $= 2 + 3 + 3 + 1 + 5 = 14$ (人次)

　總工時 $= 62311 + 50162 + 60139 + 56318 + 61322 + 58272 + 61314$
　　　　　 $+ 59215 + 60101 + 63112 + 63112 + 59313$
　　　　$= 714691$ (小時)

　損失日數 $= 9500 + 5500 + 10500 + 1200 + 11250$
　　　　　 $= 37950$ (日)

$$失能傷害頻率 (FR) = \frac{14 \times 10^6}{714691} = 19.58$$

$$失能傷害嚴重率 (SR) = \frac{37950 \times 10^6}{714691} = 53099$$

$$失能傷害平均損失日數 = \frac{37950}{14} = 2710$$

(二) 試求其 2 月份及 3 月份之失能傷害頻率、失能傷害嚴重率？

🈺 2 月份：

$$失能傷害頻率 (FR) = \frac{3 \times 10^6}{56318} = 53.27$$

$$失能傷害嚴重率 (SR) = \frac{10500 \times 10^6}{56318} = 186441$$

3 月份：

$$失能傷害頻率 (FR) = \frac{4 \times 10^6}{60139} = 60.51$$

$$失能傷害嚴重率 (SR) = \frac{5500 \times 10^6}{60139} = 91454$$

五、某公司向檢查機構所填報之職業災害統計月報表，綜合整理如下：

78 年經歷總工時為 605,732 工時，傷害頻率為 2.01，傷害嚴重率 103。79 年經歷總工時為 413,256 工時，傷害頻率為 3.54，傷害嚴重率 120。80 年經歷總工時為 735,641 工時，傷害頻率為 4.58，傷害嚴重率 139。請問三年來失能傷害頻率及失能傷害嚴重率之平均值各為若干？

🈺 (一) 平均失能傷害頻率

$$78 年失能傷害人次數 = \frac{605,732 \times 2.01}{10^6} = 1.22$$

$$79 年失能傷害人次數 = \frac{413,256 \times 3.54}{10^6} = 1.46$$

$$80 年失能傷害人次數 = \frac{735,641 \times 4.58}{10^6} = 3.37$$

$$平均失能傷害頻率 = \frac{(1.22 + 1.46 + 3.37) \times 10^6}{605,732 + 413,256 + 735,641} = 3.44$$

(二) 平均失能傷害嚴重率

$$78 年失能傷害損失日數 = \frac{103 \times 605,732}{10^6} = 62.39$$

$$79 年失能傷害損失日數 = \frac{125 \times 413,256}{10^6} = 51.66$$

$$80 年失能傷害損失日數 = \frac{139 \times 735,641}{10^6} = 102.25$$

$$平均失能傷害嚴重率 = \frac{(62.39 + 51.66 + 102.25) \times 10^6}{605,732 + 413,256 + 735,641} = 123$$

六、某公司某年災生紀錄，其僱用勞工 1200 人，全年總經歷工時為 2950000 小時，發生災害件數 4 件，致甲勞工雙目失明，乙勞工九月二日上午 9 點 30 分受傷回家休養，翌日入時恢復上班工作，丙勞工於一月五日受傷住院，二月六日恢復工作，丁勞工截斷右手小指末梢骨節，損失日數為 50 日，試算該公司該年失能傷害頻率及失能傷害嚴重率？

🔑 失能傷害頻率 (FR) $= \dfrac{3 \times 10^6}{2,950,000} = 1.02$

失能傷害嚴重率 (SR) $= \dfrac{(6,000 + 31 + 50) \times 10^6}{2,950,000} = 2061$

七、請問下列各項作業可能會發生哪些災害？

職業災害類型表

1. 墜落、滾落	9. 踩踏
2. 跌倒	10. 溺水
3. 衝撞	11. 與高溫、低溫之接觸
4. 物體飛落	12. 與有害物等之接觸
5. 物體倒塌	13. 感電
6. 被撞	14. 爆炸
7. 被夾、被捲	15. 物體破裂
8. 被切、割、擦傷	16. 火災

🔑 (一) 移動式起重機作業可能會發生的災害有：1、3、4、5、6、7、13。

(二) 異常氣壓作業可能會發生的災害有：2、5、10、12、13、14、16。

（三）下水道污水處理可能會發生的災害有：1、2、3、4、6、7、8、10、12、13、14。

（四）施工架組配作業可能會發生的災害有：1、2、4、5、7、9。

（五）混凝土澆置作業可能會發生的災害有：1、2、5、9。

（六）有機溶劑作業可能會發生的災害有：1、4、7、11、12、14、15、16。

（七）油泥清除作業可能會發生的災害有：1、2、4、9、10、12、13、14、16。

（八）衝剪機械作業可能會發生的災害有：6、7、8、13。

八、職業災害調查分析的主要功能：

（一）藉由職業災害調查分析可以了解災害發生的主要原因為何？

（二）藉由職業災害調查分析可以了解作業環境中潛藏的危害為何？

（三）藉由職業災害調查分析可以作為工作安全分析之參考。

（四）藉由職業災害調查分析可以強化相關主管與作業勞工的安全意識。

（五）藉由職業災害調查分析可以協助管理人員選派適當的勞工從事工作。

（六）藉由職業災害調查分析可以找出各部門發生職災的比例。

（七）其他。

九、職業災害調查分析報告之內容為何？

🅐 有關撰寫職業災害調查分析報告，可參考下列項目，設計成表格化填寫：

（一）背景資料

1. 災害發生的時間及地點。

2. 災害涉及那些人員及財務。

3. 操作人員及其他目擊者。

（二）敘述災害經過

1. 事件發生順序。

2. 損失程度。

3. 災害的類型。

4. 災害媒介物或能量或危害的來源。

(三) 災害分析

    1.　直接原因 (能量來源、危害物質)。

    2.　間接原因 (不安全動作及環境)

    3.　基本原因 (安全政策、人或環境因素)。

(四) 改進建議

    1.　基本原因方面。

    2.　間接原因方面。

    3.　直接原因方面。

十、某工廠自液化石油氣槽車卸收液化石油氣 (L.P.G.) 至球型槽，操作人員 (均依規定接受從事工作及預防災變所必要之安全衛生教育訓練)，因原作業人員不在現場，司機代為操作，泵浦運轉後不久，液相高壓軟管接頭突然鬆脫，L.P.G. 漏洩形成一片白霧，五分鐘後起火爆炸，造成現場勞工三人重傷，槽車爆燬。假設你是該工廠勞工安全管理師，試就本職業災害可能原因列出，說明其理由，並提出可行之改善建議。(該槽車設有超流閥及手動式緊急遮斷閥)

可能原因	理由	改善建議
1.　司機代為操作。	司機未經訓練。	必須由受過訓練之操作人員操作，不可由別人代為操作。
2.　軟管接頭突然鬆脫。	1.　接頭未接好。 2.　槽車車輪未固定而移動。	1.　須確認接頭接妥。 2.　車輪需用擋板固定。
3.　未關掉緊急遮斷閥。	司機不知如何處理及應變。	每一位勞工均施以應變訓練。
4.　漏洩後未以滅火劑覆蓋。	現場可能未置放滅火器或不會使用。	現場應置放滅火器，每一勞工並應會操作。

十一、某營造公司僱用勞工 50 人，未設職業安全衛生人員，亦未實施職業安全衛生教育訓練及自動檢查，民國 84 年 12 月 30 日該公司派楊大為、李安全二人前往新店市工地，拆除三樓外面模板，二人到達現場後，即站在未設有踏板、扶手護欄之施工架上，以撬板工具拆模，當工作至上午 10 點許，其中楊大為突然墜落地面，經李安全急救後送醫，楊大為人不治死亡，經查施工開口墜落處距地面 7 公尺高，雇主未提供安全帶、安全帽，請就本災案撰寫職業災害調查分析報告。

(一)直接原因：勞工於高 7 公尺之施工架開口處墜落。

(二)間接原因：

    1. 不安全的行為：

        (1) 缺乏安全意識。

        (2) 未遵守安全衛生工作守則。

        (3) 未佩帶個人防護具。

        (4) 未遵守安全作業標準。

    2. 不安全的狀況：

        (1) 高度為 7 公尺的施工架未設踏板、扶手護欄等安全措施。

        (2) 未張設安全網。

        (3) 現場無監督人員。

        (4) 未在作業場所明顯處告示作業性質內容。

(三)基本原因：

    1. 未設置職業安全衛生管理單位及人員。

    2. 未實施職業安全衛生教育訓練及自動檢查。

    3. 未提供安全帶、安全帽等個人防護具。

    4. 未會同勞工代表制訂安全衛生工作守則。

    5. 未實施自動檢查

十二、某工廠在一年內發生職業災害如下：

(一)損失日數未滿一日之事件：20 件，共 20 人次。

(二)暫時全失能事件，20 件，共 25 人次，損失日數 250 天。

(三)永久部分失能事件：共 3 人，損失日數 3,000 天。

(四)永久全失能：1 人。

(五)死亡：1 人。

以上永久部分失能、永久全失能及死亡事件，在五件嚴重的災害中發生，若該廠每天工作 8 小時，每週工作 6 天，一年工作 48 週，全部員工共 200 人，假設全勤無延長工時情形，試計算該廠全年失能傷害頻率 (FR) 與失能傷害嚴重率 (SR)。

失能傷害損失人次數 = 25 + 3 + 1 + 1 = 30 人次

失能傷害總損失日數 = 6,000 + 3,000 + 250 + 6,000 = 15,250 日

總經歷工時 = 8 × 6 × 48 × 200 = 460,800 小時

失能傷害頻率 (FR) = 失能傷害人次數 × 10^6/ 總經歷工時

$$= 30 × 10^6/460,800 = 65.1$$

失能傷害嚴重率 (SR) = 失能傷害損失日數 × 10^6/ 總經歷工時

$$=15,250 × 10^6/ 460,800 = 33,094$$

十三、假設某事業單位在一年內 (該年有效工作日為 220 天) 發生職業災害情形如下：

損失日數未滿 1 日之事件：30 件，共 30 人。

暫時全失能事件：25 件 30 人次，損失日數共 200 天。

永久部分失能事件：5 件 5 人次受傷，損失日數共 8000 天。

永久全失能事件：1 人，永久性傷殘。

死亡事件：1 人。

若該事業單位全部員工共 180 人，假設全勤無延長工時情形，試計算該事業單位全年失能傷害頻率 (F.R.) 與失能傷害嚴重率 (S.R.)。

總歷經工時 = 220 日 × 180 人 × 8 小時 / 日 = 316,800 小時

失能傷害人次數 = 30 + 5 + 1 + 1 = 37 人次

失能傷害總損失日數 = 200 日 + 8,000 日 + 6,000 日 + 6,000 日 = 20,200 日

失能傷害頻率 (FR) = 失能傷害人次數 × 10^6/ 總歷經工時

$$= 37 × 1,000,000/316,800 = 116.79$$

失能傷害嚴重率 (SR) = 失能傷害總損失日數 × 10^6/ 總歷經工時

$$= 20,200 × 1,000,000/316,800 = 63,763$$

十三、○○縣○○鄉某化工廠於民國 98 年 7 月 20 日進行年度管路換修工作，以移動式起重機吊掛直徑 50 公分，長 6 公尺之鋼管，於距離地面 20 公尺處進行管路之更換，吊掛過程中，因鋼索斷裂，造成鋼管落下，不幸擊中地面作業人員張三，經緊急送醫治療後，仍不治死亡，且鋼管嚴重變形無法使用。經意外事故調查後，發現該吊運路線未設警示與人員淨空，且選用之鋼索銹蝕，致使鋼索斷裂而發生災害。請就本意外事故，撰寫意外事故之調查報告。

(一) 災害概況

　　災害日期：98.07.20

　　災害類型：物體飛落

　　災害媒介物：移動式起重機之吊掛鋼索

　　罹災程度：死亡 1 人

　　罹災者基本資料：張三 (以下略)

　　教育訓練：待查

(二) 災害經過

　　○○縣○○鄉某化工廠於民國 98 年 7 月 20 日進行管路換修工作，以移動式起重機吊掛直徑 50 公分、長 6 公尺 之鋼管，於距離地面 20 公尺 處進行管路之更換，吊掛過程中，因鋼索斷裂，造成鋼管落下，不幸擊中地面作業人員張三，經緊急送醫治療後，仍不治死亡，且鋼管嚴重變形無法使用。

(三) 災害原因

　　🔺 直接原因：鋼管飛落，擊中致死。

　　🔺 間接原因：

　　　　1. 不安全的狀況：

　　　　　　(1) 該吊運路線未設警示與人員淨空。

　　　　　　(2) 選用之鋼索鏽蝕。

　　　　2. 不安全的行為：在吊運路線下方作業。

　　🔺 基本原因：

　　　　1. 安全作業標準：未確實遵守鋼索使用之標準作業程序。

　　　　2. 自動檢查：未定期對所使用之鋼索實施自動檢查及維護保養。

　　　　3. 安全衛生教育訓練：未落實使用起重機具從事吊掛作業人員特殊安全衛生訓練課程。

(四) 災害預防對策

1. 吊掛作業時採取防止吊掛物通過人員上方及人員進入吊掛物下方之設備或措施。

2. 對於起重升降機具所使用之吊掛構件，應制定自動檢查計劃，實施自動檢查。

3. 對於工作場所有物體飛落之虞者，應設置防止物體飛落之設備，並供給安全帽等防護具，使作業勞工戴用。

4. 使用起重機具從事吊掛作業人員應接受特殊安全衛生教育訓練。

5. 訂定吊掛作業之安全作業標準，使作業勞工遵行。

第 34 章
安全衛生測定儀器

一、阿斯曼通風乾濕計用於測定作業環境溫度及濕度用,使用阿斯曼通風乾濕計測定時應注意之事項:

(一)檢查包覆濕球溫度計的紗布,如有弄髒或破損時應換新。

(二)濕球每次測定前必須濕潤一次。

(三)檢查風扇之轉數是否能正常運轉五分鐘以上。

(四)應使用蒸餾水濕潤濕球溫度計。

(五)將儀器懸掛於作業場所中央的地面 50cm 以上到 150cm 以下的位置量測。

(六)每次量測 3 ～ 5 分鐘以後,待溫度計之讀值穩定後,再讀取乾球溫度及通風濕球溫度。

二、測定綜合溫度熱指數應注意的事項:

(一)濕球溫度計、黑球溫度計與乾球溫度計所架設之高度要一致,測定綜合溫度熱指數時,溫度計之架設高度一般以勞工腹部高度為原則,但在熱不均勻的高溫場所時,則應分別測頭部、腹部及足踝等三個高度之溫度再依 1:2:1 之比重,以四分法求出具代表性之綜合溫度熱指數。

(二)自然濕球溫度計與乾球溫度計之架設要設法加以遮蔽以防輻射熱影響讀值,但不得使空氣之流動受到干擾。

(三)黑球溫度計架設時要面向熱源,不使輻射熱受到陰影干擾,傳統黑球溫度計架設後約需等 25 分鐘達熱平衡後,才可讀取溫度。

(四)自然濕球溫度計於測定前半小時要以注水器注入蒸餾水,使溫度計球部周圍之棉紗充分濕潤。

(五)黑球溫度測定時感溫元件 (溫度計球部) 應置於黑球之中心。

(六)欲判定勞工暴露是否屬高溫作業時,應測定 6 至 8 小時之綜合溫度熱指數,以計算工作日時量平均綜合溫度熱指數。

三、綜合溫度熱指數計算方法：

（一）戶外有日曬時

$$WBGT = 0.7 \times 自然濕球溫度 + 0.2 \times 黑球溫度 + 0.1 \times 乾球溫度$$

（二）室內或戶外無日曬時

$$WBGT = 0.7 \times 自然濕球溫度 + 0.3 \times 黑球溫度$$

四、一般噪音測定常使用之測定儀器主要有噪音計與噪音劑量計二種：

（一）噪音計 (noise level meter)：測定作業場所噪音音壓級用，噪音計主要構造分為微音器及本體。

  1. 微音器 (麥克風)：微音器作動原理為利用將接收到之聲音音壓轉換為電子訊號之功能。

  2. 本體：包括放大器、權衡電網、衰減器、整流器及指示器等。

  使用噪音計測定時，應注意之事項：

  1. 噪音計之機件極為精密，應避免衝擊或震動，亦不可受到藥品粉塵等之污染。

  2. 應避免噪音計之電子回路之電子訊號受到強烈電磁場之影響。

  3. 如遇強風時，微音器應使用防風罩，以減低氣流引起之雜音影響測定結果。

  4. 空氣之水分可能影響微音器之絕緣性而導致產生雜音。

（二）噪音劑量計：用於測定噪音作業勞工噪音暴露劑量。

五、勞工噪音暴露劑量之計算

（一）評估勞工暴露於變動性噪音時，應八小時全程採樣，採樣結果之計算可依下列公式計算相當八小時日時量平均暴露音壓級 TWA(8hr)。

$$TWA(8hr) = 16.61\log_{10}(\frac{D}{100}) + 90$$

D：噪音暴露劑量，如勞工暴露噪音音壓級為 90dBA、暴露 8hr 之值為 100%。

(二) 勞工暴露於穩定性噪音或噪音作業時間未滿八小時，可依下列公式計算相當八小時日時量平均暴露音壓級 TWA(8hr)。

$$TWA(8hr) = 16.61\log_{10}(\frac{D}{12.5t}) + 90$$

t：採樣時間 (小時)

六、照度測定儀器之用途為測定工作場所全面照明及各種作業之局部照明。

　　使用照度計測定時，應注意之事項：

(一) 照度計之受光部應保持清潔，受光部之電池會有老化現象，每年應至少校正一次。

(二) 開始測定前燈泡應點亮 5 分鐘以上。

(三) 切換型之照度計應避免用 0 ～ 1/4 範圍之讀值。

(四) 受光部之測定基準面應與欲測定照度面一致；測定照度時，因測定方向所造成之照度差異甚大，故在垂直光及一般情況下，應測定場所之水平面爲準。

(五) 測定時應注意測定者本身的影子及衣服不會影響測定。

七、振動測定儀器用於測定人體暴露於水平方向 (X、Y) 與垂直方向 (Z) 之全身振動或局部振動之頻率與加速度。

八、通風測定儀器主要用以確認局部排氣裝置氣罩之控制風速與各管段內部壓力、風速變化、空氣流通情形及整體換氣裝置換氣能力。
　　常用的測定儀器有、熱線式風速計、旋轉葉輪風速計、皮托管 (Pitot Tube)、發煙管、熱偶式風速計、液體壓力計等。

九、作業環境採樣測定裝置包含下列部分：

(一) 採樣捕集器材

　　1. 液體捕集法：吸引含有有害物之空氣，使其通過裝有吸收液之吸收瓶內並與吸收液充分接觸，利用溶解、反應等原理以捕集有害物之方法。

　　2. 固體捕集法：使含有害氣體或蒸氣之空氣通過固體粒子層之吸附劑予以吸附之捕集法，最常用的固體吸附劑有活性碳及矽膠。

3.　直接捕集法：在已知溫度與壓力下，利用氣體捕集裝置直接將含有害氣體或蒸氣之空氣捕集之方法，常用的有眞空捕集瓶、塑膠捕集袋等。

4.　過濾捕集法：藉濾材之阻截、衝擊、擴散或反應作用將含有懸浮微粒狀有害物之空氣捕集之方法，一般最常使用之濾材爲混合纖維素酯濾紙及聚氯乙烯濾紙二種，前者常用於空氣中重金屬之採樣介質，而後者則常用於可呼吸性粉塵、總粉塵。

5.　凝結捕集法：將含沸點較低之有害物之空氣通入乾冰、丙酮或液態空氣等低溫冷凝管，使測定對象冷凝分離之方法，此種方法可提高捕集效率，收集極高濃度之樣本，但不適用於作業現場。

6.　擴散捕集法：利用空氣中氣狀有害物濃度差所造成之分子擴散或布朗運動，以控制有害物將其捕集於採樣介質上，其特點爲體型小、操作簡單、不需驅動裝置與流量控制指示裝置。

(二) 採樣泵：依控制流率分爲定流率採樣泵及定壓力採樣泵兩種，其中定流率採樣泵較被常採用。

(三) 流率校準裝置：依各種測定之採樣需求選定採樣器材及採樣泵後，必須經流率校準後才能使用於現場測定採樣，流率校準裝置可分爲一級標準、中間標準、二級標準等。

十、檢知管法：包含檢知器及檢知管兩部份，優點為體形輕巧、攜帶方便、操作及保養簡易、價格便宜、可迅速獲得測定結果，常用測定作業環境空氣中二氧化碳及有害氣體 (含蒸氣) 之濃度用。

(一) 檢知管：係利用檢知管呈色長度與有害物濃度及空氣試料體積乘積之對數值成正比設計，因此如採樣之體積一定，則呈色長度與濃度之對數值成正比，可經由觀察檢知管顏色變化長度或程度判定空氣中有害物濃度，如四氯乙烯檢知管。

(二) 檢知器：有風箱式檢知器、活塞式檢知器及連續式檢知器三種。

使用氣體檢知器測定時，應注意之事項：

1.　使用氣體檢知器實施測定時，應先對檢知器施予漏氣試驗。

2.　應選用相同廠牌之檢知管與檢知器。

3.　檢知管之保存應避免日曬或高溫，使用前應注意其有效期限。

4.　應依現場實際濃度選用適當測定範圍之檢知管，儘量使用最高測定範圍之三分之二範圍內之檢知管。

5. 應定期檢查泵之吸氣量。

6. 依有害物之種類選用適當之檢知管，以避免發生干擾造成誤差。

十一、氧氣測定器：用於測定缺氧危險場所空氣中氧氣含量百分比，常用的測定方法有檢知管式、加凡尼電池式氧氣測定器等。

　　使用氧氣測定器時，應注意之事項：

(一) 測定者應熟知測定方法及缺氧預防措施，並依儀器廠商所定之使用方法操作。

(二) 測定者欲進入測定之場所前應佩戴個人防護具，並應置備緊急救難裝備及指定監督人員監視。

(三) 測定儀器應定期送請原廠檢查與校準。

(四) 測定器及感知器應妥善使用，切勿使其受到衝擊、碰擊或掉落。

(五) 測定前應於空氣新鮮處實施儀器校正，測定時應待測定器指示值穩定後再讀取測定數值。

(六) 在缺氧作業場所，欲測定空氣中氧氣濃度時，應由外部向內部逐步進行。

十二、可燃性氣體測定器：用以測定空氣中可燃性氣體或蒸氣濃度達爆炸下限百分比。

(一) 使用可燃性氣體測定器測定時，應注意之事項：

1. 依儀器廠商所定之使用方法操作。

2. 使用儀器前應先檢查電池電力是否足夠，測定前儀器應先歸零。

3. 測定儀器應定期送請原廠檢查與校準。

4. 校準時採用爆炸下限 25% ～ 50% 之測定範圍。

5. 測定場所中氧氣含量太高或太低都會影響測定結果。

(二) 可燃性氣體測定器測定如指針指 30%LEL 位置而後可燃性氣體之爆炸下限 (LEL) 如為 1% 時，則氣體在環境中之濃度為 $1 \times 30\% = 0.3$。

十三、可燃性氣體探測器 (碳氫化合物) 之動作原理及操作注意事項為何？

(一) 動作原理：當混有可燃性氣體的空氣通過測定器時，該氣體的分子會與測定器上的特殊活性絲極表面起氧化反應，當絲極的溫度上升將造成電阻直升高，且電阻與氣體濃度成正比，透過惠斯登電橋的作用之下，可以將讀數反映在儀表之上，讓監視人員了解目前可燃性氣體之濃度。

(二) 注意事項：

    1. 長時間不用時應卸下電池。

    2. 電池的更換應在非危險作業場所。

    3. 不可以碰到水與可用乾淨的軟布擦拭。

    4. 只適用於碳氫化合物的可燃性氣體。

    5. 應定期予以檢查與保養

(三) 判斷讀數：

    1. 正常 0% ～ 20%(綠色)。

    2. 注意 20% ～ 60%(黃色)。

    3. 危險 60% ～ 100%(橘色)。

    4. 爆炸 100% 以上 (紅色)。

    大於 30% 以上雇主或工作場所負責人應下令立即停工使勞工退避至安全場所。

十四、有害物在空氣中之濃度表示方法

(一) 氣體及蒸氣等氣態物質

    1. ppm 為百萬分之一單位，係指溫度在攝氏 25 度、一大氣壓條件下，每立方公尺空氣中氣狀有害物之立方公分數。

    2. mg/m^3 為每立方公尺毫克數，係指溫度在攝氏 25 度、一大氣壓條件下，每立方公尺空氣中粒狀或氣狀有害物之毫克數。

    3. l% = 10,000ppm。

(二) 粒狀有害物 (含纖維物質)

    1. mg/m^3。

    2. f/cc 為每立方公分根數，係指溫度在攝氏 25 度、一大氣壓條件下，每立方公分纖維根數。

十五、作業環境測定時使用之單位：

(一) 採光照明之單位：米燭光或勒克斯 (Lx)。

(二) 綜合溫度熱指數 (高溫作業) 之單位：℃。

(三) 火災爆炸之單位：%。

(四) 勞工噪音暴露之單位：分貝 (dBA)。

（五）有機溶劑氣體濃度 (如甲苯、二甲苯) 之單位：ppm 或 mg/m³。

（六）可吸入性粉塵之單位：mg/m³。

（七）鉻酸之濃度單位：mg/m³。

十六、可燃性氣體之測定

（一）試述燃燒式可燃性氣體測定器之測定原理。

答 燃燒式可燃性氣體測定器之測定原理如下：當混有可燃性氣體的空氣通過作為氧化觸媒之鉑極之燃燒室，加熱之白金絲溫度在著火溫度以上，使可燃性氣體氧化作用而產生熱量，而使白金絲溫度上升導致電阻增大。此電阻的改變與可燃性氣體的濃度成比正比，藉由惠斯頓電橋調整之電阻而顯示於儀表上，即可知可燃性氣體濃度達到爆炸下限之百分比。

（二）當可燃性氣體濃度，如高達 95% 時，以燃燒式可燃性氣體測定器予以測定時，請說明此型式測定器不能正確顯示作業環境實況之原因。

答 當可燃性氣體濃度，如高達 95% 時，以燃燒式可燃性氣體測定器予以測定時，雖儀器及電池均可正常操作但讀數可能為零，代表無可燃性氣體或蒸氣，亦可能暗示濃度太高致超過爆炸上限，因沒有足夠的氧促成燃燒。指針指不為零時，若將探測針取出移至空氣新鮮處，要是發現指針經過 LEL 進入爆炸範圍，然後再回到零點，則這種現象代表濃度太高，超過爆炸上限。

（三）在某一場所以此可燃性氣體測定器測定時，如其測定值讀取值為 60% 時，其所顯示之意義為何？

答 在某一場所以此可燃性氣體測定器測定時，如其測定值讀取值為 60% 時，其所顯示之意義為燃燒 (爆炸) 體積在 60%。

十七、進入可能缺氧場所進行氧氣濃度測定時，執行人員應注意：

1. 執行人員應事先考慮本身安全問題。

2. 儘量以儀器加裝延長管實施局限空間內之環測方式為之。

3. 如有必要進入局限空間內實施環測時，應戴用輸氣管面罩或空氣呼吸器以防止意外事故發生。

4. 使用氧氣檢知管時應注意是否仍在有效期限內。

5. 儀器使用前均需校準。

第 35 章
電氣安全

一、感電事故發生之原因及其預防對策：

(一) 原因：

1. 電氣作業中觸及帶電部位。

2. 電氣設備漏電並觸及漏電處所。

3. 電氣配線絕緣披覆老化、損傷觸及露出電線或開關外蓋破損觸及內部帶電部位。

4. 其他，如作業時觸及工作燈或燈座。

(二) 預防對策：

1. 小電壓法。　　　　　　2. 遙控方式。

3. 減低電路對地電壓。　　4. 非接地配電方式。

5. 電氣設備接地。　　　　6. 裝設漏電斷路器。

7. 電氣設備的定期檢查。　8. 電氣作業時採取適當安全措施。

9. 其他防止感電措施。

二、電氣設備接地之目的，並請繪圖說明接地電阻之測量方法及接地故障原因：

(一) 電氣設備接地之目的：

1. 機器絕緣物劣化、損傷等而發生漏電時，防止感電。

2. 高低壓混觸，高壓電流經接地迴路以免造成危害。

3. 機器及配電線發生異常電壓時，抑制對地電位，可減少絕緣所需強度。

4. 配電線、輸電線、高低壓母線等發生接地故障時使電驛動作確實。

5. 防止雷擊災害。

(二) 接地電阻之測量方法

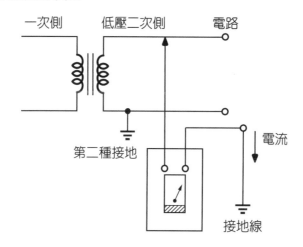

一次側　　低壓二次側　　電路

第二種接地

電流

接地線

(三) 接地故障發生原因多為礙子、電線、電纜絕緣、開關、變壓器、電動機等自然劣化或製造、施工不良及保養不良所致。

三、漏電斷路器

電氣設備內部絕緣破損或劣化產生漏電電流，若電流大則電路上之過電流保護裝置動作，切斷電路，但若漏電電流甚小則一般過電流保護裝置並不會動作，此時若機器設備之金屬外殼接地良好，則其尚可保持在安全電壓以下，但如接地不良則其金屬外殼帶有危險電壓，此時人體觸及成為其迴路之一部份必遭電擊，導體與之接觸必產生火花可能導致火災或爆炸，漏電斷路器之設計即在檢測電路漏電狀態而將電路切斷。

依職業安全衛生設施規則規定，下列情形應裝設漏電斷路器：

1. 使用對地電壓超過 150 伏特以上之移動式或攜帶式電動機具。

2. 於含水或被其他導電度高之液體濕潤之潮濕場所。

3. 鋼板上、鋼筋上導電性較高之場所使用移動式或攜帶式電動機具。

四、活線作業及活線接近作業時應採取之安全措施：

(一) 使作業勞工使用絕緣用防護具。

(二) 使作業勞工使用活線作業用器具。

(三) 於電路裝置絕緣用防護裝備。

(四) 作業人員使用工具，作業時不得作傳送接受之動作。

(五) 使用鐵管等導電性長物件應防止感電，必要時應派人監視。

(六) 活線接近作業時，對於裸導體充電部分應保持在安全距離之內。

(七) 有因身體等之接觸或接近該電路引起感電之虞者，應設置護圍、或於該電路四周裝置絕緣用防護裝備等設備或採取移開該電路之措施。

五、自動電擊防止裝置防止感電的方式及需使用自動電擊防止裝置的狀況：

電焊機自動電擊防止裝置，使電焊機二次側迴線電壓僅在電弧發生時間內上升至工作電壓，電弧一旦中斷，二次側迴線電壓即自動降至 25V 以下。

依職業安全衛生設施規則規定，雇主對於良導體機器設備內之狹小空間，或於鋼架等致有觸及高導電性接地物之虞之場所，作業時所使用之交流電焊機，應有自動電擊防止裝置。

六、電氣火災：電氣火災是與電有關之設備或通電之設備，因某種原因使正常之迴路發生異常生熱，致著火成災謂之；電氣火災又稱 C 類火災，指通電中之電氣設備發生之火災。

(一) 發生原因

1. 過電流

(1) 短路。

(2) 接地 (漏電)。

(3) 過載。

2. 電氣火花及電弧

(1) 高壓放電火花。

(2) 短時間之電弧放電。

(3) 接點動作時之微小火花。

3. 接觸不良。

4. 電熱器、電氣乾燥箱等使用或裝置不良。

5. 漏電火災。

(二) 預防對策

1. 電線不超過其安全電流。

2. 電線與器具連接應確實。

3. 電動機不可超載使用。

4. 電動機、變壓器等電氣機械應定期檢查其絕緣電阻，確定在安全限度內。

5. 檢查絕緣電線、電氣器具有無損傷、包紮有無不良。

6. 電氣開關周圍不得放置易燃物品。

7. 電氣配線與建築物間應保持充分安全距離。

8. 有引起火災爆炸之虞之危險場所應使用適於該場所之防爆型電氣設備。

9. 電熱器具注意不得接觸易燃物品，電氣乾燥爐 (箱) 內乾燥物不得過熱，若含有易燃性成分時，應設有良好排氣設施。

10. 不得擅自使用銅絲、鐵絲代替保險絲使用。

七、過電流保護器之目的及原因：

屋內配線及電氣器具的線圈，如遇過載而使溫度上升時，其絕緣材料性能會逐漸劣化，如過載嚴重，甚至引起火災，裝置過電流保護器之目的，即在當電路上的導線或電氣器具負載電流達到一數值時，能立即開斷電路，而免導線溫度上升危及絕緣物。

過電流之原因有下列各點：

1. 由於過載而發生過電流。

2. 由於短路而發生過電流。

3. 由於漏電而發生過電流。

4. 由於接地不良而發生過電流。

八、危險場所之電氣設備防爆構造：

(一) 耐壓防爆構造。

(二) 內壓防爆構造。

(三) 油浸防爆構造。

(四) 安全增防爆構造。

(五) 本質安全防爆構造。

(六) 特殊防爆構造。

九、工業界容易產生靜電的製程有：

(一) 氣體、液體或粉塵之輸出噴送工程。

(二) 液體之混合、攪拌、過濾工程。

(三) 固體之混合、篩濾等工程。

(四) 固體之粉碎工程。

(五) 管路內液體之流動工程。

十、靜電危害性及其防止對策：

　　(一) 靜電引起的危害有：

　　　　1. 電擊。

　　　　2. 放電火花引起火災爆炸：靜電火花之能量如高於可燃性氣體或易燃液體蒸氣之最小著火能量，則引起著火爆炸。

　　(二) 防止對策：

　　　　1. 接地

　　　　　　(1) 導體部分接地。

　　　　　　(2) 移動性容器及裝置接地。

　　　　　　(3) 轉動部分接地。

　　　　　　(4) 橡皮管噴嘴接地。

　　　　2. 使用導電性之材料。

　　　　3. 加濕 (相對溼度 65% 以上)。

　　　　4. 游離化。

十一、停電作業管理

　　電路開路後從事該電路、該電路支持物，或接近該電路工作物之敷設、建造、檢查、修理、油漆等作業時，應於確認電路開路後，就該電路採取下列設施：

　　(一) 開路之開關於作業中，應上鎖或標示「禁止送電」、「停電作業中」或設置監視人員監視之。

　　(二) 開路後之電路如含有電力電纜、電力電容器等致電路有殘留電荷引起危害之虞者，應以安全方法確實放電。

　　(三) 開路後之電路藉放電消除殘留電荷後，應以檢電器具檢查，確認其已停電，且為防止該停電電路與其他電路之混觸，或因其他電路之感應，或其他電源之逆送電引起感電之危害，應使用短路接地器具確實短路，並加接地。

　　(四) 停電作業範圍如為發電或變電設備或開關場之一部分時，應將該停電作業範圍以藍帶或網加圍，並懸掛「停電作業區」標誌；有電部分則以紅帶或網加圍，並懸掛「有電危險區」標誌，以資警示。

　　(五) 作業終了送電時，應事先確認從事作業等之勞工無感電之虞，並於拆除短路接地器具與紅藍帶或網及標誌後為之。

十二、何謂「絕緣電阻」？

(一)定義

絕緣電阻是受驗機器之絕緣體貫穿其本體或溜越其表面之直流電流之電阻值，通常以 MΩ 表示之。

(二)試述絕緣電阻測定的目的。

絕緣電阻測定對電氣設備故障的診斷與預知都很有幫助，當設備故障時只要進行絕緣電阻測試，就可以了解故障的部位在那裡；相反的當機器沒有發生故障，只要利用絕緣電阻測試，就可以預知故障的地方在哪。絕緣電阻測試機的地位就像是醫院的 X 光機一樣重要。

(三)試述以絕緣電阻測定器測量之安全注意事項？

1. 關電並接地，受驗機器須不帶電，將受驗機器停轉並切開分斷開關並掛接地線。

2. 連接試驗用連接線至受驗機器時需戴橡膠手套。

3. 應完全放電，當試驗大容器或電纜之絕緣電阻時，其靜電容量大，可能蓄積相當大之電能，故每次試驗完畢時或連接試驗用連接線之前，必須確知此等電能已放電。

4. 在爆炸性物質附近作試驗時，需注意火花之發生。

十三、試說明防止靜電產生或累積，在採取對策時應注意的一般原則(列舉五項)。

防止靜電產生或累積，在採取對策時應注意下列原則：

1. 確實接地(固定設備、移動設備、旋轉體、特殊設備)。

2. 避免產生新的靜電危害。

3. 電荷有效分離。

4. 有效降低管路內液體流動速度。

5. 增加空氣中之濕度。

十四、請列舉說明四種電氣設備防爆構造之防爆原理。

(一)耐壓防爆構造

耐壓防爆構造之電氣機器，是電氣機器周圍存有爆炸性氣體，因隨著電氣機器之操作，產生呼吸作用等時，而進入電氣機器內接觸起火源而產生爆炸，因為組織電氣機器之耐壓容器產生爆炸時，可以承受壓

力之外，同時也不會波及至容器周圍之爆炸性氣體之構造。作爲不會波及至容器周圍及爆炸氣體之辦法，於容器接合面設有安全間隙 (safe gap：安全間隙或單以間隙稱呼並以 W 表示) 及深度 (間隙之深度以 L 表示)，因爲爆炸火焰於比安全間隙還小之間隙內是不會傳播的，容器所有的接合面之間隙比安全間隙還小的話，可以防止火焰擴及容器之周邊。但是，即使此構造能保證容器自身之防爆性，但於容器內產生爆炸時，應了解容器內藏物可能有損傷，而電氣機器原有之機能也不能保證原有機能。因此，因爆炸而損傷，例如工場安全運轉中，必須瞭解決不可靠近會產生重大影響之電氣機器等。

(二) 油浸防爆構造

此構造是將發生電氣火花或高溫部分，沈放入絕緣油中之深處。隔離電氣機器周圍及使其不接觸存在於油面上之爆炸性氣體之容器。正是具有防爆基本條件，可以阻止起火源與爆炸性氣體共存之構造。所以，保持適當油面位是必要條件。因此，油位之顯示及油位之確保是不可缺少之條件，例如油位計破損，絕緣油洩漏，也要採取不使起火源露出構造之對策，更進一步，必須特別考慮到油劣化，容器內之油面上之防爆對策及保養點檢時之容器開放作業等。該構造因與爆炸等級無關 (只要採取之防止爆炸對象用於變壓器等無開關接點之捲線比較有效)。但是，大電流開關器等，因爲必須確認油面上之爆炸性氣體不會發火等，所以必須愼重處理。

(三) 內壓防爆構造

此構造是自無危險場所引入無爆炸性氣體混入之清淨空氣，或輸入惰性氣體 (稱爲保護氣體)，電氣機器內之壓力要保持比周圍壓力高 (最低也要水柱 5mm) 隔離周圍之爆炸性氣體及電氣機器內之起火源等防爆構此構造是內壓保持方式，根據保護氣體之輸送方式不同，可分類爲通風方式、密封方式及稀釋方式。

(四) 安全增防爆構造

此構造不是直接安裝防爆要件之構造，除了電氣機器之構造要件中加入安全增防爆性之製造外，更進一步要求電氣機器之使用者進行正確之設置、操作、保養、保護裝置之設定等，使發火源機率變小，結果可得到防爆性構造。因此，該構造於正常狀態下 (並非理想之狀態，而是現實之生產設備額定範圍內使用狀態之意思) 電氣機器之任何部份，只適用於不成爲起火源之電氣火花發生部位，及有高溫部位之電氣機器，使用中爲了防止這些電氣火花或高溫產生，關於結構及溫度上昇，

該構造是特別能增加該等安全度之構造。

(五) 本質安全防爆構造

本質安全防爆構造,是電氣機器於正常狀態及事故發生時,設計及製作回路使得電氣火花及高溫部之低電壓、小電流,使得爆炸性氣體不發火之防爆構造,讓構造對爆炸性氣體不發火是藉由火花點火試驗與其他試驗等加以確認過之構造。

該構造之電氣機器,對於其設置場所中存在之爆炸性氣體不曾發火,已經經過確認,具有極高之防爆性能。但是,該防爆構造若與其他電氣回路混合接觸或自其他電氣回路受到靜電誘導,或者受到電磁誘導時,有可能失去其防爆性。因此,配線工程等作業時,應採取充分之防範對策 (配線中所容許之電壓及電容容量,或自其他電氣回路之影響等) 可以保持初期之防爆性之構造。而且,使用此種防爆構造之電氣機器時,因為回路結構、零件規格及零件配置、安裝方法等,會造成本質安全防爆性之重大影響,因此回路零件之變更及改造時必須謹慎。

(六) 特殊防爆構造

該構造是上述五種類技術性手段以外,為防止電氣機器成為發火源,為了保持防爆性,檢討每個成為對象之電氣機器的構造、額定、規格、材料、使用方法、保護方法等相關之各個要件,並決定,除此之外,這些要件是根據試驗等檢證其適合性,以達到初期之特殊防爆構造。

十五、試列舉說明電氣接地之種類,並分別說明各類接地之作用及目的。

(一) 接地的類別

電氣工作物之接地依電氣系統或設備之區別可分為下列三種:

1. 高低壓用電設備非帶電金屬部份之接地,簡稱為高壓或低壓設備之「設備接地」

2. 屋內線路屬被接地之一線再接地者,簡稱者「內線系統接地」。

3. 配電變壓器之二次側低壓線或中性線之接地,簡稱為「低壓電源系統之接地」。

(二) 接地之目的

接地的目的可歸納如下:

1. 使電力系統網路的中性線 (點) 保持與大地同電位。

2. 輸配電線路高低壓線發生接地故障時,使電驛動作以驅動斷路器啟斷電源。

3. 電氣設備、電線絕緣劣化、損壞等原因發生漏電時，防止感電。

4. 高低壓混觸，高壓電流可流經接地網路，以防人觸感電。

5. 電氣設備及配電線發生異常電壓時，可抑低對地電位，減少絕緣所須強度，防止電氣設施燒損。

6. 防止雷擊造成的災害 (避雷接地)。

7. 停電線路工作接地，防止逆送電、誤操作等感電災害。

十六、電氣設備及低壓電源系統接地之接地電阻有何規定？如何測量其接地電阻？

(一) 規定如下：

種類	適用場所	電　阻　值
特種接地	三相四線多重接地系統供電地區用戶變壓器之低壓電源系統接地，或高壓用電設備接地	10Ω 以下
第一種接地	非接地系統之高壓用電設備接地	25Ω 以下
第二種接地	三相三線式非接地系統供電地區用戶變壓器之低壓電源系統接地，或高壓用電設備接地	50Ω 以下
第三種接地	1. 低壓用電設備接地。 2. 支持低壓用電設備之金屬體接地。	1. 對地電壓 150V 以下～100Ω 以下。 2. 對地電壓 151V 至 300V ～ 50Ω 以下。 3. 對地電壓 301V 以上～10Ω 以下。

(二) 測量方法

1. 將接地極 (E)、電壓極 (P) 及電流極 (C) 並列在一直線上，並各相距 10m，電壓極 (P) 應在接地極 (E) 與電流極 (C) 之間。

2. 將 E、P、C 連接線連至接地電阻測定器之 E、P、C 連接頭上。

3. 搖動發電機 (如係電晶體自動式，僅須按下按鈕) 約以 150rpm 迴轉，調測量旋鈕，使檢流計指示在中間零點位置，讀取旋鈕上之刻度數值，即所測定之接地電阻。

十八、解釋名詞：「電氣設備接地」

電氣設備接地係指將高低壓電氣設備之非帶電金屬部份接地。此非帶電金屬部份包括：金屬導線管、金屬線槽、電纜之金屬裝甲、出線匣、電動機框架、變壓器外殼(乾式變壓器除外)、斷路器之裝甲保護箱、電動機操作器等金屬外箱及各種電氣設備之金屬外箱。

十九、

(一)試簡述四種防爆電氣構造及其原理。

(二)今在處理二乙基醚(燃點 170℃，最大安全間隙 MESG = 0.55mm)之作業場所，欲設置耐壓及增加安全型防爆電氣，請依照下列溫昇等級判定表及物料等級與 MESG 判定表，規劃所需安全規格。

溫昇等級判定表

物質燃燒點 (℃)	溫昇等級
85 ～ 100	G6(T6)
100 ～ 135	G5(T5)
135 ～ 200	G4(T4)
200 ～ 300	G3(T3)
300 ～ 450	G2(T2)
≥ 450	G1(T1)

物料等級與 MESG 判定表

物料等級		最大安全間隙 (mm) (MESG)
我國	歐盟	1
IIA	≥ 0.6	2
IIB	0.6 ～ 0.4	3
IIC	< 0.4	

答（一）防爆電氣構造之種類及其原理：

1. 耐壓防爆構造

   耐壓防爆構造係指當漏洩可燃性氣體進入機器內部，於該處發生電氣火花而引起爆炸時，以此爆炸力也不致破壞該機器之具有強固之構造，在組配機器時，縮減接觸面之間隙，當機器內部發生爆炸時之火焰於傳播時被冷卻，不致成為滯存在機器四周之漏洩氣體之著火源之構造。一般廣泛使用於電動機、開閉器（開關類）、照明器具等。

2. 內壓防爆構造

   內壓防爆構造係將電氣機器收容於全密閉型套箱內，於其內部導入清淨（不含漏洩之可燃性氣體之謂）空氣或惰性氣體，使其內部壓力大於大氣壓，不使漏洩於該機器四周之氣體進入機器內部之構造者。主要適用於電動機。

3. 油入防爆構造

   油入防爆構造係將可發生電火花、電弧等之部分浸漬在絕緣油中之構造者。主要適用於開關、控制器等。內部之絕緣油量應隨時保持於正常之液位。

4. 安全增防爆構造

   安全增防爆構造係指電氣機器在額定以下之負荷下正常運轉或通電時，其可過熱或易於發生電火花部分之絕緣或溫升項目以較一般規範為嚴格之規格加以規制者。

（二）各類防爆電氣結構名稱及代號

型式	耐壓防爆	安全增防爆	本質安全防爆	無火花防爆	內壓防爆	油入防爆	充填防爆	模注防爆	特殊防爆
代號	d	e	i	n	p	o	q	m	s

選用特定之防爆構造方式有其適用之區域場所等級，其對應之關係如下表所示：

各種場所與適用防爆構造之關係

區域等級	0 區	1 區	2 區
防爆構造	i, s	d, p, q, o, e, i, m	d, p, q, o, e, i, m, n

依 CNS 3376-1038：

0 種場所－可能連續產生爆炸之氣體，其濃度在爆炸下限以上。

1 種場所－在正常狀態下，有可能產生危險之場所。

2 種場所－在異常狀態下，有可能產生危險之場所。

每一種防爆器具都必須有包括：器具的構造、適用氣體族群與適用易燃氣體自燃溫度等級三個分類標示之規格。

因此，處理二乙基醚 (燃點 170°C，最大安全間隙 MESG = 0.55mm) 之作業場所，

> (1) 若設置耐壓型防爆電氣，則其安全規格為：d IIB G4

> (2) 若設置增加安全型防爆電氣，則其安全規格為：e IIB G4

十九、試回答下列問題：

(一) 人體會因觸電而產生感電危害，若在 110V、60Hz 下，人體之不可脫逃電流為 16mA，一般人在皮膚乾燥時約相當 100kΩ 電阻，在全身濕透約相當 5kΩ 電阻，試計算作業勞工在皮膚乾燥與汗流浹背時接觸 110V、60Hz 電源，其感電電流各為何 (不考慮地板電阻)？並比較其危害後果？

(二) 試說明電氣設備裝置漏電斷路器之目的為何？及應設置漏電斷路器之場所為何？試列舉 8 項。

> 答 (一) 在皮膚乾燥與汗流浹背時接觸 110V、60Hz 電源
>
> 在皮膚乾燥時，電阻約 100kΩ，其感電電流 (I_1)：
>
> $110 = I_1 \times 100,000$
>
> $I_1 = 1.1$ mA
>
> 在汗流浹背時，電阻約 5kΩ，其感電電流 (I_2)：
>
> $110 = I_2 \times 5,000$
>
> $I_2 = 22$ mA
>
> 因此，在汗流浹背時，其感電電流為 22mA，已超越人體之不可脫逃電流。

(二) 用電設備遇有漏電易致人員感電傷亡或招致災害者，裝置漏電斷路器可發揮保護作用。應設置漏電斷路器之場所如下：

(1) 建築或工程興建之臨時用電設備。

(2) 游泳池、噴水池等場所水中及周邊用電設備。游泳池、噴水池等場所水中及周邊用電設備。

(3) 公共浴室等場所之過濾或給水電動機分路。

(4) 灌溉、養魚池及池塘等用電設備。

(5) 辦公處所、學校和公共場所之飲水機分路。

(6) 住宅、旅館及公共浴室之電熱水器及浴室插座分路。

(7) 住宅場所陽台之插座及離廚房水槽一‧八公尺以內之插座分路。

(8) 住宅、辦公處所、商場之沉水式用電設備。

(9) 裝設在金屬桿或金屬構架之路燈、號誌燈、廣告招牌。

(10) 人行地下道、路橋用電設備。

(11) 慶典牌樓、裝飾彩燈。

(12) 由屋內引至屋外裝設之插座分路。

(13) 遊樂場所之電動遊樂設備分路。

(14) 對地電壓超過 150 伏之路燈線路。

第 36 章
機械安全防護

一、依職業安全衛生設施規則規定，雇主對於下列機械、設備與器具，應有安全防護設備，其設置應依機械設備器具安全標準規定辦理：

(一)動力衝剪機械。

(二)手推刨床。

(三)木材加工用圓盤鋸。

(四)動力堆高機。

(五)研磨機、研磨輪。

(六)防爆電氣設備。

(七)動力衝剪機械之光電式安全裝置。

(八)手推刨床之刃部接觸預防裝置。

(九)木材加工用圓盤鋸之反撥預防裝置及鋸齒接觸預防裝置。

(十)其他經中央主管機關指定者。

二、機械運動造成人體危害之型式

(一)平移：撞擊、擠壓、刺戳、切割、拖帶和提升等型式的危害。

(二)轉動：捲入、切割、擠夾及飛擊等型式的危害。

三、機械危害點之防護方式

(一)護罩(圍)法：將工作點完全封閉或在人體與機件之間設置靜止的材料以隔開危害的傳送，如設置傳動軸、皮帶、鏈條等方法。

(二)連鎖法：其動作原理為「防護未裝上，機械不能啟動，防護必須裝上，機械始可啟動。」亦即，當打開或移除防護物時，可使機械的動力切斷，除非重新裝上防護物，否則機器無法再啟動或循環。

連鎖法的種類有機械連鎖、電氣連鎖、光電連鎖及電容連鎖等四種。

(三) 自動法：自動法包括下列二種：

    1. 手或身體的任何部位靠近危險區域內，感應器即能感應出信號而切斷電源，使機件無法作動，除非手或身體任何部位，離開危險區域否則機器無法啓動。

    2. 利用連桿機構，使機件於運動中同時帶動防護物防止機械啓動後，手或身體仍在危險區域內。

(四) 遙控操作法：爲使操作員在按下啓動按鈕，衝頭或滑塊尙未與模具閉合之前，避免手伸進操作點，故按鈕必須距操作點相當距離，且必須兩手同時按下，才能啓動，藉此使雙手於機械運動時無法置於危險區域內。

(五) 改善進料、出料方法：採用機械進料及出料可減少人工進出料的危害。

    改善進料的方法有：

    1. 以工具代替手。　　2. 全自動式。

    3. 半自動式。

    改善出料的方法有：

    1. 重力法。　　2. 震動法。

    3. 吹出法。

四、機械防護之十大基本原理

(一) 一般性原理：設定之安全裝置非有關人員不得進入，有關作業人員必須有特別防護措施，方可進入。

(二) 非依存性原理：作業過程中之安全措施操作及控制，不應依存於作業人員的注意力及不懈精神。

(三) 機械化原理：應用機械化或自動化，能減少災害發生。

(四) 經濟性原理：安全裝置不可阻礙工作或增加工時。

(五) 關閉原理：危險區域或危險時間，應予閉鎖，非有關人員不得進入。

(六) 保證原理：具有高信賴度，維持長久效能。

(七) 全體性原理：一次安全裝置後，不得引起相關危害。

(八) 複合原理：在搬運、組合、拆卸、保養及修護期間也應同時考慮安全。

(九) 輕減原理：不可因採取安全措施使作業者之勞動量超過生理正常負荷。

(十) 結合原理：將機械啓動裝置與安全裝置強制結合，安全裝置發生作用後，機械始可動作。

五、衝剪機械之安全防護方法：

    (一) 安全護圍

    (二) 安全裝置

        1. 連鎖防護式安全裝置：滑塊等在閉合動作中，能使身體之一部無介入危險界限之虞。

        2. 雙手操作式安全裝置：

           (1) 安全一行程式安全裝置：在手指按下起動按鈕、操作控制桿或操作其他控制裝置 (以下簡稱操作部)，脫手後至該手達到危險界限前，能使滑塊等停止動作。

           (2) 雙手起動式安全裝置：以雙手作動操作部，於滑塊等閉合動作中，手離開操作部時使手無法達到危險界限。

        3. 感應式安全裝置：滑塊等在閉合動作中，遇身體之一部接近危險界限時，能使滑塊等停止動作。

        4. 拉開式或掃除式安全裝置：滑塊等在閉合動作中，遇身體之一部介入危險界限時，能隨滑塊等之動作使其脫離危險界限。

    (三) 使用手工具送料退料，避免直接用手送料退料。

    (四) 警報裝置。

    (五) 動力遮斷裝置。

    (六) 緊急制動裝置。

六、雇主對於機械之掃除、上油、檢查、修理或調整有導致危害勞工之虞時，應採取措施有：

        1. 應停止相關機械運轉及送料。

        2. 為防止他人操作該機械之起動等裝置或誤送料，應採上鎖或設置標示等措施，並設置防止落下物導致危害勞工之安全設備與措施。

        3. 前項機械停止運轉時，有彈簧等彈性元件、液壓、氣壓或真空蓄能等殘壓引起之危險者，雇主應採釋壓、關斷或阻隔等適當設備或措施。

        4. 第一項工作必須在運轉狀態下施行者，雇主應於危險之部分設置護罩、護圍等安全設施或使用不致危及勞工身體之足夠長度之作業用具。

5. 對連續送料生產機組等，前項機械停止運轉或部分單元停機有困難，且危險部分無法設置護罩或護圍者，雇主應設置具有安全機能設計之裝置，或採取必要安全措施及書面確認作業方式之安全性，並指派現場主管在場監督。

七、研磨機之使用應注意事項及最高使用周速度之計算：

(一)研磨機之使用，應注意下列事項：

1. 研磨輪應採用經速率試驗合格且有明確記載最高使用周速度者。

2. 速率試驗，應按最高使用周速度增加百分之五十為之。

3. 研磨機之使用不得超過規定最高使用周速度。

4. 研磨輪使用，除該研磨輪為側用外，不得使用側面。

5. 研磨機使用，應於每日作業開始前試轉一分鐘以上，研磨輪更換時應先檢驗有無裂痕，並在防護罩下試轉三分鐘以上。

6. 研磨機應裝設護罩，以防護轉動切割及碎片飛出等動作傷害。

(二)周邊速度之計算公式如下：

$$V = \pi DN$$

V：周邊速度 (公尺 / 分)

D：直徑 (公尺)

N：研磨輪轉速 (rpm)

研磨機之研磨最高使用速率應大於前述公式所求得之周邊速度，以符合安全要求。

八、依「職業安全衛生設施規則」規定，下列各項機械應設置之安全防護裝置：

(一)離心機械

對於離心機械，應裝置覆蓋及連鎖裝置，連鎖裝置，應使覆蓋未完全關閉時無法啟動。

(二)射出成型機

對於射出成型機、鑄鋼造形機、打模機等，有危害勞工之虞者，應設置安全門、雙手操作式啟動裝置或其他安全裝置，安全門應具有非關閉狀態即無法啟動機械之性能。

(三) 滾輾橡膠之滾輾機

　　對於滾輾橡膠、橡膠化合物、合成樹脂之滾輾機或其他具有危害之滾輾機，應設置於災害發生時，被害者能自己易於操縱之緊急制動裝置。

(四) 滾輾紙之滾輾機

　　對於滾輾紙、布、金屬箔等或其他具有捲入點之滾軋機，有危害勞工之虞時，應設護圍、導輪等設備。

(五) 研磨機之研磨輪

　　研磨輪應設置防護罩。

九、與機械安全有關的法令有：

(一) 職業安全衛生法。

(二) 職業安全衛生法施行細則。

(三) 職業安全衛生設施規則。

(四) 機械設備器具安全標準及各種危險性機械之構造標準。

十、名詞解釋：

　　導輪：導輪之設計原理為將一端裝設於被自由支撐之支架之先端之導輪，置於滾筒之捲入點；新物料輸送時，手如接近滾筒面，則導輪向上或向下移動而與滾筒接觸，因迴轉方向變成逆向而將手排出。

　　達距：係指安裝機械危險部分應避免身體侵入，保持安全的空間。

十一、在消除機械危險減少人體在機械危險中的暴露的考量下，下述狀況請予處理：

車床頭座夾持的加工元件甚長，向左方伸出且有偏離其旋轉中心線之虞，此際應有何等危險狀況發生？

對上述情形其使用護欄加以保護，請參照下圖的達距曲線說明該護欄高度和預期的危險區之間關係應如何安排？

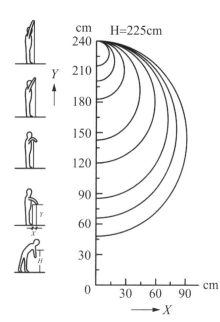

　　答 車床頭座夾持的加工元件甚長，向左方伸出且有偏離其旋轉中心線之虞時，由於旋轉中的條形材料，受到離心力作用，可能彎曲變形而轉動，易傷及車床周圍的

人員，且愈轉愈偏，愈容易打傷車床周圍的人員。

所謂達距，係指人體各部分與機械危險點之間相對距離關係。

上圖中：

X：表示人體各部分與機械危險點之間相對距離。

Y：表示人體各種作業姿勢之高度。

H：表示護圍的高度。

只要知道 X 值及 Y 值，即可求出 H 值。例如；已知 X 為 30cm，Y 最大值為 120cm，則由上圖達距曲線可求得護圍的高度 (H) 為 165cm。

十二、有某類機械器具事業單位在採用時，應該依照職業安全衛生法第七條規定，選擇合於中央主管機關所定「安全標準」之規定供勞工使用執行你的選擇任務時，請問：此項「安全標準」現在涵蓋的是那些機械、設備與器具？何謂「型式驗證」？你如何得知某台機械已經通過了「型式驗證」。

答 (一) 此一「安全標準」涵蓋動力衝剪機械、手推刨床、木材加工用圓盤鋸、動力堆高機、研磨機、研磨輪、防爆電氣設備、動力衝剪機械之光電式安全裝置、手推刨床之刃部接觸預防裝置、木材加工用圓盤鋸之反撥預防裝置及鋸齒接觸預防裝置等機械、設備與器具。

(二) 所謂「型式驗證」，指由驗證機構對某一型式之機械、設備或器具等產品，審驗符合安全標準之程序。其檢定程序如下：申請人就受型式驗證之機械、設備與器具，檢具與該標準相關部分之圖面、性能及結構說明書等書面文件，向驗證機構提出申請。驗證機構受理申請後，應為驗證，並為其他必要之測試。經檢定確認符合標準規定者，應將合格之標識，張貼於該機械、設備與器具，並發給證明書；不符合規定者，則以書面說明理由，退還申請人。

(三) 驗證機構對經型式驗證合格之機械、設備與器具，皆會依型式類別發給型式驗證合格證明書，並告知申請人於型式驗證合格之機械、設備與器具明顯處，張貼型式驗證合格標識，以資識別。據此，若欲得知某台機械是否已通過「型式驗證」，可要求生產該機械、設備與器具之廠商提供型式驗證合格證明書及驗證合格標識。

十三、下圖是一台牛頭刨床，是一種可以調整衝程之切削機械，請回答下列問題：它的危險是何性質？存在於何處？並請用箭頭及文字指示出來。牛頭刨床安全裝置為何？

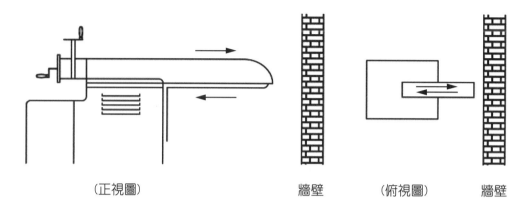

（正視圖）　　　　　　牆壁　　（俯視圖）　　　牆壁

在佈置設計上考量，請在俯視圖上依照安全原則畫出操作空間 (安全)、餘裕空間、隔離 (受防護的) 空間等的大概方位。

🖎 (一) 牛頭鉋床之危險 (災害類型) 是以夾傷、燙傷、捲傷及切割傷等傷害為主。

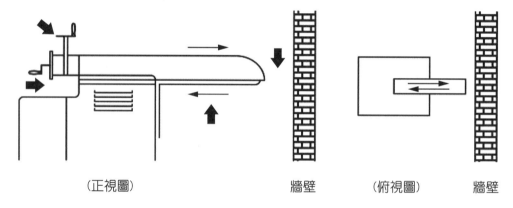

（正視圖）　　　　　　牆壁　　（俯視圖）　　　牆壁

(二) 牛頭鉋床之主要潛在危害來自於勞工身體接觸機器的移動部分；被夾於工具及工件之間、工件及機器之間、或機器移動及固定部分之間，及被彈射的切削屑割傷等。

(三) 牛頭刨床之安全裝置：

　　1. 牛頭鉋床的安全裝置以護圍為主，其滑板等之衝程部分應設置護罩、護圍等設備。

　　2. 傳動皮帶及傳動輪應加裝金屬護圍，護圍加裝時應考慮維修及保養及加油的便利性。

　　3. 若是為皮帶帶動的牛頭鉋床，應裝有作業員易於接觸的皮帶鎖定轉換器。

4. 若是為馬達帶動以及配有電動速度調整裝置之牛頭鉋床，帶電部分應採取保護裝置，以防觸電。啟動及停止裝置應安裝於機台上，操作員易於接觸之處。

5. 所有電線及裝置應符合相關電器法規規定。

6. 工具周圍應安裝防止切削屑或物件彈射的護圍。

7. 當牛頭鉋床與牆或其他阻礙物之距離低於 18 吋 (45.7 公分) 時，或位於走道旁，其衝頭行程末端與走道之間的距離應以金屬圍欄或同等之圍欄加以防護。

(四) 操作空間 (安全)、餘裕空間、隔離 (受防護的) 空間等的大概方位：

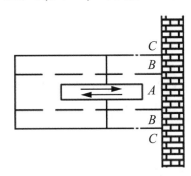

其中：
A區：隔離空間。
B區：餘裕空間。
C區：操作空間。

十四、衝剪機械之運作為每分鐘 150 行程，其齒輪嚙合處共 14 處，試說明若採用雙手起動式安全裝置，則自按鈕至危險界限之最小距離為何？

❷ 雙手起動式安全裝置之按鈕與危險界限間之距離，計算方式如下：

$D > 1.6T_m$

曲柄軸旋轉一週所需時間 = 60/150 = 0.4 秒 = 400 毫秒

T_m = 手指離開按鈕等至滑塊抵達下死點時之最大時間 (毫秒)

= (1/2 + 1/ 離合器嚙合處之數目) × 曲柄軸旋轉一週所需時間

= (1/2 + 1/14) × 400

= 228.6 毫秒

所以，D > 1.6 × 228.6 = 365.8 公厘

亦即，自按鈕至危險界限之最小距離為 365.8 公厘

十五、一般機械器具都有運動能量，其運動能量為何？所造成的傷害有哪些？

❷ (一) 一般機械器具都有其運動能量，其運動能量來自電能、機械能、位能、熱能……等。任何機械設備的任何零組件，在正常操作狀態或是異常狀態時，若會產生危害能量 (指超過人體所能承受的任何型式的能量) 者，皆有潛在的危害。

(二) 所造成的傷害以切、割、夾、捲為主，其他的災害型態如撞擊、碰撞、飛射等也會發生。

十六、雙手操作式安全裝置中，安全一行程式安全裝置應具有之機能為何？雙手起動式安全裝置應具有之機能為何？安全一行程式安全裝置，其按鈕與危險界限間之距離如何計算？雙手起動式安全裝置之按鈕與危險界限間之距離如何計算？

答 (一) 安全一行程式安全裝置：在手指自按下啟動按鈕或操作控制桿，脫手後至該手達到危險界限前，能使滑塊等停止動作。

(二) 以雙手操作按鈕等，於滑塊等動作中，手離開按鈕等時，使手無法達到危險界限。

(三) $D > 1.6(T_1 + T_s)$；
T_1 = 手指離開按鈕等時至緊急停止機構開始動作之時間 (毫秒)，
T_s = 緊急停止機構開始動作時至滑塊停止之時間 (毫秒)。

(四) $D > 1.6T_m$；
T_m = 手指離開按鈕等至滑塊抵達下死點時之最大時間 (毫秒)。

十七、金屬加工用之衝剪機械，操作者手指及前肢傷害實多者，試述其災害防止對策及安全裝置種類及機能。並請說明金屬模的安裝、拆模、調整及試模應注意事項。又，目前行政院勞動部對於推動衝剪機械安全採取的行政措施。

(一) 災害防止對策如下：

1. 雇主對於衝剪機械之選用應選用符合型式驗證之衝剪機械。

2. 雇主應交辦安全衛生管理單位及人員，執行有關衝剪機械之安全衛生管理事項。

3. 對於衝剪機械應依職業安全衛生管理辦法規定，定期施行自動檢查與作業檢點。

4. 雇主應會同勞工代表制訂相關之安全衛生工作守則。

5. 會同有關人員制定衝剪機械之安全作業標準。

6. 應派遣相關人員接受適當之安全衛生教育訓練。

(二) 安全裝置種類及機能

1. 連鎖防護式安全裝置

2. 雙手操作式安全裝置。

3. 感應式安全裝置。

4. 拉開式或掃除式安全裝置。

(三) 雇主對勞工從事動力衝剪機械金屬模之安裝、拆模、調整及試模時，為防止滑塊等突降之危害應使勞工使用安全塊、安全插梢或安全開關鎖匙等之裝置。

(四) 勞動部對於推動衝剪機械安全採的行政措施：

1. 為使衝剪機械能符合「機械設備器具安全標準」之規定，對衝剪機械製造商實施源頭管制，推動衝剪機械型式驗證制度，制定「機械設備器具型式檢定作業要點」指定型式檢定機構辦理驗證業務。

2. 宣導使用廠商選購通過型式驗證合格之衝剪機械；告知勞工注意所使用之衝剪機械應符合「機械設備器具安全標準」之規定。

十八、請說明機械作業時，一般應注意的安全事項？

答 (一) 外表的安全

1. 機械的配置與危險點的改善：

(1) 將固定件適當過大，藉以限制人體與運動件接觸，傳動裝置機構宜設置於離操作點較遠之位置。

(2) 危險點應加防護設施，並宜將其範圍在製造中預加縮小。

2. 操作錯誤之避免：各種操作把手 (按鈕) 之位置及方向均應預加分析，使其與人體互相配合。

3. 動力引導安全：國際上共同認可的機械防護公約，內容大部分是防護動力引導所致危險，但對於電能、蒸氣、壓縮空氣等動力亦應一併考慮。

4. 色彩配合：高速生產作業場所中，人機配合甚為重要，機械上各種開關配合色彩設計，如橙色用於緊急停止機構按鈕 (把手)、啓動按鈕用綠色、各種儀表的面徑，指針與讀數刻度的對比鮮明等，均可增加安全效果。

(二) 機械安全

1. 可逆與不可逆的連動裝置，有助於安全性能的提高。例如渦輪與渦桿是不可逆的傳動，而普通正齒輪組則是可逆的。在重要系統上，裝以不可逆連動，有助於其安全性能提高。

2. 故障率與可靠性：

(1) 自動或半自動上的電氣、電子、液壓、氣壓等控制裝置，倘發生故障，可能引起危害，其原因應在事前檢討。

(2) 故障率通常在初期及末期較高，而堪用期間有一段平穩期、應設法減少前者，增加後者長度。此有賴於可靠性分析。所謂並聯方式與串聯方式之選擇，可由目的及機件功能而予判斷。

(三) 作業安全

1. 操作簡化：儘量做單能的安排，不做多能的設計。

2. 控制、監視諸點配置適切。

3. 循環運動之時間劃分得宜：此可獲得慣性力減少及緩動裝置配合良好的效果。

4. 動力投入、切斷的效果應確實可靠。

5. 必要之制動裝置：可依危險程度決定。

6. 作業輔助用具：如進出料手工具、照明設計、服務用梯等。

7. 高效率：安全考慮應與增高工作效率同時考慮，必須在互不衝突原則下使用。

(四) 維護安全

1. 必要通道及維護空間：再設計時應計入各種空間需求，便於維護作業、檢點時應有一安全的觀察位置 (各部分上均同)，各機件總成位置應於分件測試。

2. 單元更換與分解之便利：儘量將功能相同的機件作成總成組合，有便於迅速修護 (交換) 提高效率之便。修護時所須之吊掛作業應預先決定機構重心，留出繩索位置 (吊掛點)。

3. 故障預防：環境因素可預見者如多塵、腐蝕霧地區應加護罩密封設計，機械開關之壽命，電氣接觸點選用等。

4. 潤滑點之安全：宜採明白標示之給油表，表明何處必須禁止作業，何處可以動態作業。

5. 充分之監視儀表、覘知孔、檢查門等：

(1) 監視儀表：在作業時有必要知悉旋轉數、壓力、動作能量等資料時設置。

(2) 覘知孔：為了解機械內部物料狀況、燃燒、異物堆積等之用。

(3) 檢查門：為平時緊閉，故障、檢修時用。

6. 詳細的說明書及故障表：由廠商提供，或使用人自編，促使操作人員確切了解其機械使用方法，故障癥候。

(五) 標準化管理

包括最低標準要求，堪用範圍 (功能)　之認定，維護週期、各種物料規範、工作方法、場地佈置，各級監督責任。

十九、

(一) 試舉出三種機械上，為防止人員或其身體之一部份進入危險區域所裝設之防護罩，並簡單說明之。

(二) 這些防護罩應具有何種一般性之功能？

❀ (一)

1. 固定式防護罩：將固定件適當過大，藉以限制人體與運動件接觸，傳動裝置機械宜設置於離操作點較遠之位置。

2. 移動式防護罩：在機器正常操作時，人員或其身體的一部份必須進出危險區域如手動進退料作業，而其操作型態或加工件尺寸不適合使用固定式護圍時，多使用移動式護圍。

3. 可調式防護罩：在物料進口處，在物料要進入時，會將開口適當的擴大，在物料進入完畢時，會將物料進口處閉合至安全大小。

(二) 機械在指定的條件和環境下，執行其設計的特定功能 (如加工、製造、運送、安裝、調整、維修、拆卸等) 時，不會造成人員的傷害或機械本身的損壞。

二十、依機械設備器具安全標準規定，試回答下列問題：

(一) 為減少動力衝剪機械之切割災害。動力衝剪機械之安全裝置，應具那些機能？

(二) 雙手操作式安全裝置應符合那些規定？試列舉 5 項。

❀ (一) 衝剪機械之安全裝置，應具有下列機能：

1. 連鎖防護式安全裝置：滑塊等在閉合動作中，能使身體之一部無介入危險界限之虞。

2. 雙手操作式安全裝置：

(1) 安全一行程式安全裝置：在手指按下起動按鈕、操作控制桿或操作其他控制裝置 (以下簡稱操作部)，脫手後至該手達到危險界限前，能使滑塊等停止動作。

(2) 雙手起動式安全裝置：以雙手作動操作部，於滑塊等閉合動作中，手離開操作部時使手無法達到危險界限。

3. 感應式安全裝置：滑塊等在閉合動作中，遇身體之一部接近危險界限時，能使滑塊等停止動作。

4. 拉開式或掃除式安全裝置：滑塊等在閉合動作中，遇身體之一部介入危險界限時，能隨滑塊等之動作使其脫離危險界限。

(二) 雙手操作式安全裝置應符合下列規定：

1. 具有安全一行程式安全裝置。

2. 安全一行程式安全裝置在滑塊等閉合動作中，當手離開操作部，有達到危險界限之虞時，具有使滑塊等停止動作之構造。

3. 雙手起動式安全裝置在手指自離開該安全裝置之操作部時至該手抵達危險界限前，具有該滑塊等可達下死點之構造。

4. 以雙手操控作動滑塊等之操作部，具有其左右手之動作時間差非在零點五秒以內，滑塊等無法動作之構造。

5. 具有雙手未離開一行程操作部時，備有無法再起動操作之構造。

6. 其一按鈕之外側與其他按鈕之外側，至少距離三百毫米以上。

7. 按鈕採用按鈕盒安裝者，該按鈕不得凸出按鈕盒表面。

8. 按鈕內建於衝剪機械本體者，該按鈕不得凸出衝剪機械表面。

二一、在機械安全的防護方法中，連鎖法的防護須具備那三項要點？依使用原理及裝置之形狀各可分為那些種類？

答 (一)

1. 機器操作時，必須防護危險部份。

2. 機器停止後，防護始得開啟或取下。

3. 連鎖如失效，機器即不能操作。

(二)連鎖防護裝置的種類，按使用原理可分為：機械連鎖及電氣連鎖。

(三)連鎖防護裝置的種類，依裝置之形狀分為罩式或門式、閘式或障礙式等連鎖方式。

二二、試述起重機類危險性機械的災害種類有那些？又其對應之災害原因為何？

🔑 1. 吊掛物飛落：吊索斷裂、吊掛或捆縛方法失當。

2. 機體翻倒：過負荷、支撐不良、操作失當。

3. 吊桿折斷：仰角過高、碰撞。

4. 人體墜落：檢修中未加防護措施。

5. 感電：在高壓電附近工作或閃電雷擊。

二三、近年來升降機相關的職業災害案件時有所聞，試列舉造成升降機災害的常見原因有那些？

🔑 1. 安全裝置失效：如調速機、夾軌剎車裝置、門控式連鎖裝置、各層啟動控制開關及上下極限裝置等故障。

2. 鋼索斷裂。

3. 緩衝器失效。

4. 超負載。

二四、為預防被夾、被捲等職災之發生，請依職業安全衛生設施規則規定回答下列問題：

(一)對於機械之原動機、轉軸、齒輪、帶輪、飛輪、傳動輪、傳動帶等有危害勞工之虞之部分，應有那些安全防護設備？

(二)對於每一具機械應分別設置那些動力遮斷裝置？

(三)對於使用動力運轉之機械，具有顯著危險者，為能立即遮斷動力並與制動系統連動，於緊急時快速停止機械之運轉，應於適當位置設置有明顯標誌之何種裝置？

🔑 (一)依「職業安全衛生設施規則」，雇主對於機械之原動機、轉軸、齒輪、帶輪、飛輪、傳動輪、傳動帶等有危害勞工之虞之部分，應有護罩、護圍、套胴、跨橋等設備。

(二) 依「職業安全衛生設施規則」，雇主應於每一具機械分別設置開關、離合器、移帶裝置等動力遮斷裝置。

(三) 依「職業安全衛生設施規則」，雇主對於使用動力運轉之機械，具有顯著危險者，應於適當位置設置有明顯標誌之緊急制動裝置，立即遮斷動力並與制動系統連動，能於緊急時快速停止機械之運轉。

二五、為預防機械、設備及器具造成之危害，請回答下列問題：

(一) 職業安全衛生法以建構源頭管理制度，該法第 8 條第 1 項規定，製造者或輸入者對於中央主管機關公告列入型式驗證之機械、設備或器具，非經中央主管機關認可之驗證機構實施行試驗證合格及張貼合格標籤，不得產製運出廠場或輸入。惟有哪些情形者，得免驗證，不受前述規定之限制，試列舉 4 項？

(二) 職業安全衛生法第 7 條第 1 項規定，製造者、輸入者、供應者或雇主，對於中央主關機關指定之機械、設備或器具，其構造性能及防護非符合安全標準者，不得產製運出廠場、輸入、租賃、供應或設置。該等中央主管機關指定之機械、設備或器具有哪些？試列舉 4 項

🖎 (一)

1. 危險性機械、設備或其他法律規定實施檢查、檢驗、驗證或認可。

2. 供國防軍事用途使用，並有國防部或其直屬機關出具證明。

3. 限量製造或輸入僅供科技研發、測試用途之專用機型，並經中央主管機關核准。

4. 非供實際使用或作業用途之商業樣品或展覽品，並經中央主管機關核准。

5. 其他特殊情形，有免驗證之必要，並經中央主管機關核准。

(二)

1. 動力衝剪機械。　　　　2. 手推刨床。

3. 木材加工用圓盤鋸。　　4. 動力堆高機。

5. 研磨機。　　　　　　　6. 研磨輪。

7. 防爆電氣設備。

8. 動力衝剪機械之光電式安全裝置。

9. 手推刨床之刃部接觸預防裝置。

10. 木材加工用圓盤鋸之反撥預防裝置及鋸齒接觸預防裝置。

二六、機械本身不安全、缺乏妥善的安全防護裝置，以及人為疏忽或缺乏安全意識是發生捲夾職業災害之主要因素。試就預防機械捲夾職業災害，回答下列問題：

(一) 列舉 2 項勞工自身頭髮、穿著及衣飾等應注意之安全事項。

(二) 列舉 5 項勞工於操作機械前或操作機器中，應使勞工落實之安全事項。

(三) 列舉 6 項雇主應設置之安全裝置或實施之安全措施。

答 (一)

1. 避免穿著連帽上衣，衣褲應穿著整齊，並避免穿著寬鬆衣褲。

2. 作業時將身上不必要之配件 (如圍巾、絲巾) 取下。

3. 作業前務必將頭髮紮起、戴用髮帽並戴安全帽。

(二)

1. 應確認作業機械安全防護裝置完善後，才可作業。如轉動、移動部件確認有安全護罩等。

2. 作業前，應檢查各項機械設備之緊急制動裝置位置是否適當、功能是否正常，若有發現功能異常或有異狀時，應即刻回報作業主管並停機。

3. 對於具有夾捲危險之作業，雇主應嚴禁勞工佩戴手套以避免遭機具捲入。

4. 依照標準程序進行作業，於機械運轉時，應禁止進入危險作業區。

5. 在檢查、調整、修理機械時，須停止機械運轉後再進行。

(三)

1. 離心機械：應裝置覆蓋及連鎖裝置。

2. 射出成型機：應設置安全門，雙手操作式起動裝置或其他安全裝置。

3. 滾輾橡膠之滾輾機：應設置於災害發生時，被害者能自己易於操縱之緊急制動裝置。

4. 具有捲入點之滾軋機：應設護圍、導輪等設備。

5. 棉紡機之高速迴轉部份：應於專用之堅固建築物內或以堅固之隔牆隔離之場所實施。

6. 扇風機之葉片，有危害勞工之虞者，應設護網或護圍等設備。

二七、試回答下列有關堆高機安全問題：

(一)職場中跟堆高機有關之職業災害類型，可分為：被撞(人員被堆高機撞擊)、墜落或滾落(人員自堆高機墜落或滾落)、倒崩塌(堆高機造成物件倒崩塌)、翻覆(堆高機翻覆)及被捲被夾(人員遭受堆高機夾壓)等5種災害類型。簡述前述5種堆高機職業災害類型之發生原因。

(二)簡要列舉5項堆高機在行進間，勞工應注意之安全事項。

災害類型	災害發生原因	預防對策
被撞	1. 因貨物堆積過高視野不良。 2. 行駛、倒車或迴轉速度快。 3. 倒車或行駛時未使用警示裝置、方向燈、前照燈、後照燈或其他訊號。 4. 行走或騎車勞工未注意堆高機之動向。 5. 工作環境如轉彎處、出入口、照明不足、噪音、下雨等。 6. 操作人員離開駕駛座時未將鑰匙，或未將原動機熄火制動。	1. 在通道交叉口及視線不良的地方，應減速並按鳴喇叭。 2. 盡可能使堆高機行進路線與現場勞工分離。
墜落、滾落	1. 高處作業時未設置工作台，亦未使用安全帶等防護具。 2. 使用堆高機之貨叉、棧板或其他物體將勞工托高，使其從事高處作業，因重心不穩而墜落於地面。	1. 人員不得藉由站立在堆高機貨叉上，上下移動位置。
倒塌、崩塌	1. 物料搬運方法不適當。 2. 貨物堆積過高重心不穩。 3. 行駛時將桅桿傾斜。 4. 協助搬運人員站在搬運物旁用手穩定搬運物。等，致搬運物倒塌壓到旁邊協助搬運人員或附近作業人員。 5. 堆高機撞擊工作場所中附近堆積之物料，致物料倒塌掉落，傷及附近作業人員。	1. 維修及保養載貨平台、通道、及其他作業表面之破裂、毀壞邊緣及其他損傷。 2. 正確搬運物料：不逞快、不過份堆高、較重物應擺於下方，必要時可以束帶、膠膜固定。
翻覆	1. 堆高機行駛時，因倒車或迴轉速度過快。 2. 上下坡、地面不平、地面濕滑或鬆軟。 3. 貨叉升舉過高或搬運物過重，重心不穩，造成堆高機翻覆而壓傷操作人員。	1. 在情況許可下，應繫上車用安全帶。 2. 當堆高機翻覆時，不要跳出車外，緊握車內並向車身翻覆的反方向傾斜。
被捲、被夾	1. 維修或保養時，被夾壓於堆高機之貨叉、桅桿或輪胎間。 2. 操作勞工要調整堆高機貨叉上之搬運物，未先將堆高機熄火或下車到堆高機前方調整，卻直接站在駕駛台前儀表板旁之車架處調整，當回駕駛座時，不慎誤觸桅桿操作桿，致桅桿後傾，造成頭部或胸部被夾於桅桿與頂棚間。	1. 堆高機行進間及啓動時皆不得以人身穿越後扶架調整軌桿及物料，避免發生危害。 2. 規定調整貨叉之上積載物，需熄火、下車。

第 **3** 單元

附錄

第 1 次
勞工安全管理甲級
技術士技能檢定術科試題 (81.12.13)

一、何謂損失控制八大工具？試簡要說明之。

二、試以手工具作業為例，製作一份鐵鎚、起子、扳手 (任選一種) 使用安全作業標準。

三、試述工作人員對損失控制的職責。

四、事業單位訂定安全衛生工作守則之程序為何？應參考那些事項？如何執行？

五、一事業單位，全廠共 300 人，其中粉塵作業 12 人，鉛作業 4 人，供膳作業 4 人，有機溶劑作業 3 人，噪音作業 6 人，試製作一份勞工健康管理計畫。

六、某一反應器因冷卻水流失，使反應器之溫度升至 T_1，此時應發出警報，以示操作員再加冷卻水入反應器，若警報系統故障，或操作員人為疏忽而未聽到警報系統之警報，致未及時補充冷卻水，使反應器之溫度升至 T_2，此時在正常情況下，自動 shut down system 將發揮其作用，使反應器停機，但若比自動 shut down system 亦故障，則導致反應器因失控 (runaway) 而爆炸。

  (1) 試繪出 Event Tree (ET)。

  (2) 設每次操作冷卻水流失機率 $\overline{A} = 10^{-3}$，警報系統故障之機率爲 $\overline{B} = 9 \times 10^{-3}$，操作員疏忽未能加冷卻水之機率 $\overline{C} = 5 \times 10^{-2}$，自動停機系統故障之機率 $\overline{D} = 2 \times 10^{-2}$，試計算其失控爆炸之機率？

第 2 次
勞工安全管理甲級技術士
技能檢定術科試題 (82.2.21)

一、試述損失控制管理包含那些工作。

二、試以手工具作業為例，製作一份鐵鎚、起子、扳手 (任選一種) 使用安全作業標準。

三、試述工作人員對損失控制的職責。

四、事業單位訂定安全衛生工作守則之程序為何？應參考那些事項？如何執行？

五、一事業單位，全廠共 300 人，其中粉塵作業 12 人，鉛作業 4 人，供膳作業 4 人，有機溶劑作業 3 人，噪音作業 6 人，試製作一份勞工健康管理計畫。

六、某一反應器因冷卻水流失，使反應器之溫度升至 T_1，此時應發出警報，以示操作員再加冷卻水入反應器，若警報系統故障，或操作員人為疏忽而未聽到警報系統之警報，致未及時補充冷卻水，使反應器之溫度升至 T_2，此時在正常情況下，自動 shut down system 將發揮其作用，使反應器停機，但若比自動 shut down system 亦故障，則導致反應器因失控 (runaway) 而爆炸。

　(1) 試繪出 Event Tree(ET)。

　(2) 設每次操作冷卻水流失機率 $\overline{A} = 1 \times 10^{-5}$，警報系統故障之機率為 $\overline{B} = 2 \times 10^{-4}$，操作員疏忽未能加冷卻水之機率 $\overline{C} = 3 \times 10^{-3}$，自動停機系統故障之機率 $\overline{D} = 1 \times 10^{-5}$，試計算其失控爆炸之機率？

第 3 次
勞工安全管理甲級技術士
技能檢定術科試題 (82.4.18)

一、試述損失控制安全部門的安全職責。

二、請以搬運物品,製作一份人力搬運安全作業標準。

三、安全衛生工作守則之內容可參酌那些事項訂定?每一參酌事項請擬訂二則安全衛生工作守則。

四、事業單位甲公司將其事業之一部分交乙公司承攬,甲、乙公司分別僱用勞工共同作業時,為防止職業災害,甲公司應採取那些措施?若甲公司設置協議組織時,其應協調之事項為何?若乙公司勞工發生職業災害時,甲、乙公司之雇主應負那些責任?

五、請簡化下圖,並求其最小切集合。

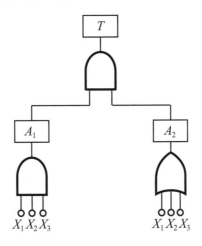

第 4 次
勞工安全管理甲級技術士
技能檢定術科試題 (82.10.17)

一、何謂損失控制八大工具？試簡要說明之。

二、事業單位工作安全分析在決定要分析的工作名稱時，優先選擇次序為何？試說明之。

三、事業單位訂定安全衛生工作守則之程序為何？應參考那些事項？如何執行？

四、某一反應器因冷卻水流失，使反應器之溫度升至 T_1，此時應發出警報，以示操作員再加冷卻水入反應器，若警報系統故障，或操作員人為疏忽而未聽到警報系統之警報，致未及時補充冷卻水，使反應器之溫度升至 T_2，此時在正常情況下，自動 shut down system 將發揮其作用，使反應器停機，但若比自動 shut down system 亦故障，則導致反應器因失控 (runaway) 而爆炸。

   (1) 試繪出 Event Tree(ET)。

   (2) 設每次操作冷卻水流失機率 $\overline{A} = 10^{-3}$，警報系統故障之機率為 $\overline{B} = 9 \times 10^{-3}$，操作員疏忽未能加冷卻水之機率 $\overline{C} = 5 \times 10^{-2}$，自動停機系統故障之機率 $\overline{D} = 2 \times 10^{-2}$，試計算其失控爆炸之機率？

五、請列舉衝剪機械之安全防護方法。(依據機械器具防護標準所訂，不必說明)

六、設安全抽樣，初步觀察 200 次，發現 40 人次的不安全行為，若以 ±10% 的精確度來計算，試求其安全觀察的總次數為多少？

七、試述職業災害調查分析之主要功能？

第 5 次
勞工安全管理甲級技術士
技能檢定術科試題 (82.12.19)

一、固定式起重機吊運一捆長約 6 公尺，重約 2 公噸角鐵，正好越過機械修護人員之正上方，突然鋼索斷裂，角鐵傾洩而下，壓死修護工人二人，經查鋼索斷裂負荷為 120,000 公斤，起重吊鉤 (未設防脫裝置)，鉤住一長 3 公尺吊具，在桁架上設有過捲揚極限開關，試分析其職業災害之直接原因、間接原因、基本原因。

二、防止職業災害 4E(Engineering 工程，Education 教育，Enforcement 執行，Enthusiam 熱忱) 之意義為何？請詳述之。

三、金屬加工用之衝剪機械，操作者手指及前肢傷害實多者，試述其災害防止對策及安全裝置種類及機能。

四、試述工業火災火源之種類，並敘述其預防方法。

五、依人體工學原理，作業之動作應符合動作經濟原則，試說明此原則之目的，並舉出關於人體運動方面之經濟原則。

六、職業災害防止計畫，沒有一定之格式，但要做到最充實完善，一個完整之職業災害防止計畫，其架構及內容必須包括那些項目，請簡述之。

第 6 次
勞工安全管理甲級技術士
技能檢定術科試題 (83.2.27)

一、依勞工安全衛生法施行細則之規定，安全衛生工作守則之訂定，應參酌那些事項？

二、有某一造紙工廠欲清潔密閉式污水槽，甲、乙二人進入不久後即昏倒，而在槽外的丙、丁二人隨即進入槽內搶救，結果不幸全部罹難，後經測試結果發現槽內空氣中之氧氣含量為 10%，硫化氫濃度為 800ppm(容許濃度為 l0ppm)，試分析其職業災害之直接原因、間接原因及基本原因，並說明防止類似事故災害發生之防範對策？

三、防止職業災害 4E(Engineering 工程，Education 教育，Enforcement 執行，Enthusiam 熱忱)之意義為何？請詳述之。

四、金屬加工用之衝剪機械，操作者手指及前肢傷害實多者，試述其災害防止對策及安全裝置種類及機能。

五、依人體工學原理，作業之動作應符合動作經濟原則，試說明此原則之目的，並舉出有關於操作場所佈置與工具設備之經濟原則。

六、試述絕緣電阻測定之目的為何？

第 7 次

勞工安全管理甲級技術士

技能檢定術科試題 (83.4.24)

一、某自石油氣槽車卸收石油氣 (L.P.G) 至球形槽 (合格證)，操作人員 (合格人員) 不在，司機自行操作，液相高壓軟管接頭突然鬆開，不久幫浦就停止運轉，L.P.G 漏洩一片白煙霧，經 5 分鐘起火爆炸，結果造成三人重傷，槽車燒毀 (設有切斷開關)，請你以一位安全衛生管理師的身分，敘述災情發生經過，並分析其可能原因，舉例各種著原因，列舉各種著火源，並提出改善建議。

二、職業災害防止計畫，沒有一定的格式，但要做到最充實完善，一個完整職業災害防止計畫，其架構及內容必須包括哪些項目，請簡述之。

三、試述機械防護之十大基本原理。

四、試述燃燒之四要素，以此四要素列舉出滅火原理。

五、依人體工學原理，作業之動作應符合動作經濟原則，試說明此原則之目的，並舉出關於人體運動方面之經濟原則。

第 8 次

勞工安全管理甲級技術士

技能檢定術科試題 (83.10.16)

一、防止職業災害 4E(Engineering 工程,Education 教育,Enforcement 執行,Enthusiam 熱忱) 之意義為何?請詳述之。

二、某建設公司雇用勞工 50 人,未設勞工安全衛生人員,亦未實施自動檢查,民國 82 年 12 月 30 日該公司派楊大為、李安全二人前往新店市某三樓外牆拆除模板,該工地施工架 (鷹架) 距地面 7 公尺,開口處未設護欄,公司未發給楊、李二人安全帶、安全帽,以撬拆模,其楊不慎從開口處墜落地面,經李員緊急暫時處理並送醫急救仍不治死亡。試以工作安全分析,分析其職業災害原因。

三、可燃性氣體 (碳氫化合物) 探測器之動作原理及操作注意事項為何?試分述之。

四、你若是某生產事業單位之勞工安全管理師,欲擬訂職業災害防止計畫,而該計畫要適合該事業單位部門,則你應掌握哪些資料?

五、對加熱有火災、操作危險之乾燥設施,在安全上應注意事項 (設置原則) 為何?

第 9 次

勞工安全管理甲級技術士

技能檢定術科試題 (83.12.11)

一、試述損失控制的五大功能？

二、安全作業標準之功用有哪些？

三、事業單位訂定安全衛生工作守則之程序為何？其內容可參酌哪些事項？若雇主違反規定時罰則為何？

四、危害分析方法中，試以定量分析與定性分析各舉兩列說明其意義及內容。

五、事業單位派員入油槽內清除油泥前，應採取之安全措施為何？

第 10 次
勞工安全管理甲級技術士
技能檢定術科試題 (84.2.26)

一、何謂損失控制八大工具？試簡要說明之。

二、試述安全作業標準之功用有哪些？

三、某公司員工 450 人，分三班工作，日班 300 人、中班 100 人、夜班 50 人，其中特別危害健康作業人員：噪音 (85dB 以上)20 人、苯 5 人、鉛 10 人、供膳人員 6 人、游離輻射 4 人，依勞工健康保護規則應如何設醫療、急救人員，應實施體格檢查、健康檢查之種類及頻度？

四、請列舉四種事業單位常實施之安全衛生活動。

五、金屬加工之衝剪機械，操作者手指及前肢傷害實多者，試述災害之防止對策及安全裝置種類與機能。

六、職業災害防止計畫，沒有一定之格式，但要做到最充實完善，一個完整之職業災害防止計畫，其架構及內容必須包括哪些項目，請簡述之。

七、依人體工學原理，作業之動作應符合動作經濟原則，試說明此原則之目的，並列舉出關於人體運動方面之經濟原則四種。

第 11 次
勞工安全管理甲級技術士
技能檢定術科試題 (84.4.23)

一、事業單位工作安全分析在決定要分析工作名稱時，優先選擇次序為何？試說明之。

二、防止職業災害 4E(Engineering 工程，Education 教育，Enforcement 執行，Enthusiam 熱忱) 之意義為何？請詳述之。

三、固定式起重機吊運一捆長六公尺，重約二公噸角鐵，正好越過機械修護人員之正上方，突然鋼索斷裂，角鐵傾洩而下，壓死修護工人二人，經查鋼索斷裂負荷 120000 公斤，起重吊鉤 (未設防脫裝置)，鉤住一長三公尺吊具，在桁架上設有過捲揚極限開關，試分析其職業災害之直接原因、間接原因及基本原因。

四、機械防護十大基本原理為何？簡述之。

五、請敘述設備接地之目的為何？並請繪圖說明接地電阻之測量方法。

六、您若是某生產事業單位之勞工安全管理師，欲擬訂職業災害防止計畫，而該計畫要適合事業單位之各部門，則您應掌握哪些資料？

七、何謂引火性液體？為何在大火災爆炸發生時危險性較高？在工業界使用上，對防火防爆應注意哪些事項？

第 12 次
勞工安全管理甲級技術士
技能檢定術科試題 (84.10.15)

一、一紡織工廠僱用勞工 1350 人，依法設醫護人員，並成立產業公會，請分別以幕僚式、集議式、直線式等三種勞工安全衛生組織型式，說明組織成員及功能。

二、某造紙公司指派勞工甲、乙清理密閉污水處理槽 (人孔直徑 80 公分)，甲、乙二人進入後不久昏倒，槽外勞工丙、丁二人發現災害後立即入槽搶救，惟不幸均罹難於內，該槽經測定結果空氣中氧氣含量 10%，硫化氫濃度為 800ppm，試說明本災害分析事故發生之直接原因、間接原因及基本原因，並說明類似災害之防範對策。

三、金屬加工製造過程使用之衝剪機械造成操作者手指或前肢傷殘之案件甚多，試述其防止災害之安全對策與安全裝置之種類及機能。

四、職業災害防止計畫一製作程序通常由各事業單位視其實際需要自行規定，為使事業單位各級主管及管理、指揮、監督有關人員能有效落實執行災害防止計畫，你認為一合理之製作程序為何？請簡要說明。

五、貴廠油槽油泥過多需派勞工進入槽內清除油泥前，應採取之安全措施為何？試論之。

六、依人體工學原理，作業之動作應符合動作經濟原則，試說明此原則之目的，並舉例出關於人體運動方面之四種經濟原則。

七、對於高風險工業必須在系統週期的整個過程中從事審慎的危害分析，說明危害分析小組成員的組成及進行分析前蒐集資料的種類。

第 13 次
勞工安全管理甲級技術士
技能檢定術科試題 (85.4.21)

一、如果你是事業單位之安全管理師，雇主要求你擬定全事業單位之職業防止計畫，為使訂出來之計畫，切合實際需要，並能真正有助於職業災害之防止，你應該事先掌握哪些資料，以了解全事業單位安全衛生之實際情況。

二、一化學工廠僱用勞工 1400 人，依法設有醫護人員，並成立產業公會，請分別以直線式、幕僚式、集議式等三種法令規定之安全衛生組織、管理型式，說明組織成員及功能。

三、某營造公司僱用勞工 50 人，未設勞工安全衛生人員，亦未實施勞工安全衛生教育訓練及自動檢查，民國 84 年 12 月 30 日該公司派楊大為、李安全二人前往新店市工地，拆除三樓外面模板，二人到達現場後，即站在未設有踏板、扶手護欄之施工架上，以撬板工具拆模，當工作至上午 10 點許，其中楊大為突然墜落地面，經李安全急救後送醫，楊大為人不治死亡，經查施工開口墜落處距地面 7 公尺高，雇主未提供安全帶、安全帽，請就本災案，撰寫職業災害調查分析報告。

四、試說明電氣設備接地之目的。並以圖示說明，簡易接地電阻測定器之測定方法。

五、試述機械防護之十大基本原理，並簡要說明之。

六、請列出四種危害分析 (安全評估) 技術 (定性、定量分析各兩種)，並說明其意義及應用。

第 14 次

勞工安全管理甲級技術士

技能檢定術科試題 (85.10.15)

一、試以鐵槌敲擊工作為題,製作一份安全作業標準,以安全作業標準之內容、項目依序應包括工作步驟、工作方法、不安全因素、安全措施、事故處理、圖解等。

二、某公司欲指派勞工進入下水道清除污泥,為防止災害,應採取哪些安全措施,試論之。

三、對於有加熱爆炸、火災之危險之乾燥設備,於安全管理上應注意哪些事項?

四、某工廠在一年內發生職業災害如下:

(一) 損失日數未滿一日之事件:20 件,共 20 人次。

(二) 暫時全失能事件,20 件,共 25 人次,損失日數 250 天。

(三) 永久部分失能事件:共 3 人,損失日數 3000 天。

(四) 永久全失能:1 人。

(五) 死亡:1 人。

以上永久部分失能、永久全失能及死亡事件,在五件嚴重的災害中發生,若該廠每天工作 8 小時,每週工作 6 天,一年工作 48 週,全部員工共 200 人,假設全勤無延長工時情形,試計算該廠全年失能傷害頻率 (FR) 與失能傷害嚴重率 (SR)。

五、解釋下列名詞:

(一) 突沸騰蒸氣爆炸 (BLEVE)

(二) 事件樹分析

(三) 安全一行程

(四) 絕緣電阻

(五) 安全觀察

第 15 次
勞工安全管理甲級技術士
技能檢定術科試題 (85.12.15)

一、某一電子工廠僱用 800 人，依法設有醫療人員，並成立產業公會，請分別以幕僚式、集議式、直線式等三種安全衛生管理型式，說明其功能、組織成員。

二、你是事業單位之安全衛生管理師，若現場使用起重機升降機具，對於其所使用鋼索、吊鏈、吊鉤或吊環及其附屬零件，請依照勞工安全衛生設施規則之規定，說明各種安全檢查標準。

三、說明機械防護之十個基本原理。

四、試說明化學反應失控，為何會引起爆炸災害？並列舉 10 種可能造成化學反應失控之原因。

五、解釋名詞：

1. 溶解乙炔

2. 作業空間

3. 風險

4. 工作安全分析

第 16 次
勞工安全管理甲級技術士
技能檢定術科試題 (86.2.23)

一、勞工安全衛生法第十條所稱工作場所有立即發生危險之虞者,包括哪些?其事業單位應採取何種措施?

二、堆高機為車輛機械之一種,其操作使用在勞工安全衛生設施規則內,有何規定,試敘述之 (不須列出條文,僅將其旨意寫出即可)。

三、試寫出起重機具經常發生災害種類五種及其原因,並再列舉其重要之安全裝置五種及說明其功能。

四、試述作業指揮監督者,欲使提高安全衛生教育訓練成果,應牢記安全教導八原則。

五、試述視覺陳示之良好設計應考慮之一般原則。

六、試列出混合氣體的爆炸下限公式,並且計算甲烷 80%(LEL = 5%)、乙烷 15%(LEL = 3%)、丙烷 5%(LEL = 2.1%),混合後之爆炸下限。

第 17 次
勞工安全管理甲級技術士
技能檢定術科試題 (86.4.20)

一、某一工廠設有一部積載荷重一公噸以上的升降機，你是勞工安全管理師，對該升降機依勞工安全衛生法令之規定，應如何管理？

二、為防止金屬加工製造過程使用之衝剪機械造成勞工手指或前肢之職業傷害，

　　(一) 試述其防止災害之安全對策與安全裝置之種類及機能。

　　(二) 試說明金屬模的安裝、拆模、調整及試模應注意事項。

三、試說明勞工在完全自動化系統的任務及自動化系統對工作的影響。

四、請就下圖的工作平台檢附其：

　　(一) 結構及安放安全事項。

　　(二) 平台上人員之安全防護事項。

　　(三) 作業人員上下平台的安全事項，並分項簡述其安全對策。

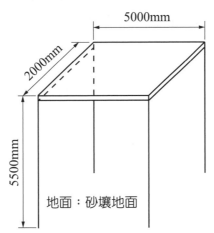

五、貴廠油槽油泥過多，需派勞工進入槽內清除，此作業應採取之安全措施為何？試論之。(見第三十五章術科重點整理四)

第 18 次

勞工安全管理甲級技術士

技能檢定術科試題 (86.10.19)

一、勞工安全衛生法第一條：「為防止職業災害，保障勞工安全與健康，特制定本法，本法未規定者適用其它有關法律規定」這是可以運作實施的，請就下述諸點中敘述你的做法。事業單位安全衛生政策與本法的關連性？職業災害因果理論與你採取的對策？這是自由參加的事項嗎？為什麼？

二、勞工安全衛生法第十條：「工作場所有立即發生危險之虞時，雇主或工作場所負責人應即令停止作業，並使勞工退避至安全場所」。細則中也對所謂「立即發生危險之虞」作了解釋。請就安全衛生事業管理者立場簡述此條的意義和作法。

三、試述工作場所廠房空間規劃佈置之六項原則。

四、試述事業單位內常見五種具體有效之安全衛生活動之目的及作法。

五、輸送高壓氣體之導管應如何設置？請至少說明六項，此導管若要修理清掃等作業時應採取哪些措施？請至少說明四項。

第 19 次
勞工安全管理甲級技術士
技能檢定術科試題 (86.12.21)

一、依照勞工安全衛生設施規則規定,以吊鏈、鋼索、纖維索 (帶) 作為起重升降機具之吊掛用具時,試問那些情況不能使用?請分別說明。

二、職業災害防止計畫內容必須包含那些要項才能構成完整架構?試簡要說明之。

三、在消除機械危險減少人體在機械危險中的暴露的考量下,下述狀況請予處理:
床頭座夾持的加工元件甚長,向左方伸出且有偏離其旋轉中心線之虞,此際應有何等危險狀況發生?

對上述情形其使用護欄加以保護,請參照下圖的達距曲線說明該護欄高度和預期的危險區之間關係應如何安排?

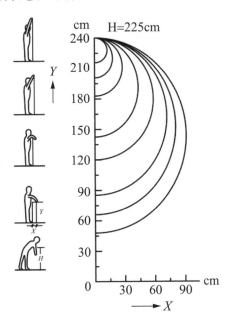

四、何謂危害分析?請列舉定性及定量危害分析各兩種,並說明其意義及應用。

五、解釋名詞:

(1)「失能傷害綜合指數」;(2)「突沸蒸氣爆炸」;(3)「可燃性氣體」;(4)「人體工學」。

第 20 次
勞工安全管理甲級技術士
技能檢定術科試題 (87.3.1)

一、依法令規定事業單位應設置勞工安全衛生委員會者，其委員會應由那些人所組成？該委員會主要研議事項有那些？

二、您若是某生產事業單位之勞工安全管理師，欲擬訂職業災害防止計畫，而該計畫要適合該事業單位之各部門，則您應掌握那些資料？

三、如下表某混合可燃性氣體由乙烷、環氧乙烷、異丁烷等三種可燃性氣體組成，試計算每一可燃性氣體的危險性 H，並依危險性自高至低排列？計算此一混合氣體在空氣中之爆炸上限與爆炸下限？

物質名稱	爆炸界限 (%)	組成百分比
乙烷	3.0 ～ 12.4	25%
環氧乙烷	3.6 ～ 100	50%
異丁烷	1.8 ～ 8.4	25%

四、道氏防止火災爆炸指數，適用於化學製程單元，請自「選擇適當製程單元」此步驟開始，回答下列問題？

試繪出道氏指數之分析與評估流程圖，迄 MPDO 止？

一般製程危害係數 (F_1) 包括那些危害？特別製程危害係數 (F_2) 包括那些危害？何謂 mF(物質係數)？

MPDO 為何？並解釋其意義。

五、某一機械工廠，其內部佈置如下圖所示，請以勞工安全管理的空間配置觀點，解釋各區之間 "危險顧慮" 及 "安全對策" 並填入下表。

機械工廠內部佈置圖

第 21 次
勞工安全管理甲級技術士
技能檢定術科試題 (87.10.18)

一、請回答下列問題：

　（一）事業單位之勞工安全衛生工作守則的訂定，是否依照作業場所不安全衛生的行為規範？為什麼？

　（二）在執行及推動，遵守勞工安全衛生工作守則，在事業單位內涉及四、五個階級人員，他們對勞工安全衛生工作守則的權責為何？其理由何在？

二、下面有關於安全衛生管理實務，請你依照法規及學理，做出其作業要點？

　（一）企業安全衛生政策的目標。

　（二）依照高壓氣體勞工安全規則，何謂　可燃性氣體　、　毒性氣體　。

　（三）僱用勞工 250 人之化學品製造工廠，應設置勞工安全衛生管理單位與勞工安全衛生委員會及人員為何？

　（四）在事業單位內需要用引火性液體及致癌物，其盛裝之容器需做標示，其標示之內容。

三、請說明自動電擊防止裝置之動作原理及法規規定需裝設的情況為何？

四、解釋下列名詞：

　（一）吊升荷重；

　（二）高壓氣體製造；

　（三）損失控制；

　（四）作業空間

五、勞工在接近架空電線作業，有感電之虞時，雇主依照勞工安全衛生設施規則第二百六十三條之規定，應有適當之處置，請回答下列問題：

　（一）雇主應採取哪些措施？

　（二）請你依照風險管理之程序，你選定優先採取之順序為何？為什麼？

第 22 次
勞工安全管理甲級技術士
技能檢定術科試題 (87.12.20)

一、安全衛生管理與一般事業各階層管理一樣,各有其職責所在,擬以小貨車為例,試針對其雇主、安全衛生人員、基層主管、操作人員 (司機)、醫護人員、維修人員、工會等各級安全衛生管理職責個別分述之。

二、何謂安全作業 (工作) 標準?請以搬運物品為例,製作一份人力搬運安全作業標準,並製作成表格。

三、敘述職業災害統計之功能為何?並列舉失能傷害頻率、失能傷害嚴重率、災害千人率、失能傷害平均損失工日之統計方法。

四、說明接觸燃燒式可燃性氣體偵測器,測量氣體及測定工作場所為何?試述其偵測氣體濃度之動作原理,請以 "惠斯登電橋" 說明之。

五、手錶帶安裝是一個普遍熟悉的工作,現在我們要對這個工作實施安全衛生管理,請利用下列平面作業域圖,舉出這個工作在視距、視角、照明、陳示之整體效果等方面,應予以考慮之要點。

第 23 次
勞工安全管理甲級技術士
技能檢定術科試題 (88.3.7)

一、某營造公司，欲興建 10 層鋼骨大樓，您將鋼骨結構部分發包給專業機構承包，此一工程用一台 7.5 公噸之固定式起重機，由該營造公司提供，請回答下列問題：

（一）須經（用）何種程序，固定式起重機始可取得合法使用？另起重操作人員需具備何種條件？

（二）該起重機應實施自動檢查，自動檢查有哪幾種？

（三）上述自動檢查之責任，依規定由何者承擔？

二、試述視覺陳示設計應予考慮事項。

三、試說明下列兩裝置之感電裝置（動作原理）及依法令規定使用場所：

（一）交流電焊機之自動電擊防止裝置。

（二）感電防止用漏電斷路器。

四、解釋名詞：

（一）鍋爐；（二）初步危害分析；（三）失能傷害頻率；（四）突沸蒸氣爆炸。

五、請舉出常用的「工作安全分析表」和「安全作業標準」兩種表之異同之處在哪裡？

第 24 次
勞工安全管理甲級技術士
技能檢定術科試題 (88.9.5)

一、勞工安全衛生法第五條第一項規定：雇主對下列事項應有符合標準之必要安全衛生設備，其中所謂下列事項有十一款，請分別列舉之，又同條第二項規定雇主應妥為規劃並採取必要之措施者，係那些事項？亦請列舉之。

二、依勞工安全衛生組織管理及自動檢查辦法規定，事業單位應設置勞工安全衛生委員會者，其委員人數、任期、組成成員、召開會議之規定如何？委員會應研議事項有那些？

三、試述製作職業災害防止計畫，應先把握那些資料，才能了解本身安全衛生實際情況及事實上需要而定出切合實際且有助於防止職業災害的項目。又職業災害防止計畫的內容必須包含那些要項始能構成完整的計畫架構。

四、試述以絕緣電阻測定器測量之安全注意事項？

五、下圖是一個工作場所佈置的相關圖，它是將各個生產活動 (或各部門、各設施、各機器) 的相關動作安全關聯性列於圖上，以便作有系統的分析之用。

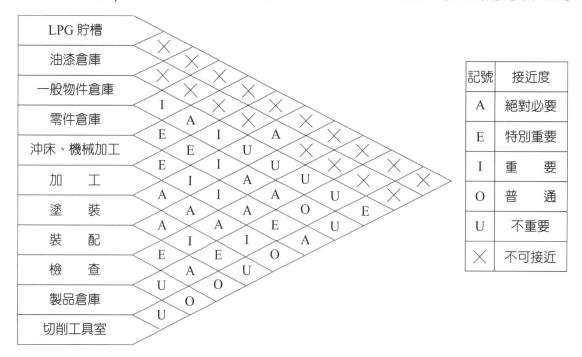

請回答下列問題：

為何 LPG 貯槽與油漆倉庫兩者的接近度是「×」？

為何油漆倉庫與塗裝兩者的接近度是「A」？

為何 LPG 與製品倉庫兩者的接近度是「×」？

為何裝配與製品倉庫兩者的接近度是「A」？

第 25 次
勞工安全管理甲級技術士
技能檢定術科試題 (88.12.5)

一、請回答下列問題：

  1. 請列舉十種勞工安全衛生法體系下的要點、辦法、標準及規則名稱。

  2. 說明勞工應遵守的三項安全衛生義務。

  3. 雇主指派勞工進入儲槽作業時，應採取的四項措施。

二、試以研磨機為例，說明其工作標準步驟，並就其步驟說明工作方法、不安全因素、安全措施與事故處理。

三、請說明機械作業時，一般應注意的安全事項？

四、試說明電氣設備接地之目的。並以圖示說明，簡易接地電阻測定器之測定方法。

五、說明下圖工廠佈置圖為何種型式？有何優缺點？

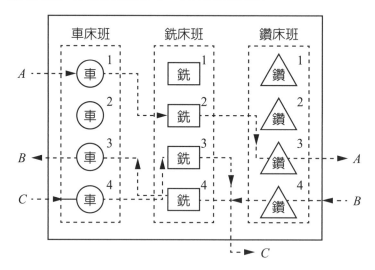

六、1991 年，美國職業安全衛生署修訂其於 1981 年對抬舉工作之建議，在修正後之建議不再有所謂之「最大容許重量」，而以「重量極限建議值 (RWL)」取代過去之「行動重量」，並以「重量指標 (LI)」作為評比提舉工作危害之指標。而「重量極限建議值」及「重量指標」之估算方法為：

RWL = LC × HM × VM × DM × AM × FM × CM。

試說明 LC、RM、VM、DM、AM、FM、CM 之意義。

第 26 次
勞工安全管理甲級技術士
技能檢定術科試題 (89.3.5)

一、事業單位如發生異常、事故和災害狀況時其處理方式各有不同，請分別列舉這三種狀況時應採取之處置事項，並對每一事項作簡要之說明。

二、工作安全分析應考慮及注意的事項可分為五類，請問是那五類，並請分別說明各類所含之內容。

三、有某類機械器具事業單位在採用時，應該依照勞工安全衛生法第六條規定，選擇合於中央主管機關所定「防護標準」之規定供勞工使用執行你的選擇任務時，請問：此項「防護標準」現在涵蓋的是那些機械器具？何謂「型式檢定」？你如何得知某台機械已經通過了「型式檢定」。

四、勞工安全衛生設施規則規定，對於電路開路後從事該電路、該電路支持物與接近該電路工作物之敷設、建造、檢查、修理、油漆等作業時，應該確認電路開路後，就該電路採取那些措施？

五、請說明系統安全分析之檢核表中開放式、封閉式與混合式等三類檢核表之特性及製作時須注意事項。

六、請說明眼臉防護具中，防塵眼鏡、遮光眼鏡及熔接面具 (罩)、防護面罩等三種之防護功能及選用原則。

一、你是勞工安全管理師，廠內堆高機有 10 台，經統計需接受堆高機操作人員之特殊安全衛生訓練 25 人，如擬自行辦理該項教育訓練，請製作一份教育訓練計畫 (列出項目即可)。並請說明申請辦理該項訓練報備程序。

二、金屬加工製造過程使用之衝剪機械造成手部傷害之案件甚多。

　（一）請列出安全裝置之種類並說明其機能。

　（二）目前行政院勞工委員會對於推動衝剪機械安全採取的行政措施。

三、依法令規定童工不得從事危險性及有害性之工作有那些？寫出十項。

四、個人防護具選用時應注意那些事項？又防毒口 (面) 罩應具有那些性能？

五、解釋名詞：

　「減壓設備」

　「過負荷防止裝置」

　「吊升荷重」

　「電氣設備接地」

第 28 次
勞工安全管理甲級技術士
技能檢定術科試題 (89.8.26)

一、試說明工作安全教導之八大原則。

二、依法令規定，事業單位與承攬人、再承攬人分別僱用勞工共同作業時，為防止職業災害，原事業單位應採取那些必要措施？

三、下圖是一台牛頭刨床，是一種可以調整衝程之切削機械，請回答下列問題：

它的危險是何性質？存在於何處？並請用箭頭及文字指示出來。牛頭刨床安全裝置為何 (補充) ？

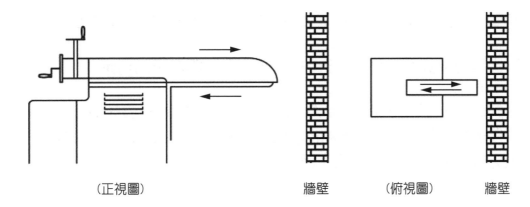

（正視圖）　　　　　　牆壁　　（俯視圖）　　　牆壁

在佈置設計上考量，請在俯視圖上依照安全原則畫出操作空間 (安全)、餘裕空間、隔離 (受防護的) 空間等的大概方位。

四、試述人機系統中可能發生的一些人為失誤類型，又為防止上述各種人為失誤之發生，在系統設計上應採取那些措施？

五、在預防重複性工作傷害所採取之步驟中，有一個「工程改善」的步驟，在此步驟中又有一項避免「過度用力」的原則，說明其應用在搬運工作和手工具加工方面的安全方法。

第 29 次
勞工安全管理甲級技術士
技能檢定術科試題 (89.11.19)

一、依「鍋爐及壓力容器安全規則」規定，雇主對於勞工進入第一種壓力容器內部，從事第一種壓力容器之清掃、修理、保養工作時，應採行之措施為何？

二、依「危險性工作場所審查暨檢查辦法」規定，危險性工作場所可分為幾類？並將各類危險性工作場所列明？

三、目前許多事業單位之職業災害防止計畫內容多千篇一律，不切合實際需要，因此在製作職業災害防止計畫時，應掌握那些原則？

四、試將個人防護具中「安全帶」於著裝及定期檢查時應注意事項列明？

五、試列出電氣火災發生原因 (五種)，並分別說明其預防對策？

六、何謂失誤樹分析 (Fault Tree Analysis) ？此分析具有那些功效？失誤樹分析與事件樹分析 (Event Tree Analysis) 有何不同，請將其不同點列出並說明？實施失誤樹分析之步驟為何，請列出說明？

第 30 次
勞工安全管理甲級技術士
技能檢定術科試題 (90.3.3)

一、吊鏈、鋼索、纖維索 (帶) 在哪些情況下不得作為起重升降機具之吊掛用具，請分述之。

二、職業災害防止計畫內容必須包含哪些架構與要項？職業災害防止計畫之「編製之方法」為何？。

三、試說明安全作業標準之功用。

四、金屬加工製造過程使用之衝剪機械，造成操作者手指或前肢之傷殘案件甚多，試述其防止災害之安全對策與安全裝置之種類及機能。

五、試說明化學反應失控為何會引起爆炸災害？試列舉說明五種可能造成化學反應失控之原因。

六、衝剪機械之運作為每分鐘 150 行程，其齒輪嚙合處共 14 處，試說明若採用雙手起動式安全裝置，則自按鈕至危險界限之最小距離為何？

七、電氣設備及低壓電源系統接地之接地電阻有何規定？如何測量其接地電阻？

第 31 次

勞工安全管理甲級技術士

技能檢定術科試題 (90.5.26)

一、試述火災四要素，其滅火方法為何？

二、何謂「危險物」、「有害物」？「危險物有害物通識規則」規定應「標示」對象，及「標示」事項為何？

三、

（一）系統安全分析之目的為何？

（二）除了失誤樹分析，請指出其餘五種分析方法為何？

（三）請指出失誤樹分析方法的實施步驟為何？

四、

（一）企業全面損失控制之範圍為何？請列舉十項。

（二）請說明損失控制的五大功能？

五、一般機械器具都有其運動能量，其運動能量為何？所造成的傷害有哪些？

第 32 次
勞工安全管理甲級技術士
技能檢定術科試題 (90.8.25)

一、近來勞工墜落災害頻傳，依據勞工安全衛生設施規則針對人體墜落災害防止，雇主應有那些安全防護設備與措施？

二、

    1.　危險性機械（至少三種）之檢查種類為何？

    2.　危險性設備（至少二種）之檢查種類為何？

    3.　危險性機械（至少三種）之檢查合格使用有效期限為何？

    4.　危險性設備（至少二種）之檢查合格使用有效期限為何？

三、事業單位有 450 人，早班：300 人，午班：100 人，晚班：500 人，噪音作業：20 人，苯作業：4 人，鉛作業：10 人，輻射作業：4 人，無新進人員及變更職務人員。問醫護人員、職業災害急救人員應設置幾人？健康檢查實施種類與頻率？

四、設計手工具時有那些人因工程的原則可供參考？

五、試述引發重複性肌肉骨骼創傷的原因有那些？

六、何謂「危害及可操作性分析」？何謂「失誤樹分析」？除上述二種分析外，請列出製程安全分析方法五種？

第 33 次
勞工安全管理甲級技術士
技能檢定術科試題 (90.11.17)

一、何謂危險物？各項危險物分別列出六項？

二、從事液化石油氣灌裝應注意那些安全事項？

三、從事液化石油氣灌裝需接受何種安全衛生教育訓練？

四、某一工廠設有吊升荷重五公噸以上固定式起重機，荷重一公噸以上堆高機，該等設備之自動檢查項目、自動檢查應記錄事項、記錄保存年限各為何？

五、靜電產生之機轉為何？避免累積性靜電產生對策為何？

六、檢查表優點、使用限制事項為何？

第 34 次
勞工安全管理甲級技術士
技能檢定術科試題 (91.3.3)

一、勞工安全衛生法第五條第一項規定：「雇主對左列事項應有符合標準之必要安全衛生設備」其中所謂左列事項計有十一款，請分別列舉之。又同條第二項規定雇主應妥為規劃並採取必要之措施者係那些事項？亦請列舉之。

二、

　　(一) 試述事業單位訂定安全衛生工作守則之過程中，應注意及辦理之事項？

　　(二) 事業單位訂定安全衛生工作守則之內容應參酌那些事項？

　　(三) 列舉五種落實執行安全衛生工作守則的方法。

三、試列舉說明電氣接地之種類，並分別說明各類接地之作用及目的。

四、試列舉工業火災發生之火源五種，並分別敘述其原因及防範方法？

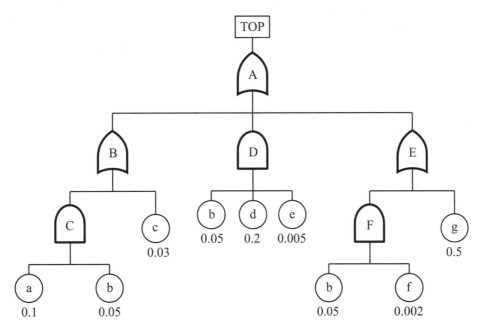

五、失誤樹分析如下圖，圖中各基本事件 (basic events) 之失誤率如圖所示，試回答及計算下列問題。

　　(一) 以直接消去法或矩陣法並應用布林代數化減此失誤樹，並寫出此失誤樹之最小分割集合 (minimal cut set) 的方程式。

　　(二) 計算此失誤樹頂端事件 (top event) 之機率。

第 35 次
勞工安全管理甲級技術士
技能檢定術科試題 (91.5.26)

一、危險性工作場所審查暨檢查辦法規定危險性工作場所可分為幾類？並將各類危險性工作場所予以說明。

二、

　　(1) 依勞工安全衛生法規定，勞工違反何項條款時會被處以罰鍰？如何處分？

　　(2) 請列舉十種勞工安全衛生法體系下的要點、辦法、標準、規則名稱。

三、您若是某生產事業單位之勞工安全管理師欲擬定職業災防止計劃要適合事業各部門，你應該掌握哪些資料？另職業災害防止計劃應包含哪些內容？

四、

　　(1) 系統安全分析目的為何？

　　(2) 除了失誤樹分析以外請列舉五項系統安全分析之方法？

　　(3) 失誤樹分析法的步驟為何？

五、儲油槽油泥過多需派員工進入槽內清除，此作業應採取安全措施為何？

第 36 次
勞工安全管理甲級技術士
技能檢定術科試題 (91.8.18)

一、

（一）危險性工作場所，非經勞動檢查機構審查或檢查合格，事業單位不得使勞工在該場所作業，其中甲類、乙類及丙類工作場所申請審查時，應檢附之製程安全評估報告書，其安全評估方法除實施初步危害分析外，針對重大潛在危害實施安全評估時，依規定可採行那些方法？

（二）

1. 何謂失誤樹分析 (Fault Tree Analysis)？

2. 請列出失誤樹分析之步驟？

二、某電子器材製造公司平時僱用勞工 450 人，分為三班制工作，日班 300 人、中班 100 人、夜班 50 人，從事特別危害健康作業的有：噪音（在八十五分貝以上）20 人、苯作業 5 人、鉛作業 10 人、游離輻射作業 4 人，請問依照「勞工健康保護規則」應規劃有那些必要數量之醫護人員、急救人員，並敘明應實施之體格檢查及健康檢查之種類與頻率？

三、擬訂之自動檢查計畫應有那些內容。

四、

（一）請列舉五種容易產生靜電的製程。

（二）請將防止靜電產生或累積之對策列明。

五、

（一）請列舉滅火劑種類及滅火原理。

（二）何謂爆炸範圍？氧氣濃度對其影響為何？

第 37 次
勞工安全管理甲級技術士
技能檢定術科試題 (91.11.17)

一、

（一）勞工安全衛生法規範有勞工應盡的義務有那三項，請列明？

（二）試述勞工安全衛生設施規則規定，雇主使勞工進入供儲存大量物料之槽桶時，避免危害應採取之措施或規定有那些，請列明？

（三）試列舉十種各業通用之勞工安全衛生法附屬法規之名稱？

二、

（一）請說明安全觀察之意義，並將應受安全觀察的對象及作業列明。

（二）

1. 試述燃燒式可燃性氣體測定器之測定原理。

2. 當可燃性氣體濃度，如高達 95% 時，以燃燒式可燃性氣體測定器予以測定時，請說明此型式測定器不能正確顯示作業環境實況之原因。

3. 在某一場所以此可燃性氣體測定器測定時，如其測定值讀取值為 60% 時，其所顯示之意義為何？請說明。

三、職業災害預防理論中，何謂失誤安全設計 (Fail-Safe Designs) ？區分為幾種型態？請說明之。

四、某一工廠係屬勞動檢查法所稱之甲類危險性工作場所，其控制室位於具有危險性及有害性物質之工作場所內，此控制室應考慮那些安全衛生設施方能確保其安全，免於火災、爆炸、人員中毒之虞？

五、試說明四種防爆電氣設備防爆構造的種類原理。

第 38 次
勞工安全管理甲級技術士
技能檢定術科試題 (92.3.29)

一、依勞工安全衛生設施規則規定，對於電路開路後從事該電路，該電路支持物與接近該電路工作物之敷設、建照、檢查、修理、油漆等作業時，應於確認電路開路後，就該電路採取必要的措施，以防止電器危害之發生，其中就該電路應採取必要的措施有哪些，請列明。

二、某工廠自液化石油氣槽車卸收石油氣 (L.P.G.) 至球形槽，操作人員 (均依規定接受從事工作及預防災變所必要之安全衛生教育訓練) 因作業人員不在現場，司機代為操作，泵浦運轉後不久，液相高壓軟管接頭突然鬆脫，L.P.G. 漏洩形成一片白煙霧，五分鐘後起火爆炸，造成現場勞工三人重傷，槽車燒燬，假設你是該工廠勞工安全管理師，試就本職業災害可能原因列出，說明其理由，並提出可行之改善建議 (該槽車設有超流閥及手動式緊急遮斷閥)。

三、如果你是事業單位之安全管理師，雇主要求你釐訂全事業單位之職業防止計畫，為使訂出來之計畫切合實際需要，並能真正有助於職業災害之防止，你應事先應該掌握那些資料，請列明。

四、為避免機械災害之發生，機械應有妥善之防護，試將機械防護之十大基本原理列明，並簡要說明之。

五、試說明輸氣管面罩、空氣呼吸器及氧氣呼吸器三者使用之時機，並比較其優缺點。

第 39 次
勞工安全管理甲級技術士
技能檢定術科試題 (92.7.20)

一、請依起重升降機具安全規則，說明下列名詞之定義（意義）？

　　(一) 吊升荷重及具有伸臂之起重機之吊升荷重

　　(二) 具有伸臂之移動式起重機之額定荷重

　　(三) 具有吊臂之吊籠之積載荷重

　　(四) 吊籠之容許下降速率

二、依營造安全衛生設施標準之規定，對於高度二公尺以上之工作場所勞工作業有墜落之虞者，應依「規定」訂定墜落災害防止計畫，採取適當墜落災害防止設施。請說明前述「規定」之內容除張掛安全網外，尚有那些，請列明。

三、職業災害防止計畫之製作雖然沒有統一固定之格式及內容，但是計畫內容愈充實完善，愈有助於安全衛生工作之推動，一個完整的職業災害防止計畫，其應有之具體內容或項目包括那些請列出，並簡要說明。

四、

　　(一) 試列出並說明五種電氣火災發生原因。

　　(二) 列明電氣火災之預防對策？

五、防塵口（面）罩之主要用途為何？說明其應具備之性能？檢點時應確認之要項為何，請列出。何狀況下應考慮廢棄？

第 40 次

勞工安全管理甲級技術士

技能檢定術科試題 (92.11.9)

一、

(一) 依勞工安全衛生設施規則之規定,對於高度在二公尺以上之場(處)所,勞工有墜落之虞者,雇主應採取何種措施以預防勞工之墜落?

(二) 依勞工安全衛生設施規則之規定,使勞工進入供儲存大量物料之槽桶時,雇主應採取那些措施以預防勞工進入作業時發生危害?

二、

(一) 試敘述下列有關危險性機械及設備之名詞之定義。

　　1. 吊升荷重;

　　2. 最高使用壓力

(二) 何謂「型式檢定」?你如何得知某台機械、器具已經通過了「型式檢定」?

三、

(一) 如果您是事業單位之安全管理師,雇主要求您釐訂全事業單位之職業災害防止計畫,為使訂出來之計畫切合實際需要,並能真正有助於職業災害之防止,您應該事先掌握那些資料,以瞭解整個事業單位安全衛生之實際情況,作為釐訂職業災害防止計畫之依據。

(二) 損失控制管理制度的八大工具為何?請列明。

四、

(一) 何謂失誤樹分析(Fault Tree Analysis)?失誤樹分析與事件樹分析(Event Tree Analysis) 有何不同?

(二) 實施失誤樹分析之步驟為何?請分別列出說明。

五、

(一) 異丁烷、乙烷及乙酸戊酯之爆炸範圍如下表所列，試以合理方式計算各別物質之危險度或相對危害指數，並列明其相對危險度之大順序。

物質名稱	化學式	爆炸下限 (V%)	爆炸上限 (V%)	閃火點 (°C)	著火點 (°C)
異丁烷	$CH_3CH(CH_3)CH_3$	1.8	8.4	-81	460
乙烷	C_2H_6	3.0	12.4	-130	515
乙酸戊酯	$CH_3CO_2(CH_2)_4CH_3$	1.0	7.1	25	360

(二) 試以化學計量方法計算甲醇 (CH_3OH) 之理論爆炸下限為多少 % ？

第 41 次
勞工安全管理甲級技術士
技能檢定術科試題 (93.3.21)

一、依勞工安全衛生法規定，雇主違反那些規定事項可被處以有期徒刑？勞工違反那些規定事項可被處以罰鍰？

二、試以人力 (雙手) 搬運一箱物品為題，製作一份安全作業 (工作) 標準。

三、事業單位為防止職業災害，必須在整個工作過程中實施風險管理，請從危害辨識、風險評估、風險控制三方面說明如何實施風險管理。

四、工廠油槽油泥過多，需派勞工進入槽內清除油泥前，應如何採取那些安全措施？請說明之。

五、
　(一) 影響移動式起重機 (吊車) 之安定性的因素有那些？

　(二) 為防止吊車的翻覆，應當設置何種安全裝置？

第 42 次
勞工安全管理甲級技術士
技能檢定術科試題 (93.7.18)

一、依營造安全衛生設施標準規定，雇主對於鋼構之吊運、組配作業應辦理那些事項？

二、依勞工安全衛生設施規則規定，對於電路開路後從事該電路、該電路支持物或接近該電路工作物之敷設、建造、檢查、修理、油漆等作業時，應於確認電路開路後，就該電路採取哪些措施？作業終了送電時，應注意那些事項？

三、如果您是事業單位之安全管理師，雇主要求您釐訂全事業單位之職業災害防止計畫，為使訂出來之計畫切合實際需要，並能真正有助於職業災害之防止，您應該事先掌握那些資料，以瞭解整個事業單位安全衛生之實際情況。

四、何謂損失控制五大功能？損失控制管理制度的八大工具？試簡要說明之。

五、某造紙公司指派勞工甲、乙清理密閉污水處理槽 (人孔直徑 80 公分)，甲、乙二人進入槽內後不久昏倒，槽外勞工丙、丁二人發現災害後立即入槽搶救，惟不幸亦均罹難於內，該槽經測定結果空氣中，氧氣含量為 10%、硫化氫濃度為 200ppm，試就本災害分析事故發生之直接、間接及基本原因？並說明類似災害之防範對策。

第 43 次

勞工安全管理甲級技術士

技能檢定術科試題 (93.11.23)

一、事業單位與承攬人、再承攬人分別僱用勞工共同作業時，應設置協議組織，依勞工安全衛生法施行細則規定，其協議事項為何？

二、營造安全衛生設施標準中，有關護欄之設置規定為何？

三、訂定自動檢查計畫應考慮那些內容？

四、職業災害預防理論中，何謂失誤安全設計 (Fail-Safe Designs)？區分為幾種型態？

五、有一含氫氣、乙烷及乙烯之混合氣體，其體積組成比例分別為 30%、30% 及 40%，請依勒沙特列 (Le Chatelier) 定律計算此混合氣體在空氣中的爆炸下限 (LEL) 與上限 (UEL)。(其中氫之 LEL：4.0vol%、UEL：75vol%；乙烷：LEL：3.0 vol%、UEL：12.4vol%；乙烯：LEL：2.5vol%、UEL：36vol%)

第 44 次
勞工安全管理甲級技術士
技能檢定術科試題 (94.03.27)

一、依「危險性工作場所審查暨檢查辦法」規定，危險性工作場所可區分為幾類？並將危險性工作場所列明？

二、

(一) 請敘述安全觀察之意義及安全觀察的對象？

(二) 某公司對其員工實施安全觀察，已知觀察勞工 200 次作業中有 30 次不安全動作，若預期精確度 (Y) 為 10%，求最少安全觀察次數應為若干？

三、

(一) 試由靜電發生機制列舉五種容易產生靜電的製程或作業。

(二) 試說明防止靜電產生或累積，在採取對策時應注意的一般原則 (列舉五項)。

四、

(一) 請列舉滅火劑種類及滅火原理。

(二) 何謂閃火點、爆炸範圍？並敘述其與火災的關係為何？

五、

(一) 系統安全分析的目的為何？

(二) 除失誤樹分析外，請列舉五種系統安全分析的方法。

(三) 試說明實施失誤樹分析步驟。

第 45 次
勞工安全管理甲級技術士
技能檢定術科試題 (94.06.26)

一、使用高空工作車從事作業，依法應辦理那些事項？

二、

（一）試述職業災害防止計劃之架構要項？

（二）為使事業單位能有效落實執行職業災害防止計劃，其製作程序為何？

三、請依「營造安全衛生設施標準」之規定：

（一）對於高度二公尺以上之工作場所，勞工作業有墜落之虞者，應依那些
規定訂定墜落災害防止計畫，採取適當墜落災害防止設施？

（二）構造物拆除應辦理那些事項？

四、依據 Jones 理論可燃性物質之爆炸下限為其理論混合比例值 C_{st} 之 0.55 倍，
亦即 LEL = $0.55C_{st}$，請估算（詳列計算過程）丙烷 (C_3H_8)、苯乙烯 (C_8H_8) 及
乙醇 (C_2H_5OH) 之爆炸下限為何？

五、試簡述四種防爆電機之種類及其原理。

第 46 次
勞工安全管理甲級技術士
技能檢定術科試題 (94.11.20)

一、請依勞工安全衛生設施規則規定，分別回答下列事項：

　　(一)雇主使勞工於有危害勞工之虞之局限空間從事作業時，其進入許可應由那些人員簽署後，始得使勞工進入作業？

　　(二)前述進入許可，應載明那些事項？

　　(三)雇主使勞工進入局限空間從事那些作業時，應簽署動火許可後，始得作業？

二、請依營造安全衛生設施標準規定，分別回答下列事項：

　　(一)使勞工鄰近河川、湖泊、海岸作業，勞工有落水之虞者，應依那些規定辦理？

　　(二)使勞工於有發生水位暴漲或土石流之地區作業者，除依前述之規定外，尚應依那些規定辦理？

三、如果你是一個營造事業單位派駐工地的安全管理師，試列舉製作營造工地職業災害防止計畫主要應參考的資料。

四、為防止小型貫流式鍋爐系統著火，引發廠區火災重大事故，請分別就下列事項敘述小型貫流式鍋爐之相關安全檢查及安全管理措施為何？(一)設備及人員資格；(二)鍋爐及鍋爐房設計；(三)操作運轉；(四)自動檢查。

五、請分別說明下列各項：(一)何謂失誤樹分析 (Fault Tree Analysis)？(二)失誤樹分析方法具有那些功效？(三)失誤樹分析與事件樹分析 (Event Tree Analysis) 有何不同？(四)實施失誤樹分析之步驟為何？

第 47 次
勞工安全管理甲級技術士
技能檢定術科試題 (95.3.26)

一、依勞動法令規定，

　　(一) 具有危險性之機具或設備有哪些？

　　(二) 危險性工作場所有哪些？

　　(三) 前述二者之法律依據各為何？

　　(四) 前述之法律各賦予雇主對具有危險性之機具或設備及危險性工作場所之法定義務為何？

二、依營造安全設施標準規定，

　　(一) 安裝安全母索除一般規定外，於水平安全母索之設置，應依哪些規定辦理？

　　(二) 安裝安全母索除一般規定外，於垂直安全母索之設置，應依哪些規定辦理

　　(三) 施工架組配作業主管於作業現場應辦理哪些事項？

三、請就協議組織設立之 (一) 目的、(二) 成員、(三) 會議召開方式、(四) 主要討論事項及 (五) 行政支援事宜等要項，試訂定一份營造工地共同作業協議組織運作規範。

四、在執行人因工程危害評估過程中，請說明危害監測 (surveillance) 方式之種類？如何進行工作安全分析？

五、某反應器中有氧化劑與還原劑進行放熱反應 (exothermic reaction)。在此反應中，除了添加觸媒之外，尚須添加冷卻水，以防止溫度過高。今假設冷卻水未於需要時進入反應器 (此為起始事件)，而產生正常操作之偏離情況，則該操作系統需實施下列應變措施，並啟動相關安全裝置：

　　(一) 在溫度 T_1 時，高溫警報器警告操作員 (故障率 $= 5 \times 10^{-4}$/hr)。

　　(二) 操作員將冷卻水添加至反應器，溫度回復正常 (故障率 $= 10^{-2}$/hr)。

　　(三) 在溫度 T_2 時，自動停機系統停止反應 (故障率 $= 10^{-4}$/hr)。

　　起始事件 (冷卻水系統失效) 發生的機率為 2.5×10^{-3}。

　　試依前述條件繪製事件樹；並求反應器失控反應 (runaway reaction) 的機率 (probability)。

第 48 次
勞工安全管理甲級技術士
技能檢定術科試題 (95.07.23)

一、依據勞工安全衛生組織管理及自動檢查辦法之規定,雇主應使勞工安全衛生管理單位、勞工安全衛生人員辦理哪些事項?

二、依營造安全衛生設施標準之規定,試敘述雇主對於鋼構之吊運、組配作業應依哪些規定辦理?

三、搬運作業往往會造成背部傷害,為防止此類職業災害,試製作一份以雙手搬運一箱 15 公斤重物品之安全作業標準,以教導人員安全作業。

四、某環保處理公司承攬一密閉污水槽 (人孔直徑 100 公分) 清理工作。清理首日勞工甲、乙二人奉命直接入槽作業,不久即昏迷。槽外監督之原事業單位勞工丙發現槽內無任何動靜,即入槽查看,三人皆不幸罹難於內。該槽經測定結果,空氣中氧氣含量 12%,硫化氫濃度 200 ppm。

(一) 請分析本災害事故可能發生之直接、間接及基本原因。

(二) 請說明本災害之防範對策。

五、何謂損失控制管理制度的八大工具?試簡單說明之。

第 49 次

勞工安全管理甲級技術士

技能檢定術科試題 (95.11.19)

一、勞工安全衛生法第五條第一項規定，雇主對哪些危害事項應有符合標準之必要安全衛生設備，試列舉 8 項。又同條第二項規定雇主應妥為規劃並採取必要之措施者係指哪些事項？亦請列舉之。

二、依勞工安全衛生設施規則規定，雇主使勞工於局限空間從事作業前

(一) 應先確認的局限空間危害有哪些？

(二) 如有危害之虞應訂定危害防止計畫，其內涵應包括哪些事項？

三、如果您是事業單位之安全管理師，雇主要求您釐訂事業單位之職業災害防止計畫，為使訂出來之計畫切合實際需要，並能真正有助於職業災害之防止，您應該事先掌握哪些資料，以瞭解整個事業單位安全衛生之實際情況？

四、職業災害預防理論中之失誤安全設計 (fail-safe design) 為何？其可區分為幾種型態？

五、

1. 若布林代數 $T = AB + BC + AD$，試繪製成失誤樹圖。

2. 上述布林代數請予以最簡化 (求最小切集合，minimum cut set，MCS)，並寫出最簡化之布林代數。

3. 如上述各事件均為獨立事件，且或然率分別為 $P(A) = 0.1$，$P(B) = 0.2$，$P(C) = 0.3$，$P(D) = 0.4$，試計算 $P(T) = $ ？

第 50 次
勞工安全管理甲級技術士
技能檢定術科試題 (96.04.22)

一、擬訂自動檢查計劃應考慮哪些內容？

二、依「營造安全衛生設施標準」之規定，試回答下列問題：

（一）雇主對於高度在二公尺以上之工作場所，勞工有墜落之虞者，應依哪些規定訂定墜落災害防止計畫，採取適當墜落災害防止設施？

（二）雇主使勞工於高度二公尺以上之施工架上從事作業時，應依哪些規定辦理？

三、試回答下列問題：

（一）何謂失誤樹分析 (Fault Tree Analysis，FTA) ？

（二）此分析方法具有哪些功效？

（三）失誤樹分析與事件樹分析 (Event Tree Analysis，ETA) 有何不同？

（四）實施失誤樹分析之步驟為何？請分別列出說明。

四、工廠製程區儲槽年度設備內部設備檢查作業，需在完成清洗後，先入槽實施勘查。而入槽勘察作業為局限空間作業，試以入槽勘察作業為題製作一份安全作業標準。

五、試回答下列問題：

（一）何謂電氣火災？

（二）請列舉四種電氣火災之發生原因。

（三）請說明電氣火災之防制對策為何？

第 51 次
勞工安全管理甲級技術士
技能檢定術科試題 (96.08.05)

一、依營造安全衛生設施標準規定，

（一）使勞工鄰近河川、湖泊、海岸作業，勞工有落水之虞者，應依哪些規定辦理？

（二）使勞工於有發生水位暴漲或土石流之地區作業者，除依前述之規定外，尚應依哪些規定辦理？

二、依勞工安全衛生設施規則規定，

（一）雇主使勞工於侷限空間從事作業前，應先確定侷限空間內有無可能引起勞工哪些危害？

（二）使勞工於侷限空間從事作業如有危害之虞，應訂定危害防止計畫，請問該危害防止計畫應依作業可能引起之危害訂定哪些事項？

三、請就協議組織設立之（一）目的、（二）成員、（三）會議召開方式、（四）主要討論事項及（五）行政支援事宜等要項，試訂定一份營造工作共同作業協議組織運作規範。

四、（一）何謂易燃液體？（二）易燃液體為何其危險性較高？（三）易燃液體在工業界使用上對於防火防爆應注意哪些事項？

五、

（一）試舉出三種機械上，為防止人員或其身體之一部份進入危險區域所裝設之防護罩，並簡單說明之。

（二）這些防護罩應具有何種一般性之功能？

第 52 次

勞工安全管理甲級技術士

技能檢定術科試題 (96.11.18)

一、依法令規定，事業單位與承攬人、再承攬人分別僱用勞工共同作業時，為防止職業災害，(一)原事業單位除召集協議組織外，另應採取那些必要措施？(二)協議組織的協議事項有那些？

二、依營造安全衛生設施標準規定，(一)雇主對於高度 2 公尺以下之工作場所，勞工作業有墜落之虞者，應依規定訂定墜落災害防止計畫，採取那些適當墜落災害防止設施？(二)雇主使勞工於屋頂作業，應依那些規定辦理？

三、依 ILO OHSMS-2001 職業安全衛生管理系統，職業安全衛生政策之制定至少應包含 4 個承諾，除了符合法規外，請說明其餘 3 個承諾及其內涵為何？

四、職業災害預防理論中，(一)何謂失誤安全設計 (Fail-Safe Designs)？(二)區分為幾種型態並說明之？

五、工廠油槽油泥過多，需派勞工進入槽內清除油泥前應如何採取安全設施？試論之。

第 53 次
勞工安全管理甲級技術士
技能檢定術科試題 (97.03.30)

一、依營造安全衛生設施標準規定，

　　(一) 水平安全母索之設置，應依那些規定辦理？

　　(二) 垂直安全母索之設置，應依那些規定辦理？

　　(三) 施工架組配作業主管於作業現場應辦理那些事項？

二、依勞工安全衛生設施規則規定，

　　(一) 對於毒性高壓氣體之 (1) 儲存、(2) 使用，各應依那些規定辦理？

　　(二) 對於高壓氣體之廢棄，應防止那些危害？

三、試述製作職業災害防止計畫應先把握那些資料，才能了解本身安全衛生實際
　　情況及事實上需要而訂出切合實際且有助於防止職業災害的項目。又職業災
　　害防止計畫的內容必須包含那些要項始能構成完整的計畫架構。

四、

　　(一) 試簡述四種防爆電氣構造及其原理。

　　(二) 今在處理二乙基醚 (燃點 170℃，最大安全間隙 MESG = 0.55mm) 之作
　　　　業場所，欲設置耐壓及增加安全型防爆電氣，請依照下列溫昇等級判
　　　　定表及物料等級與 MESG 判定表，規劃所需安全規格。

溫昇等級判定表

物質燃燒點 (℃)	溫昇等級
85 ～ 100	G6(T6)
100 ～ 135	G5(T5)
135 ～ 200	G4(T4)
200 ～ 300	G3(T3)
300 ～ 450	G2(T2)
≥ 450	G1(T1)

物料等級與 MESG 判定表

物料等級		最大安全間隙 (mm) (MESG)
我國	歐盟	1
IIA	≥ 0.6	2
IIB	$0.6 \sim 0.4$	3
IIC	< 0.4	

五、有一批次反應常因物料 A 注料作業中靜電火花引發爆炸，今業者為防制此危害採取下列安全措施：

1. 物料 A(其閃火點為 20℃) 注料前先經由冷凍機降溫至 5℃ (唯有停電時冷凍機才會失效)

2. 反應時採氮封設計 (唯有氮氣不足才會失效)

3. 靜電火源控制措施為 a. 接地等電連結 b. 離子風扇 (停電或風扇故障此功能才會失效)

各系統之失誤機率如下表：

系統	機率
環境溫度低於 20℃	0.1
停電	10^{-3}
氮氣不足	2×10^{-3}
離子風扇故障	10^{-4}
接地 / 等電位連結失效	10^{-3}

(一) 請畫出與物料 A 作業引發爆炸為頂端事件之失誤樹圖。

(二) 請求出最小切集 (Minimum Cut Set)。

(三) 請求出頂端事件之發生機率。

第 54 次

勞工安全管理甲級技術士

技能檢定術科試題 (97.07.27)

一、依危險性工作場所審查暨檢查辦法規定,危險性工作場所可分為那幾類並詳述之?

二、依營造安全衛生設施標準規定:

　(一) 雇主對於高度 2 公尺以下之工作場所,勞工作業有墜落之虞者,應依規定訂定墜落災害防止計畫,採取那些適當墜落災害防止設施?

　(二) 雇主使勞工於屋頂作業,應依那些規定辦理?

三、依勞工安全衛生設施規則規定,對於高壓氣體容器於

　(一) 使用時,應依那些規定辦理?

　(二) 搬運時,應依那些規定辦理?

四、某工廠自液化石油氣槽車卸收液化石油氣 (LPG) 至球型槽 (均有合格證),因合格作業員不在現場,司機代為操作,惟泵浦運轉後不久,液相高壓軟管接頭突然鬆開,LPG 漏洩形成一片白霧,5 分鐘後現場起火爆炸,造成勞工 3 人重傷,槽車燒燬。假設你是該工廠勞工安全管理師,試撰寫職業災害調查分析報告,內容應包含災害概況、災害經過、災害原因分析及改進建議。(該槽車設有超流閥及手動式緊急遮斷閥,其他資訊不足部分可自行合理假設,著火源分析應列舉各種可能性)

五、

　(一) 請用規劃 - 實施 - 檢查 - 行動 (PDCA) 方法簡述國家級職業安全衛生管理系統 (TOSHMS) 之內涵?

　(二) 請說明在 TOSHMS 管制作業中,實施採購與承攬作業之控制措施為何?

　(三) 請簡述 TOSHMS 參與及諮詢中,員工之參與方式有那些?

第 55 次
勞工安全管理甲級技術士
技能檢定術科試題 (97.11.16)

一、依勞工安全衛生設施規則規定，以捲揚機等吊運物料時，應依那些規定辦理？

二、依營造安全衛生設施標準規定，請問：

（一）安全母索及其錨錠裝置的強度為何？

（二）水平安全母索之設置，應依那些規定辦理？

（三）垂直安全母索之設置，應依那些規定辦理？

（四）施工架組配作業主管於作業現場應辦理那些事項？

三、在執行人因工程危害評估過程中，請說明危害監測方式之種類？及如何進行工作分析？

四、某機械設備發生故障事件 T 與其組件 A、B、C、D、E 之關係可以布林代數式表示：T = AB + C + DE，若 (a) 故障事件 T 造成之損失為 500 萬 (b) 零件組每年之故障率分別為 P(A) = 0.04、P(B) = 0.05、P(C) = 0.04、P(D) = 0.02、P(E) = 0.03(c) 假設各零組件皆為獨立事件，依上述資料：試求

（一）故障事件 T 之發生率為多少？

（二）每年因故障事件 T，而損失金額為多少？

（三）試以「成本 / 效益」分析下列兩個改善方案，何者為優？

> 方案一　每年花費 10,000 元，將 A 與 B 之故障率降低為
> P(A) = P(B) = 0.03

> 方案二　每年花費 50,000 元，將 C 之故障率降低為 P(C) = 0.02

五、所謂理論空氣量係指可燃性物質完全燃燒所需要的空氣量，如碳氫化合物完全燃燒產物為 CO_2 及 H_2O，以丙烷為例，其完全燃燒反應式為 $C_3H_8+5O_2 \rightarrow 3CO_2+4H_2O$。現有四種物質其分別為：丙烷 ($C_3H_8$，分子量 44g/mole)、丙酮 ($CH_3COCH_3$，分子量 58g/mole)、異丙醇 ($CH_3CHOHCH_3$，分子量 60g/mole)、甲乙醚 ($CH_3OC_2H_5$，分子量 60g/mole)

(一) 試問當上述四種物質質量相等時，何者燃燒時具最低之理論空氣量？

(二) 請說明處置上述物質之防火防爆安全措施為何 (至少列舉五項) ？

第 56 次
勞工安全管理甲級技術士
技能檢定術科試題 (98.03.29)

一、原事業單位與承攬人分別僱用勞工共同作業時，應由原事業單位召集協議組織，並定期或不定期進行協議哪些事項？

二、依勞工安全衛生組織管理及自動檢查辦法規定，雇主應依其事業規模、特性，訂定勞工安全衛生管理計畫，執行哪些勞工安全衛生管理事項？

三、假設某事業單位在一年內 (該年有效工作日為 220 天) 發生職業災害情形如下：

損失日數未滿 1 日之事件：30 件，共 30 人。

暫時全失能事件：25 件 30 人次，損失日數共 200 天。

永久部分失能事件：5 件 5 人次受傷，損失日數共 8000 天。

永久全失能事件：1 人，永久性傷殘。

死亡事件：1 人。

若該事業單位全部員工共 180 人，假設全勤無延長工時情形，試計算該事業單位全年失能傷害頻率 (F.R.) 與失能傷害嚴重率 (S.R.)。

四、試敘述雇主對於鋼構之吊運、組配作業依法令規定應辦理哪些事項？

五、

(一) 依危險物與有害物標示及通識規則規定，請問下列危害物質應標示之危害圖式為何？請以下列各式危害圖式之代號答題，不用畫圖。

1. 致癌物質第 2 級。

2. 自反應物質 B 型。

3. 加壓氣體之壓縮氣體。

4. 腐蝕 / 刺激皮膚第 3 級。

5. 氧化性固體第 1 級。

A	 腐蝕	D	 健康危害	G	 火焰
B	 骷髏與兩根交叉骨	E	 氣體鋼瓶	H	 炸彈爆炸
C	 驚嘆號	F	 圓圈上一團火焰	I	

(以上圖示外框皆為紅色)

(二) 磷化氫 (PH3) 氣體鋼瓶上之危害圖式為 2.1(可燃性氣體) 與 2.3(毒性氣體)，請用上面危害圖式方式表示之。並請說明除危害圖式外，危害標示內容應包含哪些項目？

一、依現行勞工安全衛生法規規定，請問：

（一）雇主不得以何種情況下之吊鏈、鋼索作為起重升降機具吊掛用具？

（二）雇主對於有車輛出入、使用道路作業、鄰接道路作業或有導致交通事故之虞之工作場所，雇主依規定應如何設置適當交通號誌、標示、柵欄或措施？

二、依「營造安全衛生設施標準」規定：

（一）使勞工鄰近河川、湖泊、海岸作業，勞工有落水之虞者，應依哪些規定辦理？

（二）使勞工於有發生水位暴漲或土石流之地區作業者，除依前條之規定外，尚依哪些規定辦理？

三、試列舉說明電氣接地之種類及其目的。

四、某工廠自液化石油氣槽車卸收液化石油氣 (L.P.G) 至球型槽 (均有合格證)，因合格作業員不在現場，司機代為操作，惟泵浦運轉後不久，液相高壓軟管接頭突然鬆開，L.P.G 漏洩形成一片白霧，5 分鐘後現場起火爆炸，造成司機與其它二位勞工重傷，槽車燒燬。假設你是該工廠勞工安全管理師，試撰寫職業災害調查分析報告，內容應包含災害概況、災害經過、災害原因分析及改進建議。(該槽車設有超流閥及手動式緊急遮斷閥，其他資訊不足部分可自行合理假設，請分析列舉各種可能著火源及其發生的可能性)

五、某工廠油槽油泥過多，需派勞工進入槽內清除油泥，在勞工進入前，應如何採取安全措施？請說明之。

第 58 次
勞工安全管理甲級技術士
技能檢定術科試題 (98.11.15)

一、依機械器具安全防護標準規定，試回答下列問題：

（一）為減少動力衝剪機械之切割災害。動力衝剪機械之安全裝置，應具那些機能？

（二）雙手操作式安全裝置應符合那些規定？試列舉 5 項。

二、依營造安全衛生設施標準規定，試回答下列問題：

（一）雇主僱用勞工從事露天開挖時，為防止地面之崩塌或土石之飛落應採取那些措施？

（二）使勞工以機械從事露天開挖作業，應辦理那些事項？

三、依勞工安全衛生組織管理及自動檢查辦法規定，試回答下列問題：

（一）事業單位設置勞工安全衛生委員會，其委員人數、任期、組成成員，召開會議之規定如何？

（二）勞工安全衛生委員會應研議之事項有那些？試列舉 5 項。

四、試回答下列問題：

（一）從體會因觸電而產生感電危害，若在 110V、60Hz 下，人體之不可脫逃電流為 16mA，一般人在皮膚乾燥時約相當 100kΩ 電阻，在全身濕透約相當 5kΩ 電阻，試計算作業勞工在皮膚乾燥與汗流浹背時接觸 110V、60Hz 電源，其感電電流各為何 (不考慮地板電阻) ？並比較其危害後果？

（二）試說明電氣設備裝置漏電斷路器之目的為何？及應設置漏電斷路器之場所為何？試列舉 8 項。

五、所謂理論空氣量係指可燃性物質完全燃燒所需要的空氣量，以正己烷為例，其完全燃燒反應式為 $C_6H_{14}+9.5O_2 \rightarrow 6CO_2+7H_2O$。現有正己烷 (分子量 86，LEL = 1.1%) 每天八小時消耗 48kg(大氣條件：25℃、一大氣壓、氧氣濃度 21%)，試回答下列問題：

(一) 正己烷每小時之燃燒理論空氣量為何 (m^3/hr) ？

(二) 為防止火災爆炸發生，正己烷作業之最低換氣量 (m^3/min) 為何？

(三) 請說明處理易燃液體之防火防爆安全措施為何？至少列舉五項。

第 59 次
勞工安全管理甲級技術士
技能檢定術科試題 (99.03.28)

一、

（一）試述勞工安全衛生法中規定之三項勞工應盡之義務？

（二）試述勞工安全衛生設施規則中規定，雇主使勞工進入供儲存大量物料之儲桶時，應依照之四項規定？

（三）試列舉九種各業通用之勞工安全衛生法附屬規章（規則、辦法、標準、準則）之名稱？

二、近年來對於橋樑工程多已採支撐先進工法、懸臂工法等以工作車推進方式施工，試辨識該施工之主要危害有那些？為預防工作車推進方式施工之危害，請說明可採取之對策有那些？

三、你是勞工安全管理師，廠內有荷重在 1 公噸以上之堆高機 10 台，經統計需接受堆高機操作人員特殊安全衛生教育訓練 25 人，如擬自行辦理該項教育訓練，

（一）請說明申請該項訓練備查程序？

（二）應檢附之文件？

（三）其中教育訓練計畫應含有那些項目？

（四）於訓練期滿後，自 98 年 9 月 1 日起該等訓練應參加何種方式之測驗？

四、

（一）系統安全分析之目的為何？

（二）除失誤樹分析外，試列舉五種系統安全分析的方法。

（三）試列舉實施失誤樹分析步驟。

五、

(一) 試述五種化學反應失控的原因？

(二) 某一架橋劑 (過氧化物) 製程，其為放熱反應 (exothermic reaction)。

在此反應中需添加冷卻水以防止溫度過高而引發失控反應。此外，另設有高溫警報器，當操作員聽到警報器會將冷卻水飼入反應器，以及自動停機系統停止反應。現在冷卻水系統失效的情況下，試畫出事件樹，並求反應器失控反應 (runaway reaction) 的機率 (probability)，其相關條件如下：

(1) 起始事件 (冷卻水系統失效) 發生機率為 2.5×10^{-2}/ 年

(2) 在溫度 T1 時，高溫警報器警告操作員 (故障率 $= 5 \times 10^{-2}$/ 年)

(3) 操作員聽到警報後將冷卻水飼入反應器 (故障率 $= 10^{-1}$/ 年)

(4) 在溫度達 T2 時，自動停機系統停止反應 (故障率 $= 10^{-2}$/ 年)

第 60 次
勞工安全管理甲級技術士
技能檢定術科試題 (99.07.25)

一、您如受聘於某營造股份有限公司 (員工 30 人) 擔任勞工安全管理師工作，
公司另於新竹科學園區工地設置工務所 (員工 160 人，另有共同作業承攬人
員工 170 人) 及設置承攬南部某改建工程之工務所 (員工 20 人，另有共同
作業承攬人員工 140 人) 試回答下列問題：

（一）依法貴公司之勞工安全衛生人員如何設置？

（二）依法貴公司是否應建立職業安全衛生管理系統？其應包含那些安全衛
生事項？

（三）試述依國家職業安全衛生管理系統指引訂定勞工安全衛生政策應注意
哪些原則？

（四）請為公司試擬一份符合上開原則之勞工安全衛生政策草案，以提請安
全衛生委員會審議？

二、為防止模板支撐倒塌災害，請就現行法規規定，針對模板支撐施工圖說、混
凝土澆置、模板支撐基礎、繫材等重點項目論述之。

三、衝剪機械對從業人員易造成職業災害，試列出四種運用於衝剪機械之安全防
護裝置，並說明其動作原理。

四、○○縣○○鄉某化工廠於民國 98 年 7 月 20 日進行年度管路換修工作，以
移動式起重機吊掛直徑 50 公分，長 6 公尺之鋼管，於距離地面 20 公尺處
進行管路之更換，吊掛過程中，因鋼索斷裂，造成鋼管落下，不幸擊中地面
作業人員張三，經緊急送醫治療後，仍不治死亡，且鋼管嚴重變形無法使用。
經意外事故調查後，發現該吊運路線未設警示與人員淨空，且選用之鋼索銹
蝕，致使鋼索斷裂而發生災害。請就本意外事故，撰寫意外事故之調查報告。

五、

(一) 請簡述實施風險管理的五個步驟。

(二) 請計算下圖失誤樹頂端事件 Z 的發生失誤機率。其中 A、B、C 基件本事的失誤率分別為 1×10^{-6}，2×10^{-3}，3×10^{-3}。

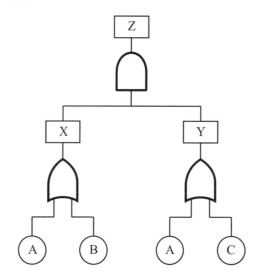

第 61 次

勞工安全管理甲級技術士

技能檢定術科試題 (99.11.14)

一、試回答下列問題

（一）國內某知名製造廠，為了因應擴廠業務，登報公開徵求勞工安全管理師，您欲積極爭取該工作機會，除提供相關之工作經歷證明外，為展現您對國內勞工安全衛生法規之專業並提高錄取機會，您可向該公司說明依勞工安全衛生組織管理及自動檢查辦法規定，該職務明訂應由具有哪些資格者中選任？

（二）您擔任勞工安全管理師後，因該廠有 10 台堆高機，如擬自行辦理堆高機操作人員特殊作業安全衛生教育訓練，請製作一份該教育訓練計畫（僅列出計劃項目即可）？並說明辦理該項教育訓練之備查程序？

二、某工地承攬人違規使用移動式起重機吊掛吊籃，吊升勞工從事鋼箱梁螺栓鎖固作業（距地面高度 3.5 公尺），發生吊籃掉落地面，導致勞工死亡災害。

（一）若欲使用移動式起重機乘載或吊升勞工從事作業，依起重升降機具安全規則之規定有何限制？

（二）若符合規定可使用移動式起重機乘載或吊升勞工從事作業，請分別說明有哪些防止墜落措施（試至少列舉三項）及搭乘設備（試至少列舉七項）？

三、請就勞工從事作業相關事宜，回答下列問題：

（一）依勞工安全衛生設施規則定義「低壓」、「高壓」、「特高壓」之電壓。

（二）電氣迴路開路後，若勞工從事該電路之檢修、建造等作業前，應對該電路採取哪些措施？

（三）若從事高壓電路之檢查、維修等活線作業時，應有哪些措施？

四、

（一）何謂防呆設計 (fool proof design)？

（二）何謂失效安全設計 (fail safe design)？

（三）電器插座之插孔以不同幾何形狀及長度設計，請簡述說明何種安全設計？

（四）熱水爐溫度超過設定溫度即自動切斷電源之設計，請簡述說明何種安全設計？

（五）公司製成需要氣體：氫氣、氧氣及氮氣進行作業，為避免槽車加氣時，發生接錯快速插頭而加錯氣體情形，請簡述您如何依防呆設計原則規劃各種氣體之供氣快速接頭設計？

五、

（一）試定義「爆炸範圍」。

（二）試說明氧氣濃度對爆炸範圍之影響為何。

（三）某液化石油之組成為乙烷 10%(C_2H_6，LEL = 3%，UEL = 12.5%)；丙烷 50%(C_3H_8，LEL = 2.2%，UEL = 9.5%)；丁烷 40%(C_4H_{10}，LEL = 1.8%，UEL = 8.4%)，請依勒沙特列 (Le Chatelier) 定律估算此液化石油氣之爆炸上限與爆炸下限。

第 62 次
勞工安全管理甲級技術士
技能檢定術科試題 (100.03.27)

一、試回答下列問題：

（一）您擔任國內某知名製造廠（屬第一類事業，勞工人數 500 人）之勞工安全管理師，勞工安全衛生管理單位名稱為安衛暨環保部，屬一級單位，惟勞工安全衛生業務主管兼任環保業務，故不符合法令規定，您建議公司應如何改善。

（二）因同仁面臨有績效壓力、工時過長、輪班、心理壓力等可能健康危害，為落實健康檢查、管理及促進等安全衛生管理工作，依勞工健康保護規則規定，您應會同公司醫護人員共同辦理哪些事項？

（三）同業最近曾發生過勞死（職業促發腦血管及心臟疾病）案例，促發該疾病之危險因子包括氣溫、運動及工作負荷，試列舉出 5 項於職場可能造成過勞之工作負荷型態。

二、施工架常發生倒塌，造成勞工傷亡災害。為避免施工架倒塌災害，請依營造安全衛生設施標準規定，回答下問題：

（一）雇主對於高度五公尺以上施工架之構築，應指派何人事先妥為安全設計？

（二）雇主為維持施工架之穩定，應辦理哪些項目（試列舉 5 項）？

三、請回答靜電危害之相關問題：

（一）靜電形成之原因為何？

（二）靜電造成之危害種類？

（三）請列出 4 種防止靜電危害措施並簡要說明之。

四、某事業單位在一年內發生職業災害情形如下：

損失日數未滿 1 日之事件：25 件，共 30 人次。

暫時全失能事件：30 件，33 人次，損失日數共 1000 天。

永久部分失能事件：5 件，5 人次，損失日數共 7000 天。

永久全失能事件：1 件，1 人次，永久性傷殘。

死亡事件：1 人。

若該事業單位全部員工共 5000 人，假設每人每年工作 250 天，每天 8 小時，試計算該事業單位全年失能傷害頻率 (F.R)、失能傷害嚴重率 (S.R)、失能傷害平均損失日數。

五、一般風險控制的方法有①代替，②隔離，③監督，④標示、資訊提供，⑤消除危害，⑥重新設計，⑦行政管理，⑧訓練，⑨個人防護具等：

(一) 請列出上述最優先及最後考慮的風險控制方法。

(二) 假如一個製程設備風險評估的結果為不能忍受的風險，請列舉上述三種可行之風險控制方法以降低風險。

(三) 某一工地進行吊掛作業，雇主指派吊掛指揮人員指揮作業屬上述何種風險控制方法？

(四) 以遙控的方式處理危險物質或程序屬上述何種風險控制方法？

六、某鋼鐵廠擬新設吊運車架空移動式起重機一座，其吊升荷重為 230 公噸，吊具重 20 公噸。試回答下列問題：

(一) 該固定式起重機之額定荷重為多少公噸？

(二) 該吊運車架空移動式起重機於設計、製造及使用前，應向檢查機構申請哪些檢查？

(三) 應以多少公噸之荷重實施荷重試驗？

(四) 該吊運車架空移動式起重機取得合格證之最長有效期限為幾年？合格證有效期限屆滿前，應向檢查機構申請何種檢查？

(五) 起重機作業常會發生物體飛落災害，請列出至少 4 種該作業易發生物體飛落之原因。

第 63 次
勞工安全管理甲級技術士
技能檢定術科試題 (100.07.24)

一、勞工於箱涵內從事清淤作業時，因驟雨受困於水位暴漲之箱涵內，致勞工有溺水及局限空間作業危害，試回答下列問題：

（一）請依營造安全衛生設施標準規定，說明如何避免勞工於箱涵內因水位暴漲之溺水危害。

（二）為避免勞工於箱涵內發生局限空間作業危害，請依勞工安全衛生設施規則規定，說明局限空間作業危害防止計畫應訂定之事項？

二、試回答下列問題：

（一）依據 100 年 1 月 14 日新修訂之勞工安全衛生組織管理及自動檢查辦法第 7 條之規定，請問對於修畢工業安全相關科目 18 學分以上，並具有國內大專以上院校工業安全相關類科碩士以上學位，可以取得勞工安全管理師之資格，其修正重點為何？另 101 年 7 月 1 日之前依舊規定已取得勞工安全管理師之資格者，是否仍屬有效？

（二）請問依該辦法規定，第一類事業、第二類事業及事業設有總機構者，其規模達多少人應置勞工安全管理師？

（三）您如依法受聘於第一類事業之事業單位擔任勞工安全管理師，請問該事業單位之採購、承攬管理上有哪些特殊規定？

三、勞工安全衛生管理計畫中明定雇主應執行工作環境或作業危害之辨識、評估及控制，試回答下列問題：

（一）何謂風險評估？

（二）執行風險評估及檢討原有風險評估的時機為何？

（三）請詳列風險評估之作業流程？

四、試回答下列機械防護之相關問題：

（一）理想的機械安全設計之目的為何？

（二）機械防護之目的為何？

（三）良好的機械防護物須具備那些條件？

五、某製程常發生物料 A(閃火點 20°C) 在注料作業中，因靜電火花而引發火災爆炸，業者為防制此危害 (靜電火災爆炸)，採取下列安全措施：

(一) 物料 A 注料前先經冷凍機降溫至 5°C (冷凍機只有停電時才會失效，停電機率為 10^{-3}，環境溫度高於 20°C 機率為 0.9)。

(二) 反應時採氮封設計 (只有氮氣不足才會失效，氮氣不足的機率為 2×10^{-3})

(三) 靜電火源控制措施為：

    a. 接地 / 等電位連結 (接地 / 等電位連結失效機率為 10^{-3})

    b. 離子風扇 (只有停電或風扇故障時，此功能才會失效，停電機率為 10^{-3}，風扇故障機率為 10^{-4})。

試回答下列問題：

(一) 物料 A 作業引發靜電火災爆炸為頂端事件之失誤樹圖如圖示。

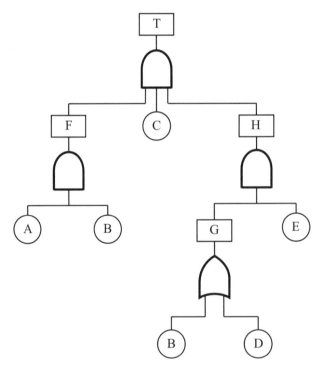

    各事件分別為氮氣不足、靜電火災爆炸、物料降溫失效、離子風扇故障、停電、靜電火源控制失效、接地 / 等電位連結失效、環境溫度高於 20°C、風扇故障，請分別將前述事件與失誤樹圖中英文字母配對

(二) 請求出靜電火源控制失效機率。

(三) 請求出靜電火災爆炸頂端事件之發生機率。

第 64 次
勞工安全管理甲級技術士
技能檢定術科試題 (100.11.13)

一、勞工於工作場所 5 樓搭乘升降機，升降機門開啓時，因搬器 (車廂) 未在 5
樓，致發生勞工從升降機之升降路 5 樓開口墜落致死災害。為避免發生類似
災害，請依勞工安全衛生設施規則規定，回答下列問題：

(一) 雇主對於升降機之升降路各樓出入口，應有安全裝置，其設置規定為
何？

(二) 雇主對於升降機之升降路各樓出入口門，應有連鎖裝置，其設置規定
為何？

二、您是一位勞工安全管理師，受僱於勞工安全衛生組織管理及自動檢查辦法規
定之第一類事業勞工人數在 300 人以上之事業單位，試回答下列問題：

(一) 依規定需建立職業安全衛生管理系統之 5 大主要事項內容為何？

(二) 若有交付承攬及共同作業時，應訂定承攬管理計畫內容為何？

三、台灣近海之廠區，鋼構管線容易承受大氣腐蝕，許多管線長久暴露在此環境
下，就會發生外部腐蝕而造成內容物洩漏致災。請就管線大氣腐蝕主要發生
位置及其防阻方法列舉 4 項並說明之。

四、

(一) 請列舉 6 項靜電之產生方式。

(二) 請說明靜電所產生之危害。

(三) 請列舉 5 項防止靜電危害方法，並簡要說明之。

五、某工程公司在 1 年內發生職業災害情形如下：

損失日數未滿 1 日之事件：40 件，45 人次。

暫時全失能事件：30 件，35 人次，損失日數共 300。

永久部份失能事件：共 10 人受傷，損失日數共 10,000。

永久全失能事件：2 人，永久性傷殘。

死亡事件：1 人。

以上永久失能及死亡事件，在 2 次嚴重的意外事故中發生。若該公司全部員工共250人，週休2日，假設全勤且無延長工時情形(1年以52週計)。試計算：

(一) 該公司全年失能傷害頻率 (F.R.)。

(二) 失能傷害嚴重率 (S.R.)。

(三) 失能傷害平均損失日數。

(四) 年死亡千人率。

(五) 綜合傷害指數。

第 65 次
勞工安全管理甲級技術士
技能檢定術科試題 (101.03.25)

一、對於移動式起重機之使用,以吊物為限,不得乘載或吊升勞工從事作業。為避免勞工有墜落危害,試回答下列問題:

　　(一) 請依起重升降機具安全規則規定,說明何種情形,經採取防止墜落措施者,則可使用移動式起重機乘載或吊升勞工從事垂直高度 20 公尺以上之高處作業?

　　(二) 依前述規定,雇主應辦理之防止墜落措施為何?

二、高壓氣體多具可燃性,如貯存不當,可能有發生火災、爆炸之虞,為防止前述災害,依勞工安全衛生設施規則規定,雇主對於高壓氣體之貯存,請列舉 8 項應辦理事項。

三、

　　(一) 為防止職業災害的發生,請依採行的優先順序,列出安全防護的 5 個原則。

　　(二) 屋頂作業墜落是我國發生重大職災最嚴重的作業及災害類型之一,請依上述安全防護的 5 個原則,就防止屋頂作業之墜落危害,各舉一例說明其可行作法。

四、根據歷年職業災害資料顯示,電焊作業感電職災主要原因有:勞工碰觸破損之焊接柄夾頭的帶電部分或電焊條而感電;勞工碰觸未有絕緣保護之電源端子、電焊機箱體而感電;電源線路漏電。試列出 5 項作業前安全措施,以防護電焊作業之感電危害。

五、雇主對於機械、器具、設備及其作業應訂定自動檢查計畫實施自動檢查,請回答下列關於自動檢查之相關問題:

　　(一) 列出擬定自動檢查計畫應具備之要項。

　　(二) 列出定期檢查、重點檢查應記錄事項。

　　(三) 說明「固定式起重機過捲預防裝置」、「升降機緊急停止裝置」、「動力衝剪機械」、「高壓電氣設備」、「堆高機制動裝置」之各定期檢查頻率。

六、安全化設計要求系統至少發生兩個獨立的功能性失效 (malfunctions)、兩個
　　獨立的人為失誤 (errors)，或同時發生一個獨立的功能性失效及一個獨立的
　　人為失誤，才會造成系統異常事件，且失誤樹是安全化設計常用的風險分析
　　方法。一系統風險分析如下列失誤樹圖所示，試回答下列問題：

（一）試舉出失誤樹的 3 種功用。

（二）試就失誤樹圖計算該系統發生頂端事件 A 之失誤率。

（三）該系統是否符合安全化設計要求？理由為何？

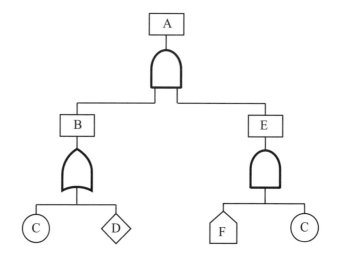

第 66 次
勞工安全管理甲級技術士
技能檢定術科試題 (101.07.22)

一、勞工於車輛出入、使用道路作業、鄰接道路作業而有導致交通事故被撞之危害，請依勞工安全衛生設施規則規定回答下列問題：

   （一）依規定應如何設置適當交通號誌、標示或 欄，請列舉 5 項。

   （二） 防止車輛突入等引起之危害，請列舉 5 項應辦理事項。

二、某化學工廠擬於廠內增設汽電共生用鍋爐一座，若該鍋爐屬勞工安全衛生法所列之「具有危險性之設備」，請回答下列問題：

   （一）請列出該鍋爐於設計至使用前需申請之檢查項目，並簡要說明申請該檢查之時機。

   （二）該鍋爐檢查合格證之最長有效期限幾年？該合格證未到有效期限前應申請何項檢查？

   （三）該鍋爐使用 2 年後， 提高其蒸汽產出量，修改鍋爐之燃燒裝置，該鍋爐應申請何項檢查？

   （四）若因 市場需求不佳，停用該鍋爐超過 1 年，日後若欲使用該鍋爐，應申請何項檢查？

三、請回答勞工從事電氣設備或線路檢修、維護之活線作業相關問題：

   （一）何謂活線作業？

   （二）雇主對勞工從事活線作業及活線接近作業，依勞工安全衛生設施規則規定，請至少列舉 6 項應採取之安全措施。

四、

   （一）依國家標準 CNS3376-10「爆炸性氣體環境用電機設備－第 10 部分：危險區域劃分」規定，爆炸性氣體環境之危險區域劃分可分為那 3 區？並請敘明各區之定義。

   （二）簡要說明耐壓防爆電氣構造及正壓防爆電氣構造之結構特性。

五、雇主應依其事業規模、特性，訂定勞工安全衛生管理計畫，依勞工安全衛生組織管理及自動檢查辦法規定，請列出 10 項應執行事項。

第 67 次
勞工安全管理甲級技術士
技能檢定術科試題 (101.11.11)

一、勞工人數在 300 人以上之營造事業單位,將工地施工架工程交付承攬並與承攬人分別僱用勞工共同作業,試回答下列問題:

 (一) 依勞工安全衛生組織管理及自動檢查辦法規定,原事業單位應訂定承攬管理計畫,其計畫內容應包括事項為何?

 (二) 依營造安全衛生設施標準規定,該施工架工程承攬人應指派施工架組配作業主管於作業現場辦理事項為何?

二、請回答下列電氣安全防護相關問題:

 (一) 請列出 5 項電氣設備接地之目的。

 (二) 請列出 5 項活線作業及活線接近作業時應採取之安全設施。

三、

 (一) 依勞工安全衛生設施規則規定,機械於檢查或修理時,有導致危害勞工之虞者,應停止機械運轉,為防止他人操作該機械之起動等裝置,應採取那 2 項措施?

 (二) 請敘明下列衝剪機械安全裝置之機能:

 1. 安全護圍   2. 安全一行程式安全裝置

 3. 感應式安全裝置   4. 拉開式安全裝置

 5. 雙手起動式安全裝置

 (三) 動力衝剪機械於本體明顯處貼有 (TS mark),係表示何種標章?其代表意義為何?

四、

 (一) 請列出 5 項移動式起重機作業常發生之危害與其防止對策。

 (二) 請列出 5 種移動式起重機之安全裝置名稱,並簡要說明其功用。

五、

 (一) 請簡要說明粉塵爆炸之過程。

 (二) 請列出 5 種具爆炸性粉塵之類別。

 (三) 請列出 5 項影響粉塵爆炸之因子,並簡要說明之。

第 68 次

勞工安全管理甲級技術士

技能檢定術科試題 (102.03.24)

一、為防止高度 5 公尺以上之施工架倒塌及勞工發生墜落災害,請依營造安全衛生設施標準規定回答下列問題:

(一) 對於施工架之構築,應由專任工程人員或指定具專業技術及經驗之人員辦理事項為何?

(二) 對於施工架之組配及拆除作業,應指派施工架組配作業主管於作業現場辦理事項為何?

(三) 對於施工架斜籬組拆高處作業,為防止勞工發生墜落災害,另依勞工安全衛生設施規則規定,應採用何種個人防護具?

二、一移動式起重機之吊升荷重能力為 4 公噸,為確保該移動式起重機作業安全,試回答下列問題:

(一) 若該起重機吊鉤之斷裂荷重為 20 公噸,承受之最大荷重為 4 公噸,試說明該吊鉤強度是否符合移動式起重機安全檢查構造標準規定?

(二) 若該起重機捲揚用鋼索之斷裂荷重為 15 公噸,承受之最大荷重為 4 公噸,試說明該鋼索強度是否符合移動式起重機安全檢查構造標準規定?

(三) 為防護鋼索強度折減而發生意外事故,依移動式起重機安全檢查構造標準規定,請列舉 3 種鋼索需予以更換之情形。

(四) 為保護勞工使用該起重機從事吊掛作業之安全,依起重升降機具安全規則規定,在進行吊掛作業時,請列舉 5 項應辦理事項。

三、

(一) 請列舉堆高機導致勞工發生職業災害之 5 種災害類型及其發生原因與預防對策。

(二) 依勞工安全衛生組織管理及自動檢查辦法規定,試回答下列問題:

1. 事業單位以其事業之全部或部分交付承攬時,如該承攬人使用之堆高機係由原事業單位提供者,如無書面約定,該堆高機應由何者實施定期檢查?

2. 事業單位承借堆高機供勞工使用者,如無書面約定,應由何者對該堆高機實施自動檢查?

(三) 依機械器具安全防護標準規定，堆高機應於其左右各設一個方向指示器，但在何種情況下得免設方向指示器？

四、電弧銲接 (arc welding) 為製造業常見之施工作業，請列出 5 項電弧銲接作業時可能產生之危害因子 (hazard)，並簡要說明各該危害因子形成原因與其防護方法。

五、漏電斷路器為電氣迴路中常見之安全防護裝置，請回答下列相關問題：

(一) 簡要說明裝置漏電斷路器之目的。

(二) 以圖形與文字說明漏電斷路器之動作原理。

(三) 依勞工安全衛生設施規則之規定 (電業法規除外)，雇主應於那些場所裝設漏電斷路器？

(四) 簡要說明漏電斷路器之最小動作電流。

第 69 次
勞工安全管理甲級技術士
技能檢定術科試題 (102.07.21)

一、請依勞工安全衛生設施規則規定，回答下列問題：

(一) 對勞工於石綿板等材料構築之屋頂從事作業，除使作業勞工使用個人防護具外，應於屋架上設置那些防止勞工踏穿墜落之安全設備？

(二) 勞工使用長度 2 公尺以下之移動梯作業，為預防墜落災害，請列舉 3 項該移動梯應符合之規定？

(三) 對於從事地面下或隧道工程等作業，有缺氧之虞者，應使作業勞工確實使用那些防護器材？

(四) 對於勞工以電焊、氣焊從事熔接、熔斷等作業時，應使作業勞工確實使用那些防護器材？

二、依起重升降機具安全規則之規定，請列出雇主對於使用起重機具從事吊掛作業之勞工，應使其辦理之事項。

三、

(一) 既有危險性機械及設備安全檢查規則係於民國 95 年 1 月 11 日訂定發布，並於民國 101 年 9 月 19 日修正發布，該規則所稱既有危險性機械及設備之適用範圍為何？

(二) 依危險性機械及設備安全檢查規則規定，高壓氣體特定設備及高壓氣體容器之定義為何？

(三) 依危險性機械及設備安全檢查規則規定，高壓氣體特定設備有何種情事者，應由所有人或雇主向檢查機構申請重新檢查。

四、對於高度在 2 公尺以上之工作場所，試回答下列問題：

(一) 依營造安全衛生設施標準規定，應訂定墜落災害防止計畫，請依優先順序原則列舉 5 項墜落危害防止設施。

(二) 該工作場所如從事屋頂作業，為防止墜落危害，除使用捲揚式防墜器外，依勞工安全衛生設施規則規定，應採用何種型式安全帶？

(三) 對於上述安全帶等個人防護具，為使其功能保持正常，並供勞工使用，請列舉 3 項雇主應辦理之事項。

五、請回答下列問題：

(一) 列舉 5 項電氣火災發生之主要原因。

(二) 列舉 5 項防止電氣火災發生之預防措施。

第 70 次
勞工安全管理甲級技術士
技能檢定術科試題 (102.11.10)

一、依勞工安全衛生設施規則規定，試回答下列問題：

（一）下列危險物係屬爆炸性物質、氧化性物質、易燃液體、可燃性氣體或其他危險物？

1. 氫	2. 丙酮
3. 過氧化丁酮	4. 過氧化鈉
5. 汽油	6. 硝化甘油
7. 乙烯	8. 氯酸鉀

（二）雇主對於常溫下具有自燃性之四氫化矽（矽甲烷）之處理，除依高壓氣體相關法規規定外，請列舉 6 項應辦理事項。

二、依營造安全衛生設施標準規定，回答下列問題：

（一）列舉 6 項應指派鋼構組配作業主管於作業現場辦理相關事項之鋼構範圍。

（二）對於前項鋼構組配作業，試列舉 3 項鋼構組配作業主管應辦理事項。

（三）對於高度 2 公尺以上之鋼樑，應設置安全母索供作業勞工繫掛安全帶，若垂直淨空高度 4 公尺，請計算水平安全母索相鄰之支柱間最大間距為幾公尺？

三、

（一）為預防機械切割夾捲等危害，近來勞委會與經濟部標準檢驗局合作，將機械器具安全防護標準所列之部分機械列為商品檢驗法的應施檢驗品目，除研磨機外，尚包括哪 2 種機械？

（二）依機械器具安全防護標準規定，研磨機應設置不離開作業位置即可操作之動力遮斷裝置，該裝置應具之性能為何？

（三）依機械器具安全防護標準規定，請列出研磨機於明顯易見處應標示之事項。

（四）若研磨機使用之研磨輪最高速度為 2,800(公尺/分鐘)，研磨輪之直徑為 200 公厘，當轉速為每分鐘 3,000 轉，試問此研磨輪之速度(公尺/分鐘)為何？此一研磨輪之速度是否合乎安全要求？

四、工作場所實施風險管理有助於降低意外事故之發生，提升職場安全，為安全管理工作重要一環，試回答下列風險管理之相關問題：

(一) 列舉 5 項工作場所風險管理之主要步驟。

(二) 列舉 5 種風險評估方法。

(三) 請依本質安全 (列舉 2 項)、工程控制 (列舉 2 項) 與行政管理 (列舉 1 項) 之風險控制方法，並各舉 1 例說明之。

五、某一工作場所因作業需要，須將物料及人員運送到高處進行作業。依勞工安全衛生設施規則規定，試回答下列問題：

(一) 勞工以捲揚機吊運物料時，請分別針對安全裝置面及安全管理措施面，各列舉 3 項雇主應辦理事項。

(二) 勞工以高空工作車從事高處作業時，請列舉 5 項雇主應辦理事項。

第 71 次
勞工安全管理甲級技術士
技能檢定術科試題 (103.03.23)

一、依高壓氣體勞工安全規則規定，試回答下列問題：

（一）從事高壓氣體製造之甲類製造事業單位，應就那 7 項事項，訂定災害防止規章，使勞工遵行？

（二）解釋下列名詞：(1) 灌氣容器；(2) 減壓設備；(3) 處理設備

二、原事業單位與承攬人分別僱用勞工於局限空間共同作業時，依勞工安全衛生法規規定，試回答下列問題：

（一）由原事業單位召集協議組織，請列舉 5 項應定期或不定期進行協議之事項。

（二）雇主使勞工於局限空間從事作業前，請列舉 5 種應先確認可能之危害。

（三）使勞工於局限空間從事作業如有危害之虞，應訂定危害防止計畫。請列舉 5 項該危害防止計畫應訂定之事項。

三、

（一）簡要說明活線作業，並分別列出特高壓、高壓與低壓之電壓值範圍。

（二）依勞工安全衛生設施規則之規定，列舉 3 項雇主使勞工於高壓電路之檢查、修理等活線作業時，應有之設施。

（三）列舉 5 項電氣危害之主要類型，並簡要說明之。

四、請依營造安全衛生設施標準規定，回答下列問題：

（一）那些施工架種類之構築，應由專任工程人員或指定專人事先就預期施工時之最大荷重，依結構力學原理妥為安全設計，並簽章確認強度計算書？試列舉 4 項。

（二）設置鋼管施工架使用之材料及其構架方式，應符合何項國家標準規定？

（三）為維持施工架及施工構臺之穩定，避免倒塌災害，試列舉 4 項應辦理事項。

五、請依人因工程學，試回答下列問題：

(一) 相容性 (compatibility) 包括那 4 種類型？並說明其意義。

(二) 解釋下列名詞：

    1. 靜態人體計測。

    2. 動態人體計測。

    3. 極端設計。

    4. 平均設計。

第 72 次
職業安全管理甲級技術士技能檢定
術科參考題解

103.07.20

一、為防止職業災害，保障工作者安全及健康，特制定職業安全衛生法，請依職業安全衛生法及職業安全衛生法施行細則規定，解釋下列名詞：

(一) 職業災害。(5 分)

(二) 職業災害定義所稱之職業上原因。(3 分)

(三) 工作者。(3 分)

(四) 自營作業者。(3 分)

(五) 勞動場所。(3 分)

(六) 工作場所。(3 分)

答 (一) 職業災害：

指因勞動場所之建築物、機械、設備、原料、材料、化學品、氣體、蒸氣、粉塵等或作業活動及其他職業上原因引起之工作者疾病、傷害、失能或死亡。

(二) 職業災害定義所稱之職業上原因：

指隨作業活動所衍生，於勞動上一切必要行為及其附隨行為而具有相當因果關係者。

(三) 工作者：

指勞工、自營作業者及其他受工作場所負責人指揮或監督從事勞動之人員。

(四) 自營作業者：

指獨立從事勞動或技藝工作，獲致報酬，且未僱用有酬人員幫同工作者。

(五) 勞動場所：

1. 於勞動契約存續中，由雇主所提示，使勞工履行契約提供勞務之場所。

2. 自營作業者實際從事勞動之場所。

3. 其他受工作場所負責人指揮或監督從事勞動之人員，實際從事勞動之場所。

(六) 工作場所：

指勞動場所中，接受雇主或代理雇主指示處理有關勞工事務之人所能支配、管理之場所。

二、請依新修營造安全衛生設施標準規定，回答下列問題：

(一) 何謂露天開挖？(4 分)

(二) 何謂露天開挖作業？(4 分)

(三) 從事露天開挖作業時，為防止地面之崩塌或土石之飛落，試列舉 4 項應採取措施。(12 分)

答 (一) 露天開挖：指於露天場所採人工或機械實施土、砂、岩石等之開挖，包括土木構造物、建築物之基礎開挖、地下埋設物之管溝開挖及整地等。

(二) 露天開挖作業：指露天開挖與開挖區及其鄰近處所相關之作業，包括測量、鋼筋組立、模板組拆、灌漿、管道及管路設置、擋土支撐組拆及搬運作業等。

(三) 依據「營造安全衛生設施標準」第 65 條規定，雇主僱用勞工從事露天開挖作業時，為防止地面之崩塌或土石之飛落，應採取下列措施：

1. 作業前、大雨或四級以上地震後，應指定專人確認作業地點及其附近之地面有無龜裂、有無湧水、土壤含水狀況、地層凍結狀況及其地層變化等情形，並採取必要之安全措施。

2. 爆破後，應指定專人檢查爆破地點及其附近有無浮石或龜裂等狀況，並採取必要之安全措施。

3. 開挖出之土石應常清理，不得堆積於開挖面之上方或與開挖面高度等值之坡肩寬度範圍內。

4. 應有勞工安全進出作業場所之措施。

5. 應設置排水設備，隨時排除地面水及地下水。

三、某公司有一座液化石油氣儲槽，進行年度儲槽局限空間維修作業。試回答下列問題：

(一) 勞工入槽前，槽內液化石油氣經測定組成為：乙烷 5% (C_2H_6，LEL = 3%，UEL = 12.5%)，丙烷 50% (C_3H_6，LEL = 2.2%，UEL = 9.5%)，丁烷 45% (C_4H_{10}，LEL = 1.8%，UEL = 8.4%)，試估算此液化石油氣之爆炸上、下限各為何？(6 分)

(二) 雇主使勞工入槽作業前，應實施進入許可。試列舉 5 項進入許可應載明事項。(10 分)

(三) 若該儲槽屬高壓氣體特定設備，則儲槽維修完成後，每月應實施自動檢查。試列舉 2 項自動檢查項目。(4 分)

答 (一)

1. 依勒沙特列 (Le Chatelier) 定律，此液化石油氣在空氣中的爆炸下限 (LEL)：

$$LEL = \frac{100}{\dfrac{V_1}{LEL_1} + \dfrac{V_2}{LEL_2} + \dfrac{V_3}{LEL_3}}(\%) = \frac{100}{\dfrac{5}{3} + \dfrac{50}{2.2} + \dfrac{45}{1.8}}(\%) = 2.02\%$$

2. 依勒沙特列 (Le Chatelier) 定律，此液化石油氣在空氣中的爆炸上限 (UEL)：

$$UEL = \frac{100}{\dfrac{V_1}{LEL_1} + \dfrac{V_2}{LEL_2} + \dfrac{V_3}{LEL_3}}(\%) = \frac{100}{\dfrac{5}{12.5} + \dfrac{50}{9.5} + \dfrac{45}{8.4}}(\%) = 9.08\%$$

(二) 依據「職業安全衛生設施規則」第 29-6 條第 2 項規定，局限空間進入許可應載明事項如下：

1. 作業場所。
2. 作業種類。
3. 作業時間及期限。
4. 作業場所氧氣、危害物質濃度測定結果及測定人員簽名。
5. 作業場所可能之危害。
6. 作業場所之能源隔離措施。
7. 作業人員與外部連繫之設備及方法。
8. 準備之防護設施、救援設備及使用方法。
9. 其他維護作業人員之安全措施。

10. 許可進入之人員及其簽名。

11. 現場監視人員及其簽名。

(三) 依據「職業安全衛生管理辦法」第 33 條規定，雇主對高壓氣體特定設備、高壓氣體容器及第一種壓力容器應每月依下列規定定期實施檢查一次：

1. 本體有無損傷、變形。

2. 蓋板螺栓有無損耗。

3. 管及閥等有無損傷、洩漏。

4. 壓力表及溫度計及其他安全裝置有無損傷。

5. 平台支架有無嚴重腐蝕。

四、依危險性機械及設備安全檢查規則規定，試回答下列問題：

(一) 請敘明那 3 種特殊之危險性設備，因其構造或安裝方式特殊，事業單位應於事前將風險評估報告送中央主管機關審查，非經審查通過及確認檢查規範，不得申請各項檢查？(6 分)

(二) 前小題所述之風險評估報告，其內容應包括那 5 項？(10 分)

(三) 雇主對鍋爐於下列情況時，應向檢查機構申請何種檢查？(4 分)

1. 鍋爐檢查合格證有效期限屆滿前 1 個月。

2. 鍋爐經修改致其燃燒裝置等有變動者。

3. 鍋爐設置完成時。

4. 擬變更鍋爐傳熱面積者。

答 (一) 依據「危險性機械及設備安全檢查規則」第 6 條第 3 項規定，對於構造或安裝方式特殊之地下式液化天然氣儲槽、混凝土製外槽與鋼製內槽之液化天然氣雙重槽、覆土式儲槽等，事業單位應於事前將風險評估報告送中央主管機關審查，非經審查通過及確認檢查規範，不得申請各項檢查。

(二) 依據「危險性機械及設備安全檢查規則」第 6 條第 3 項第 3 款規定，對於風險評估報告之內容，應包括風險情境描述、量化風險評估、評估結果、風險控制對策及承諾之風險控制措施。

(三) 依據「危險性機械及設備安全檢查規則」相關規定，對於鍋爐於下列情況時，應向檢查機構申請檢查種類如下列：

1. 鍋爐檢查合格證有效期限屆滿前 1 個月：定期檢查

2. 鍋爐經修改致其燃燒裝置等有變動者：變更檢查

3. 鍋爐設置完成時：竣工檢查

4. 擬變更鍋爐傳熱面積者：重新檢查

五、請列出 5 種防爆電氣設備之構造，並說明其防爆原理。(20 分)

🕮 防爆電氣設備之構造種類及防爆原理分述如下：

(一) 耐壓防爆構造：

耐壓防爆構造之電氣機器，是電氣機器周圍存有爆炸性氣體，因隨著電氣機器之操作，產生呼吸作用時而進入電氣機器內接觸起火源而產生爆炸，因為組織電氣機器之耐壓容器產生爆炸時，可以承受壓力之外，同時也不會波及至容器周圍之爆炸性氣體之構造。

(二) 油中防爆構造：

此構造是將發生電氣火花或高溫部分，沈放入絕緣油中之深處。隔離電氣機器周圍及使其不接觸存在於油面上之爆炸性氣體之容器，正是具有防爆基本條件，可以阻止起火源與爆炸性氣體共存之構造。

(三) 內壓防爆構造：

此構造是自無危險場所引入無爆炸性氣體混入之清淨空氣或輸入惰性氣體 (稱為保護氣體)，電氣機器內之壓力要保持比周圍壓力高 (最低也要水柱 5mm) 隔離周圍之爆炸性氣體及電氣機器內之起火源等防爆構造是內壓保持方式，根據保護氣體之輸送方式不同，可分類為通風方式、密封方式及稀釋方式。

(四) 加強安全防爆構造：

此構造不是直接安裝防爆要件之構造，除了電氣機器之構造要件中加入加強安全防爆性之製造外，更進一步要求電氣機器之使用者進行正確之設置、操作、保養、保護裝置之設定等，使發火源機率變小，結果可得到防爆性構造。

(五) 本質安全防爆構造：

本質安全防爆構造，是電氣機器於正常狀態及事故發生時，設計及製作回路使得電氣火花及高溫部之低電壓、小電流，使得爆炸性氣體不發火之防爆構造，讓構造對爆炸性氣體不發火是藉由火花點火試驗與其他試驗等加以確認過之構造。

(六) 特殊防爆構造：

該構造是上述五種類技術性手段以外，為防止電氣機器成為發火源，為了保持防爆性，檢討每個成為對象之電氣機器的構造、額定、規格、材料、使用方法、保護方法等相關之各個要件，除此之外，這些要件是根據試驗等檢證其適合性，以達到初期之特殊防爆構造。

第 73 次

職業安全管理甲級技術士技能檢定

術科參考題解

103.11.09

一、請依職業安全衛生法及職業安全衛生法施行細則規定，回答下列問題：

（一）雇主使勞工從事工作，應在合理可行範圍，採取必要之預防設備或措施，使勞工免於發生職業災害。試說明何謂合理可行範圍。(4 分)

（二）雇主對於經中央主管機關指定具有危險性之機械或設備，非經勞動檢機構或中央主管機關指定之代行檢機構檢合格，不得使用。試列舉 6 種前述所稱具有危險性之機械。(6 分)

（三）勞工執行職務發現有立即發生危險之虞時，得在不危及其他工作者安全情形下，自行停止作業及退避至安全場所，並立即向直屬主管報告。試列舉 5 項有立即發生危險之虞需採取緊急應變或立即避難之情形。(10 分)。

　🈺（一）所謂合理可行範圍，指依本法及有關安全衛生法令、指引、實務規範或一般社會通念，雇主明知或可得而知勞工所從事之工作，有致其生命、身體及健康受危害之虞，並可採取必要之預防設備或措施者。

（二）所謂具有危險性之機械，指符合中央主管機關所定一定容量以上之下列機械：

1. 固定式起重機。　　　2. 移動式起重機。

3. 人字臂起重桿。　　　4. 營建用升降機。

5. 營建用提升機。　　　6. 吊籠。

7. 其他經中央主管機關指定公告具有危險性之機械。

（三）所謂有立即發生危險之虞時，指勞工處於需採取緊急應變或立即避難之下列情形之一：

1. 自設備洩漏大量危害性化學品，致有發生爆炸、火災或中毒等危險之虞時。

2. 從事河川工程、河堤、海堤或圍堰等作業，因強風、大雨或地震，致有發生危險之虞時。

3. 從事隧道等營建工程或管溝、沉箱、沉筒、井筒等之開挖作業，因落磐、出水、崩塌或流砂侵入等，致有發生危險之虞時。

4. 於作業場所有易燃液體之蒸氣或可燃性氣體滯留，達爆炸下限值之百分之三十以上，致有發生爆炸、火災危險之虞時。

5. 於儲槽等內部或通風不充分之室內作業場所，致有發生中毒或窒息危險之虞時。

6. 從事缺氧危險作業，致有發生缺氧危險之虞時。

7. 於高度 2 公尺以上作業，未設置防墜設施及未使勞工使用適當之個人防護具，致有發生墜落危險之虞時。

8. 於道路或鄰接道路從事作業，未採取管制措施及未設置安全防護設施，致有發生危險之虞時。

9. 其他經中央主管機關指定公告有發生危險之虞時之情形。

二、為防止發生施工架倒塌災害，請依營造安全衛生設施標準規定，回答下列問題：

(一) 請列舉 5 種類型之施工架或工作臺，雇主於構築及拆除前，應指派所僱之專任工程人員，事先就預期施工時之最大荷重，依結構力學原理妥為設計。(10 分)

(二) 請列舉 3 項前述類型之施工架或工作臺，於未完成拆除前，應妥存備查之紀錄及相關資料為何？(6 分)

(三) 前述類型之施工架若使用鋼管施工架，其設置應符合何種型式國家標準之施工架？(4 分)

🔑 (一) 依營造安全衛生設施標準第 40 條之規定，雇主於構築及拆除前，應指派所僱之專任工程人員，事先就預期施工時之最大荷重，依結構力學原理妥為設計之施工架或工作臺類型如下列：

1. 施工構臺。
2. 懸吊式施工架。
3. 懸臂式施工架。
4. 高度 5 公尺以上施工架。
5. 高度 5 公尺以上之吊料平臺。
6. 升降機直井工作臺。
7. 鋼構橋橋面板下方工作臺。

(二) 依營造安全衛生設施標準第 40 條第 1 項第 3 款規定，施工架或工作臺，於未完成拆除前，設計、施工圖說、簽章確認紀錄及查驗等相關資料，應妥存備查。

(三) 依營造安全衛生設施標準第 59 條規定，雇主對於鋼管施工架之設置，應使用國家標準 CNS4750 型式之施工架，應符合國家標準同等以上之規定。

三、請依職業安全衛生設施規則規定，回答下列問題：

(一) 雇主設置之固定梯子，應符合那些規定？請列舉 6 項。(12 分)

(二) 雇主對於從事灌注、卸收或儲藏危險物於化學設備、槽車或槽體等作業，應依那 4 項規定辦理？(8 分)

答 (一) 依職業安全衛生設施規則之規定，雇主設置之固定梯子，應依下列規定：

1. 具有堅固之構造。
2. 應等間隔設置踏條。
3. 踏條與牆壁間應保持 16.5 公分以上之淨距。
4. 應有防止梯子移位之措施。
5. 不得有妨礙工作人員通行之障礙物。
6. 平台如用漏空格條製成，其縫間隙不得超過三十公厘；超過時，應裝置鐵絲網防護。
7. 梯子之頂端應突出板面 60 公分以上。
8. 梯長連續超過 6 公尺時，應每隔 9 公尺以下設一平台，並應於距梯底 2 公尺以上部分，設置護籠或其他保護裝置。
9. 前款平台應有足夠長度及寬度，並應圍以適當之欄柵。

(二) 依職業安全衛生設施規則之規定，雇主對於從事灌注、卸收或儲藏危險物於化學設備、槽車或槽體等作業，應依下列規定辦理：

1. 使用軟管從事易燃液體或可燃性氣體之灌注或卸收時，應事先確定軟管結合部分已確實連接牢固始得作業。作業結束後，應確認管線內已無引起危害之殘留物後，管線始得拆離。
2. 從事煤油或輕油灌注於化學設備、槽車或槽體等時，如其內部有汽油殘存者，應於事前採取確實清洗、以惰性氣體置換油氣或其他適當措施，確認安全狀態無虞後，始得作業。

3. 從事環氧乙烷、乙醛或 1.2. 環氧丙烷灌注時，應確實將化學設備、槽車或槽體內之氣體，以氮、二氧化碳或氦、氬等惰性氣體置換之。

4. 使用槽車從事灌注或卸收作業前，槽車之引擎應熄火，且設置適當之輪擋，以防止作業時車輛移動。作業結束後，並確認不致因引擎啓動而發生危害後，始得發動。

四、為降低爆炸危害，常於設備中選用設置破裂片、洩爆門、釋放口、抑爆系統、爆炸阻隔等 5 種安全裝置，請說明上列 5 種安全裝置之作用方式。(20 分)

答 (一) 破裂片：

一種開放性的裝置，用以保護在壓力突然升高的情況或可能造成危險的真空狀態下的壓力槽、裝置或系統，爆炸發生時、薄膜因壓力而破裂，形式有圓頂狀拉張型、複合型。

(二) 洩爆門：

與破裂片功能相同，但洩爆效果較弱，藉由加大洩放面積或加強設備強度來改善，為防止洩爆門於洩壓時破損或飛射出而造成傷害，故常加裝鏈條或磁鐵式、彈簧式的裝置連接。

(三) 釋放口：

爆炸壓力釋放口是安裝於粉體 (尤其是小粒徑之可燃性粉體) 、氣體、乾燥器、脫臭裝置等具有爆炸危險之設備上，用於爆炸發生時釋放爆炸壓力。

(四) 抑爆系統：

利用爆炸的初期階段，壓力的上昇緩和，可由檢測器檢測出此階段的微小壓力變化，隨後速的噴射散佈燃燒抑制劑，於初期階段消滅火焰，抑制壓力上升之裝置。

(五) 爆炸阻隔：

一般爆炸隔離系統係於設備與設備間的管路中，安裝感知器、控制閥與隔離閥所組成，一旦其中某設備發生爆燃時，在互相連接之管線中的隔離閥將立即關閉，可防止爆炸發生後產生之火焰傳播至其它設備中，以降低火災爆炸所造成的連鎖效應損失。

五、請依機械設備器具安全標準之規定，回答下列衝剪機械安全防護之相關問題：

(一) 除雙手起動式安全裝置外，請列出 4 種衝剪機械之安全裝置，並說明其應具有之機能。(12 分)

(二) 若裝設雙手起動式安全裝置之衝床，其離合器之嚙合數為 4，曲柄軸旋轉一周所需時間為 0.2 秒，試問手指離開操作部至滑塊達下死點時之最大時間為多少毫秒？此一安全裝置之安全距離為多少毫米？(8 分)

答 (一) 依機械設備器具安全標準第 6 條規定，衝剪機械應具有安全機能不易減損及變更之構造之安全裝置，應具有下列機能之一：

1. 連鎖防護式安全裝置：滑塊等在閉合動作中，能使身體之一部無介入危險界限之虞。

2. 雙手操作式安全裝置：

    (1) 安全一行程式安全裝置：在手指按下起動按鈕、操作控制桿或操作其他控制裝置 (以下簡稱操作部)　，脫手後至該手達到危險界限前，能使滑塊等停止動作。

    (2) 雙手起動式安全裝置：以雙手作動操作部，於滑塊等閉合動作中，手離開操作部時使手無法達到危險界限。

3. 感應式安全設置：滑塊等在閉合動作中，遇身體之一部接近危險界限時，能使滑塊等停止動作。

4. 拉開式或掃除式安全裝置：滑塊等在閉合動作中，遇身體之一部介入危險界限時，能隨滑塊等之動作使其脫離危險界限。

(二) 依機械設備器具安全標準第 8 條規定：

雙手操作式安全裝置或感應式安全裝置之停止性能，其作動滑塊等之操作部至危險界限間，或其感應域至危險界限間之距離，應超過下列計算之值：

$D > 1.6T_m$

D：安全距離；mm。

T_m：手指離開操作部至滑塊等抵達下死點之最大時間；mm。

∵ T_m = (1/2 + 1/ 離合器之嚙合處之數目) × 曲柄軸旋轉一周所需時間

= (1/2 + 1/4) × 200(ms) = 150(ms)

∴ $D > 1.6 \times T_m = 1.6 \times 150 = 240$(mm)

即此雙手起動式安全裝置之安全距離為 240 毫米。

第 74 次
職業安全管理甲級技術士技能檢定
術科參考題解

104.03.22

一、為防止發生模扳倒塌災害,請依營造安全衛生設施標準規定,回答下列問題:

（一）對於模板支撐支柱之基礎,依土質狀況,列舉 4 項應辦理事項。(8 分)

（二）若以可調鋼管支柱為模板支撐之支柱時,列舉 2 項應辦理事項。(4 分)

（三）對於混凝土澆置作業?列舉 4 項應辦理事項。(8 分)

🅐（一）依「營造安全衛生設施標準」第 132 條之規定,雇主對於模板支撐支柱之基礎,應依土質狀況,依下列規定辦理:

1. 挖除表土及軟弱土層。

2. 回填爐石渣或礫石。

3. 整平並滾壓夯實。

4. 鋪築混凝土層。

5. 鋪設足夠強度之覆工板。

6. 注意場撐基地週邊之排水,豪大雨後,排水應宣洩流暢,不得積水。

7. 農田路段或軟弱地盤應加強改善,並強化支柱下之土壤承載力。

（二）依「營造安全衛生設施標準」第 135 條之規定,雇主以可調鋼管支柱為模板支撐之支柱時,應依下列規定辦理:

1. 可調鋼管支柱不得連接使用。

2. 高度超過三點五公尺者,每隔二公尺內設置足夠強度之縱向、橫向之水平繫條,並與牆、柱、橋墩等構造物或穩固之牆模、柱模等妥實連結,以防止支柱移位。

3. 可調鋼管支撐於調整高度時,應以制式之金屬附屬配件為之,不得以鋼筋等替代使用。

4. 上端支以樑或軌枕等貫材時,應置鋼製頂板或托架,並將貫材固定其上。

(三) 依「營造安全衛生設施標準」第 142 條之規定，雇主對於混凝土澆置作業，應依下列規定辦理：

1. 裝有液壓或氣壓操作之混凝土吊桶，其控制出口應有防止骨材聚集於桶頂及桶邊緣之裝置。

2. 使用起重機具吊運混凝土桶以澆置混凝土時，如操作者無法看清楚澆置地點，應指派信號指揮人員指揮。

3. 禁止勞工乘坐於混凝土澆置桶上。

4. 以起重機具或索道吊運之混凝土桶下方，禁止人員進入。

5. 混凝土桶之載重量不得超過容許限度，其擺動夾角不得超過 40 度。

6. 混凝土拌合機具或車輛停放於斜坡上作業時，除應完全剎車外，並應將機械墊穩，以免滑動。

7. 實施混凝土澆置作業，應指定安全出入路口。

8. 澆置混凝土前，須詳細檢查模板支撐各部份之連接及斜撐是否安全，澆置期間有異常狀況必須停止作業者，非經修妥後不得作業。

9. 澆置樑、樓板或曲面屋頂，應注意偏心載重可能產生之危害。

10. 澆置期間應注意避免過大之振動。

11. 以泵輸送混凝土時，其輸送管接頭應有適當之強度，以防止混凝土噴濺。

二、

(一) 試列舉並簡要說明 4 種預防火災爆炸的方法。(4 分)

(二) 請簡要列舉 4 種動火作業許可管制的工作項目。(4 分)

(三) 某一化學公司儲槽區發生火災爆炸，該槽區有數座儲槽。事故發生後，化學儲槽相繼爆炸，產生蕈狀雲的爆燃火焰直沖天空。經調查，本案第一次起爆點係為內裝有易燃液體槽體炸飛，其原因為切割金屬管線後，管線內易燃液體起火。因為儲槽氮封系統關閉，導致儲槽內氮氣濃度逐漸降低，氧氣濃度逐漸上升直到爆炸範圍，所以切割管線後，經過大約十分鐘後引爆。導致易燃液體槽體飛離，該火災引發其他槽體 BLEVE 連續爆炸。根據以上案例背景，為防止類似火災爆炸再度發生，試回答下列問題：

1. 列舉 3 項工作場所操作注意要點。(6 分)

2. 列舉 3 項動火作業安全注意事項。(6 分)

答 (一) 預防火災爆炸的方法如下：

　　1. 惰化處理 (消除助燃物，如氧氣)。

　　2. 著火源的預防或消除。

　　3. 可燃物的濃度控制。

　　4. 易燃、易爆高危險化學品之管制。

　　5. 化學設備之本質較安全設計。

　　6. 耐爆、洩爆、抑爆等設施之採用。

(二) 從事熔接、熔斷、金屬之加熱及其他須使用明火之作業或有發生火花之虞之作業，均為動火工作安全許可之管制項目。

(三)

　　1. 工作場所操作注意要點如下：

　　(1) 確實遵守動火作業許可之申請。

　　(2) 指派人員進行動火作業之監視。

　　(3) 與控制製程人員緊密聯繫，確保氮封及水霧設備正常運作。

　　(4) 採取清槽等安全措施。

　　(5) 時常演練緊急應變訓練。

　　(6) 於作業區設置緊急處理步驟告示和緊急連絡電話。

　　2. 動火作業安全注意事項如下：

　　(1) 火源的管制。

　　(2) 易燃物的管制。

　　(3) 個人防護。

　　(4) 緊急處理。

三、為加強機械、設備或器具之安全源頭管理，職業安全衛生法規規定製造者或輸入者對於指定之機械、設備或器具，應於資訊申報網站登錄，始得運出產製廠場或輸入，以阻絕不安全產品混入國內市場，請回答下列問題：

(一) 請列舉 5 項上述指定之機械、設備或器具。(5 分)

(二) 辦理資訊申報網站登錄宣告產品符合安全標準之佐證方式為何？ (5 分)

(三) 宣告安全產品之申報登錄資料為何？ (10 分)

答 (一) 依規定應於資訊申報網站登錄之機械、設備或器具如下：

1. 動力衝剪機械。

2. 手推刨床。

3. 木材加工用圓盤鋸。

4. 動力堆高機。

5. 研磨機。

6. 研磨輪。

7. 防爆電氣設備。

8. 動力衝剪機械之光電式安全裝置。

9. 手推刨床之刃部接觸預防裝置。

10. 木材加工用圓盤鋸之反撥預防裝置及鋸齒接觸預防裝置。

11. 其他經中央主管機關指定公告者。

(二) 依「機械設備器具安全資訊申報登錄辦法」第 4 條之規定，辦理資訊申報網站登錄宣告產品符合安全標準之佐證方式應採下列方式之一佐證，以網路傳輸相關測試合格文件，並自行妥為保存備查：

1. 委託經中央主管機關認可之檢定機構實施型式檢定合格。

2. 委託經國內外認證組織認證之產品驗證機構審驗合格。

3. 製造者完成自主檢測，確認符合安全標準。

(三) 依「機械設備器具安全資訊申報登錄辦法」第 5 條之規定，宣告安全產品之申報登錄資料如下：

1. 自我宣告聲明書：簽署該產品符合安全標準之聲明書。

2. 設立登記文件：工廠登記、公司登記、商業登記或其他相當設立登記證明文件。但依法無須設立登記，或申報者設立登記資料已於資訊網站登錄有案，且該資料記載事項無變更者，不在此限。

3. 符合安全標準之測試證明文件：型式檢定合格證明書、產品驗證機構審驗合格證明或產品自主檢測報告。

4. 產品基本資料：

   (1) 型式名稱說明書：包括型錄、產品名稱、產品外觀圖說、商品分類號列、主機台及控制台基本規格等資訊。

   (2) 產品安裝、操作、保養與維修之說明書及危險對策：包括產品安全裝置位置及功能示意圖。

5. 產品安全裝置及配備基本資料：包括品名、規格、安全性能與符合性說明、重要零組件驗證測試報告及相關強度計算。

6. 其他中央主管機關要求交付之符合性評鑑程序資料及技術文件。

四、依職業安全衛生法規定，具高風險之工作場所，事業單位每 5 年應實施製程安全評估，並製作製程安全評估報告，報請勞動檢查機構備查，請回答下列問題：

(一) 上述應實施製程安全評估之工作場所為何？(4 分)

(二) 上述製程安全評估方法為何？(6 分)

(三) 事業單位應就製程安全資訊、製程危害控制措施實施製程安全評估，請列舉 10 項評估報告內容項目。(10 分)

🖎 (一) 依「職業安全衛生法」第 15 條之規定，應實施製程安全評估之工作場所如下：

1. 從事石油裂解之石化工業。

2. 從事製造、處置或使用危害性之化學品數量達中央主管機關規定量以上。

(二) 依「製程安全評估定期實施辦法」第 5 條之規定，應使用之製程安全評估方法如下：

1. 如果 - 結果分析。

2. 檢核表。

3. 如果 - 結果分析 / 檢核表。

4. 危害及可操作性分析。

5. 失誤模式及影響分析。

6. 故障樹分析。

7. 其他經中央主管機關認可具有同等功能之安全評估方法。

(三) 依「製程安全評估定期實施辦法」第 4 條第 2 項規定，評估報告內容如下：

1. 實施前項評估過程之必要文件及結果。

2. 勞工參與。	3. 標準作業程序。
4. 教育訓練。	5. 承攬管理。
6. 啓動前安全檢查。	7. 機械完整性。
8. 動火許可。	9. 變更管理。
10. 事故調查。	11. 緊急應變。
12. 符合性稽核。	13. 商業機密。

五、某科技股份有限公司以丙烷 (C_3H_8) 作為燃料，用以加熱潮濕粉末，若其每天 8 小時之消耗量為 40 公斤，回答下列問題：

(一) 請列出丙烷完全燃燒之化學反應式。(4 分)

(二) 若大氣環境為 1 大氣壓、溫度 25℃、每莫耳體積 24.5 升、氧氣濃度 21%，為使丙烷完全燃燒，請計算所需之理論空氣量，以每小時立方米 (m^3/hr) 表示之。(6 分)

(三) 丙烷之理論爆炸下限為 $0.55C_{st}$ (C_{st}：理論混合比)，請計算丙烷之爆炸下限。(5 分)

(四) 若丙烷之爆炸上限為 9.5%，請計算丙烷之危險性 (指數)。(5 分)

🖋 (一) 丙烷 (C_3H_8) 之燃燒化學反應式如下：

$$C_3H_8 + 5O_2 \rightarrow 3CO_2 + 4H_2O$$

(二) 每小時消耗之丙烷量為：40,000 g/8hr = 5,000 g/hr = 113.64 mole

所需氧氣之莫耳數為：5 × 113.64 mole = 568.2 mole

568.2 mole × 24.5 L/mole = 13,920.9 L = 13.92 m³

因空氣中氧氣含量為 21%(體積比)，故所需之理論空氣量 (以體積表示) 為：13.92 × 100/21 = 66.28m³

(三) 丙烷 (C_3H_8) 之理論爆炸下限 = 0.55 × C_{st} = 0.55 × 4.03% = 2.22%

$$其中\ C_{st} = \frac{100}{1+\dfrac{5}{0.21}} = \frac{100}{24.8} = 4.03\%$$

(四) 丙烷之危險指數 (HI) = (UEL − LEL)/LEL

= (9.5% − 2.22%)/2.22% = 3.28

第 75 次
職業安全管理甲級技術士技能檢定
術科參考題解

104.07.19

一、為防止火災爆炸災害，請依職業安全衛生設施規則及職業安全衛生管理辦法等規定？回答下列問題：

(一)雇主對於化學設備及其附屬設備之改善、修理、清掃、拆卸等作業，應指定專人辦理之事項為何？(10 分)

(二)雇主對化學設備及其附屬設備，應定期實施檢查之頻率為何？(2 分)並列出 4 種檢查事項。(8 分)

答 (一)依據「職業安全衛生設施規則」第 198 條規定，雇主對於化學設備及其附屬設備之改善、修理、清掃、拆卸等作業，應指定專人，依下列規定辦理：

1. 決定作業方法及順序，並事先告知有關作業勞工。

2. 為防止危險物、有害物、高溫水蒸汽及其他化學物質洩漏致危害作業勞工，應將閥或旋塞雙重關閉或設置盲板。

3. 應將前款之閥、旋塞等加鎖、鉛封或將把手拆離，使其無法擅動；並應設有不准開啟之標示或設置監視人員監視。

4. 拆除第二款之盲板有導致危險物等或高溫水蒸汽逸出之虞時，應先確認盲板與其最接近之閥或旋塞間有無第二款物質殘留，並採取必要措施。

(二)依據「職業安全衛生管理辦法」第 39 條規定，雇主對化學設備及其附屬設備，應就下列事項，每二年定期實施檢查一次

1. 內部是否有造成爆炸或火災之虞。

2. 內部與外部是否有顯著之損傷、變形及腐蝕。

3. 蓋板、凸緣、閥、旋塞等之狀態。

4. 安全閥或其他安全裝置、壓縮裝置、計測裝置之性能。

5. 冷卻裝置、攪拌裝置、壓縮裝置、計測裝置及控制裝置之性能。

6. 預備電源或其代用裝置之性能。

7. 其他防止爆炸或火災之必要事項。

二、為避免高壓氣體設備操作不當造成危害，請依高壓氣體勞工安全規則規定回答下列問題：

(一) 那些設備應於其四周設置可防止液他氣體漏洩時，流竄至他處之防液堤或其他同等設施？(8分)

(二) 儲存能力 5 公噸之液化溴甲烷儲槽，其防液堤內側及堤外 L 公尺範圍內，除規定之設備及儲槽之附屬設備外，不得設置其他設備，請計算 L 值【參考公式：$L = 4(x-5)/995 + 6$ 適用毒性氣體之可燃性氣體；$L = 4(x-5)/995 + 4$，適用前述以外之毒性氣體】。(6分)

(三) 前項 (二) 所述規定之設備，設置防液堤內側者為何？試列出其中6項。(6分)

答 (一) 依「高壓氣體勞工安全規則」第37條規定，下列設備應於其四周設置可防止液化氣體漏洩時流竄至他處之防液堤或其他同等設施：

1. 儲存能力在一千公噸以上之液化可燃性氣體儲槽。

2. 儲存能力在一千公噸以上之液化氧氣儲槽。

3. 儲存能力在五公噸以上之液化毒性氣體儲槽。

4. 以毒性氣體為冷媒氣體之冷媒設備，其承液器內容積在一萬公升以上者。

(二) 依「高壓氣體勞工安全規則」第4條及第6條規定，溴甲烷為毒性氣體中之可燃性氣體，故其防液堤與防液堤外側應維持之距離：

$L = 4(x-5)/995 + 6$ (當 $5 \leq X < 1000$ 時)

其中 X：儲存能力（公噸）

　　　L：距離（公尺）

$L = 4(x-5)/995 + 6 = 4(5-5)/995 + 6 = 6$ 公尺

(三) 依「高壓氣體勞工安全規則」第 37-1 條規定，可設置於防液堤內側之設備及儲槽之附屬設備如下：

1. 與該儲槽有關之低溫儲槽之輸液設備。

2. 惰性氣體儲槽。

3. 水噴霧裝置。

4. 撒水裝置及儲槽外面至防液堤間超過 20 公尺者，可自防液堤外側操作之滅火設備。

5. 氣體漏洩檢知警報設備之感應部。

6. 除毒設備之吸收洩漏氣體之部分。

7. 照明設備。

8. 計測設備。

9. 排水設備。

10. 配管及配管架臺。

11. 其他不妨礙安全之設備。

三、請回答下列關於物料搬運、處置與吊運相關問題：

(一) 對於堆置物料，為防止倒塌、崩塌等災害，列舉 2 項應採設施。(2 分)

(二) 使勞工進入供儲存大量物料之槽桶時，列舉 3 項應辦理事項，以防止勞工發生墜落及局限空間等危害。(6 分)

(三) 使勞工以捲揚機等吊運物料時？列舉 6 項應辦理事項。(12 分)

🔑 (一) 依「職業安全衛生設施規則」第 153 條規定，雇主對於堆置物料，為防止倒塌、崩塌或掉落，應採取繩索捆綁、護網、擋樁、限制高度或變更堆積等必要設施，並禁止與作業無關人員進入該等場所。

(二) 依「職業安全衛生設施規則」第 154 條規定，雇主使勞工進入供儲存大量物料之槽桶時，應依下列規定：

1. 應事先測定並確認無爆炸、中毒及缺氧等危險。

2. 應使勞工佩掛安全帶及安全索等防護具。

3. 應於進口處派人監視，以備發生危險時營救。

4. 規定工作人員以由槽桶上方進入為原則。

(三) 依「職業安全衛生設施規則」第 155-1 條規定，雇主使勞工以捲揚機等吊運物料時，應依下列規定辦理：

1. 安裝前須核對並確認設計資料及強度計算書。

2. 吊掛之重量不得超過該設備所能承受之最高負荷，且應加以標示。

3. 不得供人員搭乘、吊升或降落。但臨時或緊急處理作業經採取足以防止人員墜落，且採專人監督等安全措施者，不在此限。

4. 吊鉤或吊具應有防止吊舉中所吊物體脫落之裝置。

5. 錨錠及吊掛用之吊鏈、鋼索、掛鉤、纖維索等吊具有異狀時應即修換。

6. 吊運作業中應嚴禁人員進入吊掛物下方及吊鏈、鋼索等內側角。

7. 捲揚吊索通路有與人員碰觸之虞之場所，應加防護或有其他安全設施。

8. 操作處應有適當防護設施，以防物體飛落傷害操作人員，如採坐姿操作者應設坐位。

9. 應設有防止過捲裝置，設置有困難者，得以標示代替之。

10. 吊運作業時，應設置信號指揮聯絡人員，並規定統一之指揮信號。

11. 應避免鄰近電力線作業。

12. 電源開關箱之設置，應有防護裝置。

四、請依營造安全衛生設施標準規定，回答下列問題：

(一) 自 104 年 7 月 3 日起實雇主使勞工於易踏穿材料構築之屋頂作業時，應指派屋頂作業主管，列舉 4 項屋頂作業主管於作業現場應辦理事項，以避免屋頂作業勞工發生墜落災害。(8 分)

(二) 雇主對於工作場所人員及車輛機械出入口處，應置管制人員，列舉 2 項管制人員對於出入工作場所人員及車輛機械應辦理事項。(4 分)

(三) 汛期將至，雇主使勞工於有發生水位暴漲或土石流之地區作業者，應選任專責警戒人員避免該區作業人員因水位暴漲或土石流之危害，列舉 4 項警戒人員應辦理事項。(8 分)

答 (一) 依「營造安全衛生設施標準」第 18 第 2 項規定，於易踏穿材料
構築屋頂作業時，雇主應指派屋頂作業主管於現場辦理下列事項：

　　1.　決定作業方法，指揮勞工作業。

　　2.　實施檢點，檢查材料、工具、器具等，並汰換不良品。

　　3.　監督勞工確實使用個人防護具。

　　4.　確認安全衛生設備及措施之有效狀況。

　　5.　其他為維持作業勞工安全衛生所必要之設備及措施。

(二) 依「營造安全衛生設施標準」第 11 條規定，管制人員對於出入
工作場所人員及車輛機械應辦理事項如下列：

　　1.　管制出入人員，非有適當防護具不得讓其出入。

　　2.　管制、檢查出入之車輛機械，非具有許可文件上記載之要件，
　　　不得讓其出入。

(三) 依「營造安全衛生設施標準」第 15 條規定，雇主使勞工於有發
生水位暴漲或土石流之地區作業者，應選任專責警戒人員，辦理
下列事項：

　　1.　隨時與河川管理當局或相關機關連絡，了解該地區及上游降
　　　雨量。

　　2.　監視作業地點上游河川水位或土石流狀況。

　　3.　獲知上游河川水位暴漲或土石流時，應即通知作業勞工迅即
　　　撤離。

　　4.　發覺作業勞工不及撤離時，應即啟動緊急應變體系，展開救
　　　援行動。

五、請回答下列職業災害之失能傷害相關問題：

(一) 簡要說明職業災害引致非失能傷害與失能傷害之定義。(4 分)

(二) 請列出 4 種失能傷害種類。(4 分)

(三) 某公司全年之總經歷工時為 2,800,000 小時，該年度總共發生 4 件職業災害，分別為吳姓勞工自高處墜落身亡；林姓勞工手部骨折，損失日數 20 日；陳姓勞工於 3 月 4 日下午 3 點受傷回家休養，於隔日 (3 月 5 日) 準時入廠上班；鄭姓勞工則於 5 月 5 日上班時受傷住院治療，於 5 月 15 日恢復工作，請計算某公司此一年度之失能傷害頻率 (FR)、失能傷害嚴重率 (SR) 及失能傷害平均損失日數。(12 分)

答 (一)

1. 失能傷害：損失工作日一日以上之傷害。

2. 非失能傷害：損失工作日未達一日之傷害，即輕傷害。

(二) 失能傷害種類：包括死亡、永久全失能、永久部分失能及暫時全失能。

(三)

1. 總經歷工時 = 2,800,000 小時

2. 失能傷害人次數包括暫時全失能事件 (林姓勞工、鄭姓勞工)、死亡事件 (吳姓勞工)。合計 3 人次

3. 失能傷害損失總日數 = 6,029 日

   $\quad$ 6,000 日　(吳姓勞工)

   $+\quad$ 29 日　暫時全失能 (林姓勞工 20 日、鄭姓勞工 9 日)

   $\overline{\quad\quad 6,029 \text{ 日}}$

4. (FR) 失能傷害頻率 = 失能傷害人次數 × 10^6/ 總經歷工時
   (FR) 失能傷害頻率 = 3 × 1,000,000/2,800,000 = 1.07

5. (SR) 失能傷害嚴重率
   = 失能傷害損失總日數 × 10^6/ 總經歷工時

   (SR) 失能傷害嚴重率 = 6,029 × 1,000,000/2,800,000 = 2,153

6. 失能傷害平均損失日數
   = (SR) 失能傷害嚴重率 ÷ (FR) 失能傷害頻率

   失能傷害平均損失日數 = 2,153 ÷ 1.07 ≒ 2,010 日

第 76 次

職業安全管理甲級技術士技能檢定

術科參考題解

104.11.08

一、請依營造安全衛生設施標準及職業安全衛生設施規則規定,回答下列問題:

(一) 雇主對於高度 2 公尺以上之工作場所,勞工作業有墜落之虞者,應訂定墜落災害防止計畫,請依風險控制之先後順序,規劃 5 項應採取之墜落災害防止設施。(10 分)

(二) 列舉 4 項應採用背負式安全帶及捲揚式防墜器之高處作業。(4 分)

(三) 雇主進行鋼構組配作業前,為防止墜落、物體飛落或倒塌等災害,應擬訂鋼構組配作業計畫並使勞工遵循,列舉 3 項應規劃事項。(6 分)

答 (一) 營造安全衛生設施標準 #17

1. 經由設計或工法之選擇,儘量使勞工於地面完成作業,減少高處作業項目。

2. 經由施工程序之變更,優先施作永久構造物之上下設備或防墜設施。

3. 設置護欄、護蓋。

4. 張掛安全網。

5. 使勞工佩掛安全帶。

6. 設置警示線系統。

7. 限制作業人員進入管制區。

8. 對於因開放邊線、組模作業、收尾作業等及採取第一款至第五款規定之設施致增加其作業危險者,應訂定保護計畫並實施。

(二) 職業安全衛生設施規則規定 #281

鋼構懸臂突出物、斜籬、二公尺以上未設護籠等保護裝置之垂直固定梯、局限空間、屋頂或施工架組拆、工作台組拆、管線維修作業等高處或傾斜面移動。

(三) 營造安全衛生設施標準 #149-1

1. 安全作業方法及標準作業程序。

2. 防止構材及其組配件飛落或倒塌之方法。

3. 設置能防止作業勞工發生墜落之設備及其設置方法。

4. 人員進出作業區之管制。

雇主應於勞工作業前，將前項作業計畫內容使勞工確實知悉。

二、近年來工業用機器人逐漸被使用而取代部分人力，通常應用於重複性或工作環境惡劣之工作場所，試回答下列工業用機器人之相關問題：

(一) 依工業用機器人危害預防標準規定，列出 5 項雇主對機器人配置之規定。(10 分)

(二) 依職業安全衛生管理辦法之規定，列出 5 項雇主對工業用機器人於每日作業前，應實施檢點之項目。(10 分)

🏆 (一) 依工業用機器人危害預防標準第 18 條之規定：

1. 應確保能安全實施作業之必要空間。

2. 固定式控制面盤應設於可動範圍之外，且使操作勞工可泛視機器人全部動作之位置。

3. 壓力表、油壓表及其他計測儀器應設於顯明易見之位置，並標示安全作業範圍。

4. 電氣配線及油壓配管、氣壓配管應設於不致受到操作機、工具等損傷之處所。

5. 緊急停止裝置用開關，應設置於控制面盤以外之適當處所。

6. 設置緊急停止裝置及第五條第三款規定之指示燈等，應於機器人顯明易見之位置為之。

(二) 依職業安全衛生管理辦法第 60 條之規定：

1. 制動裝置之機能。

2. 緊急停止裝置之機能。

3. 接觸防止設施之狀況及該設施與機器人間連鎖裝置之機能。

4. 相連機器與機器人間連鎖裝置之機能。

5. 外部電線、配管等有無損傷。

6. 供輸電壓、油壓及空氣壓有無異常。

7. 動作有無異常。

8. 有無異常之聲音或振動。

三、試回答下列粉塵爆炸相關問題：

(一) 請列舉 4 項影響粉塵爆炸之因素。(8 分)

(二) 請列舉 3 項引起粉塵爆炸之可能火源。(6 分)

(三) 請列舉 3 項防止粉塵爆炸之對策。(6 分)

答 (一) 粉塵爆炸之因素

1. 化學組成：粉塵的化學性質，對其爆炸性質影響很大，如已氧化的粉塵，反應性較小；但若粉塵為過氧化物或硝化物，則因粉塵本身即含有活化性的氧，不需外界來提供反應所需的氧，故較易起激烈的爆炸。

2. 粒徑：粉塵爆炸係發生於粉塵表面之燃燒現象，因此，粉體粒子愈小，即比表面積愈大，愈容易發火，發生爆炸的可能性愈大。

3. 爆炸界限：粒子愈小爆炸下限愈低，危險性愈大，點火源為高熱物之爆炸下限較電氣火花低。

4. 氧氣的濃度：氧的濃度愈高，粉塵愈容易爆炸，因此降低氧的濃度，可提高粉塵爆炸下限，防止粉塵爆炸。

5. 可燃性氣體：粉塵中若有可燃性氣體共存，將降低粉塵爆炸的下限，增加粉塵爆炸的危險。

6. 發火溫度：粉塵個體的粒徑愈小，濃度愈高，發火溫度愈低，不過發火溫度與火源種類有關，不是該粉體的物理定數。

7. 發火能量：粒子愈小發火能量愈低，在氧氣中的最小發火能量，較在空氣中者低。水分影響亦大，含水量愈多最小發火能量愈高，濃度低時，其值愈高。

8. 壓力、溫度：壓力愈大、溫度愈高，最小發火能量變低，爆炸界限變廣，危險性愈大。

(二) 引起粉塵爆炸之可能火源

1. 熱表面。　　　　　　2. 明火、菸蒂餘燼。

3. 摩擦。　　　　　　　4. 靜電放電。

5. 機械設備或其他設備產生電弧。

(三) 防止粉塵爆炸之對策

1. 減少粉塵飛揚。例如，依據操作量選擇適當設備，以減少粉塵飛揚的自由空間;以濕式混拌取代乾式混拌;經常清除濾網、濾布及作業場所，以避免粉塵的堆積。

2. 可燃物質的濃度控制。在製程中可燃物的使用難以避免，但可利用通風換氣設備控制，使可燃物的濃度不在爆炸範圍內。

3. 惰化設計。製程中以惰性氣體吹洩，以避免新鮮的氧氣進入，如此可以減低氧的分壓，減少爆炸的危險。

4. 粉塵作業場所盡量遠離可能產生火源或靜電的場所。例如，香菸、切割、電焊、電氣火花、機械火花、熱表面、炙熱物質。

5. 增濕除塵。

四、依鍋爐及壓力容器安全規則規定，勞工從事壓力容器之清掃、修繕、保養等作業時，雇主應辦理事項為何？ (20 分)

🈺 鍋爐及壓力容器安全規則第 31 條之規定：

1. 將壓力容器適當冷卻。

2. 實施壓力容器內部之通風換氣。

3. 壓力容器內部使用之移動電線，應為可撓性雙重絕緣電纜或具同等以上絕緣效力及強度者；移動電燈應裝設適當護罩。

4. 與其他使用中之鍋爐或壓力容器有管連通者，應確實隔斷或阻斷。

5. 置監視人員隨時保持連絡，如有災害發生之虞時，立即採取危害防止、通報、緊急應變及搶救等必要措施。

五、一化學反應器之相關安全裝置如下圖所示，反應槽內部壓力達到設定壓力時，高壓警報器及發出警報，反應器內裝有壓力開關連接到警報器；此反應器又安裝一套自動 (高壓) 停機報警系統，當反應器內壓大於報警 (alarm)設定的壓力時，則停止進料閥入料 (壓力指示控制器 (PIC) 將關閉進料閥)。

(一) 試繪出此反應器超壓 (over pressure) 之故障樹 (fault tree)。(10 分)

(二) 計算此反應器發生超壓之最小切集合 (minimum cut set)。(5 分)

(三) 計算反應器發生超壓之機率 (probability)。(5 分)

壓力指示警報器 (PIA) 故障機率：10^{-4}；

警報裝置 (Alarmdevice) 故障機率：6×10^{-4}；

壓力指示控制器 (PIC) 故障機率：10^{-4}；

進料閥故障機率：4×10^{-2}。

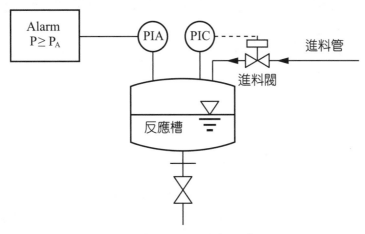

反應器與安全裝置關係示意圖

答 (一) 此反應器超壓 (Overpressure) 之失誤樹如下圖。

(二) 最小切集合 (Minimum Cut Set)

$$A = B_1 B_2 = (C_1 + C_2)(C_3 + C_4)$$

$$= C_1 C_3 + C_1 C_4 + C_2 C_3 + C_2 C_4 \text{ (最小切集合)}$$

(三) 反應器發生超壓之機率

$$P(A) = 1 - \{1 - (1 - P_{C1}P_{C3})(1 - P_{C1}P_{C4})(1 - P_{C2}P_{C3})(1 - P_{C2}P_{C4})\}$$

$$= 1 - \{(1 - 10^{-8})(1 - 4 \times 10^{-6})(1 - 6 \times 10^{-8})(1 - 24 \times 10^{-6})\}$$

$$= 2.81 \times 10^{-5} \text{ (反應器超壓之機率)}$$

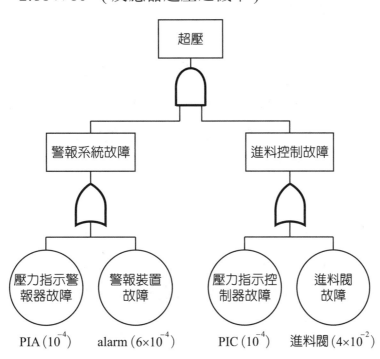

第 77 次
職業安全管理甲級技術士技能檢定
術科參考題解

105.03.20

一、試依營造安全衛生設施標準規定,回答下列問題:

(一)四級以上地震後,雇主使勞工於施工構台上作業前,應確認支柱或構台樑等主要構材之狀況或變化情形,試列舉 4 項應確認之異常狀況或變化情形,以採取必要之改善措施。(8 分)

(二)四級以上地震後,雇主對於擋土支撐應指定專人實施檢查,發現異狀即補強、整修採取必要之設施。試列舉 2 項應檢查之異常狀況。(4 分)

(三)構造物於地震後傾斜須拆除,試列舉 4 項雇主於拆除構造物前應辦理事項,以防止倒塌或火災爆炸等災害。(8 分)

答(一)

1. 支柱滑動或下沈狀況。

2. 支柱、構台之樑等之損傷情形。

3. 構台覆工板之損壞或舖設狀況。

4. 支柱、支柱之水平繫材、斜撐材及構台之樑等連結部分、接觸部分及安裝部分之鬆動狀況。

5. 螺栓或鉚釘等金屬之連結器材之損傷及腐蝕狀況。

6. 支柱之水平繫材、斜撐材等補強材之安裝狀況及有無脫落。

7. 護欄等有無被拆下或脫落。前項狀況或變化,有異常未經改善前,不得使勞工作業。

(二)

1. 構材之有否損傷、變形、腐蝕、移位及脫落。

2. 支撐桿之鬆緊狀況。

3. 構材之連接部分、固定部分及交叉部分之狀況。

（三）

1. 檢查預定拆除之各構件。

2. 對不穩定部分，應予支撐穩固。

3. 切斷電源，並拆除配電設備及線路。

4. 切斷可燃性氣體管、蒸汽管或水管等管線。管中殘存可燃性氣體時，應打開全部門窗，將氣體安全釋放。

5. 拆除作業中須保留之電線管、可燃性氣體管、蒸氣管、水管等管線，其使用應採取特別安全措施。

6. 具有危險性之拆除作業區，應設置圍柵或標示，禁止非作業人員進入拆除範圍內。

7. 在鄰近通道之人員保護設施完成前，不得進行拆除工程。

二、為預防鍋爐安全管理不當，致發生火災、爆炸等災害，試依鍋爐及壓力容器安全規則與職業安全衛生管理辦法規定回答下列問題：

（一）雇主對於同一鍋爐房內或同一鍋爐設置場所中，設有二座以上鍋爐者，應指派鍋爐作業主管，負責指揮、監督鍋爐之操作、管理及異常處置等相關工作，其資格之規定為何？（9 分）

（二）雇主應使鍋爐操作人員實施之事項為何？試列舉 6 項。（6 分）

（三）小型鍋爐每年定期實施檢查項目之內容為何？（5 分）

答（一）

1. 應指派具有甲級鍋爐操作人員資格者擔任鍋爐作業主管：各鍋爐之傳熱面積合計在五百平方公尺以上者。

2. 應指派具有乙級以上鍋爐操作人員資格者擔任鍋爐作業主管：

(1) 各鍋爐之傳熱面積合計在五百平方公尺以上，各鍋爐均屬貫流式者。

(2) 各鍋爐之傳熱面積合計在五十平方公尺以上未滿五百平方公尺者。

3. 應指派具有丙級以上鍋爐操作人員資格者擔任鍋爐作業主管：

(1) 各鍋爐之傳熱面積合計在五十平方公尺以上未滿五百平方公尺，各鍋爐均屬貫流式者。

(2) 各鍋爐之傳熱面積合計未滿五十平方公尺者。

（二）

1. 監視壓力、水位、燃燒狀態等運轉動態。

2. 避免發生急劇負荷變動之現象。

3. 防止壓力上升超過最高使用壓力。

4. 保持壓力表、安全閥及其他安全裝置之機能正常。

5. 每日檢點水位測定裝置之機能一次以上。

6. 確保鍋爐水質，適時化驗鍋爐用水，並適當實施沖放鍋爐水，防止鍋爐水之濃縮。

7. 保持給水裝置機能正常。

8. 檢點及適當調整低水位燃燒遮斷裝置、火焰檢出裝置及其他自動控制裝置，以保持機能正常。

9. 發現鍋爐有異狀時，應即採取必要措施。

（三）

1. 鍋爐本體有無損傷。

2. 燃燒裝置有無異常。

3. 自動控制裝置有無異常。

4. 附屬裝置及附屬品性能是否正常。

5. 其他保持性能之必要事項。

三、機械本身不安全、缺乏妥善的安全防護裝置，以及人為疏忽或缺乏安全意識是發生捲夾職業災害之主要因素。試就預防機械捲夾職業災害，回答下列問題：

（一）列舉 2 項勞工自身頭髮、穿著及衣飾等應注意之安全事項。(4 分)

（二）列舉 5 項勞工於操作機械前或操作機器中，應使勞工落實之安全事項。

（三）列舉 6 項雇主應設置之安全裝置或實施之安全措施。(6 分)

🈴（一）

1. 避免穿著連帽上衣，衣褲應穿著整齊，並避免穿著寬鬆衣褲。

2. 作業時將身上不必要之配件 (如圍巾、絲巾) 取下。

3. 作業前務必將頭髮紮起、戴用髮帽並戴安全帽。

（二）

1. 應確認作業機械安全防護裝置完善後，才可作業。如轉動、移動部件確認有安全護罩等。

2. 作業前，應檢查各項機械設備之緊急制動裝置位置是否適當、功能是否正常，若有發現功能異常或有異狀時，應即刻回報作業主管並停機。

3. 對於具有夾捲危險之作業，雇主應嚴禁勞工佩戴手套以避免遭機具捲入。

4. 依照標準程序進行作業，於機械運轉時，應禁止進入危險作業區。

5. 在檢查、調整、修理機械時，須停止機械運轉後再進行。

（三）

1. 離心機械：應裝置覆蓋及連鎖裝置。

2. 射出成型機：應設置安全門，雙手操作式起動裝置或其他安全裝置。

3. 滾輾橡膠之滾輾機：應設置於災害發生時，被害者能自己易於操縱之緊急制動裝置。

4. 具有捲入點之滾軋機：應設護圍、導輪等設備。

5. 棉紡機之高速迴轉部份：應於專用之堅固建築物內或以堅固之隔牆隔離之場所實施。

6. 扇風機之葉片，有危害勞工之虞者，應設護網或護圍等設備。

四、為預防感電作業災害，試回答下列問題：

（一）雇主對於電路開路後從事該電路、該電路支持物、或接近該電路工作物之敷設、建造、檢查、修理、油漆等作業時，應於確認電路開路後，就該電路採取設施為何？（6分）

（二）雇主對於那些情形下使用之電動機具，應於各該電動機具之連接電路上設置適合其規格，具有高敏感度、高速型，能確實動作之防止感電用漏電斷路器？（6分）

（三）試以圖示說明漏電斷路器之動作原理？（6分）

答 (一)

1. 開路之開關於作業中，應上鎖或標示「禁止送電」、「停電作業中」或設置監視人員監視之。

2. 開路後之電路如含有電力電纜、電力電容器等致電路有殘留電荷引起危害之虞，應以安全方法確實放電。

3. 開路後之電路藉放電消除殘留電荷後，應以檢電器具檢查，確認其已停電，且為防止該停電電路與其他電路之混觸、或因其他電路之感應、或其他電源之逆送電引起感電之危害，應使用短路接地器具確實短路，並加接地。

4. 前款停電作業範圍如為發電或變電設備或開關場之一部分時，應將該停電作業範圍以藍帶或網加圍，並懸掛「停電作業區」標誌；有電部分則以紅帶或網加圍，並懸掛「有電危險區」標誌，以資警示。

(二)

1. 使用對地電壓在一百五十伏特以上移動式或攜帶式電動機具。

2. 於含水或被其他導電度高之液體濕潤之潮濕場所、金屬板上或鋼架上等導電性良好場所使用移動式或攜帶式電動機具。

(三) 當電動馬達漏電時，接往馬達之電源線路之感知器感應到漏電電流，經訊號放大器將訊號放大後，推動動作線圈之強度足以使電驛發生跳脫動作時，即時讓電源造成斷路而達保護人體之作用。

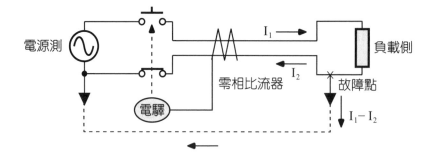

五、依機械設備器具安全標準之相關規定，回答與計算下列問題：

(一)除雙手操作式安全裝置外，請列出 3 種動力衝剪機械之安全裝置，並簡要說明應具備之機能。(12 分)

(二)雙手操作式安全裝置可分為安全一行程與雙手起動式，請簡要說明該兩種安全裝置應具備之機能。(4 分)

(三)若某一動力衝剪機械裝設安全一行程安全裝置，其操作部至快速停止機構之開始動作時間為 140 毫秒；快速停止機構開始動作至滑塊等之停止時間為 160 毫秒，請計算其安全距離 (請列出計算式並以毫米單位表示)。(4 分)

答(一)

1. 連鎖防護式安全裝置：滑塊等在閉合動作中，能使身體之一部無介入危險界限之虞。

2. 感應式安全裝置：滑塊等在閉合動作中，遇身體之一部接近危險界限時，能使滑塊等停止動作。

3. 拉開式或掃除式安全裝置：滑塊等在閉合動作中，遇身體之一部介入危險界限時，能隨滑塊等之動作使其脫離危險界限。

(二)

1. 安全一行程式安全裝置：在手指按下起動按鈕、操作控制桿或操作其他控制裝置，脫手後至該手達到危險界限前，能使滑塊等停止動作。

2. 雙手起動式安全裝置：以雙手作動操作部，於滑塊等閉合動作中，手離開操作部時使手無法達到危險界限。

(三) $D = 1.6(T_l + T_s)$

$D = 1.6(140 + 160) = 1.6 \times 300 = 480 (mm)$

第 78 次
職業安全管理甲級技術士技能檢定
術科參考題解

105.07.17

一、請依營造安全衛生設施標準規定，回答下列問題：

（一）於有發生水位暴漲或土石流之地區作業，應建立作業聯絡系統，選任專責警戒人員，試列舉 4 項所選任專責警戒人員應辦理事項，以避免勞工有落水之虞。(8 分)

（二）對於鋼材之儲存，試列舉 4 項應辦理事項，以防止鋼材倒塌及感電災害。(8 分)

（三）對於隧道、坑道作業，試列舉 4 項保護措施，以防止隧道、坑道進出口附近表土之崩塌或土石之飛落致危害勞工。(4 分)

答（一）

1. 隨時與河川管理當局或相關機關連絡，了解該地區及上游降雨量。
2. 監視作業地點上游河川水位或土石流狀況。
3. 獲知上游河川水位暴漲或土石流時，應即通知作業勞工迅即撤離。
4. 發覺作業勞工不及撤離時，應即啟動緊急應變體系，展開救援行動。

（二）

1. 預防傾斜、滾落，必要時應用纜索等加以適當捆紮。
2. 儲存之場地應為堅固之地面。
3. 各堆鋼材之間應有適當之距離。
4. 置放地點應避免在電線下方或上方。
5. 採用起重機吊運鋼材時，應將鋼材重量等顯明標示，以便易於處理及控制其起重負荷量，並避免在電力線下操作。

（三）

1. 擋土支撐。　　　　　2. 張設防護網。

3. 清除浮石。　　　　　4. 採取邊坡保護。

二、為預防操作工業用機器人不當，致發生捲夾、被撞等災害，請依工業用機器人危害預防標準回答下列問題：

（一）用詞定義：

1. 可動範圍。(3 分)

2. 教導相關作業。(3 分)

（二）雇主使勞工從事教導相關作業前，應確認哪些事項？ (8 分)

（三）雇主使勞工起動機器人前，應確認哪些事項？ (6 分)

🅐（一）

1. 可動範圍：指依記憶裝置之訊息，操作機及該機器人之各部(含設於操作機前端之工具)在構造上可動之最大範圍。

2. 教導相關作業：指機器人操作機之動作程序、位置或速度之設定、變更或確認。

（二）

1. 外部電纜線之被覆或外套管有無損傷。

2. 操作機之動作有無異常。

3. 控制裝置及緊急停止裝置之機能是否正常。

4. 空氣或油有無由配管漏洩。

（三）

1. 在可動範圍內無任何人存在。

2. 移動式控制面盤、工具等均已置於規定位置。

3. 機器人或關連機器之異常指示燈等均未顯示有異常。

三、為預防機械、設備及器具造成之危害，請回答下列問題：

（一）職業安全衛生法以建構源頭管理制度，該法第 8 條第 1 項規定，製造者或輸入者對於中央主管機關公告列入型式驗證之機械、設備或器具，非經中央主管機關認可之驗證機構實施行試驗證合格及張貼合格標籤，不得產製運出廠場或輸入。惟有哪些情形者，得免驗證，不受前述規定之限制，試列舉 4 項？ (12 分)

(二) 職業安全衛生法第 7 條第 1 項規定，製造者、輸入者、供應者或雇主，對於中央主關機關指定之機械、設備或器具，其構造性能及防護非符合安全標準者，不得產製運出廠場、輸入、租賃、供應或設置。該等中央主管機關指定之機械、設備或器具有哪些？試列舉 4 項 (8 分)

答 (一)

1. 危險性機械、設備或其他法律規定實施檢查、檢驗、驗證或認可。

2. 供國防軍事用途使用，並有國防部或其直屬機關出具證明。

3. 限量製造或輸入僅供科技研發、測試用途之專用機型，並經中央主管機關核准。

4. 非供實際使用或作業用途之商業樣品或展覽品，並經中央主管機關核准。

5. 其他特殊情形，有免驗證之必要，並經中央主管機關核准。

(二)

1. 動力衝剪機械。　　　2. 手推刨床。

3. 木材加工用圓盤鋸。　4. 動力堆高機。

5. 研磨機。　　　　　　6. 研磨輪。

7. 防爆電氣設備。

8. 動力衝剪機械之光電式安全裝置。

9. 手推刨床之刃部接觸預防裝置。

10. 木材加工用圓盤鋸之反撥預防裝置及鋸齒接觸預防裝置。

四、試回答下列問題：

(一) 請以下列安全防護原則，依其使用之優先性，排列順需 (只需列出英文代號，例 A > B > C…)(5 分)

A：低危害替代高危害	B：工程控制	C：消除危害
D：使用個人防護具	E：行政管理控制	

(二) 請就勞工進行下述作業可能面臨之事故類型，以前述 5 種安全防護原則，各列舉 1 項實務作法 (以 "防護原則：實務作法" 方式作答，例使用個人防護具：安全帽)。

1. 進行高樓外牆鋪設作業時發生墜落事故。(5 分)

2. 操作打釘槍時發生感電事故。(5 分)

3. 進行鋼板裁切、鑽孔作業時發生切割捲夾事故。(5 分)

答 (一) C > A > B > E > D

(二)

1. A 低危害替代高危害：選用 CNS 施工架。

   B 工程控制：裝設安全網及護欄。

   C 消除危害：外牆施工架逐層滿鋪。

   D 使用個人防護具：安全帶。

   E 行政管理控制：作業人員接受教育訓練。

2. A 低危害替代高危害：改用氣動式釘槍。

   B 工程控制：釘槍系統接地與設備接地。

   C 消除危害：改用自動化釘槍。

   D 使用個人防護具：佩戴防感電橡皮手套。

   E 行政管理控制：作業前先檢測釘槍有無漏電；採購具雙重絕緣設計之釘槍。

3. A 低危害替代高危害：變更作業方式。

   B 工程控制：設置反撥預防裝置、防護罩等安全裝置。

   C 消除危害：使用自動化機台進行裁切、鑽孔。

   D 使用個人防護具：鋼板裁切 - 防切割手套，鑽孔—規定勞工不可戴手套。

   E 行政管理控制：作業人員接受教育訓練；遵行 SOP 作業。

五、一碳氫混合氣體，其組成與其體積百分比分別為乙烷 (C_2H_6)80%、丙烷 (C_3H_8)10%、丁烷 (C_4H_{10})10%，燃燒過程中空氣之氧氣體積百分比為 21%，請依題意回答下列問題：

(一) 列出完全燃燒之化學平衡方程式並計算乙烷、丙烷、丁烷個別氣體之理論混合比 (C_{st})。(9 分)

(二) 計算乙烷、丙烷、丁烷個別氣體之爆炸下限 (LEL)。(6 分)

(三) 依勒沙特 (Le Chatelier) 定律，計算該混合氣體之爆炸下限 (LEL)。(5 分)

參考公式：

碳氫氣體完全燃燒之化學平衡方程式：

$$C_xH_y + \frac{4x+y}{4}O_2 \rightarrow xCO_2 + \frac{y}{2}H_2O$$

$$LEL(爆炸下限) = 0.55C_{st}(理論混合比)$$

答 (一) 乙烷 (C_2H_6)　　$C_2H_6 + 3.5O_2 \rightarrow 2CO_2 + 3H_2O$

$$\Rightarrow C_{st} = \frac{1}{1 + \frac{3.5}{0.21}} = 5.66\%$$

丙烷 (C_3H_8)　　$C_3H_8 + 5O_2 \rightarrow 3CO_2 + 4H_2O$

$$\Rightarrow C_{st} = \frac{1}{1 + \frac{5}{0.21}} = 4.03\%$$

丁烷 (C_4H_{10})　　$C_4H_{10} + 6.5O_2 \rightarrow 4CO_2 + 5H_2O$

$$\Rightarrow C_{st} = \frac{1}{1 + \frac{6.5}{0.21}} = 3.13\%$$

(二) 乙烷 (C_2H_6) 之爆炸下限：$LEL = 0.55 \times 5.7\% = 3.11\%$

丙烷 (C_3H_8) 之爆炸下限：$LEL = 0.55 \times 4\% = 2.22\%$

丁烷 (C_4H_{10}) 之爆炸下限：$LEL = 0.55 \times 3.1\% = 1.72\%$

(三) 混合氣體之爆炸下限 $= \dfrac{100}{\dfrac{80}{3.11} + \dfrac{10}{2.21} + \dfrac{10}{1.72}} = 2.77\%$

第 79 次
職業安全管理甲級技術士技能檢定
術科參考題解

105.11.06

一、依職業安全衛生法規定，工作場所有立即發生危險之虞時，雇主或工作場所負責人應即令停止作業，並使勞工退避至安全場所。該規定所稱有立即發生危險之虞時，係指何種情形，試列舉 5 項。(20 分)

答 依職業安全衛生法施行細則，有立即發生危險之虞時，指勞工處於需採取緊急應變或立即避難之下列情形之一：

1. 自設備洩漏大量危害性化學品，致有發生爆炸、火災或中毒等危險之虞時。

2. 從事河川工程、河堤、海堤或圍堰等作業，因強風、大雨或地震，致有發生危險之虞時。

3. 從事隧道等營建工程或管溝、沉箱、沉筒、井筒等之開挖作業，因落磐、出水、崩塌或流砂侵入等，致有發生危險之虞時。

4. 於作業場所有易燃液體之蒸氣或可燃性氣體滯留，達爆炸下限值之百分之三十以上，致有發生爆炸、火災危險之虞時。

5. 於儲槽等內部或通風不充分之室內作業場所，致有發生中毒或窒息危險之虞時。

6. 從事缺氧危險作業，致有發生缺氧危險之虞時。

7. 於高度 2 公尺以上作業，未設置防墜設施及未使勞工使用適當之個人防護具，致有發生墜落危險之虞時。

8. 於道路或鄰接道路從事作業，未採取管制措施及未設置安全防護設施，致有發生危險之虞時。

二、為防止強風吹襲施工架造成倒塌危害，試依營造安全衛生設施標準規定說明下列事項：

(一) 施工架之設計、查驗有何規定？(8分)

(二) 鋼管施工架之設置有何規定？(12分)

答 (一)

1. 事先就預期施工時之最大荷重，依結構力學原理妥為設計，置備施工圖說，並指派所僱之專任工程人員簽章確認強度計算書及施工圖說。但依營建法規等不須設置專任工程人員者，得由雇主指派具專業技術及經驗之人員為之。

2. 建立按施工圖說施作之查驗機制。

3. 設計、施工圖說、簽章確認紀錄及查驗等相關資料，於未完成拆除前，應妥存備查。有變更設計時，其強度計算書及施工圖說應重新製作，並依前述規定辦理。

(二) 依營造安全衛生設施標準第59條：雇主對於鋼管施工架之設置，應依下列規定辦理：

1. 使用國家標準 CNS 4750 型式之施工架，應符合國家標準同等以上之規定；其他型式之施工架，其構材之材料抗拉強度、試驗強度及製造，應符合國家標準 CNS 4750 同等以上之規定。

2. 前款設置之施工架，於提供使用前應確認符合規定，並於明顯易見之處明確標示。

3. 裝有腳輪之移動式施工架，勞工作業時，其腳部應以有效方法固定之；勞工於其上作業時，不得移動施工架。

4. 構件之連接部分或交叉部分，應以適當之金屬附屬配件確實連接固定，並以適當之斜撐材補強。

5. 屬於直柱式施工架或懸臂式施工架者，應依下列規定設置與建築物連接之壁連座連接：

(1) 間距應小於下表所列之值為原則。

鋼管施工架之種類	間距 (單位：公尺)	
	垂直方向	水平方向
單管施工架	5	5.5
框式施工架 (高度未滿五公尺者除外)	9	8

(2) 應以鋼管或原木等使該施工架構築堅固。

(3) 以抗拉材料與抗壓材料合構者，抗壓材與抗拉材之間距應在一公尺以下。

6. 接近高架線路設置施工架，應先移設高架線路或裝設絕緣用防護裝備或警告標示等措施，以防止高架線路與施工架接觸。

7. 使用伸縮桿件及調整桿時，應將其埋入原桿件足夠深度，以維持穩固，並將插銷鎖固。

8. 選用於中央主管機關指定資訊網站揭示，符合安全標準且張貼有安全標示之鋼管施工架。

三、「員工參與」是職業安全衛生管理系統的基本要素之一，雇主應安排員工及其代表有時間和資源積極參與職業安全衛生管理系統的組織設計、規劃與實施、評估和改善措施等過程。假設您是事業單位的職業安全管理師，試回答下列問題：

(一) 依職業安全衛生管理辦法規定，事業單位設置之職業安全衛生委員會，勞工代表應占委員人數多少比例以上？(2 分)

(二) 列舉 5 項職業安全衛生委員會辦理事項。(10 分)

(三) 列舉 4 項可使勞工參與職業安全衛生之事務。(8 分)

答 (一) 勞工代表應佔委員人數三分之一以上

(二) 委員會應每三個月至少開會一次，辦理下列事項：

1. 對雇主擬訂之職業安全衛生政策提出建議。

2. 協調、建議職業安全衛生管理計畫。

3. 審議安全、衛生教育訓練實施計畫。

4. 審議作業環境監測計畫、監測結果及採行措施。

5. 審議健康管理、職業病預防及健康促進事項。

6. 審議各項安全衛生提案。

7. 審議事業單位自動檢查及安全衛生稽核事項。

8. 審議機械、設備或原料、材料危害之預防措施。

9. 審議職業災害調查報告。

10. 考核現場安全衛生管理績效。

11. 審議承攬業務安全衛生管理事項。

12. 其他有關職業安全衛生管理事項。

(三)

1. 參與安全衛生工作守則之訂定

2. 參與安全衛生委員會

3. 參與作業環境監測之實施

4. 擬訂安全衛生作業標準

5. 實施機械設備之自動檢查

6. 實施職業災害調查、分析

7. 安全衛生提案

四、請回答靜電危害之相關問題：

(一)靜電形成之原因為何？(4分)

(二)靜電造成之危害種類？(4分)

(三)請列出4個防止靜電危害措施並簡要說明之。(12分)

答 (一)

1. 氣體、液體、粉體之輸送噴出工程。

2. 液體之混合、攪拌、過濾工程。

3. 固體之粉碎工程。

4. 粉體之混合、篩濾工程。

5. 管路內液體之流動工程。

(二)

1. 靜電電擊。　　　　　2. 火災及爆炸。

3. 產品品質不良。　　　4. 絕緣設備破壞等影響。

(三)

1. 接地及搭接

   減少金屬物體之間以及物體和大地之間的電位差，使其電位相同，不致產生火花放電的現象。

2. 增加濕度

   採用加濕器、地面撒水、水蒸氣噴出等方法，維持環境中相對濕度約 65%，可有效減低親水性物質的靜電危害產生。

3. 使用抗靜電材料

在絕緣材料的表面塗佈抗靜電物質 (如碳粉、抗靜電劑等)
、在絕緣材料製造過程中加入導電或抗靜電物質 (如碳粉、金
屬、抗靜電劑、導電性纖維等)。

4. 使用靜電消除器

利用高壓電將空氣電離產生帶電離子，由於異性電荷會互相
吸引而中和，可使帶靜電物體的電荷被中和，達成電荷蓄積
程度至最低，因此不會發生危害的靜電放電。

5. 降低或限制速度

若易燃性液體中未含有不相容物，則液體流速應限制小於
7m/s，在一般的工業製程中都能依據此原則進行製程設計與
生產操作。

五、動力衝剪機械廣泛應用於金屬加工製造業，若未提供適當之安全裝置，易對
操作者造成傷害，請依職業安全衛生設施規則與機械設備器具安全標準回答
下列問題：

(一) 雇主對勞工從事動力衝剪機械金屬模之安裝、拆模、調整及試模時，
為防止滑塊等突降之危害，列出雇主應確實提供之安全裝置種類。(6
分)

(二) 除雙手操作式安全裝置外，請列出衝剪機械應具備之安全裝置種類並
簡要說明之。(9 分)

(三) 若一動力衝剪機械採用雙手啟動式安全裝置，其離合器之嚙合處數目
為 20，曲柄軸旋轉一周所需時間為 500 毫秒，請計算該安全裝置所需
之最小安全距離為多少毫米？

答 (一) 安全塊、安全插銷或安全開關鎖匙

(二)

1. 連鎖防護式安全裝置：滑塊等在閉合動作中，能使身體之一
部無介入危險界限之虞。

2. 感應式安全裝置：滑塊等在閉合動作中，遇身體之一部接近
危險界限時，能使滑塊等停止動作。

3. 拉開式或掃除式安全裝置：滑塊等在閉合動作中，遇身體之
一部介入危險界限時，能隨滑塊等之動作使其脫離危險界限。

（三） $D = 1.6T_m$

式中 D：安全距離，以毫米 (mm) 表示。

T_m：手指離開操作部至滑塊等抵達下死點之最大時間，以毫秒表示，並以下列公式計算：

$T_m = (1/2 + 1/$ 離合器之嚙合處之數目 $) \times$

曲柄軸旋轉一周所需時間 (ms)

$$T_m = (\frac{1}{2} + \frac{1}{20}) \times 500 = 275 \text{ ms}$$

$D = 1.6 \times 275 = 440 \text{ mm}$

第 80 次

職業安全管理甲級技術士技能檢定

術科參考題解

106.03.19

一、請就職業安全衛生法有關職業安全衛生管理措施之規定，回答下列問題：

（一）

  1. 依職業安全衛生法規定，雇主應依其事業單位之規模、性質，訂定何種計畫？(1 分)

  2. 勞工人數在三十人以下之事業單位，得以何作為代替前述計畫？(1 分)

  3. 勞工人數在一百人以上之事業單位，應另訂定何種規章？(1 分)

（二）

  1. 事業單位達何種規模或何種工作場所，應建置適合該事業單位之職業安全衛生管理系統？(8 分)

  2. 前述管理系統應包括那些安全衛生事項？(5 分)

（三）建置前項管理系統之事業單位在引進或修改製程、契約規範與履約要件、事業交付承攬且參與共同作業及事業潛在風險之緊急狀況預防等情形下，應分別採行何種管理或計畫？(4 分)

  🖉（一）

    1. 雇主應依其事業單位之規模、性質，訂定職業安全衛生管理計畫；並設置安全衛生組織、人員，實施安全衛生管理及自動檢查。

    2. 勞工人數在三十人以下之事業單位，得以安全衛生管理執行紀錄或文件代替職業安全衛生管理計畫。

    3. 勞工人數在一百人以上之事業單位，應另訂定職業安全衛生管理規章。

(二)

　　1. 下列事業單位，應參照中央主管機關所定之職業安全衛生管理系統指引，建置適合該事業單位之職業安全衛生管理系統：

　　(1) 第一類事業勞工人數在二百人以上者。

　　(2) 第二類事業勞工人數在五百人以上者。

　　(3) 有從事石油裂解之石化工業工作場所者。

　　(4) 有從事製造、處置或使用危害性之化學品，數量達中央主管機關規定量以上之工作場所者。

　　2. 前項管理系統應包括下列安全衛生事項：

　　(1) 政策。　　　　　(2) 組織設計。

　　(3) 規劃與實施。　　(4) 評估。

　　(5) 改善措施。

(三)

　　1. 引進或修改製程：實施變更管理

　　2. 契約規範與履約要件：實施採購管理

　　3. 事業交付承攬且參與共同作業：實施承攬管理並訂定承攬管理計畫

　　4. 事業潛在風險之緊急狀況預防：訂定緊急應變計畫，並定期實施演練

二、請依職業安全衛生法及其施行細則之規定，回答下列問題：

(一)

　　1. 所稱勞動場所，包括那些場所？(3分)

　　2. 所稱工作場所為何？(2分)

(二)事業單位工作場所發生職業災害，雇主應採取何措施及作為？(4分)

(三)事業單位勞動場所發生何種職業災害，雇主應於八小時內通報勞動檢查機構？(8分)

(四)發生前項災害，雇主對於災害現場不得採取何種作為？(2分)

(五)前項所稱雇主為何人？(1分)

　　答(一)

　　　　1. 所稱勞動場所，包括下列場所：

(1) 於勞動契約存續中，由雇主所提示，使勞工履行契約提供勞務之場所。

(2) 自營作業者實際從事勞動之場所。

(3) 其他受工作場所負責人指揮或監督從事勞動之人員，實際從事勞動之場所。

2. 所稱工作場所，指勞動場所中，接受雇主或代理雇主指示處理有關勞工事務之人所能支配、管理之場所。

(二) 事業單位工作場所發生職業災害，雇主應即採取必要之急救、搶救等措施，並會同勞工代表實施調查、分析及作成紀錄。

(三) 事業單位勞動場所發生下列職業災害之一者，雇主應於八小時內通報勞動檢查機構：

(1) 發生死亡災害。

(2) 發生災害之罹災人數在三人以上。

(3) 發生災害之罹災人數在一人以上，且需住院治療。

(4) 其他經中央主管機關指定公告之災害。

(四) 事業單位發生前項災害，除必要之急救、搶救外，雇主非經司法機關或勞動檢查機構許可，不得移動或破壞現場。

(五) 雇主：指事業主或事業之經營負責人。

三、請依營造安全衛生設施標準規定說明下列事項：

(一) 露天開挖及露天開挖作業之定義？(4 分)

(二) 從事露天開挖作業，為防止崩塌災害，應事前依地質調查結果擬訂開挖計畫，其內容應包括那些事項？(6 分)

(三) 為防止模板倒塌災害，於未完成模板支撐拆除前，應妥存備查之資料有那些？(10 分)

答 (一) 露天開挖：指於露天場所採人工或機械實施土、砂、岩石等之開挖，包括土木構造物、建築物之基礎開挖、地下埋設物之管溝開挖及整地等。

露天開挖作業：指露天開挖與開挖區及其鄰近處所相關之作業，包括測量、鋼筋組立、模板組拆、灌漿、管道及管路設置、擋土支撐組拆及搬運作業等。

(二) 內容應包括開挖方法、順序、進度、使用機械種類、降低水位、穩定地層方法及土壓觀測系統等。

(三) 雇主對於模板支撐之構築,應繪製施工圖說、訂定混凝土澆置計畫,建立按施工圖說施作之查驗機制;設計、施工圖說、查驗等相關資料應簽章確認紀錄,於模板支撐未拆除前,應妥存備查。

四、試回答下列有關堆高機安全問題:

(一) 職場中跟堆高機有關之職業災害類型,可分為:被撞 (人員被堆高機撞擊)、墜落或滾落 (人員自堆高機墜落或滾落) 倒崩塌 (堆高機造成物件倒崩塌)、翻覆 (堆高機翻覆) 及被捲被夾 (人員遭受堆高機夾壓) 等 5 種災害類型。簡述前述 5 種堆高機職業災害類型之發生原因。(15 分)

(二) 簡要列舉 5 項堆高機在行進間,勞工應注意之安全事項。(5 分)

災害類型	災害發生原因	預防對策
被撞	1. 因貨物堆積過高視野不良。 2. 行駛、倒車或迴轉速度快。 3. 倒車或行駛時未使用警示裝置、方向燈、前照燈、後照燈或其他訊號。 4. 行走或騎車勞工未注意堆高機之動向。 5. 工作環境如轉彎處、出入口、照明不足、噪音、下雨等。 6. 操作人員離開駕駛座時未將鑰匙,或未將原動機熄火制動。	1. 在通道交叉口及視線不良的地方,應減速並按鳴喇叭。 2. 盡可能使堆高機行進路線與現場勞工分離。
墜落、滾落	1. 高處作業時未設置工作台,亦未使用安全帶等防護具。 2. 使用堆高機之貨叉、棧板或其他物體將勞工托高,使其從事高處作業,因重心不穩而墜落於地面。	1. 人員不得藉由站立在堆高機貨叉上,上下移動位置。
倒塌、崩塌	1. 物料搬運方法不適當。 2. 貨物堆積過高重心不穩。 3. 行駛時將桅桿傾斜。 4. 協助搬運人員站在搬運物旁用手穩定搬運物。等,致搬運物倒塌壓到旁邊協助搬運人員或附近作業人員。 5. 堆高機撞擊工作場所中附近堆積之物料,致物料倒塌掉落,傷及附近作業人員。	1. 維修及保養載貨平台、通道、及其他作業表面之破裂、毀壞邊緣及其他損傷。 2. 正確搬運物料:不逞快、不過份堆高、較重物應擺於下方,必要時可以束帶、膠膜固定。
翻覆	1. 堆高機行駛時,因倒車或迴轉速度過快。 2. 上下坡、地面不平、地面濕滑或鬆軟。 3. 貨叉升舉過高或搬運物過重,重心不穩,造成堆高機翻覆而壓傷操作人員。	1. 在情況許可下,應繫上車用安全帶。 2. 當堆高機翻覆時,不要跳出車外,緊握車內並向車身翻覆的反方向傾斜。
被捲、被夾	1. 維修或保養時,被夾壓於堆高機之貨叉、桅桿或輪胎間。 2. 操作勞工要調整堆高機貨叉上之搬運物,未先將堆高機熄火或下車到堆高機前方調整,卻直接站在駕駛台前儀表板旁之車架處調整,當回駕駛座時,不慎誤觸桅桿操作桿,致桅桿後傾,造成頭部或胸部被夾於桅桿與頂棚間。	1. 堆高機行進間及啟動時皆不得以人身穿越後扶架調整軌桿及物料,避免發生危害。 2. 規定調整貨叉之上積載物,需熄火、下車。

五、下表為混合可燃性氣體之組成百分比與其組成三種可燃性氣體之爆炸界限，
　　請回答下列問題：

　　(一) 計算表中三種可燃性氣體之危險指數，並由計算結果排列該三種可燃
　　　　　性氣體之危險性。(10 分)

　　(二) 由該混合可燃性氣體之組成百分比，以勒沙特列定律 (Le Chatelier's
　　　　　Equation) 計算混合氣體之爆炸下限與爆炸上限。(10 分)

可燃性氣體種類	爆炸界限 (%)	組成百分比 (%)
A	1.8 ～ 8.4	45
B	1.0 ～ 7.1	10
C	3.0 ～ 12.4	45

　　🖎 (一) 危險指數 = (爆炸上限 – 爆炸下限)/ 爆炸下限

　　　　　　A：$(8.4 - 1.8)/1.8 = 3.67$

　　　　　　B：$(7.1 - 1.0)/1.0 = 6.1$

　　　　　　C：$(12.4 - 3.0)/3.0 = 3.13$

　　　　　　危險性：B > A > C

　　　(二) LEL = $100\% /(45/1.8 + 10/1.0 + 45/3) = 2\%$

　　　　　　UEL = $100\% /(45/8.4 + 10/1.7 + 45/12.4) = 6.73\%$

第 81 次
職業安全管理甲級技術士技能檢定
術科參考題解

106.07.16

一、因應防汛期來臨,請依營造安全衛生設施標準規定說明下列事項:

(一) 於有發生水位暴漲或土石流之地區作業,應選任專責警戒人員,辦理那些事項? (8分)

(二) 於鄰近河川等水域場所作業,為防止勞工落水災害,應置備那些逃生、救援器材? (6分)

(三) 於有遭受溺水或土石流淹沒危險之地區中作業,應依作業環境、河川特性擬訂緊急應變計畫,其內容應包括那些事項? (6分)

答 (一) 依「營造安全衛生設施標準」之規定,雇主使勞工於有發生水位暴漲或土石流之地區作業者,應選任專責警戒人員避免該區作業人員因水位暴漲或土石流之危害。專責警戒人員,辦理下列事項:

1. 隨時與河川管理當局或相關機關連絡,了解該地區及上游降雨量。

2. 監視作業地點上游河川水位或土石流狀況。

3. 獲知上游河川水位暴漲或土石流時,應即通知作業勞工迅即撤離。

4. 發覺作業勞工不及撤離時,應即啟動緊急應變體系,展開救援行動。

(二) 依「營造安全衛生設施標準」之規定,雇主使勞工鄰近溝渠、水道、埤池、水庫、河川、湖潭、港灣、堤堰、海岸或其他水域場所作業,致勞工有落水之虞者,應依下列規定辦理:

1. 設置防止勞工落水之設施或使勞工著用救生衣。

2. 於作業場所或其附近設置下列救生設備:

(1) 依水域危險性及勞工人數,備置足敷使用之動力救生船、救生艇、輕艇或救生筏;每艘船筏應配備長度15公尺,直徑9.5毫米之聚丙烯纖維繩索,且其上掛繫與最大可救援人數相同數量之救生圈、船漿及救生衣。

(2) 有湍流、潮流之情況，應預先架設延伸過水面且位於作業場所上方之繩索，其上掛繫可支持拉住落水者之救生圈。

(3) 可通知相關人員參與救援行動之警報系統或電訊連絡設備。

(三) 於有遭受溺水或土石流淹沒危險之地區中作業，依作業環境、河川特性擬訂緊急應變計畫，內容應包括通報系統、撤離程序、救援程序，並訓練勞工使用各種逃生、救援器材。

二、請回答下列職業安全衛生管理系統之相關問題：

(一) 職業安全衛生管理系統模式，除了職業安全衛生政策外，其餘 4 要素為何？(4 分)

(一) 列出防止與有害物接觸危害的 3 項工程控制、3 項行政管理之措施。(6 分)

(一) 參與及諮商是職業安全衛生管理系統的重要元素，列舉 5 項員工參與及諮商的方式。(10 分)

答 (一) 依「台灣職業安全衛生管理系統指引」，管理系統應包括下列安全衛生事項：

1. 政策。　　　　　　　2. 組織設計。

3. 規劃與實施。　　　　4. 評估。

5. 改善措施。

(二) 工程控制：使用無毒或低毒性物質，來替代高毒性或劇毒物質；安裝通風系統；修改設計以消除危害；連鎖裝置及完善的隔離裝置等；

行政管理：安全程序、設備檢查、進出管控，警告標語、教育訓練、作業環境監測、個人防護具。

(三) 依「臺灣職業安全衛生管理系統驗證規範」，員工以下列方式參與：

1. 在危害鑑別、風險評估及決定控制措施過程中適當的參與；

2. 在事件調查中適當的參與；

3. 參與安全衛生政策與目標之建立與審查；

4. 在有任何變更會影響其安全衛生之情況時被諮詢；

5. 代表安全衛生相關事務。

員工應被通知有關他們在參與方面之安排，包括誰是他們在安全衛生事務方面之代表。

三、依危險性工作場所審查及檢查辦法規定，請回答下列問題：

(一) 事業單位丁類工作場所使勞工作業 30 日前應向當地勞動檢查機構申請審查，試列舉 5 類應申請審查之營造工程。(10 分)

(二) 事業單位丙類工作場所使勞工作業 45 日前應向當地勞動檢查機構申請審查及檢查，試列舉 2 類應申請審查之場所。(4 分)

(三) 事業單位向檢查機構分別申請審查甲類工作場所、申請審查及檢查乙類工作場所與審查及檢查丙類工作場所，除填具申請書外，並應檢附那些資料？ (5 分)

(四) 事業單位對經檢查機構審查合格之丁類工作場所，於何種變更情形下應就變更部分重新評估後，就評估之危害，採取必要之預防措施，更新施工計畫書及施工安全評估報告書，並記錄之？ (1 分)

  🈺 (一) 丁類：係指下列之營造工程 (注意與現行規定存有所不同)：

    1. 建築物高度在 50 公尺以上之建築工程。

    2. 橋墩中心與橋墩中心之距離在 50 公尺以上之橋樑工程。

    3. 採用壓氣施工作業之工程。

    4. 長度 1,000 公尺以上或需開挖 15 公尺以上之豎坑之隧道工程。

    5. 開挖深度達 15 公尺以上或地下室為 4 層樓以上，且開挖面積達 500 平方公尺之工程。

    6. 工程中模板支撐高度 7 公尺以上、面積達 100 平方公尺以上且佔該層模板支撐面積百分之六十以上者。

  (二) 丙類：係指蒸汽鍋爐之傳熱面積在 500 平方公尺以上，或高壓氣體類壓力容器一日之冷凍能力在 150 公噸以上或處理能力符合左列規定之一者：

    1. 一千立方公尺以上之氧氣、有毒性及可燃性高壓氣體。

    2. 五千立方公尺以上之前款以外之高壓氣體。

  (三) 事業單位向檢查機構申請審查甲類工作場所，應填具申請書，並檢附下列資料各三份：

    1. 安全衛生管理基本資料。   2. 製程安全評估報告書。

    3. 製程修改安全計畫。   4. 緊急應變計畫。

    5. 稽核管理計畫。

(四) 依「危險性工作場所審查及檢查辦法」之規定：

事業單位對經審查合格之工作場所，於施工過程中變更主要分項工程施工方法時，應就變更部分重新評估後，就評估之危害，採取必要之預防措施，更新施工計畫書及施工安全評估報告書，並記錄之。

四、

(一) 假設某液化石油氣分裝場所，其液化石油氣之組成為乙烷 20%(C_2H_6， LEL = 3.0%，UEL = 12.5%)；丙烷 40%(C_3H_8，LEL = 2.2%，UEL = 9.5%)；丁烷 40%(C_4H_{10}，LEL = 1.8%，UEL = 8.4%)，請依勒沙特列 (Le Chatelier) 定律估算此液化石油氣之爆炸上限與爆炸下限。(請列出計算式，並計算至小數點以下第 1 位，10 分)

(二) 依職業安全衛生設施規則規定，該場所依危險特性應採取之火災爆炸預防措施為何？ (10 分)

答 (一) 依勒沙特列 (Le Chatelier) 定律估算此液化石油氣之爆炸範圍：

爆炸下限：

$LEL = 100/[(V_1/LEL_1) + (V_2/LEL_2) + (V_3/LEL_3)]$

$= 100/[(20/3.0) + (40/2.2) + (40/1.8)]$

$= 2.1\%$

爆炸上限：

$UEL = 100/[(V_1/UEL_1) + (V_2/UEL_2) + (V_3/UEL_3)]$

$= 100/[(20/12.5) + (40/9.5) + (40/8.4)]$

$= 9.5\%$

(二) 依「職業安全衛生設施規則」第 177 條規定，雇主對於作業場所有易燃液體之蒸氣、可燃性氣體或爆燃性粉塵以外之可燃性粉塵滯留，而有爆炸、火災之虞者，應依危險特性採取通風、換氣、除塵等措施外，並依下列規定辦理：

1. 指定專人對於前述蒸氣、氣體之濃度，於作業前測定之。

2. 蒸氣或氣體之濃度達爆炸下限值之百分之三十以上時，應即刻使勞工退避至安全場所，並停止使用煙火及其他為點火源之虞之機具，並應加強通風。

3. 使用之電氣機械、器具或設備，應具有適合於設置場所危險區域劃分使用之防爆性能構造。

另依第 188 條規定，雇主對於存有易燃液體之蒸氣、可燃性氣體或可燃性粉塵，致有引起爆炸、火災之虞之工作場所，應有通風、換氣、除塵、去除靜電等必要設施。

雇主依前項規定所採設施，不得裝置或使用有發生明火、電弧、火花及其他可能引起爆炸、火災危險之機械、器具或設備。

五、請回答下列問題：

(一) 如發生頂端事件 K 之布林方程式為 K = B + CD，其中 B、C、D 為基本事件，請繪製該布林方程式之失誤樹圖。(10 分)

(二) 請列出計算式並計算下列失誤樹圖之頂端事件 K 之失誤機率值，基本事件 B、C、D 的失誤率分別為 $\lambda_B = 1.5 \times 10^{-3}$，$\lambda_C = 4 \times 10^{-4}$，$\lambda_D = 2 \times 10^{-4}$。(10 分)

答 (一) K = B + CD 之失誤樹圖如下：

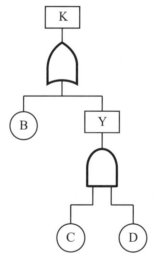

(二) $P(K) = P(B) + P(C)P(D) = 1 - [1 - P(B)][1 - P(C)P(D)]$

$= 1 - [1 - 1.5 \times 10^{-3}][1 - (4 \times 10^{-4})(2 \times 10^{-4})]$

$= 1 - [0.9985 \times 0.99999992]$

$= 1.5 \times 10^{-3}$

第 82 次

職業安全管理甲級技術士技能檢定

術科參考題解

106.11.05

一、請依職業安全衛生設施規則及營造安全衛生設施標準規定說明下列事項：

(一) 使用道路作業，有導致作業勞工因交通事故被撞之工作場所，應設置適當交通號誌、標示或柵欄，試列舉 4 項設置規定。(8 分)

(二) 使勞工從事露天開挖作業，為防止地面之崩塌及損壞地下埋設物致有危害勞工之虞，應事前就作業地點及其附近，施以鑽探、試挖或其他適當方法從事調查，依調查結果擬訂開挖計畫，其內容應包括那些事項？(4 分)

(三) 使勞工於拆除擋土支撐等構造物時，為防止物體飛落災害，試列舉 4 項應辦理事項。(8 分)

答 (一) 使用道路作業、有導致交通事故之虞之工作場所，應依下列規定設置適當交通號誌、標示或柵欄：

1. 交通號誌、標示應能使受警告者清晰獲知。

2. 交通號誌、標示或柵欄之控制處，須指定專人負責管理。

3. 新設道路或施工道路，應於通車前設置號誌、標示、柵欄、反光器、照明或燈具等設施。

4. 道路因受條件限制，永久裝置改為臨時裝置時，應於限制條件終止後即時恢復。

5. 使用於夜間之柵欄，應設有照明或反光片等設施。

6. 信號燈應樹立在道路之右側，清晰明顯處。

7. 號誌、標示或柵欄之支架應有適當強度。

8. 設置號誌、標示或柵欄等設施，尚不足以警告防止交通事故時，應置交通引導人員。

(二) 雇主僱用勞工從事露天開挖作業，為防止地面之崩塌及損壞地下埋設物致有危害勞工之虞，應事前就作業地點及其附近，施以鑽探、試挖或其他適當方法從事調查，其調查內容，應依下列規定：

　　1. 地面形狀、地層、地質、鄰近建築物及交通影響情形等。

　　2. 地面有否龜裂、地下水位狀況及地層凍結狀況等。

　　3. 有無地下埋設物及其狀況。

　　4. 地下有無高溫、危險或有害之氣體、蒸氣及其狀況。

(三) 使勞工於拆除擋土支撐等構造物時，為防止物體飛落災害，應指派擋土支撐作業主管於作業現場辦理下列事項：

　　1. 決定作業方法，指揮勞工作業。

　　2. 實施檢點，檢查材料、工具、器具等，並汰換其不良品。

　　3. 監督勞工確實使用個人防護具。

　　4. 確認安全衛生設備及措施之有效狀況。

　　5. 其他為維持作業勞工安全衛生所必要之措施。

二、依職業安全衛生法之規定，製造者或輸入者對於中央主管機關指定之機械、設備或器具，其構造、性能及防護符合安全標準者，應於中央主管機關指定之資訊申報網站登錄，並於其產製或輸入之產品明顯處張貼安全標示，以供識別。請說明目前經中央主管機關指定之機械、設備或器具為何？ (20 分)

　　🙆 經中央主管機關指定之機械、設備或器具如下：

　　1. 動力衝剪機械。

　　2. 手推刨床。

　　3. 木材加工用圓盤鋸。

　　4. 動力堆高機。

　　5. 研磨機。

　　6. 研磨輪。

　　7. 防爆電氣設備。

　　8. 動力衝剪機械之光電式安全裝置。

9. 手推刨床之刃部接觸預防裝置。

10. 木材加工用圓盤鋸之反撥預防裝置及鋸齒接觸預防裝置。

11. 其他經中央主管機關指定公告者。

三、試回答下列缺氧危險作業之相關問題：

（一）請列舉 5 項缺氧危險作業應採取措施。(10 分)

（二）請列出缺氧危險作業決定直讀式儀器監測之 3 種位置。(6 分)

（三）派工進入缺氧作業場所，應確認氧氣濃度多少百分比以上及硫化氫濃度多少 ppm 以下？ (4 分)

　答（一）雇主使勞工從事缺氧危險作業時，應採取措施如下：

1. 當日作業開始前、所有勞工離開作業場所後再次開始作業前及勞工身體或換氣裝置等有異常時，應確認該作業場所空氣中氧氣濃度、硫化氫等其他有害氣體濃度。

2. 對進出各該場所勞工，應予確認或點名登記。

3. 指派一人以上之監視人員，隨時監視作業狀況，發覺有異常時，應即與缺氧作業主管及有關人員聯繫，並採取緊急措施。

4. 對從事缺氧危險作業之勞工，應依職業安全衛生教育訓練規則規定施予必要之安全衛生教育訓練。

5. 應置備空氣呼吸器等呼吸防護具、梯子、安全帶或救生索等設備，供勞工緊急避難或救援人員使用。

（二）

1. 有發生突出侵入缺氧空氣之位置。

2. 垂直方向與水平方向各選三個以上之位置。

3. 勞工進入及可能滯留之位置。

（三）

1. 空氣中氧氣含量應在 18% 以上。

2. 硫化氫濃度應在 10 ppm 以下。

四、試回答下列問題：

(一) 執行職業安全衛生管理系統之危害鑑別與風險評估時，應將哪些項目納入考量 (請列舉 5 項)。(10 分)

(二) 簡要說明裝置漏電斷路器之目的。(4 分)

(三) 請就下列圖示簡要說明漏電斷路器之動作原理。(6 分)

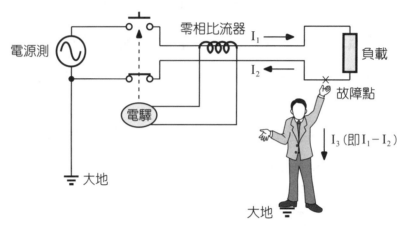

答 (一) 組織應建立、實施及維持一個或多個程序，以持續鑑別危害、評估風險及決定必要之控制措施。這些危害鑑別與風險評估之程序應考量：

1. 例行性與非例行性之活動。

2. 所有進入工作場所人員之活動 (包括承攬商與訪客)。

3. 人員行為、能力以及其他之人為因素。

4. 工作場所之外之危害，但其有可能影響組織控制下之工作場所範圍內人員之安全衛生。

5. 在組織控制下，因工作相關之活動而造成存在於工作場所周圍之危害。

6. 工作場所中，由組織或其他單位所提供之基礎設施、設備以及物料。

7. 在組織中或其活動、物料方面，所作之改變或提出之改變。

8. 安全衛生管理系統之改變，包括暫時性改變與其在操作、過程以及活動之衝擊。

9. 任何相關於風險評估與實施必要控制措施所適用之法律責任。

10. 對工作區域、過程、裝置、機械 / 設備、操作程序及工作組織之設計，包括這些設計對人員能力之適用。

(二) 雇主對於使用對地電壓在一百五十伏特以上移動式或攜帶式電動機具，或於含水或被其他導電度高之液體濕潤之潮濕場所、金屬板上或鋼架上等導電性良好場所使用移動式或攜帶式電動機具，為防止因漏電而生感電危害，應於各該電動機具之連接電路上設置適合其規格，具有高敏感度、高速型，能確實動作之防止感電用漏電斷路器。

(三)

1. 電源接往電器的兩條線路之電流量在正常時是相同的，所以 $I_1 = I_2$。

2. 當漏電時，電流從故障點傳至人體，並通往大地，該電流為 $I_3 = I_1 - I_2$。

3. 當漏電時，漏電斷路器感應 I_1 與 I_2 間不相同 (即 $I_1 \neq I_2$)，此時漏電斷路器啟動發生斷電，以防止漏電造成人體感電。

五、下表為某事業單位年度職業災害統計表，試回答下列問題：

(一) 計算該事業單位於該年度之失能傷害人數。(2 分)

(二) 列出 A、B、C、D 四位勞工之傷害損失日數。(4 分)

(三) 計算該事業單位之年度總經歷工時。(2 分)

(四) 計算該事業單位於該年度之失能傷害頻率 (F.R.)。(4 分)

(五) 計算該事業單位於該年度之失能傷害嚴重率 (S.R.)。(4 分)

(六) 計算該事業單位於該年度之失能傷害平均損失日數。(4 分)

	1月	2月	3月	4月	5月	6月	7月	8月	9月	10月	11月	12月
經歷工時	62500	55250	62000	61250	63500	61000	64500	64000	63500	52550	61550	61000
傷害情形	A 勞工		B 勞工			C 勞工				D 勞工		

A 勞工於該年 1 月 10 日手指受傷療養至同年 2 月 16 日上班；B 勞工於該年 3 月 20 日雙眼遭化學藥品噴濺，治療至同年 3 月 27 日經醫師判定為雙眼失明，無法回復視力；C 勞工於該年 6 月 10 日受傷治療至同年 7 月 11 日上班；D 勞工於該年 10 月 8 日上午受傷，經治療後並於該天恢復上班。

答 (一) 失能傷害種類：

1. 死亡。

2. 永久全失能，如雙目失明，一隻眼與一隻手或腿，不同肢的兩種手、臂、足或腿。

3. 永久部分失能，如斷一隻手或一隻腳。

4. 暫時全失能，罹災人未死亡，也未永久失能，但不能繼續正常工作，必須休息離開工作場所，如頭暈回家休息，損失時間 1 日以上。

   A 勞工、B 勞工、C 勞工為失能傷害，D 勞工於該年 10 月 8 日上午受傷，經治療後並於該天恢復上班，故不為失能傷害。

   該事業單位於該年度之失能傷害人數為 3 人。

(二) 傷害損失日數為死亡、永久全失能皆計為 6000 日

   A 勞工傷害損失日數 = (31 − 10) + (16 − 1) = 36 日

   B 勞工傷害損失日數 = 6000 日

   C 勞工傷害損失日數 = (30 − 10) + (11 − 1) = 30 日

   D 勞工傷害損失日數 = 0 日

(三) 該事業單位之年度總經歷工時

   = 62,500+55,250+62,000+61,250+63,500+ 61,000+64,500+64,000 +63,500+52,550+61,550+61,000

   = 732,600 小時

(四) 失能傷害頻率 (F.R.) = (失能傷害人數 $\times 10^6$) ÷ 總經歷工時

   (計算至小數點兩位，不四捨五入)

   該事業單位之失能傷害頻率 (F.R.) = (3×10^6) ÷ 732,600

   　　　　　　　　　　　　　　= 4.09 (人數 / 百萬小時)

(五) 失能傷害嚴重率 (S.R.) =

   (失能傷害損失日數 $\times 10^6$) ÷ 總經歷工時

   (取整數，不四捨五入)

   該事業單位之失能傷害嚴重率 (S.R.)

   = [(36 + 6,000 + 30 + 0) $\times 10^6$] ÷ 732,600 = 8,280 (日數 / 百萬小時)

(六) 失能傷害平均損失日數 = 損失日數 / 失能傷害人數 = SR/FR

該事業單位之失能傷害平均損失日數 = 8,280/4.09

$$= 2,024 \text{（日／人）}$$

附錄二

第 83 次

職業安全管理甲級技術士技能檢定

術科參考題解

107.03.18

一、請回答以下問題：

(一) 使用攜帶式或移動式電動機具時，有哪些情事為勞動檢查法第 28 條所定有立即發生感電之虞？ (5 分)

(二) 使用交流電焊機作業時，有哪些情事為勞動檢查法第 28 條所定有立即發生感電之虞？ (5 分)

(三) 使用交流電焊機作業依規定所設置自動電擊防止裝置，其功能請簡述之。(7 分)

(四) 依國家標準 CNS4782，自動電擊防止裝置延遲時間 (delaytime)(使焊接電源於無負載電壓發生到切換至安全電壓為止之時間) 之規定區間為何？ (3 分)

答 (一) 依據『勞動檢查第 28 條所定勞工有立即發生危險之虞認定標準』第 4 條第 2 款規定，使用攜帶式或移動式電動機具時，有立即發生感電之虞之情事如下列：

1. 使用對地電壓在 150 伏特以上移動式或攜帶式電動機具。

2. 於含水或被其他導電度高之液體濕潤之潮濕場所。

3. 金屬板上或鋼架上等導電性良好場所。

(二) 依據『勞動檢查第 28 條所定勞工有立即發生危險之虞認定標準』第 4 條第 3 款規定，使用交流電焊機作業時，有立即發生感電之虞之情事如下列：

1. 於良導體機器設備內之狹小空間。

2. 於鋼架等有觸及高導電性接地物之虞之場所。

3. 作業時所使用之交流電焊機 (不含自動式焊接者)，未裝設自動電擊防止裝置。

（三）自動電擊防止裝置原理是利用一輔助變壓器輸出安全低電壓，在沒有進行銲接時取代電銲機變壓器之輸出電壓。偵測是否正進行銲接之工作是由電流或電壓檢測單元，將所獲得之信號送至自動電擊防止裝置之控制電路，再由控制電路決定開關之切換，使電銲機輸出側輸出適量之電壓。

（四）依據 CNS4782 交流電弧電銲用自動電擊防止裝置載明裝設電壓指示表，安全電壓不應大於 25V，延遲時間應在 1．0±0．3　秒以內。

二、請依危險性工作場所審查及檢查辦法與營造安全衛生設施標準規定說明下列事項：

（一）依勞動檢查法第 26 條規定訂定之丁類危險性工作場所，請列舉 5 項。（10 分）

（二）申請審查丁類工作場所，需檢附施工計畫書及施工安全評估報告書，有關施工安全評估報告書內容，應包括哪些分析表及評估表？（5 分）

（三）為防止模板倒塌災害，雇主對於模板支撐支柱之基礎，應依土質狀況，辦理哪些事項，請列舉 5 項。（5 分）

答（一）依「危險性工作場所審查及檢查辦法」第 2 條規定，丁類工作場所係指下列之營造工程：

1. 建築物高度在 80 公尺以上之建築工程。

2. 單跨橋梁之橋墩跨距在 75 公尺以上或多跨橋梁之橋墩跨距在 50 公尺以上之橋梁工程。

3. 採用壓氣施工作業之工程。

4. 長度 1,000 公尺以上或需開挖 15 公尺以上之豎坑之隧道工程。

5. 開挖深度達 18 公尺以上，且開挖面積達 500 平方公尺之工程。

6. 工程中模板支撐高度 7 公尺以上、面積達 330 平方公尺以上者。

（二）依「危險性工作場所審查及檢查辦法」第 17 條規定，施工安全評估報告書內容，應包括之分析表及評估表如下列：

1. 初步危害分析表。　　2. 主要作業程序分析表。

3. 施工災害初步分析表。　4. 基本事項檢討評估表。

5. 特有災害評估表。

(三) 依據「營造安全衛生設施標準」第 132 條規定，雇主對於模板支撐支柱之基礎，應依土質狀況，依下列規定辦理：

1. 挖除表土及軟弱土層。　2. 回填爐石渣或礫石。

3. 整平並滾壓夯實。　　　4. 鋪築混凝土層。

5. 鋪設足夠強度之覆工板。

6. 注意場撐基地週邊之排水，豪大雨後，排水應宣洩流暢，不得積水。

7. 農田路段或軟弱地盤應加強改善，並強化支柱下之土壤承載力。

三、對於高壓氣體容器之安全防護，試依職業安全衛生設施規則規定，回答下列問題：

(一) 請列舉 5 項使用時應遵守事項。(10 分)

(二) 請列舉 5 項搬運時應遵守事項。(10 分)

🏅 (一) 依『職業安全衛生設施規則』第 106 條雇主對於高壓氣體容器，不論盛裝或空容器，使用時，應依下列規定辦理：

1. 確知容器之用途無誤者，方得使用。

2. 高壓氣體容器應標明所裝氣體之品名，不得任意灌裝或轉裝。

3. 容器外表顏色，不得擅自變更或擦掉。

4. 容器使用時應加固定。

5. 容器搬動不得粗莽或使之衝擊。

6. 焊接時不得在容器上試焊。

7. 容器應妥善管理、整理。

(二) 依『職業安全衛生設施規則』第 107 條雇主對於高壓氣體容器，不論盛裝或空容器，搬運時，應依下列規定辦理：

1. 溫度保持在攝氏 40 度以下。

2. 場內移動儘量使用專用手推車等，務求安穩直立。

3. 以手移動容器，應確知護蓋旋緊後，方直立移動。

4. 容器吊起搬運不得直接用電磁鐵、吊鏈、繩子等直接吊運。

5. 容器裝車或卸車，應確知護蓋旋緊後才進行，卸車時必須使用緩衝板或輪胎。

6. 儘量避免與其他氣體混載，如混載時，應將容器之頭尾反方向置放或隔置相當間隔。

7. 載運可燃性氣體時，要置備滅火器；載運毒性氣體時，要置備吸收劑、中和劑、防毒面具等。

8. 盛裝容器之載運車輛，應有警戒標誌。

9. 運送中遇有漏氣，應檢查漏出部位，給予適當處理。

10. 搬運中發現溫度異常昇高時，應立即灑水冷卻，必要時並應通知原製造廠協助處理。

四、

(一) 爆炸性氣體環境出現或可能出現相當量之危險區域，依其爆炸性氣體環境發生之頻率和時間，可分為哪 3 區？並簡要說明之。(6 分)

(二) 請列出 7 項防爆電氣構造之種類，並簡要說明之。(14 分)

答 (一) 危險區域依其爆炸性氣體環境發生之頻率和期間分成 0 區、1 區及 2 區，定義如下：

1. 0 區 (Zone0)：0 區係指下列任一場所：

(1) 爆炸性氣體環境連續存在之場所。

(2) 爆炸性氣體環境長時間存在之場所。

2. 1 區 (Zone1)：1 區係指下列任一場所：

(1) 爆炸性氣體環境在正常操作時可能存在之場所。

(2) 因為修護、保養作業或洩漏而使爆炸性氣體環境經常存在之場所。

(3) 設備操作或運作中，因其特性在設備停機或錯誤操作時可能造成爆炸性氣體環境洩漏，並同時造成電氣設備之失效而成為引火源之場所。

3. 2 區 (Zone2)：2 區係指下列場所：爆炸性氣體環境在正常操作下不太可能存在，如果存在，也只存在一段短時間之場所。

(二) 防爆電氣構造之種類說明如下：

1. 耐壓防爆構造 (代號 "d")—當在容器內發生爆炸時，能耐其壓力且不會產生形變，而火焰無法穿透，故不會引起外部可燃性氣體爆炸燃燒。

2. 油中防爆構造 (代號 "o")—器殼內填入高燃絕緣油，除可有效散熱避免熱表面之形成外，亦能避免可燃物與能量直接接觸而發生危險。

3. 內壓防爆構造 (代號 "p")－全密構造，導入一較高壓氣體 (惰性氣體) 或充入新鮮空氣 (或不燃氣體)，以避免外氣溢入而形成可燃之環境。

4. 加強安全防爆構造 (代號 "e")－僅做氣密結構，無耐壓能力。只能裝置正常下不會發生危險之作業場所。

5. 本質安全防爆構造 (代號 "i")－在正常或異常狀況下，其所產生之能量都不會令周圍的危險氣體發生爆炸。如電路、低能量電氣等設計，控制其輸出、入的能量在不足以引爆 H_2 以下。

6. 充填防爆構造 (代號 "q")－殼內充填物質 (如細砂)，除可避免可然物與能量直接接觸以及阻絕熱量之傳導而發生危險以達防爆目的。

7. 模注防爆構造 (代號 "m")－殼內注入聚酯，使整體模注器的表面，不會產生火花，過熱現象，以達防爆目的。

8. 特殊防爆構造 (代號 "s")－除前面所述之種類外，配合特殊電氣組合或控制方式，而能防止外部氣體燃燒，並經試驗確認無誤者。

五、

(一) 依機械設備器具安全標準規定，衝剪機械之安全裝置應符合哪些要求？ (10 分)

(二) 某一衝剪機械之光電式安全裝置，其手指介入光電式安全裝置之感應域至快速停止機構開始動作之時間為 120 毫秒，快速停止機構開始動作至滑塊等停止之時間為 150 毫秒，連續遮光幅為 40 毫米，請回答下列問題：

(1) 何謂連續遮光幅？ (5 分)

(2) 請計算安全距離？ (5 分) 計算公式：$D = 1.6 (Tl + Ts) + C$

連續遮光幅：毫米	追加距離：毫米
30 以下	0
超過 30，35 以下	200
超過 35，45 以下	300
超過 45，50 以下	400

答 (一) 依「機械設備器具安全標準」第 7 條規定，衝剪機械之安全裝置，應符合下列規定：

  1. 具有適應各該衝剪機械之種類、衝剪能力、每分鐘行程數、行程長度及作業方法之性能。

  2. 雙手操作式安全裝置及感應式安全裝置，具有適應各該衝剪機械之停止性能。

(二) 依「機械設備器具安全標準」第 12 條規定，所謂連續遮光幅係指投光器及受光器之光軸數須具二個以上，且將遮光棒放在前款之防護高度範圍內之任意位置時，檢出機構能感應遮光棒之最小直徑。

(三) 光電式安全裝置安全距離計算如下

  $D = 1.6(Tl + Ts) + C$

  其中 D：安全距離，以毫米表示。

    Tl：手指介入光電式安全裝置之感應域至快速停止機構開始動作之時間，以毫秒表示。

    Ts：快速停止機構開始動作至滑塊等停止之時間，以毫秒表示。

    C：追加距離，以毫米表示

  ∴ $D = 1.6(120 + 150) + 300$

    $= 1.6(270) + 300$

    $= 432 + 300$

    $= 732$ 毫米

附錄二

第 84 次
職業安全管理甲級技術士技能檢定
術科參考題解

107.07.15

一、請依營造安全衛生設施標準規定，說明下列事項：

(一) 四級以上地震後，為防止構臺倒塌，使勞工於施工構臺上作業前，請列舉 5 項應確認主要構材之狀況或變化情形。(10 分)

(二) 四級以上地震後，為防止地面之崩塌或土石之飛落，使勞工從事露天開挖作業前，應採取哪些措施？(6 分)

(三) 使勞工於有遭受溺水或土石流淹沒危險之地區中作業，應依作業環境、河川特性擬定緊急應變計畫，其內容應包括哪些事項？(4 分)

答 (一) 依「營造安全衛生設施標準」第六十二條之二規定，雇主於施工構台遭遇強風、大雨等惡劣氣候或四級以上地震後或施工構台局部解體、變更後，使勞工於施工構台上作業前，應依下列規定確認主要構材狀況或變化：

1. 支柱滑動或下沈狀況。

2. 支柱、構台之樑等之損傷情形。

3. 構台覆工板之損壞或舖設狀況。

4. 支柱、支柱之水平繫材、斜撐材及構台之樑等連結部分、接觸部分及安裝部分之鬆動狀況。

5. 螺栓或鉚釘等金屬之連結器材之損傷及腐蝕狀況。

6. 支柱之水平繫材、斜撐材等補強材之安裝狀況及有無脫落。

7. 護欄等有無被拆下或脫落。

前項狀況或變化，有異常未經改善前，不得使勞工作業。

(二) 依「營造安全衛生設施標準」第六十五條規定，雇主僱用勞工從事露天開挖作業，為防止地面之崩塌及損壞地下埋設物致有危害勞工之虞，應事前就作業地點及其附近，施以鑽探、試挖或其他適當方法從事調查，其調查內容，應依下列規定：

1. 作業前、大雨或四級以上地震後，應指定專人確認作業地點及其附近之地面有無龜裂、有無湧水、土壤含水狀況、地層凍結狀況及其地層變化等情形，並採取必要之安全措施。

2. 爆破後，應指定專人檢查爆破地點及其附近有無浮石或龜裂等狀況，並採取必要之安全措施。

3. 開挖出之土石應常清理，不得堆積於開挖面之上方或與開挖面高度等值之坡肩寬度範圍內。

4. 應有勞工安全進出作業場所之措施。

5. 應設置排水設備，隨時排除地面水及地下水。

(三) 依「營造安全衛生設施標準」第十六條規定，於有遭受溺水或土石流淹沒危險之地區中作業，應依作業環境、河川特性擬定緊急應變計畫，其內容應包括下列事項：

1. 通報系統。

2. 撤離程序。

3. 救援程序。

並訓練勞工使用各種逃生、救援器材。

二、試回答下列關於緊急應變之相關問題：

(一) 事業單位項勞動檢查機構申請甲類、乙類或丙類工作場所審查或檢查時，緊急應變計畫內容須包括哪 4 項？(4 分)

(二) 請列舉 6 項應變指揮中心應具備之設備或資料。(6 分)

(三) 請列舉 5 項緊急應變計畫之檢討或修正時機。(10 分)

答 (一) 依「危險性工作場所審查及檢查辦法」附件四規定，緊急應變計畫內容須包括下列事項：

1. 緊急應變運作流程與組織。

   (1) 應變組織架構與權責。

   (2) 緊急應變控制中心位置與設施。

   (3) 緊急應變運作流程與說明。

2. 緊急應變設備之置備與外援單位之聯繫。

3. 緊急應變演練計畫與演練紀錄。

4. 緊急應變計畫之修正。

(二) 參考「緊急應變措施技術指引」，應變指揮中心應具備之設備或資料包括：

1. 緊急應變計畫書、緊急應變程序書、安全資料表。

2. 製程、公用、消防等管線儀錶圖 (P&IDs) 及緊急處理措施資料。

3. 消防設備配置圖和鄰近地區圖。

4. 內、外部參與應變之工作人員、組織、社區和特殊單位等的聯絡電話 (包含夜間) 、住址與相關資料。

5. 內部及外部連絡通訊設備 (含電話、無線電、熱線、傳真機等)。

6. 緊急照明。

7. 通訊紀錄文件和設施 (通訊紀錄表、錄音機)。

8. 內部及外部支援單位之應變器材清單。

9. 個人防護裝備和急救設備。

10. 緊急應變期間所需之食物、飲用水、住宿等措施。

(三) 參考「緊急應變措施技術指引」，緊急應變計畫之檢討或修正時機如下：

1. 緊急狀況發生後。

2. 演練檢討確認須修正時。

3. 友廠或鄰廠發生狀況時。

4. 設計、製程、設備、物料、作業、環境、組織、法令、應變器材及資源等變更時。

5. 客觀環境改變時，如人口、道路、醫院等。

6. 與廠外支援單位協調之結果。

7. 其他利害相關者之意見。

三、試就局限空間作業安全防護，回答下列問題：

(一) 雇主使勞工從事局限空間作業前，應先進行危害確認、訂定危害防止計畫及相關事項之書面程序。請列舉 3 項應訂定書面作業程序之事項。(6 分)

(二) 除局限空間作業勞工外，請列舉 2 類從事局限空間作業之相關人員類型，雇主要定期施以安全演練，以確保其安全衛生意識。(4 分)

(三) 局限空見作業應實施進入許可管制。請列舉 5 項進入許可應載明事項。(10 分)

❖ (一) 依「職業安全衛生設施規則」第 29-1 條規定，雇主使勞工從事局限空間作業前，應先進行危害確認、訂定危害防止計畫，計畫內容包括下列事項：

　　1. 局限空間內危害之確認。

　　2. 局限空間內氧氣、危險物、有害物濃度之測定。

　　3. 通風換氣實施方式。

　　4. 電能、高溫、低溫及危害物質之隔離措施及缺氧、中毒、感電、塌陷、被夾、被捲等危害防止措施。

　　5. 作業方法及安全管制作法。

　　6. 進入作業許可程序。

　　7. 提供之防護設備之檢點及維護方法。

　　8. 作業控制設施及作業安全檢點方法。

　　9. 緊急應變處置措施。

(二) 從事局限空間作業之相關人員類型如下：

　　1. 現場監視人員。

　　2. 缺氧作業主管。

(三) 依「職業安全衛生設施規則」第 29-6 條規定，雇主使勞工於有危害勞工之虞之局限空間從事作業時，其進入許可應由雇主、工作場所負責人或現場作業主管簽署後，始得使勞工進入作業。前項進入許可，應載明下列事項：

1. 作業場所。

2. 作業種類。

3. 作業時間及期限。

4. 作業場所氧氣、危害物質濃度測定結果及測定人員簽名。

5. 作業場所可能之危害。

6. 作業場所之能源隔離措施。

7. 作業人員與外部連繫之設備及方法。

8. 準備之防護設備、救援設備及使用方法。

9. 其他維護作業人員之安全措施。

10. 許可進入之人員及其簽名。

11. 現場監視人員及其簽名。

四、假如您是職業安全管理師，為協助雇主進行下列 2 種作業危害之安全防護，請分別依消除、替代、工程控制、行政管理及使用個人防護具之 5 種安全防護方法，各列舉 1 項可行方法。

(一) 防止大樓牆面施工之墜落危害。(10 分)

(二) 防止鋼板裁邊衝剪作業之切割夾捲危害。(10 分)

🈺 (一)

1. 消除：經由設計或工法之選擇，儘量使勞工於地面完成作業，減少高處作業項目。

2. 替代：經由施工程序之變更，優先施作永久構造物之上下昇降設備或防墜設施。

3. 工程控制：以施工架、高空工作車作業、張掛安全網、設置護欄。

4. 行政管理：限制作業人員進入管制區、教育訓練、設置警示線系統、作業主管之監督、指揮。

5. 個人防護具：使人員佩戴背負式安全帶及捲揚式防墜器。

（二）

1. 消除：自動進料、遙控方式作業。

2. 替代：改用機器手臂操作。

3. 工程控制：設置安全裝置，如雙手操作式、光電防護式…等。

4. 行政管理：教育訓練、訂定標準作業程序、作業主管之監督、指揮。

5. 個人防護具：戴護目鏡、穿安全鞋以及著用防止切割夾捲的個人防護具。

五、下圖所示為動力衝剪機控制迴路失效 (failure) 之串並聯電路系統，請回答下列問題：

（一）繪出該動力衝剪機控制迴路失效之失誤樹圖。(10 分)

（二）以布林代數求出失誤樹頂端事件邏輯閘組合之最小切割集合。(5 分)

（三）若 B_1、B_2 與 B_3 之失誤率分別為 1×10^{-6}、2×10^{-3}、3×10^{-3}，計算該失誤樹頂端事件之失誤機率。(5 分)

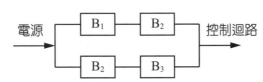

答（一）該動力衝剪機控制迴路失效之失誤樹圖如下：

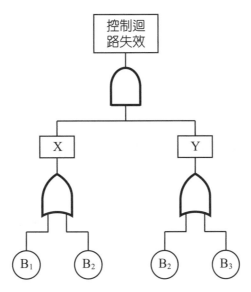

(二) 頂端事件邏輯閘組合之最小切割集合：

$$T = X \times Y = (B_1 + B_2) \times (B_2 + B_3)$$

$$= B_1B_2 + B_1B_3 + B_2B_2 + B_2B_3$$

$$= B_1B_2 + B_1B_3 + B_2 + B_2B_3$$

$$= B_1B_3 + B_2(B_1 + 1 + B_3)$$

$$= B_2 + B_1B_3$$

化簡後之失誤樹如右圖所示：

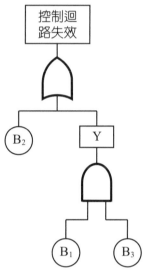

(三) 該失誤樹頂端事件之失誤機率計算過程如下：

$$B_1 = 1 \times 10^{-6}$$

$$B_2 = 2 \times 10^{-3}$$

$$B_3 = 3 \times 10^{-3}$$

$$\because T = B_2 + B_1B_3$$

$$\therefore P(T) = 1 - [(1 - 2 \times 10^{-3})(1 - 10^{-6} \times 3 \times 10^{-3})] = 2 \times 10^{-3}$$

第 85 次
職業安全管理甲級技術士技能檢定
術科參考題解

10?.0?.??

一、依職業安全衛生法有關機械設備器具源頭管理制度之規定,試回答下列問題:

（一）對於中央主管機關公告列入型式驗證之機械、設備或器具,請描述該規定如何實施管理?(9分)目前已公告列入型式驗證之機械、設備或器具為何者?(3分)

（二）對於衝剪機械、動力堆高機等,從源頭管制其構造、性能及防護確保符合安全標準,該規定之管制對象是哪些業者?(4分)符合安全標準者,應於職業安全衛生署機械設備器具安全資訊網登錄並於產品明顯處張貼安全標示,該規定之管制對象是哪些業者?(4分)

答（一）製造者或輸入者對於中央主管機關公告列入型式驗證之機械、設備或器具,非經中央主管機關認可之驗證機構實施型式驗證合格及張貼合格標章,不得產製運出廠場或輸入;對於未經型式驗證合格之產品或型式驗證逾期者,不得使用驗證合格標章或易生混淆之類似標章揭示於產品。

目前已公告列入型式驗證之機械、設備或器具為交流電焊機用自動電擊防止裝置。

（二）1. 管制對象是製造者、輸入者、供應者或雇主。

2. 管制對象是製造者或輸入者。

二、依營造安全衛生設施標準規定，試回答下列問題：

(一) 為防止崩塌災害，對於擋土支撐之構築，應繪製詳細構築圖樣及擬訂施工計畫，請列舉 6 項施工計畫之內容。(6 分)

(二) 施工構台遭遇強風、大雨等惡劣氣候或四級以上地震後，使勞工於施工構台上作業前，應確認主要構材之狀況或變化，請列舉 4 項應確認事項。(8 分)

(三) 於擋土支撐設置後開挖進行中，因大雨等致使地層有急劇變化之虞，應針對構材及支撐桿實施那些檢查？(6 分)

🈺 (一) 構築圖樣及施工計畫應包括樁或擋土壁體及其他襯板、橫檔、支撐及支柱等構材之材質、尺寸配置、安裝時期、順序、降低水位之方法及土壓觀測系統等。

(二) 依營造安全衛生設施標準第 62 條之 2 的規定，雇主於施工構台遭遇強風、大雨等惡劣氣候或四級以上地震後，使勞工於施工構台上作業前，應依下列規定確認主要構材狀況或變化：

1. 支柱滑動或下沈狀況。

2. 支柱、構台之樑等之損傷情形。

3. 構台覆工板之損壞或舖設狀況。

4. 支柱、支柱之水平繫材、斜撐材及構台之樑等連結部分、接觸部分及安裝部分之鬆動狀況。

5. 螺栓或鉚釘等金屬之連結器材之損傷及腐蝕狀況。

6. 支柱之水平繫材、斜撐材等補強材之安裝狀況及有無脫落。

7. 護欄等有無被拆下或脫落。

(三) 1. 構材之有否損傷、變形、腐蝕、移位及脫落。

2. 支撐桿之鬆緊狀況。

3. 構材之連接部分、固定部分及交叉部分之狀況。

三、全球氣候變遷下，強風、豪雨等極端氣候愈趨頻繁與嚴重，面對天然災害可能威脅，需強化各項高風險作業安全設施及應變作為，以避免發生職業災害，請依職業安全衛生設施規則及營造安全衛生設施標準等規定，回答下列問題：

(一) 遇強風、大雨等惡劣氣候需立即停止之作業為何？(8 分)

(二) 雇主使勞工於有發生水位暴漲或土石流之地區作業，除設置防止勞工落水之設施或使勞工著用救生衣及於作業場所或其附近設置救生設備外，應辦理事項為何？(12 分)

答 (一) 1. 雇主對於高度在二公尺以上之作業場所，有遇強風、大雨等惡劣氣候致勞工有墜落危險時，應使勞工停止作業。

2. 雇主使勞工從事施工架組配作業，強風、大雨、大雪等惡劣天候，實施作業預估有危險之虞時，應即停止作業。

3. 雇主於施工構台遭遇強風、大雨等惡劣氣候或四級以上地震後或施工構台局部解體、變更後，使勞工於施工構台上作業前，應依下列規定確認主要構材狀況或變化，前述狀況或變化，有異常未經改善前，不得使勞工作業。

4. 雇主於拆除構造物時，遇強風、大雨等惡劣氣候，致構造物有崩塌之虞者，應立即停止拆除作業。

(二) 雇主使勞工於有發生水位暴漲或土石流之地區作業者，除設置防止勞工落水之設施或使勞工著用救生衣外，應依下列規定辦理：

1. 建立作業連絡系統，包括無線連絡器材、連絡信號、連絡人員等。

2. 選任專責警戒人員，辦理下列事項：

(1) 隨時與河川管理當局或相關機關連絡，了解該地區及上游降雨量。

(2) 監視作業地點上游河川水位或土石流狀況。

(3) 獲知上游河川水位暴漲或土石流時，應即通知作業勞工迅即撤離。

(4) 發覺作業勞工不及撤離時，應即啟動緊急應變體系，展開救援行動。

四、設計大眾化物件之尺寸時，一般會針對該物件發揮功能之需求目的，根據人因工程設計原則，使大部分的勞工達到作業方便進行設計。試回答下列問題：

(一) 何謂極端設計？(5分)

(二) 何謂平均設計？(5分)

(三) 請根據人因工程設計原則，針對下列物件尺寸設計，就括號內勞工人體計測資料，分別應該選擇 A、B 或 C 進行設計？其中，

A：第 5 百分位 (5thpercentile) 尺寸、

B：第 50 百分位 (50th percentile) 尺寸、

C：第 95 百分位 (95th percentile) 尺寸。

(答案請以 "1A、2B..." 方式回答)(10 分)

1. 門的高度 (人的高度)

2. 辦公桌子的高度 (肘部高度)

3. 緊急停止鈕與操作員位置的距離 (手臂長度)

4. 人孔直徑 (肩膀或髖部寬度)

5. 防護柵之間隙 (手指寬度)

答 (一) 極端設計：分為極小設計與極大設計兩種。極小設計係於設計時採取第百分之五之尺寸，使比之還高大之群體均能適用。設計時若採取第百分之九十五之尺寸，使比之還矮小之群體均能適用，稱為極大設計。

(二) 平均設計：係於設計時採取第百分之五十 (即群體尺寸之平均值)之尺寸，使整個群體均能適用。

(三) 1C、2B、3A、4C、5A

五、回答與計算下列問題：

(一) 請依職業安全衛生設施規則，列出四項研磨機使用之規定。(12 分)

(二) 若研磨輪之直徑為 10 公分、轉速為 1,200 rpm，計算該研磨輪之周速度，請以公尺 / 秒之單位表示。(5 分)

(三) 試問該研磨輪之最高測試周速度應為多少？請以公尺 / 秒之單位表示。(3 分)

答 (一) 雇主對於研磨機之使用，應依下列規定：

1. 研磨輪應採用經速率試驗合格且有明確記載最高使用周速度者。

2. 規定研磨機之使用不得超過規定最高使用周速度。

3. 規定研磨輪使用，除該研磨輪為側用外，不得使用側面。

4. 規定研磨輪使用，應於每日作業開始前試轉一分鐘以上，研磨輪更換時應先檢驗有無裂痕，並在防護罩下試轉三分鐘以上。

(二) 研磨輪之直徑為 10 公分 (= 0.1 公尺)、轉速為 1,200 rpm，則該研磨輪之周速度：

$V = \pi DN = 3.14 \times 0.1 \times 1,200$

$= 376.8 (公尺 / 分)$

$= 6.3 公尺 / 秒$

(三) 研磨輪之速率試驗，應按最高使用周速度增加百分之五十為之。故該研磨輪之最高測試周速度應為：

$V = 6.3 \times 1.5$

$= 9.45 公尺 / 秒$

第 86 次
職業安全管理甲級技術士技能檢定
術科參考題解

108.03.17

一、依營造安全衛生設施標準規定,試回答下列問題:

(一)為防止墜落,雇主設置之護蓋,應依哪 6 項規定辦理? (12 分)

(二)為防止管料儲存引起之危害,雇主對於管料之儲存,應依哪 4 項規定辦理? (8 分)

答 (一)雇主設置之護蓋,應依下列規定辦理:

1. 應具有能使人員及車輛安全通過之強度。

2. 應以有效方法防止滑溜、掉落、掀出或移動。

3. 供車輛通行者,得以車輛後軸載重之二倍設計之,並不得妨礙車輛之正常通行。

4. 為柵狀構造者,柵條間隔不得大於三公分。

5. 上面不得放置機動設備或超過其設計強度之重物。

6. 臨時性開口處使用之護蓋,表面漆以黃色並書以警告訊息。

(二)雇主對於管料之儲存,應依下列規定辦理:

1. 儲存於堅固而平坦之臺架上,並預防尾端突出、伸展或滾落。

2. 依規格大小及長度分別排列,以利取用。

3. 分層疊放,每層中置一隔板,以均勻壓力及防止管料滑出。

4. 管料之置放,避免在電線上方或下方。

二、試回答下列移動式起重機安全防護問題:

(一)為防止移動式起重機作業中發生翻倒、被夾、感電等危害,在起重機作業區域範圍內,請依起重升降機具安全規則列舉 4 項應事前調查之事項。(8 分)

(二)就前述調查結果,如發現作業區域地質屬軟弱地盤承載力不足之場所,請簡述應採取之必要措施,以防止移動式起重機翻倒,否則不得使用移動式起重機於該處從事作業。(6 分)

(三) 若吊掛物使用吊耳進行吊掛作業，為防止起重機具運轉作業時吊掛物掉落，有關吊耳之設置，請依職業安全衛生設施規則列舉 2 項應辦理事項。(6 分)

答 (一) 對於移動式起重機，為防止其作業中發生翻倒、被夾、感電等危害，應事前調查該起重機作業範圍之地形、地質狀況、作業空間、運搬物重量與所用起重機種類、型式及性能等。

(二) 對軟弱地盤等承載力不足之場所採取地面舖設鐵板、墊料及使用外伸撐座等補強方法，以防止移動式起重機翻倒。

(三) 起重機具運轉作業時，為防止吊掛物掉落，應依下列規定辦理：

1. 吊掛物使用吊耳時，吊耳設置位置及數量，應能確保吊掛物之平衡。

2. 吊耳與吊掛物之結合方式，應能承受所吊物體之整體重量，使其不致脫落。

3. 使用吊索 (繩)、吊籃等吊掛用具或載具時，應有足夠強度。

三、依製程安全評估定期實施辦法規定，試回答下列問題：

(一) 事業單位有哪些情事之工作場所應依中央主管機關規定之期限，定期實施製程安全評估。(8 分)

(二) 製程安全評估報告內容請列舉 6 種。(12 分)

答 (一) 下列兩類工作場所事業單位應每五年實施製程安全評估：

1. 從事石油產品之裂解反應，以製造石化基本原料之工作場所。

2. 製造、處置或使用危險物及有害物，達勞動檢查法規定數量之工作場所。

(二) 製程安全評估定期實施辦法規定，評估報告內容除實施評估過程之必要文件及結果外，尚包括：

1. 勞工參與。	7. 動火許可。
2. 標準作業程序。	8. 變更管理。
3. 教育訓練。	9. 事故調查。
4. 承攬管理。	10.緊急應變。
5. 啟動前安全檢查。	11.符合性稽核。
6. 機械完整性。	12.商業機密。

四、回答下列問題：

(一) 依職業安全衛生設施規則之規定，為防止因漏電而發生感電之危害，雇主對於哪些作業環境，應於各電動機具之連接電路上設置適合其規格，具有高敏感度、高速型，能確實動作之防止感電用漏電斷路器？(4 分)

(二) 請以圖示或文字說明漏電斷路器之防護原理。(6 分)

(三) 依職業安全衛生設施規則之規定，雇主對勞工以交流電焊機進行焊接作業時，於哪些作業環境，電焊機應有自動電擊防止裝置？ (4 分)

(四) 請以圖示或文字說明自動電擊防止裝置之動作原理。(6 分)

答 (一) 依職業安全衛生設施規則規定，下列情形應裝設漏電斷路器：

1. 使用對地電壓超過 150 伏特以上之移動式或攜帶式電動機具。

2. 於含水或被其他導電度高之液體濕潤之潮濕場所。

3. 鋼板上、鋼筋上導電性較高之場所使用移動式或攜帶式電動機具。

(二) 當電動馬達漏電時，接往馬達之電源線路之感知器感應到漏電電流，經訊號放大器將訊號放大後，推動動作線圈之強度足以使電驛發生跳脫動作時，即時讓電源造成斷路而達保護人體之作用。

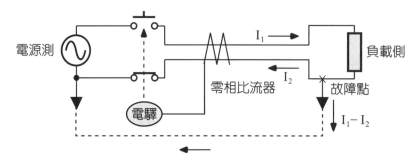

(三) 依職業安全衛生設施規則規定，雇主對於良導體機器設備內之狹小空間，或於鋼架等致有觸及高導電性接地物之虞之場所，作業時所使用之交流電焊機，應有自動電擊防止裝置。

(四) 自動電擊防止裝置之動作原理：使電焊機二次側回路電壓僅在電弧發生時間內上升至工作電壓，電弧一旦中斷，二次側回路電壓即自動降至 25V 以下。

五、某工廠在一年內發生之職業災害情形如下：

　　1. 損失日數未滿一日之事件：30件、共30人次。

　　2. 暫時全失能事件：25件、30人次，損失日數共200天。

　　3. 永久部分失能事件：5人受傷，損失日數共8,000天。

　　4. 永久全失能事件：1人，永久性傷殘。

　　5. 死亡事件：1人。

以上永久失能及死亡事件，在7次嚴重的意外事故中發生。若該廠全部員工共1,800人，假設每日工時8小時，每週工作5天，一年工作48週。試計算下列問題：

(一) 失能傷害之人次數。(4分)

(二) 失能傷害日數。(4分)

(三) 總經歷工時。(4分)

(四) 失能傷害頻率(F.R.)。(4分)

(五) 失能傷害嚴重率(S.R.)。(4分)

　　答 (一) 失能傷害之人次數＝暫時全失能事件人次＋永久部分失能事件人次＋永久全失能事件人次＋死亡事件人次 =30+5+1+1=37 人次

　　(二) 失能傷害日數＝暫時全失能事件損失日數＋
　　　　　　　　　　　永久部分失能事件損失日數＋
　　　　　　　　　　　永久全失能事件損失日數＋
　　　　　　　　　　　死亡事件損失日數
　　　　　　＝ 200 ＋ 8,000 ＋ 6,000 ＋ 6,000 ＝ 20,020 日

　　(三) 總經歷工時 =1,800 × 8 × 5 × 48 = 3,456,000 小時

　　(四) 失能傷害頻率 (F.R.) $= \dfrac{失能傷害人次 \times 10^6}{總經歷工時} = \dfrac{37 \times 10^6}{3,456,000} = 10.71$

　　(五) 失能傷害嚴重率 (S.R.) $= \dfrac{失能傷害損失日數人次 \times 10^6}{總經歷工時}$

　　　　　　　　　　　　　　$= \dfrac{20,020 \times 10^6}{3,456,000} = 5,793$

筆記

工作項目 ❶　職業安全衛生相關法規

答

(　) 1.　依勞動檢查法之規定，中央主管機關公告宣導勞動檢查方針之時機，　(4)
　　　　為年度開始前幾個月為之？　(1)3　(2)4　(3)5　(4)6。

(　) 2.　事業單位對於勞動檢查之結果，依勞動檢查法規定，應於違規場所公　(2)
　　　　告幾日以上？　(1)5　(2)7　(3)10　(4)14。

(　) 3.　勞工因職業災害而致死亡，雇主應依勞動基準法規定給予罹災家屬幾　(3)
　　　　個月之平均工資死亡補償？　(1)5　(2)15　(3)4 0　(4)50。

(　) 4.　勞動基準法所稱之童工，係指下列何者？　(1) 未滿十五歲　(2) 十五　(2)
　　　　歲以上未滿十六歲　(3) 十六歲以上未滿十七歲　(4) 十七歲以上未滿
　　　　十八歲。

(　) 5.　依機械設備器具安全資訊申報登錄辦法規定，申報者有因登錄產品瑕　(4)
　　　　疵造成重大傷害或危害者，中央主管機關應對產品安全資訊登錄，採
　　　　取下列何種處置？　(1) 註銷　(2) 退回　(3) 通知改善及補件　(4) 廢
　　　　止。

(　) 6.　依勞動基準法規定，女工分娩前後，雇主應給予產假幾星期？　(2)
　　　　(1)6　(2)8　(3)10　(4)12。

(　) 7.　事業單位所聘僱外國人連續曠職幾日失去聯繫時，雇主應通報主管機　(3)
　　　　關？　(1)1　(2)2　(3)3　(4)4。

(　) 8.　我國技能檢定及發證相關事宜，係規範於下列何者？　(1) 就業服務　(4)
　　　　法　(2) 職業安全衛生法　(3) 勞動檢查法　(4) 職業訓練法。

(　) 9.　勞工或雇主對於職業疾病經醫師診斷認有異議時，得檢附有關資料，　(1)
　　　　向下列何者申請認定？　(1) 直轄市、縣 (市) 主管機關　(2) 勞工保
　　　　險監理委員會　(3) 該管勞動檢查機構　(4) 中央衛生主管機關。

(　) 10.　事業單位對勞動檢查機構所發檢查結果通知書有異議時，依勞動檢查　(2)
　　　　法規定應於通知書送達之次日起多少日內，以書面敘明理由向勞動檢
　　　　查機構提出？　(1)7　(2)10　(3)15　(4)30。

(　) 11.　高壓氣體類壓力容器 1 日之處理能力 1,000 立方公尺之下列何種氣體　(3)
　　　　之工作場所，不屬於勞動檢查法所稱之危險性工作場所？　(1) 氧氣
　　　　(2) 有毒氣體　(3) 氮氣　(4) 可燃性氣體。

(　) 12.　下列何者屬職業安全衛生設施規則所稱之危險物？　(1) 毒性物質　(3)
　　　　(2) 劇毒物質　(3) 可燃性氣體　(4) 腐蝕性物質。

(　) 13.　職業安全衛生法所定之身體檢查，於僱用勞工從事新工作時，為　(2)
　　　　識別其工作適性之檢查為下列何者？　(1) 健康檢查　(2) 體格檢查
　　　　(3) 特殊健康檢查　(4) 特定健康檢查。

( ) 14. 依職業安全衛生管理辦法規定，職業安全衛生委員會之任務為下 (3)
列何者？ (1) 執行職業災害防止事項 (2) 執行定期或不定期巡視
(3) 協調、建議職業安全衛生管理計畫 (4) 釐訂職業安全衛生管理計
畫。

( ) 15. 依職業安全衛生法所處之罰鍰由下列何者執行？ (1) 司法機關 (4)
(2) 稅務機關 (3) 勞動檢查機構 (4) 主管機關。

( ) 16. 拒絕、規避或阻撓依職業安全衛生法規定之檢查者，可處下列何種處 (4)
罰？ (1)3 年以下有期徒刑 (2) 新臺幣 3 千元以下之罰鍰 (3) 新臺
幣 3 萬元以上 6 萬元以下罰鍰 (4) 新臺幣 3 萬元以上 15 萬元以下罰
鍰。

( ) 17. 工作場所有立即發生危險之虞時，何人應即令停止作業，並使勞 (2)
工退避至安全場所？ (1) 業主或雇主 (2) 雇主或工作場所負責人
(3) 工作場所負責人或部門主管 (4) 部門主管或作業主管。

( ) 18. 依職業安全衛生法規定，有關事業單位訂定安全衛生工作守則之規 (3)
定，下列何者正確？ (1) 應報經縣、市主管機關備查 (2) 事業單位
組織工會者，由雇主自行訂定 (3) 得依事業單位之實際需要，會同
勞工代表訂定適用於全部或一部分事業之工作守則並報經勞動檢查機
構備查後，公告實施 (4) 報經備查之工作守則，不需公告即可實施。

( ) 19. 依職業安全衛生法規定，勞工不參加雇主安排之安全衛生教育、訓 (3)
練，下列敘述何者正確？ (1) 法院得予判決徒刑 (2) 法院得予判決
罰金 (3) 主管機關得予處分罰鍰 (4) 雇主得予處分罰鍰。

( ) 20. 有關事業單位發生勞工死亡之職業災害後之處理，下列所述雇主之作 (4)
為何者有誤？ (1) 非經許可不得移動或破壞現場 (2) 應實施調查、
分析及作成紀錄 (3) 應於八小時內通報勞動檢查機構 (4) 如已報告
勞動檢查機構，則得免於當月職業災害統計月報表中陳報。

( ) 21. 依職業安全衛生管理辦法規定，第一類事業單位勞工人數在幾人以上 (3)
者，應設直接隸屬雇主之專責一級管理單位？
(1)30 (2)50 (3)100 (4)200。

( ) 22. 依職業安全衛生管理辦法規定，依職權指揮、監督所屬執行安全 (3)
衛生管理事項，並協調及指導有關人員實施為下列何者之職責？
(1) 職業安全衛生業務主管 (2) 職業安全 (衛生) 管理師 (3) 工作場
所負責人及各級主管 (4) 一級單位之職業安全衛生人員。

( ) 23. 依職業安全衛生管理辦法規定，第一類事業單位勞工人數在 (2)
幾人以上者，應參照中央主管機關所定之職業安全衛生管理
系統指引，建置適合該事業單位之職業安全衛生管理系統？
(1)100 (2)200 (3)300 (4)500。

( ) 24. 事業單位與承攬人、再承攬人分別僱用勞工共同作業時，為防止職業災害，工作場所之連繫與調整之措施，屬下列何者之職責？ (1) 原事業單位指定之工作場所負責人　(2) 承攬人　(3) 再承攬人 (4) 關係事業。　(1)

( ) 25. 職業安全衛生設施規則為事業單位一般工作場所安全衛生設施之何種標準？　(1) 最高標準　(2) 最低標準　(3) 特定標準　(4) 參考標準。　(2)

( ) 26. 依職業安全衛生設施規則規定，室內工作場所主要人行道寬度不得小於幾公尺？　(1)0.8　(2)1.0　(3)1.2　(4)1.5。　(2)

( ) 27. 依職業安全衛生設施規則規定，室內工作場所各機械間或其他設備間通道寬度不得小於幾公尺？　(1)0.8　(2)1.0　(3)1.2　(4)1.5。　(1)

( ) 28. 依職業安全衛生設施規則規定，室內工作場所自路面起算多少公尺高度範圍內，不得有障礙物？　(1)1.5　(2)1.8　(3)2　(4)3。　(3)

( ) 29. 雇主架設之通道，有墜落之虞之場所，依職業安全衛生設施規則規定，應置備高度多少公分以上之堅固扶手？　(1)50　(2)65　(3)70 (4)75。　(4)

( ) 30. 依職業安全衛生設施規則規定，固定梯子之頂端應突出板面多少公分以上？　(1)10　(2)30　(3)60　(4)90。　(3)

( ) 31. 加工物截斷，有飛散危害勞工之虞時，應於加工機械設何種防護裝置？　(1) 欄杆　(2) 護罩　(3) 光電開關　(4) 套胴。　(2)

( ) 32. 依職業安全衛生設施規則規定，下列何者為氧化性物質？　(1) 三硝基苯　(2) 過氧化丁酮　(3) 氯酸鉀　(4) 過醋酸。　(3)

( ) 33. 依職業安全衛生設施規則規定，下列何者為爆炸性物質？　(1) 硝化纖維　(2) 賽璐珞　(3) 汽油　(4) 過氯酸鉀。　(1)

( ) 34. 依職業安全衛生設施規則規定，下列何者為可燃性氣體？　(1) 氫 (2) 乙醚　(3) 苯　(4) 汽油。　(1)

( ) 35. 依職業安全衛生設施規則規定，雇主對於物料之搬運，應儘量利用機械以代替人力，對多少公斤以上之物品，以機動車輛搬運為宜？ (1)200　(2)300　(3)400　(4)500。　(4)

( ) 36. 依職業安全衛生設施規則規定，雇主對於物料之搬運，應儘量利用機械以代替人力，至少多少公斤以上物品，以人力車輛或工具搬運為原則？　(1)30　(2)35　(3)40　(4)50。　(3)

( ) 37. 依職業安全衛生設施規則規定，離地多少公尺以內之傳動帶，應裝置適當之圍柵或護網？　(1)1.8　(2)2　(3)2.5　(4)3。　(2)

( ) 38. 依職業安全衛生設施規則規定，設置固定式圓盤鋸、帶鋸、手推刨床、截角機等合計在幾台以上時，應指定作業管理人員？　(1)3　(2)5 (3)10　(4)30。　(2)

( ) 39. 依職業安全衛生設施規則規定，勞工有自粉碎機、混合機之開口部分 (4)
墜落之虞，應設置圍柵時，其高度應在多少公分以上？ (1)60 (2)70
(3)80 (4)90。

( ) 40. 依職業安全衛生設施規則規定，起重機具之吊鉤或吊具之非為直動式 (1)
過捲預防裝置，應至少與吊架或捲揚胴保持多少公尺距離，以防止接
觸碰接？ (1)0.25 (2)0.60 (3)1.00 (4)1.25。

( ) 41. 依職業安全衛生設施規則規定，搬器地板與樓板相差多少距離以上 (3)
時，應有使升降機門不能開啟之連鎖裝置？ (1)7.5 公厘 (2)15 公厘
(3)7.5 公分 (4)15 公分。

( ) 42. 依機械設備器具安全標準規定，木材加工用圓盤鋸應設置何種安全裝 (3)
置？ (1)套胴 (2)圍柵 (3)鋸齒接觸預防裝置 (4)雙手按鈕開關。

( ) 43. 依職業安全衛生設施規則規定，150 伏特以下之低壓帶電體前方，可 (2)
能有檢修、調整、維護之活線作業時，其最小工作空間不得小於多少
公分？ (1)80 (2)90 (3)105 (4)120。

( ) 44. 依高壓氣體勞工安全規則規定，高壓氣體貯存區周圍在多少公尺內不 (1)
得放置有煙火或放置危險物質？ (1)2 (2)3 (3)4 (4)5。

( ) 45. 依職業安全衛生設施規則規定，使用乙炔熔接裝置從事金屬熔接， (2)
其產生之乙炔壓力不得超過表壓力每平方公分幾公斤以上？ (1)1.2
(2)1.3 (3)2.0 (4)2.1。

( ) 46. 依職業安全衛生設施規則規定，雇主對於建築物之工作室，其樓地板 (2)
至天花板淨高應在幾公尺以上？ (1)2 (2)2.1 (3)2.3 (4)2.5。

( ) 47. 依職業安全衛生設施規則規定，其他可燃性氣體是指在一大氣壓力 (2)
下，攝氏幾度時具可燃性之氣體？ (1)10 (2)15 (3)25 (4)30。

( ) 48. 進行槽內缺氧作業時，應穿戴何種呼吸防護器具？ (1) 空氣呼吸器 (1)
(2) 氧氣急救器 (3) 半面式防毒面罩 (4) 口罩。

( ) 49. 作業人員於工作中遭強酸 (鹼) 噴濺至身體時，應先採取下列何種措 (2)
施？ (1) 立即召喚救護車緊急送醫院 (或廠區醫護室處理) (2) 立
即以清水沖洗 30 分鐘以上，脫掉衣服後送醫院救治 (3) 立即塗佈灼
傷藥膏 (4) 立即吞食酸或鹼性中和藥劑。

( ) 50. 依職業安全衛生設施規則規定，勞工噪音暴露工作日八小時內，任何 (1)
時間不得暴露於超過 115dBA 之何種噪音？ (1) 連續性 (2) 突發性
(3) 衝擊性 (4) 爆炸性。

( ) 51. 依職業安全衛生設施規則規定，勞工從事刺激物、腐蝕性物質或毒 (3)
性物質污染之工作場所，每多少人應設置一個冷熱水沖淋設備？
(1)5 (2)10 (3)15 (4)30。

(　) 52. 依職業安全衛生設施規則規定，一般工作場所平均每一勞工佔有 10 立方公尺，則該場所每分鐘每一勞工所需之新鮮空氣為多少立方公尺以上？　(1)0.14　(2)0.3　(3)0.4　(4)0.6。 　(3)

(　) 53. 依職業安全衛生管理辦法規定，下列何項設備每月應定期實施自動檢查 1 次？　(1) 第一種壓力容器　(2) 第二種壓力容器　(3) 小型鍋爐　(4) 小型壓力容器。 　(1)

(　) 54. 依職業安全衛生管理辦法規定，雇主對升降機之終點極限開關，應多久實施定期檢查一次？　(1) 每日　(2) 每週　(3) 每月　(4) 每年。 　(3)

(　) 55. 依職業安全衛生管理辦法規定，營造工程之施工架每隔多少時間應定期實施自動檢查一次？　(1) 每天　(2) 每週　(3) 每月　(4) 每年。 　(2)

(　) 56. 依職業安全衛生管理辦法規定，下列何種機械設備需於初次使用前，實施重點檢查？　(1) 第一種壓力容器　(2) 第二種壓力容器　(3) 蒸汽鍋爐　(4) 小型鍋爐。 　(2)

(　) 57. 依職業安全衛生管理辦法規定，雇主對固定式起重機於瞬間風速可能超過每秒多少公尺以上時，應實施各部安全狀況之檢點？　(1)15　(2)20　(3)25　(4)30。 　(4)

(　) 58. 依職業安全衛生管理辦法規定，事業單位以其事業之全部或部分交付承攬時，如該承攬人使用之機械、設備或器具係由原事業單位提供者，該機械、設備或器具如無特別規定，應由下列何者實施定期檢查及重點檢查？　(1) 原事業單位　(2) 承攬人　(3) 再承攬人　(4) 最後承攬人。 　(1)

(　) 59. 依職業安全衛生管理辦法之規定，雇主對移動式起重機，應於每日作業前對下列何種裝置之性能實施檢點？　(1) 過捲預防裝置　(2) 鋼索及吊鏈　(3) 吊鉤、抓斗等吊具　(4) 集電裝置。 　(1)

(　) 60. 依職業安全衛生管理辦法規定，職業安全衛生委員會置委員 7 人以上，勞工代表應佔委員人數之下列何者以上？　(1)1/5　(2)1/4　(3)1/3　(4)1/2。 　(3)

(　) 61. 依職業安全衛生管理辦法規定，僱用勞工人數在一千人以上之事業，擔任職業安全衛生業務主管未具有職業安全管理師或職業安全衛生管理員資格者，應接受何種職業安全衛生業務主管安全衛生教育訓練？　(1) 甲　(2) 乙　(3) 丙　(4) 丁。 　(1)

(　) 62. 依職業安全衛生管理辦法規定，下列何種人員具有職業安全管理師之資格？　(1) 曾任勞動檢查員具有工作經驗 2 年以上者　(2) 國內專科以上學校工業安全衛生類科畢業者　(3) 領有職業安全管理甲級技術士證照者　(4) 具有工業衛生技師資格者。 　(3)

( ) 63. 依職業安全衛生管理辦法規定，雇主對高壓氣體儲存能力在多少以上 之儲槽，應每年定期測定其沉陷狀況一次？ (1)50 立方公尺 (2)100 立方公尺 (3)0.5 公噸 (4)0.8 公噸。 | (2)

( ) 64. 依勞工健康保護規則規定，勞工暴露工作日八小時日時量平均音壓級 噪音在多少分貝以上之作業，為特別危害健康作業？ (1)80 (2)85 (3)90 (4)95。 | (2)

( ) 65. 依勞工健康保護規則規定，事業單位之同一工作場所，從事特別危 害健康作業勞工人數在多少人以上時，應聘專任護士1人以上？ (1)100 (2)200 (3)300 (4)400。 | (1)

( ) 66. 依勞工健康保護規則規定，合格急救人員每一輪班次勞工人數未滿 50人者設置1人，50人以上每滿多少人增設1人？ (1)50 (2)100 (3)150 (4)200。 | (1)

( ) 67. 依勞工健康保護規則規定，一般健康檢查，勞工至少年滿多少歲者， 應每三年定期檢查一次？ (1)30 (2)35 (3)40 (4)45。 | (3)

( ) 68. 依勞工健康保護規則規定，鉛、苯、砷作業環境測定，其濃度連續三 年均在容許濃度值之多少比值以下，且安全衛生設施符合規定，經 檢查機構核可者，得免實施特殊健康檢查？ (1)1/4 (2)1/3 (3)1/2 (4) 相等。 | (3)

( ) 69. 依勞工健康保護規則規定，特殊健康檢查結果部分項目異常，經醫 師綜合判定為異常，而與工作無關者，屬於下列何級健康管理？ (1) 第一級 (2) 第二級 (3) 第三級 (4) 第四級。 | (2)

( ) 70. 依勞工健康保護規則規定，從事噪音超過85分貝作業之勞工， 應每隔多久實施特殊健康檢查一次？ (1) 半年 (2)1 年 (3)2 年 (4)3 年。 | (2)

( ) 71. 事業單位依勞工健康保護規則設置之醫療衛生單位及人員，應填具醫 療衛生單位及人員設置報備書向下列何單位報備？ (1) 中央主管機 關及當地勞動檢查機構 (2) 勞工保險局及中央衛生主管機關 (3) 中 央衛生主管機關及當地勞動檢查機構 (4) 當地勞動檢查機構及衛生 主管機關。 | (4)

( ) 72. 下列何者是勞動檢查法規定的危險性工作場所？ (1) 爆竹煙火工廠 (2) 農藥包裝工作場所 (3) 設置冷凍能力一日為10公噸之高壓氣體 類壓力容器之工作場所 (4) 製造、處置、使用氯氣之數量為1000公 斤之工作場所。 | (1)

( ) 73. 依危險性工作場所審查及檢查辦法規定，從事石油產品之裂解反應， 以製造石化基本原料之工作場所，應歸類為何種危險性工作場所？ (1) 甲類 (2) 乙類 (3) 丙類 (4) 丁類。 | (1)

(　) 74. 依危險性工作場所審查及檢查規定，有關事業單位甲類工作場所申　(2)
請審查之程序，下列何者正確？　(1) 使勞工作業 30 日前，向當地勞
動檢查機構申請檢查　(2) 使勞工作業 30 日前，向當地勞動檢查機構
申請審查　(3) 使勞工作業 45 日前，向當地勞動檢查機構申請審查
(4) 使勞工作業 45 日前，向當地勞動檢查機構申請審查及檢查。

(　) 75. 依危險性工作場所審查及檢查規定，勞動檢查機構對申請審查之丁類　(2)
危險性工作場所應於受理申請後，幾日內將審查之結果，以書面通知
事業單位？　(1)20　(2)30　(3)45　(4)60。

(　) 76. 依危險性工作場所審查及檢查辦法規定，事業單位有兩個以上場所從　(2)
事製造、處置、使用危險物、有害物時，其數量依規定在多少公尺距
離以內者，應合併計算？　(1)100　(2)500　(3)1,000　(4)5,000。

(　) 77. 依危險性工作場所審查及檢查辦法規定，甲類、乙類、丙類危險性工　(2)
作場所經審查、檢查合格後，應於製程修改時或至少每幾年依當初申
請審查、檢查檢附之資料重新評估一次？　(1)3　(2)5　(3)7　(4)10。

(　) 78. 依危險性工作場所審查及檢查辦法規定，勞動檢查機構對申請審查及　(3)
檢查之乙類危險性工作場所，應於受理申請後幾日內將審查之結果，
以書面通知事業單位？　(1)20　(2)30　(3)45　(4)60。

(　) 79. 依危險性工作場所審查及檢查辦法規定，從事高度在 50 公尺以上建　(4)
築工程之工作場所，屬下列何種危險性工作場所？　(1) 甲類　(2) 乙
類　(3) 丙類　(4) 丁類。

(　) 80. 下列有關職業安全衛生管理辦法之敘述，何者正確？　(1) 營造工程　(2)
之原事業單位已設置職業安全衛生管理人員，其承攬人及再承攬人
即可免重複設置　(2) 事業單位應依勞工人數設置職業安全衛生人員
(3) 領班應釐訂職業安全衛生計畫，並指導有關部門實施　(4) 工地主
任對事業雖無經營管理權限，但事業單位之職業安全衛生管理依法仍
由工地主任綜理負責。

(　) 81. 依危險性工作場所審查及檢查辦法規定，事業單位應於甲類危險性工　(2)
作場所使勞工工作幾日前，向當地勞動檢查機構申請檢查？　(1)20
(2)30　(3)40　(4)45。

(　) 82. 依危險性工作場所審查及檢查辦法規定，對工程內容較複雜、工期較　(4)
長、施工條件變動性大等特殊情況之丁類危險性工作場所，得報經下
列何單位同意後，分段申請審查？　(1) 地方主管機關　(2) 公共工程
委員會　(3) 工程主辦機關　(4) 勞動檢查機構。

(　) 83. 依危險性工作場所審查及檢查辦法規定，事業單位應於乙、丙類危險　(4)
性工作場所使勞工工作幾日前，向當地勞動檢查機構申請審查及檢
查？　(1)20　(2)30　(3)40　(4)45。

( ) 84. 依危險性工作場所審查及檢查辦法規定,工程中模板支撐高度 7 公尺以上面積達 100 平方公尺以上且佔該樓層模板支撐面積百分之多少以上者,為丁類危險性工作場所? (1)40 (2)50 (3)60 (4)70。 **(3)**

( ) 85. 依營造安全衛生設施標準規定,以活動式踏板構築施工架之工作臺時,支撐點至少應在幾處以上? (1)2 (2)3 (3)4 (4)5。 **(2)**

( ) 86. 依營造安全衛生設施標準規定,輕型懸吊式施工架之工作台上作業人數,最多為幾人? (1)1 (2)2 (3)3 (4)4。 **(2)**

( ) 87. 使用於輕型懸吊式施工架上之懸吊鋼索,其安全係數應在多少以上? (1)2.5 (2)5 (3)7.5 (4)10。 **(4)**

( ) 88. 依機械設備器具安全資訊申報登錄辦法規定,資訊申報登錄未符規定者,補正總日數不得超過幾日 (1)15 (2)30 (3)45 (4)60。 **(2)**

( ) 89. 依營造安全衛生設施標準規定,使用圓竹或單管式之鋼管構築施工架時,其立柱之間距不得超過多少公尺? (1)1.8 (2)2.2 (3)2.8 (4)3.2。 **(1)**

( ) 90. 依營造安全衛生設施標準規定,露天開挖垂直深度超過多少公尺,即應設擋土支撐? (1)1.0 (2)1.5 (3)2.0 (4)2.5。 **(2)**

( ) 91. 依營造安全衛生設施標準規定,露天開挖最大深度如果為 5 公尺時,則開挖出之土石不得堆積於距離坡肩多少公尺範圍內? (1)5 (2)10 (3)15 (4)20。 **(1)**

( ) 92. 依營造安全衛生設施標準規定,鋼構組配作業時,最高永久性樓板層上不得有超過幾層樓以上之鋼構未鉚接、熔接或螺栓栓緊者? (1)2 (2)3 (3)4 (4)5。 **(3)**

( ) 93. 依營造安全衛生設施標準規定,使用重力錘拆除建築物時,所設置之安全區,其距離為距撞擊點多少倍建築物高度? (1)1.0 (2)1.5 (3)2.0 (4)2.5。 **(2)**

( ) 94. 依營造安全衛生設施標準規定,為防止模板支撐之支柱的水平移動,應設置下列何種構件? (1) 鋼製頂板 (2) 螺栓 (3) 水平繫條 (4) 牽引板。 **(3)**

( ) 95. 依營造安全衛生設施標準規定,獨立之施工架在該架最後拆除前,至少應有多少比例之踏腳桁不得移動,並使之與橫檔或立柱紮牢? (1)1/5 (2)1/4 (3)1/3 (4)1/2。 **(3)**

( ) 96. 依營造安全衛生設施標準之規定,安全帶或安全母索繫固之錨錠,至少應能承受下列每人多少公斤以上之拉力? (1)1,200 (2)1,300 (3)2,200 (4)2,300。 **(4)**

( ) 97. 依營造安全衛生設施標準規定,雇主對於置放於高處,位能超過下列若干公斤·公尺之物件有飛落之虞者,應予以固定之? (1)12 (2)14 (3)16 (4)18。 **(1)**

( ) 98. 依營造安全衛生設施標準規定，雇主對於高度在多少公尺以上之施工架構築，應由專任工程人員事先以預期施工時之最大荷重，依結構力學原理妥為設計。　(1)3　(2)5　(3)7　(4)9。 | (2)

( ) 99. 依職業安全衛生設施規則規定，雇主對於架設之通道屬營建使用之階梯，其高度應在多少公尺以上時，每隔 7 公尺內設置平台一處？　(1)8　(2)9　(3)10　(4)12。 | (1)

( ) 100. 依營造安全衛生設施標準規定，雇主對於框式鋼管式施工架之構築，其最上層及每隔幾層應設置水平樑？　(1)3　(2)4　(3)5　(4)6。 | (3)

( ) 101. 在常用溫度下，表壓力達每平方公分幾公斤以上之壓縮乙炔氣，係屬高壓氣體勞工安全規則所稱之高壓氣體？　(1)1　(2)2　(3)5　(4)10。 | (2)

( ) 102. 高壓氣體勞工安全規則所稱超低溫容器，係指可灌裝攝氏零下幾度以下之液化氣體，並使用絕熱材料被覆，使容器內氣體溫度不致上升至超過常用溫度之容器？　(1)30　(2)50　(3)100　(4)150。 | (2)

( ) 103. 依高壓氣體勞工安全規則規定，高壓氣體設備 (容器及中央主管機關規定者外) 應具有以常用壓力幾倍以上壓力加壓時，不致引起降伏變形之厚度或經中央主管機關認定具有同等以上強度者？　(1)1.5　(2)2　(3)3　(4)5。 | (2)

( ) 104. 依高壓氣體勞工安全規則規定，乙炔、乙烯及氫氣中含氧容量，佔全容量之百分之幾以上者不得予以壓縮？　(1)1　(2)2　(3)3　(4)4。 | (2)

( ) 105. 依高壓氣體勞工安全規則規定，製造壓力超過每平方公分幾公斤之壓縮乙炔時，應添加稀釋劑？　(1)2　(2)10　(3)25　(4)30。 | (3)

( ) 106. 依高壓氣體勞工安全規則規定，埋設於地盤內之液化石油氣儲槽，其頂部至少應距離地面幾公分？　(1)30　(2)60　(3)100　(4)150。 | (2)

( ) 107. 依高壓氣體勞工安全規則規定，設置於內容積在五千公升以上之可燃性氣體、毒性氣體或氧氣等之液化氣體儲槽之配管，應設置距離該儲槽外側幾公尺以上可操作之緊急遮斷裝置，但僅用於接受液態之可燃性氣體、毒性氣體或氧氣之配管者，得以逆止閥代替？　(1)1　(2)5　(3)10　(4)20。 | (2)

( ) 108. 依高壓氣體勞工安全規則規定，加氣站液化石油氣之灌裝，應添加當液化石油氣漏洩於空氣中之含量達多少比例即可察覺臭味之臭劑？　(1) 千分之一　(2) 二千分之一　(3) 三千分之一　(4) 五千分之一。 | (1)

( ) 109. 依高壓氣體勞工安全規則規定，氰化氫之灌氣容器，應於灌裝後靜置幾小時以上，確認無氣體之漏洩後，於其容器外面張貼載明有製造年月日之貼籤？　(1)10　(2)15　(3)24　(4)48。 | (3)

( ) 110. 依職業安全衛生設施規則規定，一般辦公場所之人工照明，其照度至少為多少米燭光？　(1)100　(2)200　(3)300　(4)500。 | (3)

( ) 111. 依高壓氣體勞工安全規則規定，對高壓氣體之製造，於其生成、分離、精煉、反應、混合、加壓或減壓過程中，附設於安全閥或釋放閥之停止閥，應維持在何種狀態？ (1) 全開放 (2) 半開放 (3) 三分之一開放 (4) 全關閉。 **(1)**

( ) 112. 依高壓氣體勞工安全規則規定，下列何者同時具有毒性與可燃性？ (1) 甲烷 (2) 氟 (3) 二甲醚 (4) 硫化氫。 **(4)**

( ) 113. 依高壓氣體勞工安全規則規定，供進行反應、分離、精煉、蒸餾等製程之塔之高壓氣體設備，以其最高位正切線至最低位正切線間之長度在幾公尺以上者，應具能承受地震影響之耐震構造？ (1)2 (2)3 (3)4 (4)5。 **(4)**

( ) 114. 危險性機械及設備安全檢查規則中所適用之營建用提升機，係指導軌或升降路之高度在多少公尺以上之營建用提升機？ (1)5 (2)10 (3)15 (4)20。 **(4)**

( ) 115. 危險性機械及設備安全檢查規則中所適用之第一種壓力容器，係指以「每平方公分之公斤數」單位所表示之最高使用壓力數值與以「立方公尺」單位所表示之內容積數值，兩者乘積值多少以上？ (1)0.2 (2)0.4 (3)0.6 (4)1.0。 **(1)**

( ) 116. 危險性機械及設備安全檢查規則中所適用之熱媒鍋爐，係指水頭壓力超過 10 公尺，或傳熱面積超過多少平方公尺之熱媒鍋爐？ (1)4 (2)6 (3)8 (4)10。 **(3)**

( ) 117. 危險性機械及設備安全檢查規則中所適用之高壓氣體容器，係指供灌裝高壓氣體之容器中，相對於地面可移動，其內容積在幾公升以上者？ (1)300 (2)400 (3)500 (4)600。 **(3)**

( ) 118. 依危險性機械及設備安全檢查規則規定，固定式起重機竣工檢查中之安定性試驗，係將相當於額定荷重多少倍之荷重置於吊具上，且使該起重機於前方操作之最不利安定之條件下實施，並停止其逸走防止裝置、軌夾裝置等之使用？ (1)1.2 (2)1.25 (3)1.27 (4)1.3。 **(3)**

( ) 119. 依危險性機械及設備安全檢查規則規定，雇主於移動式起重機檢查合格證有效期限屆滿前幾個月，應填具移動式起重機定期檢查申請書申請定期檢查；逾期未申請檢查或檢查不合格者，不得繼續使用？ (1)1 (2)2 (3)3 (4)4。 **(1)**

( ) 120. 依危險性機械及設備安全檢查規則規定，雇主對於停用超過檢查合格證有效期限幾個月以上之營建用提升機，如擬恢復使用時，應填具重新檢查申請書，向檢查機構申請重新檢查？ (1)6 (2)8 (3)10 (4)12。 **(4)**

(　) 121. 依危險性機械及設備安全檢查規則規定，雇主欲變更吊籠升降、制動或控制裝置時，應申請何種檢查？　(1) 型式檢查　(2) 使用檢查　(3) 竣工檢查　(4) 變更檢查。　(4)

(　) 122. 依危險性機械及設備安全檢查規則規定，雇主對於第一種壓力容器如無法依規定期限實施內部檢查時，得於內部檢查有效期限屆滿前幾個月，檢附所有規定資料，報經檢查機構核定後，延長其內部檢查期限或以其他檢查方式替代？　(1)1　(2)2　(3)3　(4)6。　(3)

(　) 123. 依危險性機械及設備安全檢查規則規定，第一種壓力容器經大修改致其胴體或集管器變動多少以上、或端板、管板之全部修改或頂蓋板、補強支撐等有變動者，所有人或雇主應向所在地檢查機構申請變更檢查？　(1) 五分之一　(2) 四分之一　(3) 三分之一　(4) 二分之一。　(3)

(　) 124. 依危險性機械及設備安全檢查規則規定，高壓氣體容器之定期檢查，自構造檢查合格日起算 20 年以上者，須每幾年實施內部檢查 1 次以上？　(1)1　(2)2　(3)3　(4)5。　(1)

(　) 125. 依鍋爐及壓力容器安全規則規定，雇主於鍋爐房儲存固體燃料應距離鍋爐外側多少公尺以上？　(1)1　(2)1.2　(3)1.5　(4)2。　(2)

(　) 126. 依危險性機械及設備安全檢查規則規定，國內製造之危險性機械或設備之檢查應依中央主管機關指定之相關標準之全部或部分內容規定辦理。下列何種標準未列入可指定之範圍？　(1) 國家標準　(2) 工廠標準　(3) 國際標準　(4) 團體標準。　(2)

(　) 127. 依危險性機械及設備安全檢查規則規定，高壓氣體特定設備係指供高壓氣體之下列何種行為之設備及其支持構造物？　(1) 製造　(2) 供應　(3) 運輸　(4) 消費。　(1)

(　) 128. 依危險性機械及設備安全檢查規則規定，下列何者非為固定式起重機所需之檢查？　(1) 型式檢查　(2) 竣工檢查　(3) 使用檢查　(4) 重新檢查。　(3)

(　) 129. 依危險性機械及設備安全檢查規則規定，額定荷重三百公噸之固定式起重機，竣工檢查實施荷重試驗時，需將相當於若干額定荷重置於吊具上實施各項動作試驗？　(1)300 公噸　(2)350 公噸　(3)375 公噸　(4)381 公噸。　(2)

(　) 130. 依危險性機械及設備安全檢查規則規定，高壓氣體容器在下列何種檢查合格後，即可發檢查合格證？　(1) 型式檢查　(2) 熔接檢查　(3) 構造檢查　(4) 使用檢查。　(3)

(　) 131. 依鍋爐及壓力容器安全規則規定，鍋爐房應設至少幾個以上之出入口，但緊急時鍋爐操作人員可避難者，不在此限？　(1)1　(2)2　(3)3　(4)4。　(2)

( ) 132. 依職業安全衛生法規定，下列何項機械或設備之操作人員，雇主應僱 用經技術士技能檢定或訓練合格人員充任之？ (1) 升降機 (2) 簡易 提升機 (3) 圓盤鋸 (4) 鍋爐。 | (4)

( ) 133. 依職業安全衛生管理辦法規定，小型鍋爐、小型壓力容器每年應實施 定期檢查 1 次以上，由下列何者辦理？ (1) 勞動檢查機構 (2) 代行 檢查機構 (3) 製造廠 (4) 雇主。 | (4)

( ) 134. 依鍋爐及壓力容器安全規則規定，胴體內徑達 500 公厘以上之豎型鍋 爐或鍋爐本體外側，未加被覆物之鍋爐外側與主牆壁之間，應保留多 少公分以上之距離？ (1)15 (2)30 (3)45 (4)100。 | (3)

( ) 135. 依鍋爐及壓力容器安全規則規定，壓力容器設有 2 具以上安全閥 者，其中至少 1 具應調整最高使用壓力以下吹洩，其他安全閥最大 可調整至最高使用壓力之幾倍以下吹洩？ (1)1.00 (2)1.01 (3)1.02 (4)1.03。 | (4)

( ) 136. 依職業安全衛生設施規則規定，雇主使勞工於有危害勞工之虞之局限 空間從事作業時，對勞工之進出，應予確認、點名登記，並作成紀錄 至少保存多少年？ (1)1 (2)2 (3)3 (4)4。 | (1)

( ) 137. 依職業安全衛生設施規則規定，起重升降機具所使用之吊鉤或鉤環及 附屬零件，其斷裂荷重與所承受之最大荷重比之安全係數，應在多少 以上？ (1)2 (2)3 (3)4 (4)5。 | (3)

( ) 138. 依職業安全衛生設施規則規定，雇主對於自高度在多少公尺以上之場 所投下物體有危害勞工之虞時，應設置適當之滑槽、承受設備，並指 派監視人員？ (1)2 (2)3 (3)4 (4)5。 | (2)

( ) 139. 依職業安全衛生設施規則規定，雇主對勞工於石綿板、鐵皮板、瓦、 木板、茅草、塑膠等材料構築之屋頂從事作業時，為防止勞工踏穿墜 落，應於屋架上設置適當強度，且寬度在多少公分以上之踏板或裝設 安全護網？ (1)30 (2)40 (3)50 (4)60。 | (1)

( ) 140. 高壓氣體容器之定期檢查，依危險性機械及設備安全檢查規則規 定，自構造檢查合格日起算未滿 15 年者，須每幾年檢查 1 次以上？ (1)1 (2)2 (3)3 (4)5。 | (4)

( ) 141. 依高壓氣體勞工安全規則規定，W(公斤) ＝ V₂(公升)/C(指數) 係為 下列何種能力？ (1) 液化氣體儲存設備之儲存能力 (2) 液化氣體容 器之儲存能力 (3)2 高壓氣體之處理能力 (4)冷凍設備之冷凍能力。 | (2)

( ) 142. 依高壓氣體勞工安全規則規定，自可燃性氣體製造設備之高壓氣體設 備之外面與氧氣製造設備之高壓氣體設備間，應保持多少公尺以上？ (1)1 (2)5 (3)8 (4)10。 | (4)

(　) 143. 依起重升降機具安全規則規定,升降機依其構造及材質,於搬器上乘載人員或貨物上升之最大荷重,為下列何者?　(1) 吊升荷重　(2) 額定荷重　(3) 額定總荷重　(4) 積載荷重。　(4)

(　) 144. 固定式起重機竣工檢查時之荷重試驗,係將相當於該起重機額定荷重幾倍之荷重,置於吊具上實施吊升、直行、橫行及旋轉等動作試驗?　(1)1　(2)1.2　(3)1.25　(4)1.27。　(3)

(　) 145. 依危險性機械及設備安全檢查規則規定,高壓氣體特定設備儲槽之材質為高強度鋼,熔接後於爐內實施退火時,其實施內部檢查之期限,除第一次檢查為竣工檢查後 2 年外,其後應為每幾年實施 1 次?　(1)1　(2)2　(3)3　(4)5。　(4)

(　) 146. 依起重升降機具安全規則規定,固定式起重機與建築物間設置之人行道寬度應在多少公尺以上?　(1)0.2　(2)0.3　(3)0.4　(4)0.6。　(4)

(　) 147. 依起重升降機具安全規則規定,營建用提升機,在瞬間風速超過多少時,應增設拉索,預防其倒塌?　(1)25 公尺 / 秒　(2)35 公尺 / 秒　(3)45 公尺 / 秒　(4)55 公尺 / 秒。　(2)

(　) 148. 以動力吊升貨物為目的,具有主柱、吊桿,另行裝置原動機,並以鋼索操作升降之機械裝置,為下列何者?　(1) 移動式起重機　(2) 升降機　(3) 人字臂起重桿　(4) 簡易提升機。　(3)

(　) 149. 依營造安全衛生設施標準規定,對於從事鋼筋混凝土之作業時,下列敘述何者不正確?　(1) 使從事搬運鋼筋作業之勞工戴用手套　(2) 禁止使用鋼筋作為拉索支持物、工作架或起重支持架　(3) 鋼筋不得散放於施工架上　(4) 不得使用吊車或索道運送鋼筋。　(4)

(　) 150. 職業安全衛生法上所稱之工作者為何?　(1) 勞工　(2) 自營作業者　(3) 其他受工作場所負責人指揮或監督從事勞動之人員　(4) 事業之經營負責人。　(123)

(　) 151. 機械、設備、器具、原料、材料等物件設計、製造或輸入者及工程之設計施工者,致力防止發生職業災害,應於那些階段實施風險評估?　(1) 設計、製造　(2) 輸入　(3) 使用　(4) 施工規劃。　(124)

(　) 152. 依職業安全衛生法規定,有下列情形之一者,得公布其事業單位、雇主等?　(1) 事業單位勞動場所發生死亡等之職業災害　(2) 未符合安全衛生設備及措施之規定致發生行政罰則　(3) 發生職業病　(4) 未實施風險評估。　(123)

(　) 153. 下列那些屬勞動檢查法第 27 條所稱之重大職業災害?　(1) 發生死亡災害者　(2)1 人發生 9 等殘廢之災害　(3) 發生光氣之洩漏,致 1 人以上罹災勞工需住院治療者　(4) 發生災害罹災 3 人以上者。　(134)

( ) 154. 以勞動檢查機構所發檢查結果通知書之全部內容公告者，應公告於
那些場所之一？ (1) 事業單位管制勞工出勤之場所 (2) 餐廳、宿
舍及各作業場所之公告場所 (3) 與工會或勞工代表協商同意之場所
(4) 公告於最嚴重之違反規定場所之一。 (123)

( ) 155. 下列經中央主管機關指定適用機械設備器具安全標準者為何？
(1) 推土機 (2) 動力衝剪機械 (3) 手推刨床 (4) 動力堆高機。 (234)

( ) 156. 下列那些為職業安全衛生法施行細則所稱具有危險性之機械？
(1) 固定式起重機 (2) 鍋爐 (3) 營建用升降機 (4) 挖土機。 (13)

( ) 157. 職業安全衛生設施規則所稱之車輛機械，包括下列那些？ (1) 手推
車 (2) 固定式起重機 (3) 鏟土機 (4) 刮運機。 (34)

( ) 158. 依營造安全衛生設施標準規定，下列哪些為施工架組配作業主管之
辦理事項？ (1) 檢查材料 (2) 督導工程進度 (3) 監督勞工作業
(4) 監督安全帽、安全帶之使用。 (134)

( ) 159. 高壓氣體勞工安全規則不適用於下列何種高壓氣體？ (1) 船舶設備
內使用之高壓氣體 (2) 原子能設施內使用之高壓氣體 (3) 高壓鍋爐
及其導管內之高壓蒸氣 (4) 冷凍能力在 3 公噸以上之冷凍設備內之
高壓氣體。 (123)

( ) 160. 依固定式起重機安全檢查構造標準規定，固定式起重機應以銘牌標示
相關事項，包括下列何者？ (1) 製造者名稱 (2) 製造年月 (3) 荷
重試驗年月 (4) 吊升荷重。 (124)

( ) 161. 依危險性機械及設備安全檢查規則規定，第一種壓力容器在下列何種
情形需申請重新檢查？ (1) 從國外進口者 (2) 經禁止使用擬恢復使
用者 (3) 補強支撐有變動者 (4) 遷移裝置地點而重新裝設者。 (124)

( ) 162. 依職業安全衛生設施規則規定，行駛中之貨車搭載勞工時，下列敘
述哪些為正確？ (1) 駕駛室之頂部高度不得超過載貨台之物料高度
(2) 不得使勞工搭乘於因貨車之搖動致有墜落之虞之位置 (3) 勞工身
體之最高部分不得超過駕駛室之頂部高度 (4) 載貨台之物料高度超
過駕駛室頂部者，勞工身體之最高部分不得超過該物料之高度。 (234)

( ) 163. 下列哪些屬職業安全衛生設施規則所稱之局限空間？ (1) 非供勞工
在其內部從事經常性作業 (2) 勞工進出方法受限制 (3) 無法以自然
通風來維持充分、清淨空氣 (4) 內部空間照明充足。 (123)

( ) 164. 依職業安全衛生設施規則規定，下列有關升降機之安全設施，下列
敘述哪些為正確？ (1) 升降路各樓出入口，應裝置構造堅固平滑之
門 (2) 升降搬器及升降路出入口之任一門開啟時，升降機不能開動
(3) 升降機在開動中任一門開啟時，能停止上下 (4) 搬器地板與樓板
相差 10 公分以上時，升降路出入口門不能開啟。 (123)

(　) 165. 依職業安全衛生設施規則規定，對於高壓氣體之貯存，下列敘述哪些 (124)
為正確？　(1) 盛裝容器和空容器應分區放置　(2) 可燃性氣體、毒性
氣體及氧氣之鋼瓶，應分開貯存　(3) 劇毒性氣體不得貯存　(4) 容器
應保持在攝氏四十度以下。

(　) 166. 對於固定式起重機設置之階梯，下列哪些敘述符合固定式起重機安全 (123)
檢查構造標準規定？　(1) 對水平之傾斜度應在 75 度以下　(2) 每一
階之高度應在 30 公分以下，且各階梯間距離應相等　(3) 階面之寬度
應在 10 公分以上，且各階面應相等　(4) 設置之堅固扶手高度至少應
在 60 公分以上。

(　) 167. 依職業安全衛生法施行細則規定，下列何者屬安全衛生工作守則的 (124)
內容？　(1) 事業單位之安全衛生管理及各級之權責　(2) 急救與搶救
(3) 訪客注意要點　(4) 工作安全及衛生標準。

(　) 168. 依據職業安全衛生教育訓練規則的要求，哪些描述正確？　(1) 擔任 (124)
有機溶劑作業主管的勞工應於事前使其接受有害作業主管之教育訓練
(2) 荷重在一公噸以上之堆高機操作人員應使其接受特殊作業教育訓
練　(3) 職業安全衛生業務主管應接受每兩年至少十二小時的在職教
育訓練　(4) 在職勞工於變更工作前，應使其接受適於工作必要之一
般安全衛生教育訓練。

(　) 169. 下列何者為屬勞工健康保護規則所稱特別危害健康作業？　(1) 高溫 (14)
作業勞工作息時間標準所稱之高溫作業　(2) 重體力作業　(3) 精密作
業　(4) 游離輻射作業。

(　) 170. 依職業安全衛生教育訓練規則規定，下列何項作業勞工，雇主需對其 (13)
實施特殊作業安全衛生教育訓練？　(1) 荷重在 1 公噸以上之堆高機
操作　(2) 衝床作業　(3) 使用起重機從事吊掛作業　(4) 研磨作業。

(　) 171. 依勞工作業場所容許暴露濃度標準規定，下列敘述何者不正確？ (134)
(1) 暴露濃度未超過容許濃度者即表示一定安全　(2) 容許濃度不得作
為工作場所以外之空氣污染指標　(3) 容許濃度表註有皮字者表示該
物質對勞工會引起皮膚炎及敏感等特性　(4) 任何時間均不得超過短
時間時量平均容許濃度。

(　) 172. 依危害性化學品標示及通識規則規定，危害物質應標示事項，除危害 (123)
圖式外，其內容需包括下列何項？　(1) 名稱及危害成分　(2) 危害警
告訊息　(3) 製造者、輸入者或供應者之名稱、地址及電話　(4) 消防
機關電話、地址。

(　) 173. 依危害性化學品標示及通識規則規定，下列何者可免標示？　(1) 外 (13)
部容器已標示，僅供內襯且不再取出之內容器　(2) 內部容器未標示，
由外部無法見到標示之外部容器　(3) 勞工使用可攜帶容器，其危害
物質取自有標示之容器　(4) 危害物質僅供實驗室實驗、研究之用。

( ) 174. 事業單位發生職業安全衛生法第 37 條第 2 項規定之職業災害時，除 (34)
必要之急救、搶救外，雇主非經下列何種機構或機關許可，不得移動
或破壞現場？ (1) 警察人員 (2) 地方主管機關 (3) 勞動檢查機構
(4) 司法機關。

( ) 175. 下列哪些爲高壓氣體勞工安全規則中所稱特定高壓氣體？ (1) 壓縮 (12)
氫氣 (2) 液氧 (3) 乙炔 (4) 溴甲烷。

工作項目 ❷　職業安全衛生計畫及管理

答

( ) 1. 人為失誤 (Human Error) 可藉由以下何種分析加以預防　(1) 虛驚事件分析　(2) 作業環境測定　(3) 靜電量測　(4) 失效樹分析。 (1)

( ) 2. 依職業安全衛生管理辦法規定，應由何者訂定職業安全衛生管理計畫？　(1) 作業勞工　(2) 勞工局　(3) 現場監督人員　(4) 雇主。 (4)

( ) 3. 下列何者是訂定職業安全衛生管理計畫，先要確立的重點？　(1) 計畫項目　(2) 計畫期間　(3) 計畫目標　(4) 基本方針。 (4)

( ) 4. 依職業安全衛生管理辦法規定，雇主使勞工從事缺氧危險作業時，應使該勞工就其作業有關事項實施何種檢查？　(1) 設備之定期檢查　(2) 機械設備之重點檢查　(3) 機械設備之作業檢點　(4) 作業檢點。 (4)

( ) 5. 依職業安全衛生法規定，安全衛生工作守則應由下列何者訂定？　(1) 雇主　(2) 勞工　(3) 雇主會同勞工代表　(4) 勞動部。 (3)

( ) 6. 依職業安全衛生法規定，安全衛生工作守則訂定後，下列何種程序為正確？　(1) 應報經勞動檢查機構備查　(2) 應報經地方主管機關備查　(3) 經雇主核定後實施　(4) 應報警察機關備查。 (1)

( ) 7. 勞工未切實遵行安全衛生工作守則，主管機關最高可處罰鍰新台幣多少元？　(1)1,000　(2)3,000　(3)6,000　(4)9,000。 (2)

( ) 8. 安全衛生工作守則製作，下列何者不符要求？　(1) 法令基本原則　(2) 合理可實施原則　(3) 責任由勞工負責　(4) 規定程序可修訂。 (3)

( ) 9. 依職業安全衛生管理辦法規定，各項安全衛生提案應送請下列何者審議？　(1) 職業安全衛生管理單位　(2) 董事會　(3) 監事會　(4) 職業安全衛生委員會。 (4)

( ) 10. 依職業安全衛生管理辦法之規定，僱用勞工人數多少人以上之事業單位，雇主除應依規模、特性訂出職業安全衛生管理計畫外，另應訂定職業安全衛生管理規章要求各級主管及管理、指揮、監督有關人員執行？　(1)30　(2)50　(3)100　(4)200。 (3)

( ) 11. 下列何者非勞工健康管理計畫之目的？　(1) 依勞工之身體及心理狀況，分配適當工作　(2) 早期偵知有害作業場所各種影響，評估安全衛生管理措施是否適當並提出改善措施　(3) 防止機械設備之捲夾危害　(4) 減少勞工因工傷病之缺工。 (3)

( ) 12. 下列何者非健康促進的項目？　(1) 有氧運動　(2) 八段錦　(3) 戒菸計畫　(4) 指認呼喚。 (4)

( ) 13. 依職業安全衛生管理辦法規定，下列何種機械設備應實施重點檢查？　(1) 局部排氣裝置　(2) 動力堆高機　(3) 車輛系營建機械　(4) 衝壓機械。 (1)

( ) 14. 依職業安全衛生設施規則規定，有易燃性液體蒸氣或可燃性氣體存在致有爆炸之虞之作業場所，應在何時測定其濃度？ (1) 作業前 (2) 作業後 (3) 每日 (4) 每月。 | (1)

( ) 15. 依職業安全衛生設施規則規定，作業前應測可燃性氣體或易燃性液體蒸氣，其濃度達爆炸下限值之多少百分比以上時，應即刻使勞工退避至安全場所？ (1)10 (2)20 (3)30 (4)40。 | (3)

( ) 16. 實施自動檢查以後，必須採取下列何項措施始能達到防止職業災害，保障職業安全與健康之目的？ (1) 聘請專家指導 (2) 提出檢查報告 (3) 切實改善 (4) 舉行研討會。 | (3)

( ) 17. 下列哪種事業單位依職業安全衛生管理辦法規定，僱用勞工人數在 100 人以上需要設置職業安全衛生管理單位？ (1) 新聞業 (2) 醫院 (3) 紡織業 (4) 郵政業。 | (3)

( ) 18. 依職業安全衛生管理辦法規定，事業單位勞工人數在多少人以上，設職業安全衛生管理單位或置管理人員時，應填具「職業安全衛生管理單位 (人員) 設置 (變更) 報備書」陳報勞動檢查機構備查？ (1)10 (2)20 (3)30 (4)100。 | (3)

( ) 19. 依職業安全衛生管理辦法規定，職業安全衛生委員會設置之委員人數最少需要多少人？ (1)3 (2)5 (3)7 (4)9。 | (3)

( ) 20. 依職業安全衛生管理辦法規定，職業安全衛生委員會至少應每幾個月開會 1 次？ (1)1 (2)2 (3)3 (4)4。 | (3)

( ) 21. 依職業安全衛生管理辦法規定，事業單位勞工多少人以上，雇主應訂定職業安全衛生管理規章？ (1)30 (2)50 (3)100 (4)300。 | (3)

( ) 22. 依職業安全衛生管理辦法規定，職業安全衛生人員離職，應向那個單位報備？ (1) 當地勞動檢查機構 (2) 當地縣 (市) 政府 (3) 同業公會 (4) 當地警察局。 | (1)

( ) 23. 依高壓氣體勞工安全規則規定，高壓氣體儲存能力在 100 立方公尺或 1 公噸以上之儲槽，應多久定期測定其沉陷狀況 1 次？ (1)1 個月 (2)6 個月 (3)9 個月 (4)1 年。 | (4)

( ) 24. 張三在甲工廠工作，擔任吊升荷重 2 公噸之固定式起重機操作員及荷重 2 公噸之堆高機操作員，請問甲工廠雇主應對張三實施下列何者訓練？ (1) 吊升荷重未滿 3 公噸之固定式起重機操作訓練 (2) 堆高機之操作訓練 (3) 吊升荷重未滿 3 公噸之固定式起重機操作訓練及堆高機之操作訓練 (4) 不必訓練。 | (3)

( ) 25. 依職業安全衛生教育訓練規則規定，下列何項作業勞工，雇主無需對其實施特殊作業安全衛生教育訓練？ (1) 小型鍋爐之操作 (2) 荷重在 1 公噸以上之堆高機操作 (3) 潛水作業 (4) 衝床作業。 | (4)

(　) 26. 下列何項操作人員，雇主毋需使其受危險性設備操作人員安全訓練？　(3)
(1) 鍋爐 (小型鍋爐除外)　(2) 第一種壓力容器　(3) 吊升荷重未滿 5
公噸之固定式起重機　(4) 高壓氣體特定設備。

(　) 27. 依職業安全衛生管理辦法規定，就自動檢查，雇主對特定化學設備或　(3)
其附屬設備應多久實施定期檢查一次？　(1)6 個月　(2)1 年　(3)2 年
(4)3 年。

(　) 28. 依職業安全衛生管理辦法規定，下列何種安全裝置非為固定式起重　(2)
機每日應實施定期檢查之項目？　(1) 過捲預防裝置　(2) 警報裝置
(3) 制動器　(4) 離合器。

(　) 29. 依職業安全衛生管理辦法規定，下列何種機械設備應實施重點檢查？　(3)
(1) 鍋爐　(2) 小型壓力容器　(3) 第二種壓力容器　(4) 第一種壓力容
器。

(　) 30. 依職業安全衛生管理辦法規定，車輛系營建機械應多久實施整體定期　(1)
檢查一次？　(1)1 年　(2)2 年　(3)3 年　(4)4 年。

(　) 31. 依職業安全衛生管理辦法規定，移動式起重機之過捲預防裝置、過負　(1)
荷警報裝置、制動器、離合器及控制裝置，其性能檢點週期為下列何
者？　(1) 每日　(2) 每週　(3) 每月　(4) 每季。

(　) 32. 定期檢查及重點檢查紀錄表應陳報事業單位負責人或其代理人，其資　(3)
料最少應保存幾年？　(1)1　(2)2　(3)3　(4)5。

(　) 33. 雇主依法對勞工施以從事工作及預防災變所必要之安全衛生教育　(2)
訓練，勞工有接受之義務，違反時可處下列何種處分？　(1) 罰金
(2) 罰鍰　(3) 拘役　(4) 有期徒刑。

(　) 34. 危險性機械或設備之操作人員，雇主僱用未經中央主管機關認可之訓　(4)
練或經技能檢定合格人員充任時，依職業安全衛生法規定，可處以下
列何種行政處分？　(1) 有期徒刑　(2) 拘役　(3) 罰金　(4) 罰鍰。

(　) 35. 依職業安全衛生教育訓練規則規定，下列何者不需接受有害作業主管　(3)
安全衛生教育訓練？　(1) 鉛作業主管　(2) 缺氧作業主管　(3) 液化
石油氣製造安全作業主管　(4) 粉塵作業主管。

(　) 36. 事業單位與承攬人、再承攬人分別僱用勞工共同作業時，相關承攬　(3)
事業間之安全衛生教育訓練指導及協助，應由下列何者負責？
(1) 承攬人　(2) 再承攬人　(3) 原事業單位　(4) 當地主管機關。

(　) 37. 辦理職業安全衛生教育訓練之規劃順序，下列何項最為優先？　(3)
(1) 決定訓練方法　(2) 訓練之實施　(3) 決定訓練之對象　(4) 成果之
評價。

附錄三

( ) 38. 安全衛生教育訓練計畫之製作程序有下列四個步驟，(a) 實施訓練計畫 (b) 分析訓練需求 (c) 評鑑訓練成效 (d) 擬定年度訓練計畫；其計畫製作依序為下列何者？ (1)a → b → c → d (2)b → d → a → c (3)c → d → a → b (4)d → a → b → c。 **(2)**

( ) 39. 下列何者非為評估安全衛生訓練需求所做之分析？ (1) 組織層級分析 (2) 工作層級分析 (3) 個人層級分析 (4) 財務分析。 **(4)**

( ) 40. 擬決定實施工作安全分析的工作項目時，下列那項應最優先選擇？ (1) 傷害頻率高的工作 (2) 新工作 (3) 臨時性工作 (4) 經常性工作。 **(1)**

( ) 41. 下列何者非為安全作業標準的功用之一？ (1) 安全教導的參考 (2) 安全觀察的參考 (3) 員工升遷的參考 (4) 事故調查的參考。 **(3)**

( ) 42. 下列何種情況不需修正安全作業標準？ (1) 作業流程改變時 (2) 僱用新人時 (3) 設備改變時 (4) 管理制度改變時。 **(2)**

( ) 43. 下列何種法令規定，雇主應擬定安全作業標準？ (1) 職業安全衛生管理辦法 (2) 職業安全衛生法施行細則 (3) 職業安全衛生教育訓練規則 (4) 勞工作業環境之測定實施辦法。 **(2)**

( ) 44. 下列何種作業較不需要列入工作安全分析？ (1) 臨時性的工作 (2) 低危害重複性的生產工作 (3) 傷害頻率高的工作 (4) 潛在高危害性的工作。 **(2)**

( ) 45. 下列何項是安全觀察儘量要避免的行為？ (1) 要先決定安全觀察的最少抽樣數 (2) 發現不安全動作時要立即矯正 (3) 要先了解相關安全作業標準 (4) 觀察時態度要保持客觀。 **(2)**

( ) 46. 下列何者非為安全作業標準之功用？ (1) 防範工作場所災害之發生 (2) 職業災害補償之依據 (3) 作為安全觀察參考 (4) 選擇適當的人從事工作。 **(2)**

( ) 47. 由有實務經驗的現場基層主管與現場作業人員共同討論獲致的一項安全作業程序，係指下列何者？ (1) 工作分析 (2) 安全作業標準 (3) 安全觀察 (4) 安全檢查。 **(2)**

( ) 48. 下列何者非屬雇主應執行之職業安全衛生事項？ (1) 決定作業成本 (2) 評估安全衛生績效 (3) 勞工健康檢查、健康管理及健康促進事項 (4) 定期檢查、重點檢查、作業檢點及現場巡視。 **(1)**

( ) 49. 營造業的專案工程，在下列哪一個階段考量安全，可有最佳的安全成本效益？ (1) 規劃設計 (2) 發包 (3) 施工 (4) 試運轉。 **(1)**

( ) 50. 將工作方法或程序分解為各細項或步驟，以了解可能具有之危害，並訂出安全作業的需求，係指下列何者？ (1) 自動檢查 (2) 安全觀察 (3) 損失控制 (4) 工作安全分析。 **(4)**

( ) 51. 依職業安全衛生管理辦法之規定，下列關於職業安全衛生組織及人員 (4)
的描述何者錯誤？　(1) 事業單位所置專職管理人員，應常駐廠場執
行業務，不得兼任其他法令所定專責 (任) 人員或從事其他與職業安
全衛生無關之工作　(2) 營造業之事業單位對於橋樑、道路、隧道或
輸配電等距離較長之工程，應於每十公里內增置營造業丙種職業安
衛生業務主管一人　(3) 職業安全衛生人員因故未能執行職務時，雇
主應即指定適當代理人。其代理期間不得超過三個月　(4) 勞工人數
在三十人以上之事業單位，其職業安全衛生人員離職時，應於三個月
內報當地勞動檢查機構備查。

( ) 52. 依職業安全衛生管理辦法之規定，下列何者是移動式起重機每月定 (3)
期實施檢查的項目？　(1) 導索之結頭部分有無異常　(2) 終點極限
開關、緊急停止裝置、制動器、控制裝置及其他安全裝置有無異常
(3) 鋼索及吊鏈有無損傷　(4) 積載裝置及油壓裝置。

( ) 53. 下列何者非事業單位製作勞工健康管理計畫應先確認之事項？ (2)
(1) 事業單位作業環境有何種危害因子　(2) 工作場所使用之危險性機
械設備種類及數量　(3) 勞工總人數，如為輪班者，每班次勞工人數
(4) 勞工之年齡分佈。

( ) 54. 依職業安全衛生組織管理及自動檢查辦法規定，職業安全衛生委員至 (3)
少應每幾個月開會 1 次？　(1)1　(2)2　(3)3　(4)4。

( ) 55. 下列何者非屬勞工健康保護規則所稱特別危害健康作業？　(1) 鉛中 (4)
毒預防規則所稱之鉛作業　(2) 粉塵危害預防標準所稱之粉塵作業
(3) 游離輻射作業　(4) 重體力勞動作業勞工保護措施標準所稱之重體
力作業。

( ) 56. 依勞工健康保護規則規定，關於急救人員與急救器材的描述下列何者 (3)
錯誤？　(1) 每一輪班次應至少置急救人員一人，勞工人數超過五十
人者，每增加五十人，應再增加一人　(2) 急救人員不得有失聰、色
盲、心臟病、兩眼裸視或矯正視力後均在零點六以下與失能等體能及
健康不良，足以妨礙急救事宜者　(3) 備置之急救藥品及器材，應至
少每三個月定期檢查並保持清潔　(4) 備置之急救藥品如果超過保存
期限，應隨時予以更換及補充。

( ) 57. 評估職業災害的潛在風險是職業安全衛生管理系統的重要工作之一， (2)
下列何者不是執行風險評估的時機？　(1) 引進或修改製程　(2) 招募
新進人員　(3) 建立職業管理系統時　(4) 作業方法或條件的變更。

( ) 58. 下列關於製程安全評估的描述何者錯誤？ (1) 初步危害分析 (PHA)
用於系統設計階段實施，目的是分析系統的重大潛在危害 (2) 危害
及可操作分析 (HazOp) 屬於定性分析方法 (3) 失誤樹分析 (FTA) 及
事件樹分析 (ETA) 屬於定量分析方法 (4) 二維風險矩陣是由危害發
生的可能性與嚴重性組合而成。 **(2)**

( ) 59. 某工廠因為生產需要，將工作平台高度提升到三公尺高，為了防止
人員發生墜落風險，下列何者不屬於工程改善事項？ (1) 設置護欄
或護蓋 (2) 設置上下升降設備或防墜設施 (3) 使用起重吊掛作業
(4) 使勞工配戴安全帶。 **(4)**

( ) 60. 事業單位新購三部沖剪機械以增加產量，為了防止人員發生壓夾風
險，下列何者屬於本質安全設計？ (1) 加強作業主管的監督管理
(2) 危害告知 (3) 自動化進出料 (4) 維修保養使用掛牌上鎖。 **(3)**

( ) 61. 風險管理執行程序包括五個步驟，(a) 風險辨識 (b) 確認環境狀態
(c) 風險處理 (d) 風險評量 (e) 風險分析，其正確順序為下列何者？
(1)a → b → c → d → e (2)a → b → c → e → d (3)b → a → e → d → c
(4)b → a → d → e → c。 **(3)**

( ) 62. 依職業安全衛生教育訓練規則規定，雇主應對擔任下列何種具有危險
性之機械操作之勞工，於事前使其接受具有危險性之機械操作人員之
安全衛生教育訓練？ (1) 鍋爐操作人員 (2) 吊升荷重在三公噸以上
之移動式起重機操作人員 (3) 高壓氣體容器操作人員 (4) 荷重在一
公噸以上之堆高機操作人員。 **(2)**

( ) 63. 依職業安全衛生管理辦法之規定，事業單位所建置之職業安全衛生管
理系統應包括那些安全衛生事項？ (1) 政策及組織設計 (2) 營業項
目及規模 (3) 規劃與實施 (4) 評估及改善措施。 **(134)**

( ) 64. 依職業安全衛生管理辦法規定，下列那些檢查需要訂定自動檢查計
畫？ (1) 機械之定期檢查 (2) 機械、設備之重點檢查 (3) 機械、
設備之作業檢查 (4) 作業檢點。 **(123)**

( ) 65. 下列那些人係由雇主指定之職業安全衛生委員會之人員？ (1) 事業
內各部門之主管 (2) 職業安全衛生人員 (3) 總務人員 (4) 工會人
員。 **(12)**

( ) 66. 關於職業安全衛生管理計畫的說明，下列何者正確？ (1) 安全衛生
管理計畫應該由事業單位訂定 (2) 由職業安全衛生管理單位自行訂
定 (3) 計畫內容包括採購管理、承攬管理與變更管理等事項 (4) 計
畫目標應該具體且可量測。 **(134)**

( ) 67. 在研定職業安全衛生管理目標時，下列哪些項目屬於主動性目標？ (234) (1) 相較去年降低災害件數 30% (2) 訂定作業標準 3 件 (3) 辦理健康促進講座 12 小時 (4) 每個月針對高風險作業進行安全觀察 1 件。

( ) 68. 下列何者為事業單位製作勞工健康管理計畫應確認之事項？ (1) 事業單位作業環境有何種危害因子 (2) 工作場所使用之危險性機械設備種類及數量 (3) 勞工總人數，如為輪班者，每班次勞工人數 (4) 勞工之年齡分佈。 (134)

( ) 69. 依職業安全衛生管理辦法規定，下列哪些機械應每年就整體定期實施檢查一次？ (1) 車輛系營建機械 (2) 鍋爐 (3) 堆高機 (4) 固定式起重機。 (134)

( ) 70. 下列何者是稽核的正確作法？ (1) 稽核前應擬定稽核重點 (2) 稽核時應查遍所有文件內容，才不致有代表性不足的問題 (3) 稽核時只採面談方式不查核資料 (4) 稽核後應追蹤其改善情形。 (14)

( ) 71. 下列哪些為工作場所之風險管理要項？ (1) 建立安全衛生管理組織 (2) 危害辨識 (3) 評估危害所產生風險 (4) 實施控制方法。 (234)

( ) 72. 雇主使勞工從事局限空間作業，應先訂定危害防止計畫，該計畫應包含下列哪些要項？ (1) 局限空間危害之確認 (2) 作業勞工之健康檢查 (3) 通風換氣之實施方式 (4) 作業安全及安全管制方法。 (134)

工作項目 ③　專業課程

答

( )1.　下列何者不是職業安全衛生管理之主要工作？　(1) 危害之認知　(2) 危害之評估　(3) 危害之經濟影響　(4) 危害之控制。　(3)

( )2.　雨水落入熔融鐵水槽內形成之爆炸為下列何者？　(1) 化學性爆炸　(2) 沸騰液體膨脹蒸氣爆炸 (BLEVE)　(3) 汽化爆炸　(4) 高壓氣體爆炸。　(3)

( )3.　下列有關噪音危害之敘述何者錯誤？　(1) 超過噪音管制標準即會造成嚴重聽力損失　(2) 噪音會造成心理影響　(3) 長期處於噪音場所能對聽力造成影響　(4) 高頻噪音較易導致聽力損失。　(1)

( )4.　下列何者屬不安全動作？　(1) 通風換氣不良　(2) 不適當的防護裝置　(3) 為操作方便，拆除安全裝置　(4) 吊掛設備無防止脫落裝置。　(3)

( )5.　下列何者是最佳的危害控制先後順序 (A. 從危害所及的路徑控制；B. 從暴露勞工加以控制；C. 控制危害源)？　(1)A → B → C　(2)B → C → A　(3)C → A → B　(4)C → B → A。　(3)

( )6.　鍋爐管線未有溫度隔離包覆而使勞工灼傷，屬於下列何項因素所引起之職業傷害？　(1) 人為　(2) 設備　(3) 成本　(4) 政策。　(2)

( )7.　空氣中有害物進入人體之最主要途徑為何？　(1) 呼吸道　(2) 頭髮　(3) 耳朵　(4) 眼睛。　(1)

( )8.　勞工體格檢查、特殊體格檢查之目的屬勞工衛生之下列何種原則？　(1) 預防原則　(2) 保護原則　(3) 適應原則　(4) 治療復健原則。　(3)

( )9.　下列何種作業會較易發生手部神經及血管造成傷害，發生手指蒼白、麻痺、疼痛、骨質疏鬆等症狀之白指病？　(1) 低溫　(2) 局部振動　(3) 異常氣壓　(4) 游離輻射。　(2)

( )10.　依勞工作業環境監測實施辦法規定，對於事業單位如欲辦理法定期間之作業環境測定之敘述，下列敘述何者錯誤？　(1) 應僱用乙級以上作業環境測定技術士辦理　(2) 委由執業之工礦衛生技師辦理　(3) 委由認可之作業環境測定機構辦理　(4) 化學性因子測定樣本應送請認可之作業環境測定機構作化驗分析。　(4)

( )11.　硫化氫導致最主要之危害屬下列何者？　(1) 化學性窒息　(2) 物理性窒息　(3) 致過敏性　(4) 致癌性。　(1)

( )12.　職業病之危害因子認知基本程序包括：製程或作業調查、標示、檢點表及下列何者？　(1) 教育訓練　(2) 安全衛生工作守則　(3) 異常狀況之了解　(4) 緊急應變計畫。　(3)

( )13.　下列何者不是職業衛生之危害因子評估所需參考事項？　(1) 環境監測　(2) 生物偵測　(3) 勞工作業場所容許暴露標準　(4) 工作設備種類。　(4)

( ) 14. 有關勞工衛生危害之管制，應以下列何者優先？ (1) 發生源、製程 (1)
及硬體設備改善 (2) 作業管理 (3) 防護具 (4) 健康管理。

( ) 15. 在實施危害因子的預防管制時，如以調整暴露時間方式進行時，係屬 (2)
何種管理？ (1) 環境管理 (2) 作業管理 (3) 健康管理 (4) 安全管
理。

( ) 16. 暫時全失能之損失日數，應按受傷後所經過之損失總日數登記，此 (3)
項總日數不包括下列何者？ (1) 經過之星期日 (2) 經過之休假日
(3) 受傷當日 (4) 復工後由該次傷害所引起之其他全日不能工作之日
數。

( ) 17. 下列何者係屬不安全狀況？ (1) 在工作中開玩笑 (2) 警報系統不良 (2)
(3) 以不正確的方式裝載機具或物料 (4) 酗酒。

( ) 18. 實施職業災害調查分析時，應以下列何者為著眼點？ (1) 如何防止 (1)
災害 (2) 何人應負災害責任 (3) 如何應付勞動檢查機構 (4) 表示
重視職業安全。

( ) 19. 某工廠二月份發生火災 1 件計 2 人受傷，物料倒塌災害 2 件計 3 人受 (2)
傷，受傷者均治療 3 日後返回上班，則該廠二月份之失能傷害之人次
數為幾次？ (1)3 (2)5 (3)6 (4)8。

( ) 20. 某工廠三月份發生勞工死亡及永久全失能各 1 人之災害，則該月份之 (2)
總損失日數為下列何者？ (1)6,000 日 (2)12,000 日 (3)6,000 日加
永久全失能診療日數 (4)12,000 日加永久全失能診療日數。

( ) 21. 調查局限空間缺氧引起之職業災害，下列要因何者通常與缺氧原因無 (4)
「直接關係」？ (1) 氣體置換 (2) 化學性反應 (3) 動植物之生化
作用 (4) 空氣溫濕度。

( ) 22. 調查分析離地 2 公尺以上之高處作業墜落死亡之職業災害時，下列要 (2)
因何者不應歸類為「不安全狀態」？ (1) 施工架未設護欄 (2) 勞工
未有安全衛生教育訓練 (3) 未有安全帶可使用 (4) 工作場所開口未
防護。

( ) 23. 下列何者為工業用機器人最常引起之職業災害類型？ (1) 火災 (2)
(2) 被撞 (3) 切割 (4) 感電。

( ) 24. 依職業安全法施行細則規定，工作場所中為特定之工作目的所設之場 (3)
所，稱為下列何種場所？ (1) 工作場所 (2) 勞動場所 (3) 作業場
所 (4) 特別場所。

( ) 25. 下列何者非屬失能傷害？ (1) 損失日數未滿 1 日 (2) 損失日數 1 日 (1)
(3) 損失日數 2 日 (4) 損失日數 3 日。

( ) 26. 勞工因工作傷害而死亡，其損失日數依據國家標準 (CNS) 規定是幾 (3)
日？ (1)2,000 (2)4,000 (3)6,000 (4)8,000。

( ) 27. 在一次事故中損失下列何者為永久全失能？ (1) 全部牙齒 (2) 一隻手及一隻腳 (3) 一隻眼睛 (4) 右手拇指。 ……………………… (2)

( ) 28. 下列何者可作為測定作業場所之熱輻射效應用途？ (1) 乾球溫度計 (2) 水銀溫度計 (3) 酒精溫度計 (4) 黑球溫度計。 …………… (4)

( ) 29. 可燃性氣體偵測器是測定下列何者？ (1) 含氧濃度 (2) 一氧化碳濃度 (3) 燃燒 (爆炸) 下限百分比 (4) 含碳濃度。 …………………… (3)

( ) 30. 通風測定之常用測定儀器有發煙管、熱偶式風速計、皮托管 (Pitot Tube) 及液體壓力計等，其中皮托管為可測定下列何者？ (1) 空氣濕度 (2) 空氣成分 (3) 空氣速度 (4) 含氧濃度。 ……………… (3)

( ) 31. 室內作業場所之勞工噪音曝露工作 8 小時日時量平均音壓級超過 85 分貝，應每多少個月測定 1 次以上？ (1)1 (2)3 (3)6 (4)8。 …… (3)

( ) 32. 依職業安全衛生設施規則規定，對於勞工 8 小時日時量平均音壓級超過 85 分貝或暴露劑量超過多少百分比時，雇主應使勞工戴用耳塞、耳罩等防護具？ (1)30 (2)40 (3)50 (4)60。 ……………… (3)

( ) 33. 研磨作業時，研磨機砂輪破裂所造成之職業災害應屬下列何種災害類型？ (1) 擦傷 (2) 物體破裂 (3) 爆炸 (4) 物體飛落。 ………… (4)

( ) 34. 作業人員發生衝床職業災害失去食指與中指之第一個關節，這項職災屬於下列何者？ (1) 永久全失能 (2) 永久部分失能 (3) 暫時全失能 (4) 嚴重失能。 …………………………………………… (2)

( ) 35. 工廠員工以拉動手推車方式搬運貨品，當行經一路段時，有一小溝渠之蓋板覆蓋不完全，致使車輪陷入溝中而導致推車傾斜，人員頭部被掉落之貨品撞傷。請問該職業災害之媒介物為下列何者？ (1) 蓋板 (2) 車輪 (3) 貨品 (4) 手推車。 ……………………………… (1)

( ) 36. 簡易接地電阻測定器因包含測定器之一端連接於低壓電源之迴路，其測定值包含下列何者，導致精確度較差？ (1) 絕緣電阻 (2) 漏電電阻 (3) 系統接地電阻 (4) 設備接地電阻。 ………………………… (3)

( ) 37. 使用漏電測定器時，下列何者非屬應注意之事項？ (1) 不可靠近強力磁場 (2) 避免振動及高溫 (3) 使用後不可置於毫安培 (mA) 之測量範圍 (4) 不可接近接地線。 …………………………………… (4)

( ) 38. 設計超市櫃檯高度時，採用下列何種設計較能符合實際作業需求？ (1) 極大設計 (2) 平均設計 (3) 極小設計 (4) 可調設計。 ……… (2)

( ) 39. 人體溼潤狀態，人體的一部分接觸金屬製電氣機械裝置或構造物時，安全電壓為多少伏特以下？ (1)25 (2)35 (3)45 (4)55。 ……… (1)

( ) 40. 依職業安全衛生設施規則規定，勞工於良導體機器設備內從事檢修工作所用之手提式照明燈，其使用電壓不得超過多少伏特？ (1)6 (2)12 (3)24 (4)28。 …………………………………………… (3)

(　) 41. 配電變壓器二次側低壓線，或中性線之接地，可簡稱為下列何者？ (1) 高壓或低壓之設備接地　(2) 內線系統接地　(3) 低壓電源系統接地　(4) 二次配電接地。 　(3)

(　) 42. 漏電斷路器種類中之電壓動作型，用來檢測電動機或機器外殼之零相電壓，動作機構切斷電路，於動作時限 0.2 秒以下，其動作電壓為多少伏特？　(1)10 ～ 20　(2)20 ～ 30　(3)30 ～ 40　(4)40 ～ 50。 　(2)

(　) 43. 依職業安全衛生設施規則規定，高壓活線作業時，作業人員對於活線接近作業，在距離頭上及身側及腳下幾公分以內，應於該電路設置絕緣用防護裝備？　(1)60　(2)70　(3)80　(4)90。 　(1)

(　) 44. 若電容量以 C 表示，電壓值以 V 表示，則帶電體放電火花能量為下列何者？　(1)CV/2　(2)CV　(3)CV2/2　(4)CV2。 　(3)

(　) 45. 依職業安全衛生設施規則規定，雇主對於使用對地電壓超過多少伏特以上之移動式電動機具，應於該電動機具之連接電路上設置合適之漏電斷電器？　(1)50　(2)110　(3)125　(4)150。 　(4)

(　) 46. 防止靜電危害對策，下列何者不正確？　(1) 抑制靜電產生　(2) 接地疏導　(3) 使用絕緣性之材料　(4) 加濕或游離化。 　(3)

(　) 47. 防止電氣火災對策，下列何者不正確？　(1) 不可擅自使用銅線當作保險絲使用　(2) 有爆炸之虞場所應使用防爆型電氣設備　(3) 電氣乾燥器為保持有效果不可設排氣設施　(4) 電氣配線與建築物間應保持安全距離。 　(3)

(　) 48. 依機械設備器具安全標準規定，下列何者為動力衝剪機械雙手操作式安全裝置？　(1) 安全一行程　(2) 連續行程　(3) 一行程　(4) 寸動行程。 　(1)

(　) 49. 依職業安全衛生設施規則規定，吊鏈延伸長度超過百分之多少以上者，不得做為起重升降機具之吊掛用具？　(1)1　(2)3　(3)5　(4)7。 　(3)

(　) 50. 依職業安全衛生設施規則規定，吊鏈斷面直徑減少百分之多少以上者，不得做為起重機及人字臂起重桿之吊掛用具？　(1)1　(2)5　(3)10　(4)15。 　(3)

(　) 51. 依職業安全衛生設施規則規定，吊掛之鋼索一撚間有百分之多少以上素線截斷者，不得作為起重機及人字臂起重桿之吊掛用具？　(1)1　(2)5　(3)10　(4)15。 　(3)

(　) 52. 依職業安全衛生設施規則規定，吊掛之鋼索直徑減少達公稱直徑百分之多少以上者，不得作為起重機及人字臂起重桿之吊掛用具？　(1)3　(2)5　(3)7　(4)9。 　(3)

(　) 53. 皮帶與帶輪間會產生下列何種傷害？　(1) 剪切　(2) 捲夾　(3) 衝壓　(4) 鋸切。 　(2)

( ) 54. 依機械設備器具安全標準規定，下列何者不是衝剪機械的安全防護裝置？ (1)防護式安全裝置 (2)掃除式安全裝置 (3)感應式安全裝置 (4)警告標示。 (4)

( ) 55. 依機械設備器具安全標準規定，下列何者不是衝剪機械？ (1)橡膠滾輾機 (2)油壓衝床 (3)動力衝床 (4)衝孔機。 (1)

( ) 56. 反撥預防裝置係使用在下列何種機械上？ (1)圓盤鋸 (2)手推刨床 (3)帶鋸 (4)立軸機。 (1)

( ) 57. 依機械設備器具安全防護標準規定，撐縫片之厚度應為圓鋸片厚度之幾倍以上？ (1)1 (2)1.1 (3)1.2 (4)1.3。 (2)

( ) 58. 下列何種機械、零件無捲入之危害？ (1)轉軸 (2)飛輪 (3)齒輪 (4)衝頭。 (4)

( ) 59. 依職業安全衛生設施規則規定，離地幾公尺以內的轉軸應置適當的圍柵、掩蓋、護網或套管？ (1)1 (2)1.5 (3)2 (4)2.5。 (3)

( ) 60. 木材加工用圓盤鋸防護通常不包括下列何者？ (1)護罩 (2)撐縫片 (3)鋼爪 (4)光電連鎖裝置。 (4)

( ) 61. 研磨機起動時，操作員應站在砂輪之何方較為安全？ (1)前面 (2)後面 (3)側面 (4)任何地點。 (3)

( ) 62. 研磨輪之速率試驗應按所標示最高使用周速度增加百分之多少為之？ (1)10 (2)20 (3)50 (4)100。 (3)

( ) 63. 依機械設備器具安全標準規定，動力衝剪機械使用安全模在上死點時，上模與下模之間隙應在幾公厘以下？ (1)5 (2)6 (3)7 (4)8。 (4)

( ) 64. 下列何者為消除操作機械時可能造成壓與夾危害之最好方法？ (1)裝設固定式護罩 (2)加強維修保養與檢查 (3)訂定標準作業規範 (4)增大相對運動機件間的間隙。 (4)

( ) 65. 依機械設備器具安全標準規定，衝剪機械安全裝置操作用電氣回路之電壓，應在多少伏特以下？ (1)50 (2)100 (3)160 (4)200。 (3)

( ) 66. 依機械設備器具安全標準規定，衝剪機械之雙手操作式安全裝置，其一按鈕之外側與其他按鈕之外側，至少應距離多少公厘以上？ (1)100 (2)200 (3)300 (4)400。 (3)

( ) 67. 依機械設備器具安全標準規定，動力衝剪機械之拉開式安全裝置，對於已安裝調節配件之牽引帶，其切斷荷重應在多少公斤以上？ (1)100 (2)150 (3)200 (4)250。 (2)

( ) 68. 依職業安全衛生設施規則規定，雇主對研磨機於更換研磨輪後，應先檢驗有無裂痕，並應在防護罩下試轉多少分鐘以上？ (1)0.5 (2)1 (3)2 (4)3。 (4)

( ) 69. 為了滿足機能性安全需求，除了可在設計階段即採用複數(並聯)系統之外，在使用階段也應注意檢點與維修保養，此即下列何者？ (1)防呆措施 (2)本質安全 (3)高可靠度技術 (4)失效安全。 (3)

( ) 70. 安全資料表至少應每幾年檢討 1 次？ (1)1 (2)2 (3)3 (4)4。 (3)

( ) 71. 使勞工認知危害物質必要安全衛生注意事項，以促使其遵守安全衛生操作程序之制度，係指下列何者？ (1) 標準作業程序 (2) 危害通識制度 (3) 自護制度 (4) 自動檢查制度。 (2)

( ) 72. 製備危害物清單之目的為瞭解事業單位危害物質之種類、場所、數量、使用及下列何項資料？ (1) 危害物之物性、化性 (2) 急救方法 (3) 緊急應變程序 (4) 貯存。 (4)

( ) 73. 下列何者適用危害性化學品標示及通識規則規定？ (1) 有害事業廢棄物 (2) 裝有危害物質之輸送裝置 (3) 菸草或菸草製品 (4) 製成品。 (2)

( ) 74. 因衝剪機械造成夾壓之挫傷，屬於下列何種職業災害類型？ (1) 被夾、被捲 (2) 感電 (3) 墜落 (4) 不當行為。 (1)

( ) 75. 依危害性化學品標示及通識規則規定，應依實際狀況檢討安全資料表內容正確性，並適時更新，其更新紀錄應保存多少年？ (1)3 (2)5 (3)6 (4)7。 (1)

( ) 76. 危害性化學品為混合物時，下列之敘述何者錯誤？ (1) 危害性化學品主要成分濃度重量百分比在百分之一以上者，應列出其化學名稱 (2) 混合物已作整體測試者，依整體測試結果，判定危害性 (3) 未作整體測試者，其健康危害性，除具有科學資料佐證外，視同具各該成分之健康危害性 (4) 未作整體測試者，對於燃燒、爆炸及反應性等物理性危害，視同具各該成分之燃燒、爆炸及反應性。 (4)

( ) 77. 依危害性化學品標示及通識規則規定，危害性化學品標示之危害圖式符號，應使用何種顏色？ (1) 黃色 (2) 綠色 (3) 黑色 (4) 藍色。 (3)

( ) 78. 依危害性化學品標示及通識規則之規定，危害性化學品標示圖式符號之背景為何種顏色？ (1) 橙色 (2) 紅色 (3) 白色 (4) 黃色。 (3)

( ) 79. 過氧化丁酮為危害性化學品標示及通識規則中所稱之何種危險物？ (1) 爆炸性物質 (2) 易燃固體 (3) 自燃物質 (4) 禁水性物質。 (1)

( ) 80. 一氧化碳為危害性化學品標示及通識規則中所稱之下列何種危害物質？ (1) 著火性物質 (2) 有害物 (3) 爆炸性物質 (4) 氧化性物質。 (2)

( ) 81. 苯為危害性化學品標示及通識規則中所稱之有害物及下列何種危害物質？ (1) 爆炸性物質 (2) 易燃液體 (3) 自燃物質 (4) 禁水性物質。 (2)

( ) 82. 輸氣管面罩屬下列何種防護具？ (1) 動力過濾式 (2) 無動力過濾式 (3) 供氣式 (4) 組合式。 (3)

( ) 83. 在缺氧或立即致死濃度狀況下作業，應使用下列何種呼吸防護具？ (1) 負壓呼吸防護具 (2) 防塵面具 (3) 防毒面具 (4) 輸氣管面罩。 (4)

( ) 84. 當作業場所中含有對眼睛具刺激、危害作用的物質時，使用之防護面具其面體應為下列何者？ (1) 全面體 (2) 寬鬆面體 (3) 半面體 (4) 四分之一面體。 (1)

(　) 85. 於亞硫酸氣體場所使用之防毒面具，其濾罐應選用下列何種較適宜？　(3)
　　　　(1) 酸性氣體用濾罐　(2) 有機氣體用濾罐　(3) 二氧化硫用濾罐
　　　　(4) 消防用濾罐。

(　) 86. 自攜式呼吸器其有效使用時間低於多少分鐘時僅能用於緊急逃生？　(2)
　　　　(1)12　(2)15　(3)18　(4)20。

(　) 87. 下列何者非供氣式呼吸防護具之適用時機？　(1) 作業場所中混雜有　(4)
　　　　各式毒性物質，濾毒罐無作用時　(2) 作業場所中氧氣濃度不足 18%
　　　　(3) 作業環境中毒性物質濃度過高，濾毒罐無作用時　(4) 佩戴會影響
　　　　勞工作業績效。

(　) 88. 下列那種呼吸防護具於使用時，空氣中的有害物較易侵入面體內？　(1)
　　　　(1) 負壓呼吸防護具　(2) 輸氣管面具　(3) 自攜式呼吸器　(4) 正壓供
　　　　氣式呼吸防護具。

(　) 89. 呼吸防護具的防護係數為 10，表示該防護具能適用於污染物濃度在　(1)
　　　　幾倍容許濃度以下之作業環境？　(1)10　(2)15　(3)20　(4)100。

(　) 90. 在救火或缺氧環境下，應使用下列何種呼吸防護具？　(1) 輸氣管面　(3)
　　　　罩　(2) 小型空氣呼吸器　(3) 正壓自給式呼吸防護具 (SCBA)　(4) 防
　　　　毒口罩。

(　) 91. 耳部最高敏感度之頻率範圍自 3,000 至 5,000 赫茲，一般聽力損失發　(3)
　　　　生約在多少赫茲？　(1)1,000　(2)2,000　(3)4,000　(4)6,000。

(　) 92. 將車床集中成車床班，鑽床集中成鑽床班，是屬於下列何種佈置的形　(2)
　　　　式？　(1) 固定式　(2) 功能式　(3) 製程式　(4) 混合式。

(　) 93. 裝配鍋爐的佈置形式，以下列何者為適宜？　(1) 固定式　(2) 功能式　(1)
　　　　(3) 製程式　(4) 混合式。

(　) 94. 下列何者不屬源頭管制之方法？　(1) 研磨機安裝集塵裝置　(2) 指定　(3)
　　　　吸菸區　(3) 天花板採用吸音材　(4) 高溫爐採用隔熱材。

(　) 95. 下列那項非為部門主管之安全職責？　(1) 工作安全教導　(2) 安全政　(2)
　　　　策制訂　(3) 安全教育訓練　(4) 安全觀察。

(　) 96. 分析災害原因時，下列何者係屬直接原因？　(1) 高壓電　(2) 警報系　(1)
　　　　統不良　(3) 未使用個人防護具　(4) 防護具未分發給勞工。

(　) 97. 某一勞工在工作桌上以圓鋸鋸斷木材，手指不慎被鋸傷，則該災害的　(2)
　　　　媒介物為下列何者？　(1) 工作桌　(2) 圓鋸　(3) 木材　(4) 傳動帶。

(　) 98. 某勞工以手鏟鏟煤進鍋爐之燃燒室為火所灼傷，則該災害之媒介物為　(4)
　　　　下列何者？　(1) 煤　(2) 手鏟　(3) 手　(4) 鍋爐。

(　) 99. 系統失誤發生時，可將系統維持在一安全操作狀態，直到狀況解除，　(2)
　　　　此為下列何種失誤安全設計？　(1) 被動式　(2) 主動式　(3) 調節式
　　　　(4) 功能式。

(　) 100. 化工儲槽的安全閥係屬下列何種減低危害的防護方式？　(1) 隔離　(2)
　　　　(2) 弱連接　(3) 閉鎖　(4) 連鎖。

( ) 101. 保險絲因迴路開關電流過載時熔斷，使系統保持安全狀態，欲重新啟動需先將保險絲修復才能作業，此安全設計為下列何者？　(1) 被動式失誤安全設計　(2) 主動式失誤安全設計　(3) 調節式失誤安全設計　(4) 功能式失誤安全設計。 **(1)**

( ) 102. 使用防爆型電氣開關，使在可燃性氣體之中作業不致發生火花逸出，此為下列何種安全設計？　(1)隔離　(2)連鎖　(3)閉鎖　(4)弱連結。 **(1)**

( ) 103. 下列何者為安全化構造中，防止人、物、能量或其他因素進入非期望區域之方法？　(1) 閉鎖中之 lock-in　(2) 閉鎖中之 lock-out　(3) 連鎖 (interlock)　(4) 弱連結 (weak link)。 **(2)**

( ) 104. 勞工修理混合機時，未將電源開關上鎖，而不知情之第三者將該開關打開，造成災害，此為沒有做好下列何者？　(1) 隔離　(2) 阻卻　(3) 閉鎖　(4) 連鎖。 **(3)**

( ) 105. 在安全改善之優先順序上，當由設計方法消除危害及設計安全防護裝置為不可行時，下列何者應優先採行？　(1) 辦理人員安全訓練　(2) 裝設警報裝置　(3) 辦理員工健康檢查　(4) 使用個人防護具。 **(2)**

( ) 106. 下列何者非安全工程技術「隔離」之應用？　(1) 設置防爆牆　(2) 使用隔音裝置　(3) 使用鉛隔離輻射　(4) 使用接地以減少電荷積聚。 **(4)**

( ) 107. 依機械類產品型式驗證實施及監督管理辦法規定，型式驗證合格證明書之有效期為多少年？　(1)3　(2)5　(3)10　(4)15。 **(1)**

( ) 108. 完整的監測系統有四個步驟，其正確順序應為下列何者？　(1) 偵測 (Detection)、解釋 (Interpretation)、量測 (Measurement)、應變 (Response)　(2) 偵測、量測、解釋、應變　(3) 量測、偵測、解釋、應變　(4) 偵測、解釋、應變、量測。 **(2)**

( ) 109. 槽內作業，1 人在槽外監視槽內作業者是否發生危險並提供必要援助，此為下列何種安全系統？　(1) 自護系統　(2) 互護系統　(3) 偵測系統　(4) 警告系統。 **(2)**

( ) 110. 利用人類感官來設計安全警告裝置，其優先順序下列何者為正確？　(1) 聽覺、視覺、嗅覺　(2) 視覺、聽覺、嗅覺　(3) 嗅覺、聽覺、視覺　(4) 視覺、嗅覺、聽覺。 **(2)**

( ) 111. 下列何者不是以視覺感官方法設計之警告方式？　(1) 高壓設備之請勿接近標示　(2) 危險物運輸卡車上之易燃告示牌　(3) 以警鈴提示火警　(4) 夜間障礙物之紅色閃光燈。 **(3)**

( ) 112. 當事故發生時，在設計條件下，會使作業中斷以減少或控制任何可能會導致更嚴重的失誤或災害，此為下列何種防護方式？　(1) 弱連結 (weak links)　(2) 互護系統 (buddy system)　(3) 警告　(4) 偵測。 **(1)**

( ) 113. 利用人類感官作為安全警告方式，下列何者應為最優先？　(1) 視覺　(2)聽覺　(3)嗅覺　(4)對振動及溫度之感覺。 **(1)**

( ) 114. 當事件 A 發生時，事件 B 將作動，以使偶發事故不致發生，此為下列何種安全設計？ (1) 隔離 (2) 阻卻 (3) 互護系統 (4) 連鎖。 (4)

( ) 115. 二個以上之要素各別獨立，並共同組合成災害發生的原因，此種災害發生之型態為下列何者？ (1) 串聯型 (2) 並聯型 (3) 複合型 (4) 獨立型。 (2)

( ) 116. 穿戴防護衣或裝備，以防止環境危害所造成之傷害，在危害消除與控制型態屬下列何者？ (1) 抑制 (2) 稀釋 (3) 隔離 (4) 連續。 (3)

( ) 117. 機械在轉動、銳邊及帶電部分加以防護，屬於下列何種防護方法？ (1) 隔離 (2) 閉鎖 (3) 連鎖 (4) 對應。 (1)

( ) 118. 經由反射或吸收能量以減少損害，使殘留量減至危害量以下之方法為何？ (1) 抑制 (2) 變流裝置 (3) 弱連結 (4) 安全距離。 (2)

( ) 119. 在失誤樹分析中，因系統邊界或分析範圍之限制，未繼續分析下去之事件，或不再深究人為失誤的原因，稱之為何種事件？ (1) 中間事件 (2) 基本事件 (3) 未發展事件 (4) 頂端事件。 (3)

( ) 120. 在失誤樹分析中，二個或二個以上原因同時發生，才會導致某一中間事件或頂端事件發生時，需使用何種邏輯閘？ (1) 或 (2) 且 (3) 抑制 (4) 逆向。 (2)

( ) 121. Dow 火災爆炸指數是由下列何種方式決定？ (1) 單元危險因子與物質因子乘積 (2) 單元危險因子與單元危險因子乘積 (3) 損壞因子與物質因子乘積 (4) 單元危險因子與損壞因子乘積。 (1)

( ) 122. 下列何者屬於系統安全危害辨識的定量方法？ (1) 失誤模式與影響分析 (FMEA) (2) 初步危害分析 (PHA) (3) 事件樹分析 (ETA) (4) 危害與可操作性分析 (HAZOP)。 (3)

( ) 123. 初步危害分析在下列何階段開始施行較好？ (1) 生產階段 (2) 試車階段 (3) 設計階段 (4) 建廠階段。 (3)

( ) 124. 下列何者不是採用檢核表分析的限制？ (1) 在設備設計階段較難運用此表 (2) 無法進行事故模擬與事故頻率分析 (3) 品質受限於撰寫人經驗與專業知識 (4) 分析方法複雜。 (4)

( ) 125. 下列何者不是設計一份適用的檢核表，所需要的要項？ (1) 瞭解操作程序及實際操作情形 (2) 有經驗的製程、設備及安全工程師 (3) 設計一份所有製程、不同操作皆可使用的檢核表 (4) 找出相關政府法規、公司安全規範及產業共同標準。 (3)

( ) 126. 下列何者方法係指一種由上而下的方析方式，回溯發展模式，演繹或推論後果至其原因將各種不欲發生之故障情況？ (1) 共同原因分析法 (2) 原因後果分析法 (3) 失誤樹分析法 (4) 初步危害分析法。 (3)

(　) 127. 失誤樹分析中邏輯演繹的末端事件，通常是設備或元件故障，或人爲失誤，該末端事件表示的符號爲下列何者？　(1) □　(2) ○　(3) ◇　(4) △。 (2)

(　) 128. 失誤樹分析的程序包括四個步驟，(a) 定性分析 (b) 尋找基本事件失誤率 (c) 定量分析 (d) 相對重要性分析，則其正確順序爲下列何者？　(1)a → b → c → d　(2)b → c → a → d　(3)d → a → b → c　(4)c → a → b → d。 (1)

(　) 129. 在設計階段或規劃初期階段，最適合使用何種系統分析方法？　(1) 失誤樹分析　(2) 查核表　(3) 初步危害分析　(4) 危害與可操作性分析。 (3)

(　) 130. 大型化工廠之安全分析最宜採何種定量分析模式？　(1) 失誤模式與影響分析　(2) 失誤樹分析　(3) 檢核表　(4) 初步危害分析。 (2)

(　) 131. 藉由具經驗之專業人員，針對作業場所之危害特性訂定表格式之檢點項目，屬於下列何種方法？　(1) 檢核表　(2) 如果－結果分析　(3) 危害與可操作分析　(4) 失誤模式與影響分析。 (1)

(　) 132. 針對工作場所或系統內之設備失誤，以表格化方式，找出各種失效模式及可能造成影響之評估法屬於下列何者？　(1) 如果－結果分析　(2) 危害及可操作性分析　(3) 失誤模式及影響分析　(4) 失誤樹分析。 (3)

(　) 133. 針對工作場所內可能造成之各種重大災害，以演繹法推導出造成失誤之各個因子之方法，屬於下列何者？　(1) 檢核表 (checklist)　(2) 如果－結果分析 (what-if)　(3) 危害與可操作分析　(4) 失誤樹分析。 (4)

(　) 134. 檢核表爲用來檢查危害的一種分析工具，其中一種檢核表已將要檢查的項目完全列出，使用者只要逐項檢核是否符合標準即可，此種爲下列何種檢核表？　(1)開放式　(2)封閉式　(3)混合式　(4)半混合式。 (2)

(　) 135. 檢核表之使用，下列敘述何者不正確？　(1) 用來做爲操作訓練之依據　(2) 不適合用來做爲事故調查之依據　(3) 有效率達到各個操作階段評估的目的　(4) 使用快速容易、成本較低。 (2)

(　) 136. 下列何種項目不是初步危害分析之應用對象？　(1) 設計規劃期間的系統　(2) 既有系統需評估出重大潛在危害之次系統　(3) 對大系統中之次系統進行簡易之風險排序　(4) 人爲故意錯誤之事先預防分析。 (4)

(　) 137. 下列何項是從事損失控制工作的第一步工作？　(1) 事故的損失之減少　(2) 事故原因的控制　(3) 事故原因的鑑定　(4) 教育訓練。 (3)

(　) 138. 損失控制實務中，鑑定事故的基本原因是要找出下列何者？　(1) 危險的情況　(2) 不安全的方法　(3) 管理上的錯誤、疏漏　(4) 不安全的動作。 (3)

( ) 139. 損失控制五大功能中，何者為首要功能？ (3)
(1) 標準 (2) 量度 (3) 鑑定 (4) 評估。

( ) 140. 總合傷害指數之計算公式為何？ (3)
(1) 傷害損失天數 ×106/ 員工全部工時
(2) 失能傷害次數 ×106 / 員工全部工時
(3)(失能傷害頻率 × 失能傷害嚴重率) / 1000 之值的平方根
(4) 失能傷害次數 ×106 / (312× 員工全部工時)。

( ) 141. 下列何者不是八大損失控制管理工具之一？ (1) 實施健康檢查 (1)
(2) 安全檢查 (3) 事故調查 (4) 工作安全分析。

( ) 142. 風險控制執行策略中，下列何者屬於工程控制法？ (1) 修改操作方 (3)
法 (2) 修改操作條件 (3) 修改製程設計 (4) 修改操作步驟。

( ) 143. 下列何者是安全衛生管理系統之主動式評鑑資料？ (1) 虛驚事故 (3)
(2) 附近居民抗議 (3) 安全衛生稽核 (4) 主管機關的糾正。

( ) 144. 風險評估的四大實施步驟，(a) 風險判定 (b) 危害評估 (c) 危害 (3)
辨識 (d) 擬定風險控制計畫，其實施步驟依序為下列何者？
(1)a → b → c → d (2)b → c → d → a (3)c → b → a → d
(4)d → a → b → c。

( ) 145. 過錳酸鉀與濃硫酸混合時將產生下列何者？ (1) 混合著火 (2) 生成 (3)
不安定鉀鹽 (3) 爆炸 (4) 生成有機過氧化物。

( ) 146. 下列何者之傳播速度比聲速稍低？ (1) 火災 (2) 爆炸 (3) 爆燃 (3)
(4) 爆轟。

( ) 147. 在相同爆炸下限，爆炸範圍愈大之可燃性氣體或蒸氣，其爆炸危險性 (2)
為何？ (1) 愈低 (2) 愈高 (3) 相同 (4) 無相關性。

( ) 148. 粉塵爆炸是屬於何種化學反應？ (1) 氣相 (2) 固相 (3) 氣相與液 (4)
相 (4) 氣相與固相。

( ) 149. 金屬鋰、鈉、鉀引起火災屬於下列何類火災？ (1)A 類 (2)B 類 (4)
(3)C 類 (4)D 類。

( ) 150. 下列何者不適合用於撲滅電氣火災？ (1) 二氧化碳 (2)BC 乾粉 (4)
(3)ABC 乾粉 (4) 水。

( ) 151. 若將可燃性混合氣體與著火源完全隔離狀態下予以加熱時，當達到某 (2)
一溫度，就會自然著火燃燒，此時之溫度，稱為該物質之下列何者？
(1) 引火點 (2) 著火點 (3) 閃火點 (4) 沸點。

( ) 152. 可燃性液體的蒸氣壓不受下列何者影響？ (1) 溫度 (2) 壓力 (4)
(3) 添加物 (4) 開口容器的形狀。

( ) 153. 在燃燒界限範圍內，可燃性氣體蒸氣與空氣的混合濃度在靠近燃燒界 (2)
限值附近時，反應速度為何？ (1) 最大 (2) 最小 (3) 不變 (4) 先
變大後減小。

(　) 154. 火焰的傳播速度在亂流時比在層流時為何？　(1) 快　(2) 慢　(3) 相
同　(4) 不一定。　　　　　　　　　　　　　　　　　　　　　　(1)

(　) 155. 在火災學上，為了滅火之便，將火災分為 A、B、C、D(或甲、乙、
丙、丁) 四類；下列何者為 B 類火災？　(1) 油類火災　(2) 普通火災
(3) 金屬火災　(4) 電氣火災。　　　　　　　　　　　　　　　　　(1)

(　) 156. 下列何者為物理性爆炸？　(1) 失控反應爆炸　(2) 粉塵爆炸　(3) 水
蒸汽爆炸　(4) 核子反應。　　　　　　　　　　　　　　　　　　(3)

(　) 157. 空氣中之可燃性氣體濃度較理論混合比為高時，將產生不完全燃燒，
而生成 CO 等氣體，此時其燃燒速度將為何？　(1) 變慢　(2) 變快
(3) 不變　(4) 無關。　　　　　　　　　　　　　　　　　　　　(1)

(　) 158. 下列何者非為粉塵雲之點火源？　(1) 明火　(2) 熱表面　(3) 火花
(4) 輻射熱。　　　　　　　　　　　　　　　　　　　　　　　　(4)

(　) 159. 下列何者非為爆炸抑制系統之單元？　(1) 警報器　(2) 安全閥
(3) 控制系統　(4) 滅火劑。　　　　　　　　　　　　　　　　　(1)

(　) 160. 下列何者非為化學失控反應之原因？　(1) 微量不純物之濃縮　(2) 溫
度過低　(3) 原料比例錯誤　(4) 混合發熱。　　　　　　　　　　(2)

(　) 161. 以海龍 (Halon) 進行滅火，係屬於下列何種控制方法？　(1) 安全距離
(2) 壓力釋放口　(3) 抑制系統　(4) 隔離。　　　　　　　　　　(4)

(　) 162. 下列何種因素非為選取風險管理稽核頻率之要素？　(1) 法令需求
(2) 稽核成本　(3) 危害特性　(4) 低度風險製程經驗。　　　　　(2)

(　) 163. 下列何者屬神經方面的傷害？　(1) 肌腱炎　(2) 腱鞘炎　(3) 扳機指
(4) 腕道症候群。　　　　　　　　　　　　　　　　　　　　　　(4)

(　) 164. 下列何者不屬於重複性肌肉骨骼傷害預防之行政管理作為？　(1) 員
工篩選　(2) 人員訓練　(3) 工程改善　(4) 工作輪換。　　　　(3)

(　) 165. 解決重複性骨骼肌肉病變應依下列何者順序為之？　　　　　　　(3)
(1) 評估→認知→改善　(2) 評估→改善→認知
(3) 認知→評估→改善　(4) 改善→認知→評估。

(　) 166. 下列何者是主動監測之項目？　(1) 意外傷害報告　(2) 請假紀錄
(3) 現場訪查　(4) 勞保給付資料。　　　　　　　　　　　　　　(3)

(　) 167. 依屋內線路裝置規則規定，高速型之漏電斷路器，在額定動作電流
下，其動作時間需在多少秒以內？　(1)0.1　(2)0.5　(3)1.0　(4)2.0。　(1)

(　) 168. 人類行為複雜多變，其信賴遠不如機械，故防止職業傷害，應優先選
擇下列何者？　(1) 本質安全化　(2) 作業自動化　(3) 設備裝設防護
具　(4) 採用個人防護具。　　　　　　　　　　　　　　　　　　(1)

(　) 169. 為確保安全績效，下列何種措施應優先採用？　(1) 安全教育訓練
(2) 縮短工作時間　(3) 提供使用個人防護具　(4) 採用工程控制。　(4)

(　) 170. 因感電而跌倒致生傷害時，應歸類於下列何種職業災害類型？　　(1)
(1) 感電　(2) 跌倒　(3) 墜落、滾落　(4) 不當行為。

( ) 171. 因踏穿而墜落致傷害時，應歸類為下列何種職業災害類型？ (2)
(1) 踏穿 (2) 墜落 (3) 物體飛落 (4) 衝撞。

( ) 172. 因沖床模具、鍛造機槌等造成之捲夾挫傷，屬於下列何種職業災害類 (1)
型？ (1) 被夾、被捲 (2) 被切、割、擦傷 (3) 衝撞 (4) 不當行為。

( ) 173. 危害評估之人員因素分析中，下列何者不屬於行為上因素？ (3)
(1) 抄捷徑 (2) 喜歡冒險 (3) 知識不足 (4) 缺乏警覺。

( ) 174. 暫時全失能係指罹災者未死亡，亦未永久失能，但不能繼續其正常 (2)
工作，損失工作時間達多久以上者？ (1)1 小時 (2)1 日 (3)1 星期
(4)1 個月。

( ) 175. 危害評估之因素不包括下列何種因素？ (1) 人員 (2) 環境 (3) 管 (4)
理 (4) 利潤。

( ) 176. 職業災害按失能傷害分類方式為下列何種？ (1) 失能與非失能傷 (2)
害兩種 (2) 死亡、永久全失能、永久部分失能、暫時全失能四種
(3) 過失與無過失兩種 (4) 重傷害與輕傷害兩種。

( ) 177. 機器緊急停止觸控鈕之距離設計的原則，下列何者為佳？ (1) 可調 (3)
設計 (2) 極大設計 (3) 極小設計 (4) 平均設計。

( ) 178. 重複性傷害預防有五大步驟：(a) 工程改善 (b) 確定改善目標 (c) 行政 (2)
管理 (d) 改善績效評估 (e) 尋找累積性傷害的潛在危險因子；其預防步
驟依序為下列何者？ (1)a → d → b → c → e (2)b → e → a → c → d
(3)b → c → e → a → d (4)e → b → c → a → d。

( ) 179. 身體某部位經年累月，且頻率很高的不斷執行某種動作，此種特性屬 (1)
於下列何者？ (1) 重複性 (2) 連續性 (3) 漸進性 (4) 累積性。

( ) 180. 危害預防與控制的目的在於使工作、工具及工作環境適合員工，下列 (4)
何者不為避免「振動」危害因子所造成傷害的預防之道？ (1) 裝設
緩衝阻尼 (2) 使用防震設備 (3) 座位與振動源分離 (4) 使用非黏
滯性包裝材料。

( ) 181. 從人因之角度，下列何種工作空間設計，屬於較適合站姿作業？ (3)
(1) 所有零件、工具能就近取得之作業 (2) 作業時雙手抬起不超過
15cm (3) 處理物品重量大於 4.5 公斤 (4) 以精密組裝或書寫為主的
作業。

( ) 182. 電腦為現代作業場所不可或缺的工具，但長時間的使用電腦，易使工 (1)
作者產生何種傷害？ (1)腕隧道症候群 (2)腱鞘炎 (3)白指症 (4)
網球肘。

( ) 183. 下列何者不是避免靜電危害之防護措施？ (1) 接地與等電位連結 (2)
(2) 穿戴安全眼鏡與手套 (3) 降低摩擦速率 (4) 使用電荷中和器。

(　) 184. 請有工作安全評估經驗的專家，對工廠各方面進行一般性的檢查，其 (1)
範圍很廣，而所需的時間較短，此種危害評估技術，屬於下列何者？
(1) 初步危害分析　(2) 危害與可操作性分析　(3) 故障樹分析　(4) 影
響分析。

(　) 185. 下列何項危害評估技術之目的在於對不同程度之潛在災變事故狀況， (2)
作定性和定量分析，藉以判斷各種災變事故對廠內工作人員、周圍居
民和環境影響之程度？　(1) 初步危害分析　(2) 危害與可操作性分析
(3) 影響分析　(4) 故障樹分析。

(　) 186. 下列那些為木材加工用圓盤鋸之安全防護裝置？　(1) 護罩　(2) 護圍 (124)
(3) 墊圈　(4) 撐縫片。

(　) 187. 依勞工健康保護規則規定，下列之醫療衛生設備，那些是事業單位法 (124)
定必備之項目？　(1) 血壓計　(2) 靜脈點滴注射器及注射台　(3) 救
護車　(4) 氧氣及氧氣吸入器。

(　) 188. 依勞工健康保護規則規定，下列那些是特別危害健康之作業？ (124)
(1) 游離輻射作業　(2) 鉛作業　(3) 重體力勞動作業　(4) 粉塵作業。

(　) 189. 依勞工健康保護規則規定，下列那些作業不適合罹患高血壓症者 (13)
從事？　(1) 高溫作業　(2) 起重機運轉作業　(3) 重體力勞動作業
(4) 非游離輻射作業。

(　) 190. 依危險性工作場所審查及檢查辦法規定，下列何者屬丁類危險性工作 (13)
場所？　(1) 建築物頂樓樓板高度在 50 公尺以上之建築工程　(2) 模
板支撐高度在五公尺以上之工程　(3) 橋墩中心與橋墩中心距離在 50
公尺以上之橋樑工程　(4) 長度 500 公尺未有豎坑之隧道工程。

(　) 191. 乙類危險性工作場所於審查後，勞動檢查機構應實施檢查之設施為 (14)
何？　(1) 火災爆炸危害預防設施　(2) 墜落危害預防設施　(3) 人員
感電預防措施　(4) 有害物洩漏及中毒危害預防設施。

(　) 192. 丁類危險性工作場所之施工安全評估報告書內容，除包含施工災害初 (13)
步分析表、特有災害評估表、施工計畫之修改外，尚須包括那些？
(1) 報告簽認　(2) 製程修改安全計畫　(3) 基本事項檢討評估表
(4) 製程安全評估表。

(　) 193. 下列哪些是暴露鋼筋危害的適當防止方法？　(1) 鋼筋尖端彎曲 (14)
(2) 鋼筋尖端漆以防鏽漆　(3) 鋼筋尖端綁上塑膠繩　(4) 鋼筋尖端加
蓋。

(　) 194. 依營造安全衛生設施標準規定，為防止屋頂作業人員墜落，應考量哪 (124)
些因素？　(1) 屋頂斜度　(2) 屋頂材料性質　(3) 屋頂材料價格　(4)
天候。

( ) 195. 為防止捲揚機吊運物料時，發生物料飛落而傷害勞工，下列哪些為職業安全衛生設施規則規定之措施？ (1) 設置信號指揮聯絡人員 (2) 設有防止過捲裝置 (3) 吊掛用鋼索等吊具若有異狀應即修換 (4) 需經檢查機構檢查合格始准使用。 (123)

( ) 196. 為確保木材構築施工架之安全，下列哪些為營造安全衛生設施標準所規定者？ (1) 木材應完全剝除樹皮 (2) 不得施以油漆 (3) 不得有損及強度之裂隙 (4) 木材應為松木。 (123)

( ) 197. 對於營建用提升機，下列敘述何者正確？ (1) 雇主於中型營建用提升機設置完成時，應自行實施荷重試驗，試驗紀錄應保存 3 年 (2) 應於捲揚用鋼索上加註標識或設置警報裝置等，以預防鋼索過捲 (3) 如瞬間風速有超過每秒 20 公尺之虞時應增設拉索，以預防其倒塌 (4) 使用應不得超過積載荷重。 (124)

( ) 198. 下列哪些為使用道路作業之工作場所，為防止車輛突入等引起之危害，應辦理之事項？ (1) 作業人員應戴安全帽、穿著顏色鮮明之施工背心 (2) 不得於夜間作業 (3) 與作業無關之車輛禁止停入作業場所 (4) 不得造成大眾通行之障礙。 (134)

( ) 199. 下列哪些為局限空間作業場所應公告使作業勞工周知的事項？ (1) 進入該場所時應採取之措施 (2) 事故發生時之緊急措施及緊急聯絡方式 (3) 現場監視人員姓名 (4) 內部空間的大小。 (123)

( ) 200. 依職業安全衛生設施規則規定，對於運轉中之化學設備或其附屬設備，為防止因爆炸、火災、洩漏等造成勞工之危害，下列敘述哪些為正確？ (1) 確定冷卻、加熱、攪拌及壓縮等裝置之正常操作 (2) 確定將閥或旋塞雙重關閉或設置盲板 (3) 保持安全閥、緊急遮斷裝置、自動警報裝置或其他安全裝置於異常狀態時之有效運轉 (4) 保持溫度計、壓力計或其他計測裝置於正常操作功能。 (134)

( ) 201. 對於混凝土澆置作業，下列哪些為營造安全衛生設施標準之規定？ (1) 禁止勞工乘坐於混凝土澆置桶上 (2) 不得以起重機具或索道吊運混凝土桶 (3) 實施混凝土澆置作業，應指定安全出入路口 (4) 澆置期間應注意避免過大之振動。 (134)

( ) 202. 事業單位委外辦理勞工體格、健康檢查時，下列應注意事項，何者錯誤？ (1) 注意指定醫療機構之品質並應每年更換，俾能相互比較醫療機構之品質 (2) 要求醫療機構赴事業單位實施檢查之日，攜帶經衛生主管機關核准之公文及醫事人員執業執照與身分證 (3) 檢查項目以勞工健康保護規則所訂項目為限，但要求增加之項目由雇主負擔全部費用且經勞工同意者不在此限 (4) 健康檢查手冊最好由事業單位統一保管。 (14)

(　　) 203. 下列有關健康檢查結果評估及處理之事項，何者正確？　(1) 每次健 　(134)
檢後進行整體性之評估　(2) 對健康檢查發現健康異常之勞工，由部
門主管判定是否與職業原因有關　(3) 依照醫師之建議執行分配勞工
工作　(4) 將特殊健康檢查報告書及第三級管理勞工資料陳報政府有
關單位。

(　　) 204. 下列有關特殊健康檢查的描述，何者正確？　(1) 檢查紀錄至少保存 　(24)
十年　(2) 從事特別危害健康作業勞工，應於變更其作業時實施特殊
健康檢查　(3) 將每位勞工健康檢查之詳細資料公佈在顯明而易見之
場所　(4) 從事鉛中毒預防規則所稱鉛作業的勞工應實施特殊健康檢
查。

(　　) 205. 6S 現場管理守則是事業單位經常使用於塑造安全文化的管理方法之 　(124)
一，哪些方法屬於 6S 範疇？　(1) 整理　(2) 整頓　(3) 教育　(4) 修
養。

(　　) 206. 下列何者屬物理性危害？　(1) 有機溶劑中毒　(2) 振動　(3) 異常氣 　(234)
壓　(4) 噪音。

(　　) 207. 下列何者為高溫或低溫所造成之可能危害？　(1) 中暑　(2) 神經衰弱 　(134)
(3) 熱痙攣　(4) 凍傷。

(　　) 208. 下列有關振動危害之敘述何者正確？　(1) 振動能與人體不同之部位 　(134)
產生共振現象而造成對人體健康影響　(2) 暈車暈船常為高頻振動所
引起　(3) 長時間操作破碎機、鏈鋸等振動手工具會對手部神經及血
管造成傷害　(4) 當振動由手掌傳至手臂時會導致臂部肌肉、骨骼、
神經之健康影響。

(　　) 209. 下列何者為判定職業病必須要滿足之條件？　(1) 工作場所中有害因 　(134)
子確實存在　(2) 工作場所中有害物濃度經確認曾超過法定容許濃度
標準　(3) 必須曾暴露於存在有害因子之環境　(4) 發病期間、症狀及
有害因子之暴露期間有時序之相關。

(　　) 210. 下列有關採光照明之影響何者正確？　(1) 照明不當不致造成眼睛慢 　(234)
性傷害　(2) 良好之採光照明條件可增進工作效率、減少失誤率、亦
可降低事故發生機會　(3) 採光照明問題在品質管制及工業安全衛生
二方面，均具有同等之重要性　(4) 照明不當可能導致精神疲勞。

(　　) 211. 下列有關游離輻射之敘述何者正確？　(1) 能使物質產生游離現象之 　(134)
輻射能稱為游離輻射　(2) 在工業上常使用者為 α、β、γ、X 射線及
中子射線等，多用於破壞性檢測　(3) 游離輻射會對人體造血器官造
成危害　(4) 長期低劑量游離輻射暴露可能造成細胞染色體突變或致
癌。

( ) 212. 下列有關非游離輻射之敘述何者正確？ (1) 紅外線常由灼熱物體產生，眼睛經常直視紅熱物體易導致白內障 (2) 紫外線會破壞眼角膜，引起角膜炎 (3) 微波對眼睛可造成白內障 (4) 銲接作業爲常暴露雷射之行業。 (123)

( ) 213. 下列有關異常氣壓危害之敘述何者正確？ (1) 異常氣壓危害常見於潛水作業及潛盾工法之施工作業 (2) 異常氣壓危害係因外界壓力之急遽變化使體內產生氣泡，進而造成神經壓迫、血栓、骨壞死等症狀 (3) 依照減壓表實施減壓可避免異壓性骨壞死等減壓症 (4) 高山病急性症狀是氮氣分壓降低所造成。 (123)

( ) 214. 下列有關物質性質之敘述何者正確？ (1) 氮氣、氫氣、甲烷氣體有窒息性 (2) 有機溶劑、重金屬、農藥等常會影響中樞神經或週邊神經而造成各種神經症狀 (3) 厭惡性粉塵可導致塵肺症 (4) 甲醇會因產生代謝物甲醛及甲酸而導致失明或致死。 (124)

( ) 215. 下列有關生物偵測之敘述何者正確？ (1) 生物偵測是透過測量體內劑量，來評估個人有害物之暴露程度 (2) 生物偵測可以是化學有害物本身或其代謝物在生物檢體中所呈現之量，也可以是化學物質對某標的器官產生可逆性生化改變之程度 (3) 生物偵測的主要功能是輔助作業環境測定、測試個人防護具之效率 (4) 美、日、法、德等國家已針對所有列管有害物全面要求實施生物偵測。 (123)

( ) 216. 下列有關防護具之敘述何者正確？ (1) 呼吸防護具一般使用於臨時性作業、緊急避難、無法裝設通風系統之場所或限於技術而使用通風系統效果有限之場所 (2) 一般例常性之工作可長期重複使用呼吸防護具 (3) 不恰當之防護具無法防範危害因子之穿透 (4) 防護具一般而言應視爲最後之選擇。 (134)

( ) 217. 下列有關健康管理之敘述何者正確？ (1) 健康管理係以保持或增進健康爲目的 (2) 健康管理一般之主要手段爲體格檢查及健康檢查 (3) 職前之體格檢查可作爲選工之參考，可篩選體質是否宜從事存在危害因子場所之作業 (4) 定期之體格檢查有助於早期發現是否已受到危害因子之影響。 (123)

( ) 218. 某麵粉廠作業中，其麩皮槽修補工程交付承攬施工，原事業單位勞工負責清理麩皮，因電焊火花引起塵爆致承攬人所僱勞工死傷 2 人。下列敘述何者正確？ (1) 該修補作業非屬職業安全衛生法所稱之「共同作業」 (2) 原事業單位應爲承攬人所僱勞工之死傷負連帶補償及賠償責任 (3) 承攬人雖具電焊專長，原事業單位仍應告知危害因素 (4) 原事業單位及承攬人間應設置協議組織。 (234)

(　) 219. 下列有關操作氧氣測定器之敘述何者正確？　(1) 測定前，應於距測 (124)
定點較近，且空氣新鮮處校正　(2) 測定時，應俟指示值顯示穩定後
讀取讀值　(3) 測定後，不可立即置於空氣新鮮處，以免讀值不正確
(4) 測定各點所獲讀值均在 18% 以上，表示作業場所無缺氧環境。

(　) 220. 下列有關檢知管操作之敘述何者正確？　(1) 應配合使用相同廠牌之 (134)
檢知器，以免誤差太大　(2) 檢知管只要保管妥善，沒有時效的問題
(3) 檢知管應避免高溫或日光照射　(4) 應依現場實際濃度選用測定範
圍之檢知管。

(　) 221. 在有爆炸之虞場所測定絕緣電阻時，應預防火花之發生，其發生原因 (123)
與下列何者有關？　(1) 連接線與未完全放電之機器碰撞　(2) 試驗中
絕緣損壞處產生電弧　(3) 測驗完畢時之電容放電　(4) 連接線之完全
放電。

(　) 222. 下列何者為電氣接地之目的？　(1) 防止因絕緣不良感電　(2) 避免高 (123)
低壓混觸高壓經接地回路而危害人畜　(3) 避雷　(4) 在配電線接地故
障時使繼電器不動作。

(　) 223. 控制器的誤觸往往是造成事故的原因之一，下列何者為一般所建議 (123)
的防止控制器誤觸的方法？　(1) 遮蔽控制器　(2) 增加控制器之阻力
(3) 改變控制之程序　(4) 增大控制器之體積。

(　) 224. 下列何者為靜電危害防止對策？　(1) 接地　(2) 使用導電性材料 (124)
(3) 乾燥　(4) 游離化。

(　) 225. 下列何者為靜電產生的可能機制？　(1) 絕緣體的相互摩擦　(2) 電鍍 (134)
(3) 物體的接觸與分離　(4) 粒子的衝撞。

(　) 226. 下列何者屬電氣活線作業及活線近接作業時，所必須使用之安全防護 (124)
具或工具？　(1) 電氣用安全帽　(2) 電氣用絕緣手套　(3) 靜電疏導
裝置　(4) 電氣用絕緣長靴。

(　) 227. 下列有關可燃性氣體或其混合蒸氣場所之電氣防爆對策，何者正確？ (134)
(1) 盡量避免使用電氣機具，而以空氣驅動之機械取代電動機具
(2) 使用行動電話是不影響安全的　(3) 電氣機具之金屬外箱、機架、
保護罩、導線管應確實接地　(4) 應用防爆型電風扇。

(　) 228. 下列何者屬反撥預防裝置？　(1) 反撥防止爪　(2) 反撥防止滾輪 (123)
(3) 撐縫片　(4) 護罩。

(　) 229. 在進入甲醇儲槽清洗時，應至少測量下列那兩種氣體濃度？ (14)
(1) 氧氣　(2) 氮氣　(3) 二氧化碳　(4) 可燃性氣體。

(　) 230. 安全資料表中，純物質之成分辨識資料，應涵蓋下列何項？ (23)
(1) 中文名稱　(2) 同義名稱　(3) 化學文摘社登錄號碼　(4) 容許濃度。

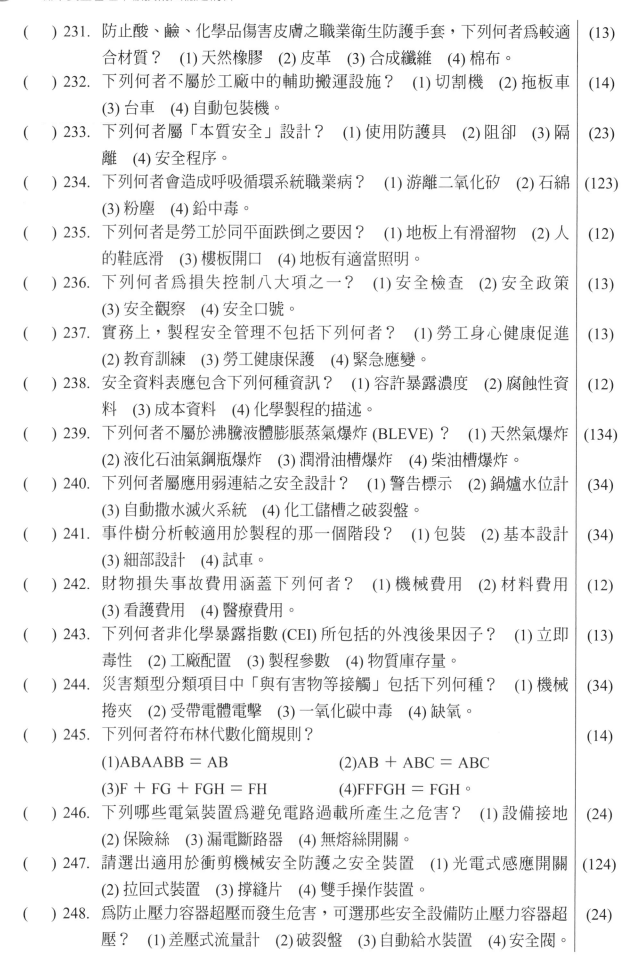

( ) 231. 防止酸、鹼、化學品傷害皮膚之職業衛生防護手套，下列何者爲較適 (13)
合材質？ (1) 天然橡膠 (2) 皮革 (3) 合成纖維 (4) 棉布。

( ) 232. 下列何者不屬於工廠中的輔助搬運設施？ (1) 切割機 (2) 拖板車 (14)
(3) 台車 (4) 自動包裝機。

( ) 233. 下列何者屬「本質安全」設計？ (1) 使用防護具 (2) 阻卻 (3) 隔 (23)
離 (4) 安全程序。

( ) 234. 下列何者會造成呼吸循環系統職業病？ (1) 游離二氧化矽 (2) 石綿 (123)
(3) 粉塵 (4) 鉛中毒。

( ) 235. 下列何者是勞工於同平面跌倒之要因？ (1) 地板上有滑溜物 (2) 人 (12)
的鞋底滑 (3) 樓板開口 (4) 地板有適當照明。

( ) 236. 下列何者爲損失控制八大項之一？ (1) 安全檢查 (2) 安全政策 (13)
(3) 安全觀察 (4) 安全口號。

( ) 237. 實務上，製程安全管理不包括下列何者？ (1) 勞工身心健康促進 (13)
(2) 教育訓練 (3) 勞工健康保護 (4) 緊急應變。

( ) 238. 安全資料表應包含下列何種資訊？ (1) 容許暴露濃度 (2) 腐蝕性資 (12)
料 (3) 成本資料 (4) 化學製程的描述。

( ) 239. 下列何者不屬於沸騰液體膨脹蒸氣爆炸 (BLEVE)？ (1) 天然氣爆炸 (134)
(2) 液化石油氣鋼瓶爆炸 (3) 潤滑油槽爆炸 (4) 柴油槽爆炸。

( ) 240. 下列何者屬應用弱連結之安全設計？ (1) 警告標示 (2) 鍋爐水位計 (34)
(3) 自動撒水滅火系統 (4) 化工儲槽之破裂盤。

( ) 241. 事件樹分析較適用於製程的那一個階段？ (1) 包裝 (2) 基本設計 (34)
(3) 細部設計 (4) 試車。

( ) 242. 財物損失事故費用涵蓋下列何者？ (1) 機械費用 (2) 材料費用 (12)
(3) 看護費用 (4) 醫療費用。

( ) 243. 下列何者非化學暴露指數 (CEI) 所包括的外洩後果因子？ (1) 立即 (13)
毒性 (2) 工廠配置 (3) 製程參數 (4) 物質庫存量。

( ) 244. 災害類型分類項目中「與有害物等接觸」包括下列何種？ (1) 機械 (34)
捲夾 (2) 受帶電體電擊 (3) 一氧化碳中毒 (4) 缺氧。

( ) 245. 下列何者符布林代數化簡規則？ (14)
(1)ABAABB = AB (2)AB + ABC = ABC
(3)F + FG + FGH = FH (4)FFFGH = FGH。

( ) 246. 下列哪些電氣裝置爲避免電路過載所產生之危害？ (1) 設備接地 (24)
(2) 保險絲 (3) 漏電斷路器 (4) 無熔絲開關。

( ) 247. 請選出適用於衝剪機械安全防護之安全裝置 (1) 光電式感應開關 (124)
(2) 拉回式裝置 (3) 撐縫片 (4) 雙手操作裝置。

( ) 248. 爲防止壓力容器超壓而發生危害，可選那些安全設備防止壓力容器超 (24)
壓？ (1) 差壓式流量計 (2) 破裂盤 (3) 自動給水裝置 (4) 安全閥。

(　) 249. 雇主對於室內工作場所，應依下列規定設置足夠勞工使用之通道　(1) 應有適應其用途之寬度，其主要人行道不得小於 1 公尺　(2) 各機械間或其他設備間通道不得小於 60 公分　(3) 自路面起算 2 公尺高度之範圍內，不得有障礙物，但因工作之必要，經採防護措施者，不在此限　(4) 主要人行道及有關安全門、安全梯應有明顯標示。 (134)

(　) 250. 依職業安全衛生設施規則規定，雇主不得以下列何種情況之鋼索作為起重升降機具之吊掛用具　(1) 鋼索一撚間有百分之 5 以上素線截斷者　(2) 直徑減少達公稱直徑百分之 7 以上者　(3) 有顯著變形或腐蝕者　(4) 已扭結者。 (234)

(　) 251. 事業單位向勞動檢查機構申請審查甲類危險性工作場所時，應檢附之資料有哪些？　(1) 施工計畫書　(2) 製程安全評估報告書　(3) 緊急應變計畫　(4) 安全衛生管理基本資料。 (234)

(　) 252. 雇主應於機器人顯明易見之位置標示哪些事項？　(1) 製造者名稱　(2) 機器人外觀尺寸　(3) 型式　(4) 最大可承受外力或力矩。 (13)

(　) 253. 下列敘述何者正確？　(1) 勞工因工作傷害而死亡，其損失日數為 600 日　(2) 一隻眼睛失能稱為永久全失能　(3) 在一次工作中損失一隻眼睛與一隻手指，屬於永久全失能　(4) 可治好之骨骼、肌肉傷害不屬於永久全失能。 (34)

(　) 254. 某一工廠新設一座吊升荷重為 5 公噸之固定式起重機，下列哪些非屬其所需之法定檢查？　(1) 型式檢查　(2) 熔接檢查　(3) 竣工檢查　(4) 使用檢查。 (24)

(　) 255. 下列何者為研磨機使用之正確敘述？　(1) 研磨機之使用不得超過規定之最高使用圓周速度　(2) 研磨輪除側面使用外，不得使用側面進行研磨　(3) 磨輪使用前無須作業前試運轉，僅需每週檢查一次即可　(4) 研磨輪更換時應先檢驗是否有無裂痕。 (124)

(　) 256. 下列哪些為操作衝剪機械可能發生之危害？　(1) 感電　(2) 墜落　(3) 被切、割、夾　(4) 被撞。 (134)

(　) 257. 下列何者為化學性危害因子？　(1) 局部振動　(2) 噪音　(3) 金屬燻煙　(4) 游離二氧化矽。 (34)

(　) 258. 下列何者為意外事故原因分析之正確敘述？　(1) 意外事故之直接原因為個人因素　(2) 意外事故之間接原因為不安全環境與不安全行為　(3) 不安全環境與不安全行為須同時存在時，意外事故方可產生　(4) 不當管理為意外事故發生之潛在原因。 (234)

(　) 259. 下列對職業安全衛生標示之形狀種類說明之敘述何者正確？　(1) 圓形用於禁止　(2) 尖端向上之正三角形用於注意　(3) 尖端向下之正三角形用於警告　(4) 正方形或長方形用於一般說明或提示。 (14)

(　) 260. 職業安全衛生顧問機構之服務類別包括那些？　(1) 企業經營管理顧問服務　(2) 勞工健康顧問服務　(3) 暴露評估技術顧問服務　(4) 工業通風技術顧問服務。　(234)

工作項目 **④** 節能減碳

<table>
<tr><td></td><td></td><td>答</td></tr>
</table>

( ) 1. 依能源局「指定能源用戶應遵行之節約能源規定」，下列何場所未在 **(3)** 其管制之範圍？ (1) 旅館 (2) 餐廳 (3) 住家 (4) 美容美髮店。

( ) 2. 依能源局「指定能源用戶應遵行之節約能源規定」，在正常使用條 **(1)** 件下，公眾出入之場所其室內冷氣溫度平均值不得低於攝氏幾度？ (1)26 (2)25 (3)24 (4)22。

( ) 3. 下列何者為節能標章？ **(2)**

(1) (2) (3) (4) 。

( ) 4. 各產業中耗能佔比最大的產業為 (1) 服務業 (2) 公用事業 (3) 農 **(4)** 林漁牧業 (4) 能源密集產業。

( ) 5. 下列何者非省能的做法？ (1) 電冰箱溫度長時間調在強冷或急冷 **(1)** (2) 影印機當 15 分鐘無人使用時，自動進入省電模式 (3) 電視機勿 背著窗戶或面對窗戶，並避免太陽直射 (4) 汽車不行駛短程，較短 程旅運應儘量搭乘公車、騎單車或步行。

( ) 6. 經濟部能源局的能源效率標示分為幾個等級？ (1)1 (2)3 (3)5 **(3)** (4)7。

( ) 7. 溫室氣體排放量：指自排放源排出之各種溫室氣體量乘以各該物質溫 **(2)** 暖化潛勢所得之合計量，以 (1) 氧化亞氮 (N_2O) (2) 二氧化碳 (CO_2) (3) 甲烷 (CH_4) (4) 六氟化硫 (SF_6) 當量表示。

( ) 8. 國家溫室氣體長期減量目標為中華民國 139 年溫室氣體排放量降為 **(4)** 中華民國 94 年溫室氣體排放量百分之 (1)20 (2)30 (3)40 (4)50 以下。

( ) 9. 溫室氣體減量及管理法所稱主管機關，在中央為下列何單位？ (1) **(2)** 經濟部能源局 (2) 行政院環境保護署 (3) 國家發展委員會 (4) 衛 生福利部。

( ) 10. 溫室氣體減量及管理法中所稱：一單位之排放額度相當於允許排放 **(3)** (1)1 公斤 (2)1 立方米 (3)1 公噸 (4)1 公擔 之二氧化碳當量。

( ) 11. 下列何者不是全球暖化帶來的影響？ (1) 洪水 (2) 熱浪 (3) 地震 **(3)** (4) 旱災。

( ) 12. 下列何種方法無法減少二氧化碳？ (1) 想吃多少儘量點，剩下可當 **(1)** 廚餘回收 (2) 選購當地、當季食材，減少運輸碳足跡 (3) 多吃蔬菜， 少吃肉 (4) 自備杯筷，減少免洗用具垃圾量。

附錄三

( ) 13. 下列何者不會減少溫室氣體的排放？ (1) 減少使用煤、石油等化石燃料 (2) 大量植樹造林，禁止亂砍亂伐 (3) 增高燃煤氣體排放的煙囪 (4) 開發太陽能、水能等新能源。 (3)

( ) 14. 關於綠色採購的敘述，下列何者錯誤？ (1) 採購回收材料製造之物品 (2) 採購的產品對環境及人類健康有最小的傷害性 (3) 選購產品對環境傷害較少、污染程度較低者 (4) 以精美包裝為主要首選。 (4)

( ) 15. 一旦大氣中的二氧化碳含量增加，會引起哪一種後果？ (1) 溫室效應惡化 (2) 臭氧層破洞 (3) 冰期來臨 (4) 海平面下降。 (1)

( ) 16. 關於建築中常用的金屬玻璃帷幕牆，下列何者敘述正確？ (1) 玻璃帷幕牆的使用能節省室內空調使用 (2) 玻璃帷幕牆適用於臺灣，讓夏天的室內產生溫暖的感覺 (3) 在溫度高的國家，建築使用金屬玻璃帷幕會造成日照輻射熱，產生室內「溫室效應」 (4) 臺灣的氣候溼熱，特別適合在大樓以金屬玻璃帷幕作為建材。 (3)

( ) 17. 下列何者不是能源之類型？ (1) 電力 (2) 壓縮空氣 (3) 蒸汽 (4) 熱傳。 (4)

( ) 18. 我國已制定能源管理系統標準為 (1)CNS 50001 (2)CNS 12681 (3)CNS 14001 (4)CNS 22000。 (1)

( ) 19. 台灣電力公司所謂的離峰用電時段為何？ (1)22：30～07：30 (2)22：00～07：00 (3)23：00～08：00 (4)23：30～08：30。 (1)

( ) 20. 基於節能減碳的目標，下列何種光源發光效率最低，不鼓勵使用？ (1) 白熾燈泡 (2)LED 燈泡 (3) 省電燈泡 (4) 螢光燈管。 (1)

( ) 21. 下列哪一項的能源效率標示級數較省電？ (1)1 (2)2 (3)3 (4)4。 (1)

( ) 22. 下列何者不是目前台灣主要的發電方式？ (1) 燃煤 (2) 燃氣 (3) 核能 (4) 地熱。 (4)

( ) 23. 有關延長線及電線的使用，下列敘述何者錯誤？ (1) 拔下延長線插頭時，應手握插頭取下 (2) 使用中之延長線如有異味產生，屬正常現象不須理會 (3) 應避開火源，以免外覆塑膠熔解，致使用時造成短路 (4) 使用老舊之延長線，容易造成短路、漏電或觸電等危險情形，應立即更換。 (2)

( ) 24. 有關觸電的處理方式，下列敘述何者錯誤？ (1) 應立刻將觸電者拉離現場 (2) 把電源開關關閉 (3) 通知救護人員 (4) 使用絕緣的裝備來移除電源。 (1)

( ) 25. 目前電費單中，係以「度」為收費依據，請問下列何者為其單位？ (1)kW (2)kWh (3)kJ (4)kJh。 (2)

( ) 26. 依據台灣電力公司三段式時間電價 (尖峰、半尖峰及離峰時段) 的規定，請問哪個時段電價最便宜？ (1) 尖峰時段 (2) 夏月半尖峰時段 (3) 非夏月半尖峰時段 (4) 離峰時段。 (4)

( ) 27. 當電力設備遭遇電源不足或輸配電設備受限制時，導致用戶暫停或 　(2)
減少用電的情形，常以下列何者名稱出現？　(1) 停電　(2) 限電　(3)
斷電　(4) 配電。

( ) 28. 照明控制可以達到節能與省電費的好處，下列何種方法最適合一般住 　(2)
宅社區兼顧節能、經濟性與實際照明需求？　(1) 加裝 DALI 全自動
控制系統　(2) 走廊與地下停車場選用紅外線感應控制電燈　(3) 全面
調低照度需求　(4) 晚上關閉所有公共區域的照明。

( ) 29. 上班性質的商辦大樓為了降低尖峰時段用電，下列何者是錯的？　(1) 　(2)
使用儲冰式空調系統減少白天空調電能需求　(2) 白天有陽光照明，
所以白天可以將照明設備全關掉　(3) 汰換老舊電梯馬達並使用變頻
控制　(4) 電梯設定隔層停止控制，減少頻繁啟動。

( ) 30. 為了節能與降低電費的需求，家電產品的正確選用應該如何？　(1) 　(2)
選用高功率的產品效率較高　(2) 優先選用取得節能標章的產品　(3)
設備沒有壞，還是堪用，繼續用，不會增加支出　(4) 選用能效分級
數字較高的產品，效率較高，5 級的比 1 級的電器產品更省電。

( ) 31. 有效而正確的節能從選購產品開始，就一般而言，下列的因素中，何 　(3)
者是選購電氣設備的最優先考量項目？　(1) 用電量消耗電功率是多
少瓦攸關電費支出，用電量小的優先　(2) 採購價格比較，便宜優先
(3) 安全第一，一定要通過安規檢驗合格　(4) 名人或演藝明星推薦，
應該口碑較好。

( ) 32. 高效率燈具如果要降低眩光的不舒服，下列何者與降低刺眼眩光影 　(3)
響無關？　(1) 光源下方加裝擴散板或擴散膜　(2) 燈具的遮光板　(3)
光源的色溫　(4) 採用間接照明。

( ) 33. 一般而言，螢光燈的發光效率與長度有關嗎？　(1) 有關，越長的螢 　(1)
光燈管，發光效率越高　(2) 無關，發光效率只與燈管直徑有關　(3)
有關，越長的螢光燈管，發光效率越低　(4) 無關，發光效率只與色
溫有關。

( ) 34. 用電熱爐煮火鍋，採用中溫 50% 加熱，比用高溫 100% 加熱，將同 　(4)
一鍋水煮開，下列何者是對的？　(1) 中溫 50% 加熱比較省電　(2)
高溫 100% 加熱比較省電　(3) 中溫 50% 加熱，電流反而比較大　(4)
兩種方式用電量是一樣的。

( ) 35. 電力公司為降低尖峰負載時段超載停電風險，將尖峰時段電價費率 　(2)
(每度電單價) 提高，離峰時段的費率降低，引導用戶轉移部分負載
至離峰時段，這種電能管理策略稱為　(1) 需量競價　(2) 時間電價
(3) 可停電力　(4) 表燈用戶彈性電價。

( ) 36. 集合式住宅的地下停車場需要維持通風良好的空氣品質，又要兼顧節能效益，下列的排風扇控制方式何者是不恰當的？ (1) 淘汰老舊排風扇，改裝取得節能標章、適當容量高效率風扇 (2) 兩天一次運轉通風扇就好了 (3) 結合一氧化碳偵測器，自動啓動 / 停止控制 (4) 設定每天早晚二次定期啓動排風扇。 | (2)

( ) 37. 大樓電梯爲了節能及生活便利需求，可設定部分控制功能，下列何者是錯誤或不正確的做法？ (1) 加感應開關，無人時自動關燈與通風扇 (2) 縮短每次開門 / 關門的時間 (3) 電梯設定隔樓層停靠，減少頻繁啓動 (4) 電梯馬達加裝變頻控制。 | (2)

( ) 38. 爲了節能及兼顧冰箱的保溫效果，下列何者是錯誤或不正確的做法？ (1) 冰箱內上下層間不要塞滿，以利冷藏對流 (2) 食物存放位置紀錄清楚，一次拿齊食物，減少開門次數 (3) 冰箱門的密封壓條如果鬆弛，無法緊密關門，應儘速更新修復 (4) 冰箱內食物擺滿塞滿，效益最高。 | (4)

( ) 39. 就加熱及節能觀點來評比，電鍋剩飯持續保溫至隔天再食用，與先放冰箱冷藏，隔天用微波爐加熱，下列何者是對的？ (1) 持續保溫較省電 (2) 微波爐再加熱比較省電又方便 (3) 兩者一樣 (4) 優先選電鍋保溫方式，因爲馬上就可以吃。 | (2)

( ) 40. 不斷電系統 UPS 與緊急發電機的裝置都是應付臨時性供電狀況，停電時，下列的陳述何者是對的？ (1) 緊急發電機會先啓動，不斷電系統 UPS 是後備的 (2) 不斷電系統 UPS 先啓動，緊急發電機是後備的 (3) 兩者同時啓動 (4) 不斷電系統 UPS 可以撐比較久。 | (2)

( ) 41. 下列何者爲非再生能源？ (1) 地熱能 (2) 核能 (3) 太陽能 (4) 水力能。 | (2)

( ) 42. 欲降低由玻璃部分侵入之熱負載，下列的改善方法何者錯誤？ (1) 加裝深色窗簾 (2) 裝設百葉窗 (3) 換裝雙層玻璃 (4) 貼隔熱反射膠片。 | (1)

( ) 43. 一般桶裝瓦斯 (液化石油氣) 主要成分爲 (1) 丙烷 (2) 甲烷 (3) 辛烷 (4) 乙炔 及丁烷。 | (1)

( ) 44. 在正常操作，且提供相同使用條件之情形下，下列何種暖氣設備之能源效率最高？ (1) 冷暖氣機 (2) 電熱風扇 (3) 電熱輻射機 (4) 電暖爐。 | (1)

( ) 45. 下列何種熱水器所需能源費用最少？ (1) 電熱水器 (2) 天然瓦斯熱水器 (3) 柴油鍋爐熱水器 (4) 熱泵熱水器。 | (4)

( ) 46. 某公司希望能進行節能減碳，為地球盡點心力，以下何種作為並不恰當？　(1) 將採購規定列入以下文字：「汰換設備時首先考慮能源效率 1 級或具有節能標章之產品」　(2) 盤查所有能源使用設備　(3) 實行能源管理　(4) 為考慮經營成本，汰換設備時採買最便宜的機種。　(4)

( ) 47. 冷氣外洩會造成能源之消耗，下列何者最耗能？　(1) 全開式有氣簾　(2) 全開式無氣簾　(3) 自動門有氣簾　(4) 自動門無氣簾。　(2)

( ) 48. 下列何者不是潔淨能源？　(1) 風能　(2) 地熱　(3) 太陽能　(4) 頁岩氣。　(4)

( ) 49. 有關再生能源的使用限制，下列何者敘述有誤？　(1) 風力、太陽能屬間歇性能源，供應不穩定　(2) 不易受天氣影響　(3) 需較大的土地面積　(4) 設置成本較高。　(2)

( ) 50. 全球暖化潛勢 (Global Warming Potential, GWP) 是衡量溫室氣體對全球暖化的影響，下列何者 GWP 表現較差？　(1)200　(2)300　(3)400　(4)500。　(4)

( ) 51. 有關台灣能源發展所面臨的挑戰，下列何者為非？　(1) 進口能源依存度高，能源安全易受國際影響　(2) 化石能源所占比例高，溫室氣體減量壓力大　(3) 自產能源充足，不需仰賴進口　(4) 能源密集度較先進國家仍有改善空間。　(3)

( ) 52. 若發生瓦斯外洩之情形，下列處理方法何者錯誤？　(1) 應先關閉瓦斯爐或熱水器等開關　(2) 緩慢地打開門窗，讓瓦斯自然飄散　(3) 開啟電風扇，加強空氣流動　(4) 在漏氣止住前，應保持警戒，嚴禁煙火。　(3)

( ) 53. 全球暖化潛勢 (Global Warming Potential, GWP) 是衡量溫室氣體對全球暖化的影響，其中是以何者為比較基準？　(1)CO_2　(2)CH_4　(3)SF_6　(4)N_2O。　(1)

( ) 54. 有關建築之外殼節能設計，下列敘述何者錯誤？　(1) 開窗區域設置遮陽設備　(2) 大開窗面避免設置於東西日曬方位　(3) 做好屋頂隔熱設施　(4) 宜採用全面玻璃造型設計，以利自然採光。　(4)

( ) 55. 下列何者燈泡發光效率最高？　(1)LED 燈泡　(2) 省電燈泡　(3) 白熾燈泡　(4) 鹵素燈泡。　(1)

( ) 56. 有關吹風機使用注意事項，下列敘述何者有誤？　(1) 請勿在潮濕的地方使用，以免觸電危險　(2) 應保持吹風機進、出風口之空氣流通，以免造成過熱　(3) 應避免長時間使用，使用時應保持適當的距離　(4) 可用來作為烘乾棉被及床單等用途。　(4)

( ) 57. 下列何者是造成聖嬰現象發生的主要原因？ (1) 臭氧層破洞 (2) 溫室效應 (3) 霧霾 (4) 颱風。 **(2)**

( ) 58. 為了避免漏電而危害生命安全，下列何者不是正確的做法？ (1) 做好用電設備金屬外殼的接地 (2) 有濕氣的用電場合，線路加裝漏電斷路器 (3) 加強定期的漏電檢查及維護 (4) 使用保險絲來防止漏電的危險性。 **(4)**

( ) 59. 用電設備的線路保護用電力熔絲 (保險絲) 經常燒斷，造成停電的不便，下列何者不是正確的作法？ (1) 換大一級或大兩級規格的保險絲或斷路器就不會燒斷了 (2) 減少線路連接的電氣設備，降低用電量 (3) 重新設計線路，改較粗的導線或用兩迴路並聯 (4) 提高用電設備的功率因數。 **(1)**

( ) 60. 政府為推廣節能設備而補助民眾汰換老舊設備，下列何者的節電效益最佳？ (1) 將桌上檯燈光源由螢光燈換為 LED 燈 (2) 優先淘汰 10 年以上的老舊冷氣機為能源效率標示分級中之一級冷氣機 (3) 汰換電風扇，改裝設能源效率標示分級為一級的冷氣機 (4) 因為經費有限，選擇便宜的產品比較重要。 **(2)**

( ) 61. 依據我國現行國家標準規定，冷氣機的冷氣能力標示應以何種單位表示？ (1)kW (2)BTU/h (3)kcal/h (4)RT。 **(1)**

( ) 62. 漏電影響節電成效，並且影響用電安全，簡易的查修方法為 (1) 電氣材料行買支驗電起子，碰觸電氣設備的外殼，就可查出漏電與否 (2) 用手碰觸就可以知道有無漏電 (3) 用三用電表檢查 (4) 看電費單有無紀錄。 **(1)**

( ) 63. 使用了 10 幾年的通風換氣扇老舊又骯髒，噪音又大，維修時採取下列哪一種對策最為正確及節能？ (1) 定期拆下來清洗油垢 (2) 不必再猶豫，10 年以上的電扇效率偏低，直接換為高效率通風扇 (3) 直接噴沙拉脫清潔劑就可以了，省錢又方便 (4) 高效率通風扇較貴，換同機型的廠內備用品就好了。 **(2)**

( ) 64. 電氣設備維修時，在關掉電源後，最好停留 1 至 5 分鐘才開始檢修，其主要的理由是 (1) 先平靜心情，做好準備才動手 (2) 讓機器設備降溫下來再查修 (3) 讓裡面的電容器有時間放電完畢，才安全 (4) 法規沒有規定，這完全沒有必要。 **(3)**

( ) 65. 電氣設備裝設於有潮濕水氣的環境時，最應該優先檢查及確認的措施是 (1) 有無在線路上裝設漏電斷路器 (2) 電氣設備上有無安全保險絲 (3) 有無過載及過熱保護設備 (4) 有無可能傾倒及生鏽。 **(1)**

( ) 66. 為保持中央空調主機效率，每 (1) 半 (2)1 (3)1.5 (4)2 年應請維護廠商或保養人員檢視中央空調主機。 **(1)**

(　) 67. 家庭用電最大宗來自於　(1) 空調及照明　(2) 電腦　(3) 電視　(4) 吹風機。　(1)

(　) 68. 為減少日照所增加空調負載,下列何種處理方式是錯誤的?　(1) 窗戶裝設窗簾或貼隔熱紙　(2) 將窗戶或門開啟,讓屋內外空氣自然對流　(3) 屋頂加裝隔熱材、高反射率塗料或噴水　(4) 於屋頂進行薄層綠化。　(2)

(　) 69. 電冰箱放置處,四周應至少預留離牆多少公分之散熱空間,以達省電效果?　(1)5　(2)10　(3)15　(4)20。　(2)

(　) 70. 下列何項不是照明節能改善需優先考量之因素?　(1) 照明方式是否適當　(2) 燈具之外型是否美觀　(3) 照明之品質是否適當　(4) 照度是否適當。　(2)

(　) 71. 醫院、飯店或宿舍之熱水系統耗能大,要設置熱水系統時,應優先選用何種熱水系統較節能?　(1) 電能熱水系統　(2) 熱泵熱水系統　(3) 瓦斯熱水系統　(4) 重油熱水系統。　(2)

(　) 72. 如下圖,你知道這是什麼標章嗎?　(1) 省水標章　(2) 環保標章　(3) 奈米標章　(4) 能源效率標示。　(4)

(　) 73. 台灣電力公司電價表所指的夏月用電月份 (電價比其他月份高) 是為　(1)4/1 ～ 7/31　(2)5/1 ～ 8/31　(3)6/1 ～ 9/30　(4)7/1 ～ 10/31。　(3)

(　) 74. 屋頂隔熱可有效降低空調用電,下列何項措施較不適當?　(1) 屋頂儲水隔熱　(2) 屋頂綠化　(3) 於適當位置設置太陽能板發電同時加以隔熱　(4) 鋪設隔熱磚。　(1)

(　) 75. 電腦機房使用時間長、耗電量大,下列何項措施對電腦機房之用電管理較不適當?　(1) 機房設定較低之溫度　(2) 設置冷熱通道　(3) 使用較高效率之空調設備　(4) 使用新型高效能電腦設備。　(1)

(　) 76. 下列有關省水標章的敘述何者正確?　(1) 省水標章是環保署為推動使用節水器材,特別研定以作為消費者辨識省水產品的一種標誌　(2) 獲得省水標章的產品並無嚴格測試,所以對消費者並無一定的保障　(3) 省水標章能激勵廠商重視省水產品的研發與製造,進而達到推廣節水良性循環之目的　(4) 省水標章除有用水設備外,亦可使用於冷氣或冰箱上。　(3)

( ) 77. 透過淋浴習慣的改變就可以節約用水，以下的何種方式正確？ (1) 淋浴時抹肥皂，無需將蓮蓬頭暫時關上 (2) 等待熱水前流出的冷水可以用水桶接起來再利用 (3) 淋浴流下的水不可以刷洗浴室地板 (4) 淋浴沖澡流下的水，可以儲蓄洗菜使用。　　(2)

( ) 78. 家人洗澡時，一個接一個連續洗，也是一種有效的省水方式嗎？ (1) 是，因為可以節省等熱水流出所流失的冷水 (2) 否，這跟省水沒什麼關係，不用這麼麻煩 (3) 否，因為等熱水時流出的水量不多 (4) 有可能省水也可能不省水，無法定論。　　(1)

( ) 79. 下列何種方式有助於節省洗衣機的用水量？ (1) 洗衣機洗滌的衣物盡量裝滿，一次洗完 (2) 購買洗衣機時選購有省水標章的洗衣機，可有效節約用水 (3) 無需將衣物適當分類 (4) 洗濯衣物時盡量選擇高水位才洗的乾淨。　　(2)

( ) 80. 如果水龍頭流量過大，下列何種處理方式是錯誤的？ (1) 加裝節水墊片或起波器 (2) 加裝可自動關閉水龍頭的自動感應器 (3) 直接換裝沒有省水標章的水龍頭 (4) 直接調整水龍頭到適當水量。　　(3)

( ) 81. 洗菜水、洗碗水、洗衣水、洗澡水等等的清洗水，不可直接利用來做什麼用途？ (1) 洗地板 (2) 沖馬桶 (3) 澆花 (4) 飲用水。　　(4)

( ) 82. 如果馬桶有不正常的漏水問題，下列何者處理方式是錯誤的？ (1) 因為馬桶還能正常使用，所以不用著急，等到不能用時再報修即可 (2) 立刻檢查馬桶水箱零件有無鬆脫，並確認有無漏水 (3) 滴幾滴食用色素到水箱裡，檢查有無有色水流進馬桶，代表可能有漏水 (4) 通知水電行或檢修人員來檢修，徹底根絕漏水問題。　　(1)

( ) 83. 「度」是水費的計量單位，你知道一度水的容量大約有多少？ (1)2,000公升 (2)3000個600cc的寶特瓶 (3)1立方公尺的水量 (4)3立方公尺的水量。　　(3)

( ) 84. 臺灣在一年中什麼時期會比較缺水(即枯水期)？ (1)6月至9月 (2)9月至12月 (3)11月至次年4月 (4)臺灣全年不缺水。　　(3)

( ) 85. 下列何種現象不是直接造成台灣缺水的原因？ (1) 降雨季節分佈不平均，有時候連續好幾個月不下雨，有時又會下起豪大雨 (2) 地形山高坡陡，所以雨一下很快就會流入大海 (3) 因為民生與工商業用水需求量都愈來愈大，所以缺水季節很容易無水可用 (4) 台灣地區夏天過熱，致蒸發量過大。　　(4)

( ) 86. 冷凍食品該如何讓它退冰，才是既「節能」又「省水」？ (1) 直接用水沖食物強迫退冰 (2) 使用微波爐解凍快速又方便 (3) 烹煮前盡早拿出來放置退冰 (4) 用熱水浸泡，每5分鐘更換一次。　　(3)

( ) 87. 洗碗、洗菜用何種方式可以達到清洗又省水的效果？ (1) 對著水龍頭直接沖洗，且要盡量將水龍頭開大才能確保洗的乾淨 (2) 將適量的水放在盆槽內洗濯，以減少用水 (3) 把碗盤、菜等浸在水盆裡，再開水龍頭拼命沖水 (4) 用熱水及冷水大量交叉沖洗達到最佳清洗效果。　(2)

( ) 88. 解決台灣水荒 (缺水) 問題的無效對策是 (1) 興建水庫、蓄洪 (豐) 濟枯 (2) 全面節約用水 (3) 水資源重複利用，海水淡化⋯等 (4) 積極推動全民體育運動。　(4)

( ) 89. 如下圖，你知道這是什麼標章嗎？ (1) 奈米標章 (2) 環保標章 (3) 省水標章 (4) 節能標章。　(3)

( ) 90. 澆花的時間何時較為適當，水分不易蒸發又對植物最好？ (1) 正中午 (2) 下午時段 (3) 清晨或傍晚 (4) 半夜十二點。　(3)

( ) 91. 下列何種方式沒有辦法降低洗衣機之使用水量，所以不建議採用？ (1) 使用低水位清洗 (2) 選擇快洗行程 (3) 兩、三件衣服也丟洗衣機洗 (4) 選擇有自動調節水量的洗衣機，洗衣清洗前先脫水 1 次。　(3)

( ) 92. 下列何種省水馬桶的使用觀念與方式是錯誤的？ (1) 選用衛浴設備時最好能採用省水標章馬桶 (2) 如果家裡的馬桶是傳統舊式，可以加裝二段式沖水配件 (3) 省水馬桶因為水量較小，會有沖不乾淨的問題，所以應該多沖幾次 (4) 因為馬桶是家裡用水的大宗，所以應該盡量採用省水馬桶來節約用水。　(3)

( ) 93. 下列何種洗車方式無法節約用水？ (1) 使用有開關的水管可以隨時控制出水 (2) 用水桶及海綿抹布擦洗 (3) 用水管強力沖洗 (4) 利用機械自動洗車，洗車水處理循環使用。　(3)

( ) 94. 下列何種現象無法看出家裡有漏水的問題？ (1) 水龍頭打開使用時，水表的指針持續在轉動 (2) 牆面、地面或天花板忽然出現潮濕的現象 (3) 馬桶裡的水常在晃動，或是沒辦法止水 (4) 水費有大幅度增加。　(1)

( ) 95. 蓮篷頭出水量過大時，下列何者無法達到省水？ (1) 換裝有省水標章的低流量 (5 ～ 10L/min) 蓮蓬頭 (2) 淋浴時水量開大，無需改變使用方法 (3) 洗澡時間盡量縮短，塗抹肥皂時要把蓮蓬頭關起來 (4) 調整熱水器水量到適中位置。　(2)

( ) 96. 自來水淨水步驟，何者為非？ (1) 混凝 (2) 沉澱 (3) 過濾 (4) 煮沸。　(4)

( ) 97. 為了取得良好的水資源，通常在河川的哪一段興建水庫？ (1) 上游 (2) 中游 (3) 下游 (4) 下游出口。　(1)

( ) 98. 台灣是屬缺水地區，每人每年實際分配到可利用水量是世界平均值的 (1)
多少？ (1) 六分之一 (2) 二分之一 (3) 四分之一 (4) 五分之一。

( ) 99. 台灣年降雨量是世界平均值的 2.6 倍，卻仍屬缺水地區，原因何者為 (3)
非？ (1) 台灣由於山坡陡峻，以及颱風豪雨雨勢急促，大部分的降
雨量皆迅速流入海洋 (2) 降雨量在地域、季節分佈極不平均 (3) 水
庫蓋得太少 (4) 台灣自來水水價過於便宜。

( ) 100. 電源插座堆積灰塵可能引起電氣意外火災，維護保養時的正確做法是 (3)
(1) 可以先用刷子刷去積塵 (2) 直接用吹風機吹開灰塵就可以了 (3)
應先關閉電源總開關箱內控制該插座的分路開關 (4) 可以用金屬接
點清潔劑噴在插座中去除銹蝕。

工作項目 ⑤　環境保護

	答
（　）1.　世界環境日是在每一年的　(1)6 月 5 日　(2)4 月 10 日　(3)3 月 8 日　(4)11 月 12 日。	(1)
（　）2.　2015 年巴黎協議之目的為何？　(1) 避免臭氧層破壞　(2) 減少持久性污染物排放　(3) 遏阻全球暖化趨勢　(4) 生物多樣性保育。	(3)
（　）3.　下列何者為環境保護的正確作為？　(1) 多吃肉少蔬食　(2) 自己開車不共乘　(3) 鐵馬步行　(4) 不隨手關燈。	(3)
（　）4.　下列何種行為對生態環境會造成較大的衝擊？　(1) 植種原生樹木　(2) 引進外來物種　(3) 設立國家公園　(4) 設立保護區。	(2)
（　）5.　下列哪一種飲食習慣能減碳抗暖化？　(1) 多吃速食　(2) 多吃天然蔬果　(3) 多吃牛肉　(4) 多選擇吃到飽的餐館。	(2)
（　）6.　小明隨地亂丟垃圾，遇依廢棄物清理法執行稽查人員要求提示身分證明，如小明無故拒絕提供，將受何處分？　(1) 勸導改善　(2) 移送警察局　(3) 處新臺幣 6 百元以上 3 千元以下罰鍰　(4) 接受環境講習。	(3)
（　）7.　小狗在道路或其他公共場所便溺時，應由何人負責清除？　(1) 主人　(2) 清潔隊　(3) 警察　(4) 土地所有權人。	(1)
（　）8.　四公尺以內之公共巷、弄路面及水溝之廢棄物，應由何人負責清除？　(1) 里辦公處　(2) 清潔隊　(3) 相對戶或相鄰戶分別各半清除　(4) 環保志工。	(3)
（　）9.　外食自備餐具是落實綠色消費的哪一項表現？　(1) 重複使用　(2) 回收再生　(3) 環保選購　(4) 降低成本。	(1)
（　）10.　再生能源一般是指可永續利用之能源，主要包括哪些：A. 化石燃料　B. 風力　C. 太陽能　D. 水力？　(1)ACD　(2)BCD　(3)ABD　(4)ABCD。	(2)
（　）11.　何謂水足跡，下列何者是正確的？　(1) 水利用的途徑　(2) 每人用水量紀錄　(3) 消費者所購買的商品，在生產過程中消耗的用水量　(4) 水循環的過程。	(3)
（　）12.　依環境基本法第 3 條規定，基於國家長期利益，經濟、科技及社會發展均應兼顧環境保護。但如果經濟、科技及社會發展對環境有嚴重不良影響或有危害時，應以何者優先？　(1) 經濟　(2) 科技　(3) 社會　(4) 環境。	(4)
（　）13.　為了保護環境，政府提出了 4 個 R 的口號，下列何者不是 4R 中的其中一項？　(1) 減少使用　(2) 再利用　(3) 再循環　(4) 再創新。	(4)

( ) 14. 逛夜市時常有攤位在販賣滅蟑藥，下列何者正確？　(1) 滅蟑藥是藥，中央主管機關為衛生福利部　(2) 滅蟑藥是環境衛生用藥，中央主管機關是環境保護署　(3) 只要批貨，人人皆可販賣滅蟑藥，不須領得許可執照　(4) 滅蟑藥之包裝上不用標示有效期限。　(2)

( ) 15. 森林面積的減少甚至消失可能導致哪些影響：A.水資源減少 B.減緩全球暖化 C.加劇全球暖化 D.降低生物多樣性？　(1)ACD　(2)BCD　(3)ABD　(4)ABCD。　(1)

( ) 16. 塑膠為海洋生態的殺手，所以環保署推動「無塑海洋」政策，下列何項不是減少塑膠危害海洋生態的重要措施？　(1) 擴大禁止免費供應塑膠袋　(2) 禁止製造、進口及販售含塑膠柔珠的清潔用品　(3) 定期進行海水水質監測　(4) 淨灘、淨海。　(3)

( ) 17. 違反環境保護法律或自治條例之行政法上義務，經處分機關處停工、停業處分或處新臺幣五千元以上罰鍰者，應接受下列何種講習？　(1) 道路交通安全講習　(2) 環境講習　(3) 衛生講習　(4) 消防講習。　(2)

( ) 18. 綠色設計主要為節能、生態與下列何者？　(1) 生產成本低廉的產品　(2) 表示健康的、安全的商品　(3) 售價低廉易購買的商品　(4) 包裝紙一定要用綠色系統者。　(2)

( ) 19. 下列何者為環保標章？　(1)

(2)　(3)　(4)　。　(1)

( ) 20. 「聖嬰現象」是指哪一區域的溫度異常升高？　(1) 西太平洋表層海水　(2) 東太平洋表層海水　(3) 西印度洋表層海水　(4) 東印度洋表層海水。　(2)

( ) 21. 「酸雨」定義為雨水酸鹼值達多少以下時稱之？　(1)5.0　(2)6.0　(3)7.0　(4)8.0。　(1)

( ) 22. 一般而言，水中溶氧量隨水溫之上升而呈下列哪一種趨勢？　(1) 增加　(2) 減少　(3) 不變　(4) 不一定。　(2)

( ) 23. 二手菸中包含多種危害人體的化學物質，甚至多種物質有致癌性，會危害到下列何者的健康？　(1) 只對 12 歲以下孩童有影響　(2) 只對孕婦比較有影響　(3) 只有 65 歲以上之民眾有影響　(4) 全民皆有影響。　(4)

( ) 24. 二氧化碳和其他溫室氣體含量增加是造成全球暖化的主因之一，下列何種飲食方式也能降低碳排放量，對環境保護做出貢獻：A. 少吃肉，多吃蔬菜；B. 玉米產量減少時，購買玉米罐頭食用；C. 選擇當地食材；D. 使用免洗餐具，減少清洗用水與清潔劑？　(1)AB　(2)AC　(3)AD　(4)ACD。　(2)

( ) 25. 上下班的交通方式有很多種，其中包括：A. 騎腳踏車；B. 搭乘大眾交通工具；C 自行開車，請將前述幾種交通方式之單位排碳量由少至多之排列方式為何？　(1)ABC　(2)ACB　(3)BAC　(4)CBA。　(1)

( ) 26. 下列何者「不是」室內空氣污染源？　(1) 建材　(2) 辦公室事務機　(3) 廢紙回收箱　(4) 油漆及塗料。　(3)

( ) 27. 下列何者不是自來水消毒採用的方式？　(1) 加入臭氧　(2) 加入氯氣　(3) 紫外線消毒　(4) 加入二氧化碳。　(4)

( ) 28. 下列何者不是造成全球暖化的元凶？　(1) 汽機車排放的廢氣　(2) 工廠所排放的廢氣　(3) 火力發電廠所排放的廢氣　(4) 種植樹木。　(4)

( ) 29. 下列何者不是造成臺灣水資源減少的主要因素？　(1) 超抽地下水　(2) 雨水酸化　(3) 水庫淤積　(4) 濫用水資源。　(2)

( ) 30. 下列何者不是溫室效應所產生的現象？　(1) 氣溫升高而使海平面上升　(2) 北極熊棲地減少　(3) 造成全球氣候變遷，導致不正常暴雨、乾旱現象　(4) 造成臭氧層產生破洞。　(4)

( ) 31. 下列何者是室內空氣污染物之來源：A. 使用殺蟲劑；B. 使用雷射印表機；C. 在室內抽煙；D. 戶外的污染物飄進室內？　(1)ABC　(2)BCD　(3)ACD　(4)ABCD。　(4)

( ) 32. 下列何者是海洋受污染的現象？　(1) 形成紅潮　(2) 形成黑潮　(3) 溫室效應　(4) 臭氧層破洞。　(1)

( ) 33. 下列何者是造成臺灣雨水酸鹼 (pH) 值下降的主要原因？　(1) 國外火山噴發　(2) 工業排放廢氣　(3) 森林減少　(4) 降雨量減少。　(2)

( ) 34. 水中生化需氧量 (BOD) 愈高，其所代表的意義為　(1) 水為硬水　(2) 有機污染物多　(3) 水質偏酸　(4) 分解污染物時不需消耗太多氧。　(2)

( ) 35. 下列何者是酸雨對環境的影響？　(1) 湖泊水質酸化　(2) 增加森林生長速度　(3) 土壤肥沃　(4) 增加水生動物種類。　(1)

( ) 36. 下列何者是懸浮微粒與落塵的差異？　(1) 採樣地區　(2) 粒徑大小　(3) 分布濃度　(4) 物體顏色。　(2)

( ) 37. 下列何者屬地下水超抽情形？　(1) 地下水抽水量「超越」天然補注量　(2) 天然補注量「超越」地下水抽水量　(3) 地下水抽水量「低於」降雨量　(4) 地下水抽水量「低於」天然補注量。　(1)

( ) 38. 下列何種行為無法減少「溫室氣體」排放？　(1) 騎自行車取代開車　(2) 多搭乘公共運輸系統　(3) 多吃肉少蔬菜　(4) 使用再生紙張。　(3)

( ) 39. 下列哪一項水質濃度降低會導致河川魚類大量死亡？　(1) 氨氮　(2) 溶氧　(3) 二氧化碳　(4) 生化需氧量。　(2)

( ) 40. 下列何種生活小習慣的改變可減少細懸浮微粒 (PM2.5) 排放，共同為改善空氣品質盡一份心力？　(1) 少吃燒烤食物　(2) 使用吸塵器　(3) 養成運動習慣　(4) 每天喝 500cc 的水。　(1)

(　) 41. 下列哪種措施不能用來降低空氣污染？　(1)汽機車強制定期排氣檢測　(2)汰換老舊柴油車　(3)禁止露天燃燒稻草　(4)汽機車加裝消音器。　(4)

(　) 42. 大氣層中臭氧層有何作用？　(1)保持溫度　(2)對流最旺盛的區域　(3)吸收紫外線　(4)造成光害。　(3)

(　) 43. 小李具有乙級廢水專責人員證照，某工廠希望以高價租用證照的方式合作，請問下列何者正確？　(1)這是違法行為　(2)互蒙其利　(3)價錢合理即可　(4)經環保局同意即可。　(1)

(　) 44. 可藉由下列何者改善河川水質且兼具提供動植物良好棲地環境？　(1)運動公園　(2)人工溼地　(3)滯洪池　(4)水庫。　(2)

(　) 45. 台北市周先生早晨在河濱公園散步時，發現有大面積的河面被染成紅色，岸邊還有許多死魚，此時周先生應該打電話給哪個單位通報處理？　(1)環保局　(2)警察局　(3)衛生局　(4)交通局。　(1)

(　) 46. 台灣地區地形陡峭雨旱季分明，水資源開發不易常有缺水現象，目前推動生活污水經處理再生利用，可填補部分水資源，主要可供哪些用途：A.工業用水、B.景觀澆灌、C.飲用水、D.消防用水？　(1)ACD　(2)BCD　(3)ABD　(4)ABCD。　(3)

(　) 47. 台灣自來水之水源主要取自：　(1)海洋的水　(2)河川及水庫的水　(3)綠洲的水　(4)灌溉渠道的水。　(2)

(　) 48. 民眾焚香燒紙錢常會產生哪些空氣污染物增加罹癌的機率：A.苯、B.細懸浮微粒(PM2.5)、C.二氧化碳(CO_2)、D.甲烷(CH_4)？　(1)AB　(2)AC　(3)BC　(4)CD。　(1)

(　) 49. 生活中經常使用的物品，下列何者含有破壞臭氧層的化學物質？　(1)噴霧劑　(2)免洗筷　(3)保麗龍　(4)寶特瓶。　(1)

(　) 50. 目前市面清潔劑均會強調「無磷」，是因為含磷的清潔劑使用後，若廢水排至河川或湖泊等水域會造成甚麼影響？　(1)綠牡蠣　(2)優養化　(3)秘雕魚　(4)烏腳病。　(2)

(　) 51. 冰箱在廢棄回收時應特別注意哪一項物質，以避免逸散至大氣中造成臭氧層的破壞？　(1)冷媒　(2)甲醛　(3)汞　(4)苯。　(1)

(　) 52. 在五金行買來的強力膠中，主要有下列哪一種會對人體產生危害的化學物質？　(1)甲苯　(2)乙苯　(3)甲醛　(4)乙醛。　(1)

(　) 53. 在同一操作條件下，煤、天然氣、油、核能的二氧化碳排放比例之大小，由大而小為：　(1)油＞煤＞天然氣＞核能　(2)煤＞油＞天然氣＞核能　(3)煤＞天然氣＞油＞核能　(4)油＞煤＞核能＞天然氣。　(2)

(　) 54. 如何降低飲用水中消毒副產物三鹵甲烷？　(1)先將水煮沸，打開壺蓋再煮三分鐘以上　(2)先將水過濾，加氯消毒　(3)先將水煮沸，加氯消毒　(4)先將水過濾，打開壺蓋使其自然蒸發。　(1)

(　) 55. 自行煮水、包裝飲用水及包裝飲料，依生命週期評估的排碳量大小順序為：　(1) 包裝飲用水＞自行煮水＞包裝飲料　(2) 包裝飲料＞自行煮水＞包裝飲用水　(3) 自行煮水＞包裝飲料＞包裝飲用水　(4) 包裝飲料＞包裝飲用水＞自行煮水。 (4)

(　) 56. 何項不是噪音的危害所造成的現象？　(1) 精神很集中　(2) 煩躁、失眠　(3) 緊張、焦慮　(4) 工作效率低落。 (1)

(　) 57. 我國移動污染源空氣污染防制費的徵收機制為何？　(1) 依車輛里程數計費　(2) 隨油品銷售徵收　(3) 依牌照徵收　(4) 依照排氣量徵收。 (2)

(　) 58. 室內裝潢時，若不謹慎選擇建材，將會逸散出氣狀污染物。其中會刺激皮膚、眼、鼻和呼吸道，也是致癌物質，可能為下列哪一種污染物？　(1) 臭氧　(2) 甲醛　(3) 氟氯碳化合物　(4) 二氧化碳。 (2)

(　) 59. 下列哪一種氣體較易造成臭氧層被嚴重的破壞？　(1) 氟氯碳化物　(2) 二氧化硫　(3) 氮氧化合物　(4) 二氧化碳。 (1)

(　) 60. 高速公路旁常見有農田違法焚燒稻草，除易產生濃煙影響行車安全外，也會產生下列何種空氣污染物對人體健康造成不良的作用？　(1) 懸浮微粒　(2) 二氧化碳 (CO2)　(3) 臭氧 (O3)　(4) 沼氣。 (1)

(　) 61. 都市中常產生的「熱島效應」會造成何種影響？　(1) 增加降雨　(2) 空氣污染物不易擴散　(3) 空氣污染物易擴散　(4) 溫度降低。 (2)

(　) 62. 廢塑膠等廢棄於環境除不易腐化外，若隨一般垃圾進入焚化廠處理，可能產生下列哪一種空氣污染物對人體有致癌疑慮？　(1) 臭氧　(2) 一氧化碳　(3) 戴奧辛　(4) 沼氣。 (3)

(　) 63. 「垃圾強制分類」的主要目的為：A. 減少垃圾清運量 B. 回收有用資源 C. 回收廚餘予以再利用 D. 變賣賺錢？　(1)ABCD　(2)ABC　(3)ACD　(4)BCD。 (2)

(　) 64. 一般人生活產生之廢棄物，何者屬有害廢棄物？　(1) 廚餘　(2) 鐵鋁罐　(3) 廢玻璃　(4) 廢日光燈管。 (4)

(　) 65. 一般辦公室影印機的碳粉匣，應如何回收？　(1) 拿到便利商店回收　(2) 交由販賣商回收　(3) 交由清潔隊回收　(4) 交給拾荒者回收。 (2)

(　) 66. 下列何者不是蚊蟲會傳染的疾病　(1) 日本腦炎　(2) 瘧疾　(3) 登革熱　(4) 痢疾。 (4)

(　) 67. 下列何者非屬資源回收分類項目中「廢紙類」的回收物？　(1) 報紙　(2) 雜誌　(3) 紙袋　(4) 用過的衛生紙。 (4)

(　) 68. 下列何者對飲用瓶裝水之形容是正確的： (1)

A. 飲用後之寶特瓶容器為地球增加了一個廢棄物；

B. 運送瓶裝水時卡車會排放空氣污染物；

C. 瓶裝水一定比經煮沸之自來水安全衛生？

(1)AB　(2)BC　(3)AC　(4)ABC。

( ) 69. 下列哪一項是我們在家中常見的環境衛生用藥？　(1) 體香劑　(2) 殺蟲劑　(3) 洗滌劑　(4) 乾燥劑。 (2)

( ) 70. 下列哪一種是公告應回收廢棄物中的容器類：A. 廢鋁箔包 B. 廢紙容器 C. 寶特瓶？　(1)ABC　(2)AC　(3)BC　(4)C。 (1)

( ) 71. 下列哪些廢紙類不可以進行資源回收？　(1) 紙尿褲　(2) 包裝紙　(3) 雜誌　(4) 報紙。 (1)

( ) 72. 小明拿到「垃圾強制分類」的宣導海報，標語寫著「分 3 類，好 OK」，標語中的分 3 類是指家戶日常生活中產生的垃圾可以區分哪三類？　(1) 資源、廚餘、事業廢棄物　(2) 資源、一般廢棄物、事業廢棄物　(3) 一般廢棄物、事業廢棄物、放射性廢棄物　(4) 資源、廚餘、一般垃圾。 (4)

( ) 73. 日光燈管、水銀溫度計等，因含有哪一種重金屬，可能對清潔隊員造成傷害，應與一般垃圾分開處理？　(1) 鉛　(2) 鎘　(3) 汞　(4) 鐵。 (3)

( ) 74. 家裡有過期的藥品，請問這些藥品要如何處理？　(1) 倒入馬桶沖掉　(2) 交由藥局回收　(3) 繼續服用　(4) 送給相同疾病的朋友。 (2)

( ) 75. 台灣西部海岸曾發生的綠牡蠣事件是下列何種物質污染水體有關？　(1) 汞　(2) 銅　(3) 磷　(4) 鎘。 (2)

( ) 76. 在生物鏈越上端的物種其體內累積持久性有機污染物 (POPs) 濃度將越高，危害性也將越大，這是說明 POPs 具有下列何種特性？　(1) 持久性　(2) 半揮發性　(3) 高毒性　(4) 生物累積性。 (4)

( ) 77. 有關小黑蚊敘述下列何者為非？　(1) 活動時間又以中午十二點到下午三點為活動高峰期　(2) 小黑蚊的幼蟲以腐植質、青苔和藻類為食　(3) 無論雄蚊或雌蚊皆會吸食哺乳類動物血液　(4) 多存在竹林、灌木叢、雜草叢、果園等邊緣地帶等處。 (3)

( ) 78. 利用垃圾焚化廠處理垃圾的最主要優點為何？　(1) 減少處理後的垃圾體積　(2) 去除垃圾中所有毒物　(3) 減少空氣污染　(4) 減少處理垃圾的程序。 (1)

( ) 79. 利用豬隻的排泄物當燃料發電，是屬於哪一種能源？　(1) 地熱能　(2) 太陽能　(3) 生質能　(4) 核能。 (3)

( ) 80. 每個人日常生活皆會產生垃圾，下列何種處理垃圾的觀念與方式是不正確的？　(1) 垃圾分類，使資源回收再利用　(2) 所有垃圾皆掩埋處理，垃圾將會自然分解　(3) 廚餘回收堆肥後製成肥料　(4) 可燃性垃圾經焚化燃燒可有效減少垃圾體積。 (2)

( ) 81. 防治蟲害最好的方法是　(1) 使用殺蟲劑　(2) 清除孳生源　(3) 網子捕捉　(4) 拍打。 (2)

( ) 82. 依廢棄物清理法之規定，隨地吐檳榔汁、檳榔渣者，應接受幾小時之戒檳班講習？　(1)2 小時　(2)4 小時　(3)6 小時　(4)8 小時。 (2)

(　) 83. 室內裝修業者承攬裝修工程，工程中所產生的廢棄物應該如何處理？ (1)委託合法清除機構清運　(2)倒在偏遠山坡地　(3)河岸邊掩埋　(4)交給清潔隊垃圾車。　(1)

(　) 84. 若使用後的廢電池未經回收，直接廢棄所含重金屬物質曝露於環境中可能產生那些影響：A.地下水污染、B.對人體產生中毒等不良作用、C.對生物產生重金屬累積及濃縮作用、D.造成優養化？　(1)ABC (2)ABCD　(3)ACD　(4)BCD。　(1)

(　) 85. 哪一種家庭廢棄物可用來作為製造肥皂的主要原料？　(1)食醋　(2)果皮　(3)回鍋油　(4)熟廚餘。　(3)

(　) 86. 家戶大型垃圾應由誰負責處理　(1)行政院環境保護署　(2)當地政府清潔隊　(3)行政院　(4)內政部。　(2)

(　) 87. 根據環保署資料顯示，世紀之毒「戴奧辛」主要透過何者方式進入人體？　(1)透過觸摸　(2)透過呼吸　(3)透過飲食　(4)透過雨水。　(3)

(　) 88. 陳先生到機車行換機油時，發現機車行老闆將廢機油直接倒入路旁的排水溝，請問這樣的行為是違反了　(1)道路交通管理處罰條例　(2)廢棄物清理法　(3)職業安全衛生法　(4)飲用水管理條例。　(2)

(　) 89. 亂丟香菸蒂，此行為已違反什麼規定？　(1)廢棄物清理法　(2)民法 (3)刑法　(4)毒性化學物質管理法。　(1)

(　) 90. 實施「垃圾費隨袋徵收」政策的好處為何：A.減少家戶垃圾費用支出 B.全民主動參與資源回收 C.有效垃圾減量？　(1)AB　(2)AC　(3)BC　(4)ABC。　(4)

(　) 91. 臺灣地狹人稠，垃圾處理一直是不易解決的問題，下列何種是較佳的因應對策？　(1)垃圾分類資源回收　(2)蓋焚化廠　(3)運至國外處理　(4)向海爭地掩埋。　(1)

(　) 92. 臺灣嘉南沿海一帶發生的烏腳病可能為哪一種重金屬引起？　(1)汞 (2)砷　(3)鉛　(4)鎘。　(2)

(　) 93. 遛狗不清理狗的排泄物係違反哪一法規？　(1)水污染防治法　(2)廢棄物清理法　(3)毒性化學物質管理法　(4)空氣污染防制法。　(2)

(　) 94. 酸雨對土壤可能造成的影響，下列何者正確？　(1)土壤更肥沃　(2)土壤液化　(3)土壤中的重金屬釋出　(4)土壤礦化。　(3)

(　) 95. 購買下列哪一種商品對環境比較友善？　(1)用過即丟的商品　(2)一次性的產品　(3)材質可以回收的商品　(4)過度包裝的商品。　(3)

(　) 96. 醫療院所用過的棉球、紗布、針筒、針頭等感染性事業廢棄物屬於 (1)一般事業廢棄物　(2)資源回收物　(3)一般廢棄物　(4)有害事業廢棄物。　(4)

( ) 97. 下列何項法規的立法目的為預防及減輕開發行為對環境造成不良影響，藉以達成環境保護之目的？ (1) 公害糾紛處理法 (2) 環境影響評估法 (3) 環境基本法 (4) 環境教育法。   (2)

( ) 98. 下列何種開發行為若對環境有不良影響之虞者，應實施環境影響評估：A.開發科學園區；B.新建捷運工程；C.採礦。 (1)AB (2)BC (3)AC (4)ABC。   (4)

( ) 99. 主管機關審查環境影響說明書或評估書，如認為已足以判斷未對環境有重大影響之虞，作成之審查結論可能為下列何者？ (1) 通過環境影響評估審查 (2) 應繼續進行第二階段環境影響評估 (3) 認定不應開發 (4) 補充修正資料再審。   (1)

( ) 100. 依環境影響評估法規定，對環境有重大影響之虞的開發行為應繼續進行第二階段環境影響評估，下列何者不是上述對環境有重大影響之虞或應進行第二階段環境影響評估的決定方式？ (1) 明訂開發行為及規模 (2) 環評委員會審查認定 (3) 自願進行 (4) 有民眾或團體抗爭。   (4)

工作項目 ⑥　工作倫理與職業道德

答

( ) 1. 請問下列何者「不是」個人資料保護法所定義的個人資料？　(1) 身分證號碼　(2) 最高學歷　(3) 綽號　(4) 護照號碼。 (3)

( ) 2. 下列何者「違反」個人資料保護法？　(1) 公司基於人事管理之特定目的，張貼榮譽榜揭示績優員工姓名　(2) 縣市政府提供村里長轄區內符合資格之老人名冊供發放敬老金　(3) 網路購物公司為辦理退貨，將客戶之住家地址提供予宅配公司　(4) 學校將應屆畢業生之住家地址提供補習班招生使用。 (4)

( ) 3. 非公務機關利用個人資料進行行銷時，下列敘述何者「錯誤」？　(1) 若已取得當事人書面同意，當事人即不得拒絕利用其個人資料行銷　(2) 於首次行銷時，應提供當事人表示拒絕行銷之方式　(3) 當事人表示拒絕接受行銷時，應停止利用其個人資料　(4) 倘非公務機關違反「應即停止利用其個人資料行銷」之義務，未於限期內改正者，按次處新臺幣 2 萬元以上 20 萬元以下罰鍰。 (1)

( ) 4. 個資法為保護當事人權益，多少位以上的當事人提出告訴，就可以進行團體訴訟：　(1)5 人　(2)10 人　(3)15 人　(4)20 人。 (4)

( ) 5. 關於個人資料保護法規之敘述，下列何者「錯誤」？　(1) 公務機關執行法定職務必要範圍內，可以蒐集、處理或利用一般性個人資料　(2) 間接蒐集之個人資料，於處理或利用前，不必告知當事人個人資料來源　(3) 非公務機關亦應維護個人資料之正確，並主動或依當事人之請求更正或補充　(4) 外國學生在臺灣短期進修或留學，也受到我國個資法的保障。 (2)

( ) 6. 下列關於個人資料保護法的敘述，下列敘述何者錯誤？　(1) 不管是否使用電腦處理的個人資料，都受個人資料保護法保護　(2) 公務機關依法執行公權力，不受個人資料保護法規範　(3) 身分證字號、婚姻、指紋都是個人資料　(4) 我的病歷資料雖然是由醫生所撰寫，但也屬於是我的個人資料範圍。 (2)

( ) 7. 對於依照個人資料保護法應告知之事項，下列何者不在法定應告知的事項內？　(1) 個人資料利用之期間、地區、對象及方式　(2) 蒐集之目的　(3) 蒐集機關的負責人姓名　(4) 如拒絕提供或提供不正確個人資料將造成之影響。 (3)

( ) 8. 請問下列何者非為個人資料保護法第 3 條所規範之當事人權利？　(1) 查詢或請求閱覽　(2) 請求刪除他人之資料　(3) 請求補充或更正　(4) 請求停止蒐集、處理或利用。 (2)

( ) 9. 下列何者非安全使用電腦內的個人資料檔案的做法？ (1) 利用帳號 | (4)
與密碼登入機制來管理可以存取個資者的人 (2) 規範不同人員可讀
取的個人資料檔案範圍 (3) 個人資料檔案使用完畢後立即退出應用
程式，不得留置於電腦中 (4) 為確保重要的個人資料可即時取得，
將登入密碼標示在螢幕下方。

( ) 10. 下列何者行為非屬個人資料保護法所稱之國際傳輸？ (1) 將個人資 | (1)
料傳送給經濟部 (2) 將個人資料傳送給美國的分公司 (3) 將個人資
料傳送給法國的人事部門 (4) 將個人資料傳送給日本的委託公司。

( ) 11. 有關專利權的敘述，何者正確？ (1) 專利有規定保護年限，當某商 | (1)
品、技術的專利保護年限屆滿，任何人皆可運用該項專利 (2) 我發
明了某項商品，卻被他人率先申請專利權，我仍可主張擁有這項商品
的專利權 (3) 專利權可涵蓋、保護抽象的概念性商品 (4) 專利權為
世界所共有，在本國申請專利之商品進軍國外，不需向他國申請專利
權。

( ) 12. 下列使用重製行為，何者已超出「合理使用」範圍？ (1) 將著作權 | (4)
人之作品及資訊，下載供自己使用 (2) 直接轉貼高普考考古題在
FACEBOOK (3) 以分享網址的方式轉貼資訊分享於 BBS (4) 將講
師的授課內容錄音供分贈友人。

( ) 13. 下列有關智慧財產權行為之敘述，何者有誤？ (1) 製造、販售仿冒 | (1)
品不屬於公訴罪之範疇，但已侵害商標權之行為 (2) 以 101 大樓、
美麗華百貨公司做為拍攝電影的背景，屬於合理使用的範圍 (3) 原
作者自行創作某音樂作品後，即可宣稱擁有該作品之著作權 (4) 商
標權是為促進文化發展為目的，所保護的財產權之一。

( ) 14. 專利權又可區分為發明、新型與新式樣三種專利權，其中，發明專利 | (2)
權是否有保護期限？期限為何？ (1)有，5年 (2)有，20年 (3)有，
50年 (4) 無期限，只要申請後就永久歸申請人所有。

( ) 15. 下列有關著作權之概念，何者正確？ (1) 國外學者之著作，可受我 | (1)
國著作權法的保護 (2) 公務機關所函頒之公文，受我國著作權法的
保護 (3) 著作權要待向智慧財產權申請通過後才可主張 (4) 以傳達
事實之新聞報導，依然受著作權之保障。

( ) 16. 受雇人於職務上所完成之著作，如果沒有特別以契約約定，其著作人 | (2)
為下列何者？ (1) 雇用人 (2) 受雇人 (3) 雇用公司或機關法人代
表 (4) 由雇用人指定之自然人或法人。

( ) 17. 任職於某公司的程式設計工程師，因職務所編寫之電腦程式，如果沒 | (1)
有特別以契約約定，則該電腦程式重製之權利歸屬下列何者？ (1)
公司 (2) 編寫程式之工程師 (3) 公司全體股東共有 (4) 公司與編
寫程式之工程師共有。

(3) 18. 某公司員工因執行業務，擅自以重製之方法侵害他人之著作財產權，若被害人提起告訴，下列對於處罰對象的敘述，何者正確？ (1) 僅處罰侵犯他人著作財產權之員工 (2) 僅處罰雇用該名員工的公司 (3) 該名員工及其雇主皆須受罰 (4) 員工只要在從事侵犯他人著作財產權之行為前請示雇主並獲同意，便可以不受處罰。

(1) 19. 某廠商之商標在我國已經獲准註冊，請問若希望將商品行銷販賣到國外，請問是否需在當地申請註冊才能受到保護？ (1) 是，因為商標權註冊採取屬地保護原則 (2) 否，因為我國申請註冊之商標權在國外也會受到承認 (3) 不一定，需視我國是否與商品希望行銷販賣的國家訂有相互商標承認之協定 (4) 不一定，需視商品希望行銷販賣的國家是否為 WTO 會員國。

(1) 20. 受雇人於職務上所完成之發明、新型或設計，其專利申請權及專利權屬於下列何者？ (1) 雇用人 (2) 受雇人 (3) 雇用人所指定之自然人或法人 (4) 雇用人與受雇人共有。

(1) 21. 下列關於營業秘密的敘述，何者不正確？ (1) 受雇人於非職務上研究或開發之營業秘密，仍歸雇用人所有 (2) 營業秘密不得為質權及強制執行之標的 (3) 營業秘密所有人得授權他人使用其營業秘密 (4) 營業秘密得全部或部分讓與他人或與他人共有。

(1) 22. 甲公司開發部主管 A 掌握公司最新技術製程，並約定保密協議，離職後就任同業乙公司，將甲公司之機密技術揭露於乙公司，使甲公司蒙受巨額營業上損失，下列何者「非」屬　A 可能涉及之刑事責任？ (1) 營業秘密法之以不正方法取得營業秘密罪 (2) 營業秘密法之未經授權洩漏營業秘密罪 (3) 刑法之洩漏工商秘密罪 (4) 刑法之背信罪。

(1) 23. 下列何者「非」屬於營業秘密？ (1) 具廣告性質的不動產交易底價 (2) 產品設計或開發流程圖示 (3) 公司內部的各種計畫方案 (4) 客戶名單。

(3) 24. 營業秘密可分為「技術機密」與「商業機密」，下列何者屬於「商業機密」？ (1) 程式 (2) 設計圖 (3) 客戶名單 (4) 生產製程。

(1) 25. 甲公司將其新開發受營業秘密法保護之技術，授權乙公司使用，下列何者不得為之？ (1) 乙公司已獲授權，所以可以未經甲公司同意，再授權丙公司使用 (2) 約定授權使用限於一定之地域、時間 (3) 約定授權使用限於特定之內容、一定之使用方法 (4) 要求被授權人乙公司在一定期間負有保密義務。

(3) 26. 下列何者為營業秘密法所肯認？ (1) 債權人 A 聲請強制執行甲公司之營業秘密 (2) 乙公司以其營業秘密設定質權，供擔保向丙銀行借款 (3) 丙公司與丁公司共同研發新技術，成為該營業秘密之共有人 (4) 營業秘密共有人無正當理由，拒絕同意授權他人使用該營業秘密。

( ) 27. 甲公司嚴格保密之最新配方產品大賣，下列何者侵害甲公司之營業秘密？　(1) 鑑定人 A 因司法審理而知悉配方　(2) 甲公司授權乙公司使用其配方　(3) 甲公司之 B 員工擅自將配方盜賣給乙公司　(4) 甲公司與乙公司協議共有配方。　　　(3)

( ) 28. 故意侵害他人之營業秘密，法院因被害人之請求，最高得酌定損害額幾倍之賠償？　(1)1 倍　(2)2 倍　(3)3 倍　(4)4 倍。　　　(3)

( ) 29. 甲公司之受雇人 A，因執行業務，觸犯營業秘密法之罪，除依規定處罰行為人 A 外，得對甲公司進行何種處罰？　(1) 罰金　(2) 拘役　(3) 有期徒刑　(4) 褫奪公權。　　　(1)

( ) 30. 受雇者因承辦業務而知悉營業秘密，在離職後對於該營業秘密的處理方式，下列敘述何者正確？　(1) 聘雇關係解除後便不再負有保障營業秘密之責　(2) 僅能自用而不得販售獲取利益　(3) 自離職日起 3 年後便不再負有保障營業秘密之責　(4)離職後仍不得洩漏該營業秘密。　　　(4)

( ) 31. 按照現行法律規定，侵害他人營業秘密，其法律責任為：　(1) 僅需負刑事責任　(2) 僅需負民事損害賠償責任　(3) 刑事責任與民事損害賠償責任皆須負擔　(4) 刑事責任與民事損害賠償責任皆不須負擔。　　　(3)

( ) 32. 企業內部之營業秘密，可以概分為「商業性營業秘密」及「技術性營業秘密」二大類型，請問下列何者屬於「技術性營業秘密」？　(1) 人事管理　(2) 經銷據點　(3) 產品配方　(4) 客戶名單。　　　(3)

( ) 33. 某離職同事請求在職員工將離職前所製作之某份文件傳送給他，請問下列回應方式何者正確？　(1) 由於該項文件係由該離職員工製作，因此可以傳送文件　(2) 若其目的僅為保留檔案備份，便可以傳送文件　(3) 可能構成對於營業秘密之侵害，應予拒絕並請他直接向公司提出請求　(4) 視彼此交情決定是否傳送文件。　　　(3)

( ) 34. 行為人以竊取等不正當方法取得營業秘密，下列敘述何者正確？　(1) 已構成犯罪　(2) 只要後續沒有洩漏便不構成犯罪　(3) 只要後續沒有出現使用之行為便不構成犯罪　(4) 只要後續沒有造成所有人之損害便不構成犯罪。　　　(1)

( ) 35. 請問以下敘述，那一項不是立法保護營業秘密的目的？　(1) 調和社會公共利益　(2) 保障企業獲利　(3) 確保商業競爭秩序　(4) 維護產業倫理。　　　(2)

( ) 36. 針對在我國境內竊取營業秘密後，意圖在外國、中國大陸或港澳地區使用者，營業秘密法是否可以適用？　(1) 無法適用　(2) 可以適用，但若屬未遂犯則不罰　(3) 可以適用並加重其刑　(4) 能否適用需視該國家或地區與我國是否簽訂相互保護營業秘密之條約或協定。　　　(3)

(　) 37. 所謂營業秘密，係指方法、技術、製程、配方、程式、設計或其他可　(4)
用於生產、銷售或經營之資訊，但其保障所需符合的要件不包括下列
何者？　(1) 因其秘密性而具有實際之經濟價值者　(2) 所有人已採取
合理之保密措施者　(3) 因其秘密性而具有潛在之經濟價值者　(4) 一
般涉及該類資訊之人所知者。

(　) 38. 因故意或過失而不法侵害他人之營業秘密者，負損害賠償責任。該損　(1)
害賠償之請求權，自請求權人知有行為及賠償義務人時起，幾年間不
行使就會消滅？　(1)2 年　(2)5 年　(3)7 年　(4)10 年。

(　) 39. 公務機關首長要求人事單位聘僱自己的弟弟擔任工友，違反何種法　(1)
令？　(1) 公職人員利益衝突迴避法　(2) 詐欺罪　(3) 侵占罪　(4) 未
違反法令。

(　) 40. 依 107.6.13 新修公布之公職人員利益衝突迴避法 (以下簡稱本法) 規　(4)
定，公職人員甲與其關係人下列何種行為不違反本法？　(1) 甲要求
受其監督之機關聘用兒子乙　(2) 配偶乙以請託關說之方式，請求甲
之服務機關通過其名下農地變更使用申請案　(3) 甲承辦案件時，明
知有利益衝突之情事，但因自認為人公正，故不自行迴避　(4) 關係
人丁經政府採購法公告程序取得甲服務機關之年度採購標案。

(　) 41. 公司負責人為了要節省開銷，將員工薪資以高報低來投保全民健保　(1)
及勞保，是觸犯了刑法上之何種罪刑？　(1) 詐欺罪　(2) 侵占罪　(3)
背信罪　(4) 工商秘密罪。

(　) 42. A 受雇於公司擔任會計，因自己的財務陷入危機，多次將公司帳款轉　(2)
入妻兒戶頭，是觸犯了刑法上之何種罪刑？　(1) 工商秘密罪　(2) 侵
占罪　(3) 侵害著作權罪　(4) 違反公平交易法。

(　) 43. 於公司執行採購業務時，因收受回扣而將訂單予以特定廠商，觸犯下　(1)
列何種罪刑？　(1) 背信罪　(2) 貪污罪　(3) 詐欺罪　(4) 侵占罪。

(　) 44. 如果你擔任公司採購的職務，親朋好友們會向你推銷自家的產品，希　(1)
望你要採購時，你應該　(1) 適時地婉拒，說明利益需要迴避的考量，
請他們見諒　(2) 既然是親朋好友，就應該互相幫忙　(3) 建議親朋好
友將產品折扣，折扣部分歸於自己，就會採購　(4) 可以暗中地幫忙
親朋好友，進行採購，不要被發現有親友關係便可。

(　) 45. 小美是公司的業務經理，有一天巧遇國中同班的死黨小林，發現他是　(3)
公司的下游廠商老闆。最近小美處理一件公司的招標案件，小林的公
司也在其中，私下約小美見面，請求她提供這次招標案的底標，並馬
上要給予幾十萬元的前謝金，請問小美該怎麼辦？　(1) 退回錢，並
告訴小林都是老朋友，一定會全力幫忙　(2) 收下錢，將錢拿出來給
單位同事們分紅　(3) 應該堅決拒絕，並避免每次見面都與小林談論
相關業務問題　(4) 朋友一場，給他一個比較接近底標的金額，反正
又不是正確的，所以沒關係。

附
錄
三

( ) 46. 公司發給每人一台平板電腦提供業務上使用，但是發現根本很少再使用，為了讓它有效的利用，所以將它拿回家給親人使用，這樣的行為是　(1) 可以的，這樣就不用花錢買　(2) 可以的，因為，反正如果放在那裡不用它，是浪費資源的　(3) 不可以的，因為這是公司的財產，不能私用　(4) 不可以的，因為使用年限未到，如果年限到報廢了，便可以拿回家。 (3)

( ) 47. 公司的車子，假日又沒人使用，你是鑰匙保管者，請問假日可以開出去嗎？　(1) 可以，只要付費加油即可　(2) 可以，反正假日不影響公務　(3) 不可以，因為是公司的，並非私人擁有　(4) 不可以，應該是讓公司想要使用的員工，輪流使用才可。 (3)

( ) 48. 阿哲是財經線的新聞記者，某次採訪中得知 A 公司在一個月內將有一個大的併購案，這個併購案顯示公司的財力，且能讓 A 公司股價往上飆升。請問阿哲得知此消息後，可以立刻購買該公司的股票嗎？　(1) 可以，有錢大家賺　(2) 可以，這是我努力獲得的消息　(3) 可以，不賺白不賺　(4) 不可以，屬於內線消息，必須保持記者之操守，不得洩漏。 (4)

( ) 49. 與公務機關接洽業務時，下列敘述何者「正確」？　(1) 沒有要求公務員違背職務，花錢疏通而已，並不違法　(2) 唆使公務機關承辦採購人員配合浮報價額，僅屬偽造文書行為　(3) 口頭允諾行賄金額但還沒送錢，尚不構成犯罪　(4) 與公務員同謀之共犯，即便不具公務員身分，仍會依據貪污治罪條例處刑。 (4)

( ) 50. 甲君為獲取乙級技術士技能檢定證照，行賄打點監評人員要求放水之行為，可能構成何罪？　(1) 違背職務行賄罪　(2) 不違背職務行賄罪　(3) 背信罪　(4) 詐欺罪。 (1)

( ) 51. 公司總務部門員工因辦理政府採購案，而與公務機關人員有互動時，下列敘述何者「正確」？　(1) 對於機關承辦人，經常給予不超過新台幣 5 佰元以下的好處，無論有無對價關係，對方收受皆符合廉政倫理規範　(2) 招待驗收人員至餐廳用餐，是慣例屬社交禮貌行為　(3) 因民俗節慶公開舉辦之活動，機關公務員在簽准後可受邀參與　(4) 以借貸名義，餽贈財物予公務員，即可規避刑事追究。 (3)

( ) 52. 與公務機關有業務往來構成職務利害關係者，下列敘述何者「正確」？　(1) 將餽贈之財物請公務員父母代轉，該公務員亦已違反規定　(2) 與公務機關承辦人飲宴應酬為增進基本關係的必要方法　(3) 高級茶葉低價售予有利害關係之承辦公務員，有價購行為就不算違反法規　(4) 機關公務員藉子女婚宴廣邀業務往來廠商之行為，並無不妥。 (1)

(　) 53. 下列何者不屬公務員廉政倫理規範禁止公務員收受之「財物」？ (1) 旅宿業公關票　(2) 運動中心免費會員證　(3) 公司印製之月曆　(4) 農特產禮盒。　(3)

(　) 54. 貪污治罪條例所稱之「賄賂或不正利益」與公務員廉政倫理規範所稱之「餽贈財物」，其最大差異在於下列何者之有無？ (1) 利害關係 (2) 補助關係　(3) 隸屬關係　(4) 對價關係。　(4)

(　) 55. 廠商某甲承攬公共工程，工程進行期間，甲與其工程人員經常招待該公共工程委辦機關之監工及驗收之公務員喝花酒或招待出國旅遊，下列敘述何者為對？ (1) 公務員若沒有收現金，就沒有罪　(2) 只要工程沒有問題，某甲與監工及驗收等相關公務員就沒有犯罪　(3) 因為不是送錢，所以都沒有犯罪　(4) 某甲與相關公務員均已涉嫌觸犯貪污治罪條例。　(4)

(　) 56. 行 (受) 賄罪成立要素之一為具有對價關係，而作為公務員職務之對價有「賄賂」或「不正利益」，下列何者「不」屬於「賄賂」或「不正利益」？ (1) 開工邀請公務員觀禮　(2) 送百貨公司大額禮券　(3) 免除債務　(4) 招待吃米其林等級之高檔大餐。　(1)

(　) 57. 客觀上有行求、期約或交付賄賂之行為，主觀上有賄賂使公務員為不違背職務行為之意思，即所謂？ (1) 違背職務行賄罪　(2) 不違背職務行賄罪　(3) 圖利罪　(4) 背信罪。　(2)

(　) 58. 下列關於政府採購人員之敘述，何者為正確？ (1) 非主動向廠商求取，偶發地收取廠商致贈價值在新臺幣500元以下之廣告物、促銷品、紀念品　(2) 要求廠商提供與採購無關之額外服務　(3) 利用職務關係向廠商借貸　(4) 利用職務關係媒介親友至廠商處所任職。　(1)

(　) 59. 為建立良好之公司治理制度，公司內部宜納入何種檢舉人制度？ (1) 告訴乃論制度　(2) 吹哨者 (whistleblower) 管道及保護制度　(3) 不告不理制度　(4) 非告訴乃論制度。　(2)

(　) 60. 檢舉人向有偵查權機關或政風機構檢舉貪污瀆職，必須於何時為之始可能給與獎金？ (1) 犯罪未起訴前　(2) 犯罪未發覺前　(3) 犯罪未遂前　(4) 預備犯罪前。　(2)

(　) 61. 公司訂定誠信經營守則時，不包括下列何者？ (1) 禁止不誠信行為 (2) 禁止行賄及收賄　(3) 禁止提供不法政治獻金　(4) 禁止適當慈善捐助或贊助。　(4)

(　) 62. 檢舉人應以何種方式檢舉貪污瀆職始能核給獎金？ (1)匿名　(2)委託他人檢舉　(3) 以真實姓名檢舉　(4) 以他人名義檢舉。　(3)

( ) 63. 我國制定何法以保護刑事案件之證人，使其勇於出面作證，俾利犯罪之偵查、審判？ (1) 貪污治罪條例 (2) 刑事訴訟法 (3) 行政程序法 (4) 證人保護法。 (4)

( ) 64. 下列何者「非」屬公司對於企業社會責任實踐之原則？ (1) 加強個人資料揭露 (2) 維護社會公益 (3) 發展永續環境 (4) 落實公司治理。 (1)

( ) 65. 下列何者「不」屬於職業素養的範疇？ (1) 獲利能力 (2) 正確的職業價值觀 (3) 職業知識技能 (4) 良好的職業行為習慣。 (1)

( ) 66. 下列行為何者「不」屬於敬業精神的表現？ (1) 遵守時間約定 (2) 遵守法律規定 (3) 保守顧客隱私 (4) 隱匿公司產品瑕疵訊息。 (4)

( ) 67. 下列何者符合專業人員的職業道德？ (1) 未經雇主同意，於上班時間從事私人事務 (2) 利用雇主的機具設備私自接單生產 (3) 未經顧客同意，任意散佈或利用顧客資料 (4) 盡力維護雇主及客戶的權益。 (4)

( ) 68. 身為公司員工必須維護公司利益，下列何者是正確的工作態度或行為？ (1) 將公司逾期的產品更改標籤 (2) 施工時以省時、省料為獲利首要考量，不顧品質 (3) 服務時首先考慮公司的利益，然後再考量顧客權益 (4) 工作時謹守本分，以積極態度解決問題。 (4)

( ) 69. 身為專業技術工作人士，應以何種認知及態度服務客戶？ (1) 若客戶不瞭解，就儘量減少成本支出，抬高報價 (2) 遇到維修問題，儘量拖過保固期 (3) 主動告知可能碰到問題及預防方法 (4) 隨著個人心情來提供服務的內容及品質。 (3)

( ) 70. 因為工作本身需要高度專業技術及知識，所以在對客戶服務時應 (1) 不用理會顧客的意見 (2) 保持親切、真誠、客戶至上的態度 (3) 若價錢較低，就敷衍了事 (4) 以專業機密為由，不用對客戶說明及解釋。 (2)

( ) 71. 從事專業性工作，在與客戶約定時間應 (1) 保持彈性，任意調整 (2) 儘可能準時，依約定時間完成工作 (3) 能拖就拖，能改就改 (4) 自己方便就好，不必理會客戶的要求。 (2)

( ) 72. 從事專業性工作，在服務顧客時應有的態度是 (1) 選擇最安全、經濟及有效的方法完成工作 (2) 選擇工時較長、獲利較多的方法服務客戶 (3) 為了降低成本，可以降低安全標準 (4) 不必顧及雇主和顧客的立場。 (1)

( ) 73. 當發現公司的產品可能會對顧客身體產生危害時，正確的作法或行動應是 (1) 立即向主管或有關單位報告 (2) 若無其事，置之不理 (3) 儘量隱瞞事實，協助掩飾問題 (4) 透過管道告知媒體或競爭對手。 (1)

( ) 74. 以下哪一項員工的作為符合敬業精神？　(1) 利用正常工作時間從事私人事務　(2) 運用雇主的資源，從事個人工作　(3) 未經雇主同意擅離工作崗位　(4) 謹守職場紀律及禮節，尊重客戶隱私。　(4)

( ) 75. 如果發現有同事，利用公司的財產做私人的事，我們應該要　(1) 未經查證或勸阻立即向主管報告　(2) 應該立即勸阻，告知他這是不對的行為　(3) 不關我的事，我只要管好自己便可以　(4) 應該告訴其他同事，讓大家來共同糾正與斥責他。　(2)

( ) 76. 小禎離開異鄉就業，來到小明的公司上班，小明是當地的人，他應該：(1) 不關他的事，自己管好就好　(2) 多關心小禎的生活適應情況，如有困難加以協助　(3) 小禎非當地人，應該不容易相處，不要有太多接觸　(4) 小禎是同單位的人，是個競爭對手，應該多加防範。　(2)

( ) 77. 小張獲選為小孩學校的家長會長，這個月要召開會議，沒時間準備資料，所以，利用上班期間有空檔，非休息時間來完成，請問是否可以：(1) 可以，因為不耽誤他的工作　(2) 可以，因為他能力好，能夠同時完成很多事　(3) 不可以，因為這是私事，不可以利用上班時間完成 (4) 可以，只要不要被發現。　(3)

( ) 78. 小吳是公司的專用司機，為了能夠隨時用車，經過公司同意，每晚都將公司的車開回家，然而，他發現反正每天上班路線，都要經過女兒學校，就順便載女兒上學，請問可以嗎？　(1) 可以，反正順路　(2) 不可以，這是公司的車不能私用　(3) 可以，只要不被公司發現即可 (4) 可以，要資源須有效使用。　(2)

( ) 79. 如果公司受到不當與不正確的毀謗與指控，你應該是：　(1) 加入毀謗行列，將公司內部的事情，都說出來告訴大家　(2) 相信公司，幫助公司對抗這些不實的指控　(3) 向媒體爆料，更多不實的內容　(4) 不關我的事，只要能夠領到薪水就好。　(2)

( ) 80. 筱珮要離職了，公司主管交代，她要做業務上的交接，她該怎麼辦？(1) 不用理它，反正都要離開公司了　(2) 把以前的業務資料都刪除或設密碼，讓別人都打不開　(3) 應該將承辦業務整理歸檔清楚，並且留下聯絡的方式，未來有問題可以詢問她　(4) 盡量交接，如果離職日一到，就不關他的事。　(3)

( ) 81. 彥江是職場上的新鮮人，剛進公司不久，他應該具備怎樣的態度。(1) 上班、下班，管好自己便可　(2) 仔細觀察公司生態，加入某些小團體，以做為後盾　(3) 只要做好人脈關係，這樣以後就好辦事　(4) 努力做好自己職掌的業務，樂於工作，與同事之間有良好的互動，相互協助。　(4)

( ) 82. 在公司內部行使商務禮儀的過程，主要以參與者在公司中的何種條件來訂定順序 (1) 年齡 (2) 性別 (3) 社會地位 (4) 職位。 (4)

( ) 83. 一位職場新鮮人剛進公司時，良好的工作態度是 (1) 多觀察、多學習，了解企業文化和價值觀 (2) 多打聽哪一個部門比較輕鬆，升遷機會較多 (3) 多探聽哪一個公司在找人，隨時準備跳槽走人 (4) 多遊走各部門認識同事，建立自己的小圈圈。 (1)

( ) 84. 乘坐轎車時，如有司機駕駛，按照乘車禮儀，以司機的方位來看，首位應為 (1) 後排右側 (2) 前座右側 (3) 後排左側 (4) 後排中間。 (1)

( ) 85. 根據性別工作平等法，下列何者非屬職場性騷擾？ (1) 公司員工執行職務時，客戶對其講黃色笑話，該員工感覺被冒犯 (2) 雇主對求職者要求交往，作為雇用與否之交換條件 (3) 公司員工執行職務時，遭到同事以「女人就是沒大腦」性別歧視用語加以辱罵，該員工感覺其人格尊嚴受損 (4) 公司員工下班後搭乘捷運，在捷運上遭到其他乘客偷拍。 (4)

( ) 86. 根據性別工作平等法，下列何者非屬職場性別歧視？ (1) 雇主考量男性賺錢養家之社會期待，提供男性高於女性之薪資 (2) 雇主考量女性以家庭為重之社會期待，裁員時優先資遣女性 (3) 雇主事先與員工約定倘其有懷孕之情事，必須離職 (4) 有未滿 2 歲子女之男性員工，也可申請每日六十分鐘的哺乳時間。 (4)

( ) 87. 根據性別工作平等法，有關雇主防治性騷擾之責任與罰則，下列何者錯誤？ (1) 僱用受僱者 30 人以上者，應訂定性騷擾防治措施、申訴及懲戒辦法 (2) 雇者知悉性騷擾發生時，應採取立即有效之糾正及補救措施 (3) 雇主違反應訂定性騷擾防治措施之規定時，處以罰鍰即可，不用公布其姓名 (4) 雇主違反應訂定性騷擾申訴管道者，應限期令其改善，屆期未改善者，應按次處罰。 (3)

( ) 88. 根據性騷擾防治法，有關性騷擾之責任與罰則，下列何者錯誤？ (1) 對他人為性騷擾者，如果沒有造成他人財產上之損失，就無需負擔金錢賠償之責任 (2) 對於因教育、訓練、醫療、公務、業務、求職，受自己監督、照護之人，利用權勢或機會為性騷擾者，得加重科處罰鍰至二分之一 (3) 意圖性騷擾，乘人不及抗拒而為親吻、擁抱或觸摸其臀部、胸部或其他身體隱私處之行為者，處 2 年以下有期徒刑、拘役或科或併科10萬元以下罰金 (4) 對他人為性騷擾者，由直轄市、縣 (市) 主管機關處 1 萬元以上 10 萬元以下罰鍰。 (1)

( ) 89. 根據消除對婦女一切形式歧視公約 (CEDAW)，下列何者正確？　(1) 對婦女的歧視指基於性別而作的任何區別、排斥或限制　(2) 只關心女性在政治方面的人權和基本自由　(3) 未要求政府需消除個人或企業對女性的歧視　(4) 傳統習俗應予保護及傳承，即使含有歧視女性的部分，也不可以改變。 | (1)

( ) 90. 學校駐衛警察之遴選規定以服畢兵役作為遴選條件之一，根據消除對婦女一切形式歧視公約 (CEDAW)，下列何者錯誤？　(1) 服畢兵役者仍以男性為主，此條件已排除多數女性被遴選的機會，屬性別歧視　(2) 此遴選條件未明定限男性，不屬性別歧視　(3) 駐衛警察之遴選應以從事該工作所需的能力或資格作為條件　(4) 已違反 CEDAW 第 1 條對婦女的歧視。 | (2)

( ) 91. 某規範明定地政機關進用女性測量助理名額，不得超過該機關測量助理名額總數二分之一，根據消除對婦女一切形式歧視公約 (CEDAW)，下列何者正確？　(1) 限制女性測量助理人數比例，屬於直接歧視　(2) 土地測量經常在戶外工作，基於保護女性所作的限制，不屬性別歧視　(3) 此項二分之一規定是為促進男女比例平衡　(4) 此限制是為確保機關業務順暢推動，並未歧視女性。 | (1)

( ) 92. 根據消除對婦女一切形式歧視公約 (CEDAW) 之間接歧視意涵，下列何者錯誤？　(1) 一項法律、政策、方案或措施表面上對男性和女性無任何歧視，但實際上卻產生歧視的效果　(2) 察覺間接歧視的一個方法，是善加利用性別統計與性別分析　(3) 如果未正視歧視之結構和歷史模式，及忽略男女權力關係之不平等，可能使現有不平等狀況更為惡化　(4) 不論在任何情況下，只要以相同方式對待男性和女性，就能避免間接歧視之產生。 | (4)

( ) 93. 關於菸品對人體的危害的敘述，下列何者「正確」？　(1) 只要開電風扇、或是空調就可以去除二手菸　(2) 抽雪茄比抽紙菸危害還要小　(3) 吸菸者比不吸菸者容易得肺癌　(4) 只要不將菸吸入肺部，就不會對身體造成傷害。 | (3)

( ) 94. 下列何者「不是」菸害防制法之立法目的？　(1) 防制菸害　(2) 保護未成年免於菸害　(3) 保護孕婦免於菸害　(4) 促進菸品的使用。 | (4)

( ) 95. 有關菸害防制法規範，「不可販賣菸品」給幾歲以下的人？　(1)20　(2)19　(3)18　(4)17。 | (3)

( ) 96. 按菸害防制法規定，對於在禁菸場所吸菸會被罰多少錢？　(1) 新臺幣 2 千元至 1 萬元罰鍰　(2) 新臺幣 1 千元至 5 千罰鍰　(3) 新臺幣 1 萬元至 5 萬元罰鍰　(4) 新臺幣 2 萬元至 10 萬元罰鍰。 | (1)

( ) 97. 按菸害防制法規定，下列敘述何者錯誤？ (1) 只有老闆、店員才可以出面勸阻在禁菸場所抽菸的人 (2) 任何人都可以出面勸阻在禁菸場所抽菸的人 (3) 餐廳、旅館設置室內吸菸室，需經專業技師簽證核可 (4) 加油站屬易燃易爆場所，任何人都要勸阻在禁菸場所抽菸的人。 | (1)

( ) 98. 按菸害防制法規定，對於主管每天在辦公室內吸菸，應如何處理？ (1) 未違反菸害防制法 (2) 因為是主管，所以只好忍耐 (3) 撥打菸害申訴專線檢舉 (0800-531-531) (4) 開空氣清淨機，睜一隻眼閉一隻眼。 | (3)

( ) 99. 對電子煙的敘述，何者錯誤？ (1) 含有尼古丁會成癮 (2) 會有爆炸危險 (3) 含有毒致癌物質 (4) 可以幫助戒菸。 | (4)

( ) 100. 下列何者是錯誤的「戒菸」方式？ (1) 撥打戒菸專線 0800-63-63-63 (2) 求助醫療院所、社區藥局專業戒菸 (3) 參加醫院或衛生所所辦理的戒菸班 (4) 自己購買電子煙來戒菸。 | (4)

✂ （請由此線剪下）

讀者回函卡

填寫日期： ／ ／

姓名： 生日：西元　　　年　　　月　　　日　性別：□男 □女

電話：（　　）　　　　　　　傳真：（　　）　　　　　　　手機：

e-mail：（必填）

註：數字零，請用 Φ 表示，數字 1 與英文 L 請另註明並書寫端正，謝謝。

通訊處：□□□□□

學歷：□博士 □碩士 □大學 □專科 □高中・職

職業：□工程師 □教師 □學生 □軍・公 □其他

學校／公司：　　　　　　　　　　　　科系／部門：

· 需求書類：

□A. 電子 □B. 電機 □C. 計算機工程 □D. 資訊 □E. 機械 □F. 汽車 □I. 工管 □J. 土木

□K. 化工 □L. 設計 □M. 商管 □N. 日文 □O. 美容 □P. 休閒 □Q. 餐飲 □B. 其他

· 本次購買圖書為：　　　　　　　　　　　　　　　　　　書號：

· 您對本書的評價：

封面設計：□非常滿意 □滿意 □尚可 □需改善，請說明

內容表達：□非常滿意 □滿意 □尚可 □需改善，請說明

版面編排：□非常滿意 □滿意 □尚可 □需改善，請說明

印刷品質：□非常滿意 □滿意 □尚可 □需改善，請說明

書籍定價：□非常滿意 □滿意 □尚可 □需改善，請說明

整體評價：請說明

· 您在何處購買本書？

□書局 □網路書店 □書展 □團購 □其他

· 您購買本書的原因？（可複選）

□個人需要 □幫公司採購 □親友推薦 □老師指定之課本 □其他

· 您希望全華以何種方式提供出版訊息及特惠活動？

□電子報 □DM □廣告 （媒體名稱　　　　　　　　　　　）

· 您是否上過全華網路書店？（www.opentech.com.tw）

□是 □否 您的建議

· 您希望全華出版那方面書籍？

· 您希望全華加強那些服務？

～感謝您提供寶貴意見，全華將秉持服務的熱忱，出版更多好書，以饗讀者。

全華網路書店 http://www.opentech.com.tw　　客服信箱 service@chwa.com.tw

2011.03 修訂

親愛的讀者：

感謝您對全華圖書的支持與愛護，雖然我們很慎重的處理每一本書，但恐仍有疏漏之處，若您發現本書有任何錯誤，請填寫於勘誤表內寄回，我們將於再版時修正，您的批評與指教是我們進步的原動力，謝謝！

全華圖書　敬上

勘 誤 表

書　號		
頁　數	行　數	錯誤或不當之詞句	建議修改之詞句
書　名		作　者

我有話要說：（其它之批評與建議，如封面、編排、內容、印刷品質等⋯⋯）